# はしがき

　日本でハラスメントに関する法的紛争は増加の一途を辿っており、職場におけるハラスメント問題は、重要な政策課題の1つとなっている。世界各国でも、ハラスメントは職場における主要な問題の1つとして認識されており、法制の整備など様々な対応がなされるに至っている。2019年には、国際労働機関（ILO）の年次総会で、仕事の世界における暴力及びハラスメントの撤廃に関する条約（2019年暴力及びハラスメント条約（第190号））が採択されるに至り、愈々ハラスメントについての関心が高まっている。

　そうした状況から、今後もハラスメントにつき多くの議論がなされると予想される。その場合、海外の状況が、あらゆる局面で参考になるであろう。そのため、厚生労働省からの要請に基づきとりまとめることとなった労働政策研究報告書に適宜の加筆修正を施し、またハラスメントに対し有効と理解される「修復的正義」についての論考を付加した本書を、今般世に問うこととした。

　本書では、イギリス・アメリカ・ドイツ・フランス・欧州連合におけるハラスメントについての法の動向をつぶさに紹介することで、「何がハラスメントにあたるのか」であるとか、「ハラスメントについて法はどのように対応しているのか」といった問いはもとより、「そもそも『ハラスメント』とは何か」というような問いにも応えられるような内容を心掛けた。研究者はもとより、学生・一般の方々にあっても、本書から得るところは少なくないのではないかと期待している。

　ときに、本書刊行の機会をくださった独立行政法人労働政策研究・研修機構前理事の内田寛子氏に深くお礼申し上げる。また、多国の法状況を扱うがゆえに様々な困難が伴う本書の編集であったが、それにあたっては、同機構研究調整部の太田隆史氏に大変お世話になった。心より感謝申し上げる。

2024年2月

編者として　滝原　啓允

# 目　次

| 序 章 | # はじめに |
|---|---|

滝原　啓允

## 1 | 本書刊行に至る背景

　厚生労働省のとりまとめによれば、令和4年度の、①民事上の個別労働紛争の相談件数、②助言・指導の申出件数、③あっせんの申請件数の全てで、「いじめ・嫌がらせ」が首位を占めた。①については11年連続、②については10年連続、③については9年連続で「いじめ・嫌がらせ」が首位となっている。それぞれの件数は、① 69,932件、② 1,005件、③ 866件であった。かかるような状況は、ハラスメント（「ハラスメント」の語は「いじめ・嫌がらせ」を包含する語として用いる）が如何に日本で深刻な問題のひとつとなっているかを、如実に示しているものといえよう。

　日本における労働法政策の文脈においては、ハラスメントを複数の類型に分け、それぞれにつき、事業主に対し一定の措置を講じるよう義務付け（措置義務）、それに関する指針を定めるといった方法が採られている。具体的には、(1) セクシュアルハラスメント、(2) 妊娠・出産等に関するハラスメント、(3) 育児休業等に関するハラスメント、(4) パワーハラスメントにつき、それぞれ、(1) 雇用の分野における男女の均等な機会及び待遇の確保等に関する法律（以下「均等法」）11条1項、(2) 同法11条の3第1項、(3) 育児休業、介護休業等育児又は家族介護を行う労働者の福祉に関する法律（以下「育児・介護休業法」）25条1項、(4) 労働施策の総合的な推進並びに労働者の雇用の安定及び職業生活の充実等に関する法律（以下「労働施策総合推進法」）30条の2第1項により、事業主に措置義務が課せられるところとなっており、それぞれに関し指針が定められている。上記 (1) から (4) の法文において共通しているのは、それぞれに該当するような「言動」によって、「労働者の就業環境が害されることのないよう、当該労働者[1]か

らの相談に応じ、適切に対応するために必要な体制の整備その他の雇用管理
上必要な措置を講じなければならない」との点である。また、厚生労働大臣
は、それら「規定に基づき事業主が講ずべき措置に関して、その適切かつ有
効な実施を図るために必要な指針」を定める（均等法 11 条 4 項、同法 11 条
の 3 第 3 項、育児・介護休業法 28 条（法文は同文でないが同旨）、労働施策
総合推進法 30 条の 2 第 3 項）という点も、上記（1）から（4）のハラスメ
ントについて共通するところとなっている。指針の内容は、（a）事業主の方
針の明確化及びその周知、（b）相談に応じ適切に対処するために必要な体制
の整備、（c）事後の迅速かつ適切な対応、（d）それらに併せ講ずべき措置
（プライバシー保護等）といった内容が核となっている。このように、日本
では、各ハラスメントにつき、事業主に措置義務を課し、それに関し指針を
定め、一定の措置を講じさせることで対処を図ろうとしている。

　労働施策総合推進法にパワーハラスメントについての規定が置かれたのは
2019 年の出来事であったが、同年には ILO の仕事の世界における暴力及び
ハラスメントの撤廃に関する条約（2019 年暴力及びハラスメント条約（第
190 号））が採択されるなどして、様々なレベルでハラスメントについての
関心が高まることとなった。そうした中、日本のハラスメント法制について
引き続き活発な議論が行われると想定されることから、そうした議論が行わ
れる際の参考となるよう諸外国におけるハラスメントに係る法制について十
分な把握を行うため、独立行政法人労働政策研究・研修機構では、厚生労働
省からの要請に基づく課題研究として、上記法制の研究をなすこととした。
その研究成果は、2022 年 3 月に『労働政策研究報告書 No. 216　諸外国にお
けるハラスメントに係る法制』として公表したところである。その後、対象
となった諸国においても若干の動きが見られたことに加え、終章の末尾にお
いて修復的正義（restorative justice）の概念に触れていたことに対して、よ
り詳しい解説を求める声が寄せられたことなどを踏まえ、一定の加筆を施し
て新たに刊行することとした。

---

[1] 均等法 11 条の 3 第 1 項にあっては、「当該女性労働者」。

## 2 ｜ 本書における研究の方法

　本書における研究では、文献調査及び研究会開催の方法を採用した。比較法研究の対象としたのは、イギリス、アメリカ、ドイツ、フランス、欧州連合（EU）である。国家というレベルで比較可能であったイギリス、アメリカ、ドイツ、フランスについては、巻末の整理表において、各国につきおおよその状況を記した。整理表における項目は、規制内容、ハラスメントの定義、保護対象・加害者の範囲、紛争解決手続・履行確保手段、規制の効果・対応の実績、課題とし、備考を付した。また、補章では修復的正義について論じた。

## 3 ｜ 編者が推奨する本書の読み進め方

　本書は、イギリス、アメリカ、ドイツ、フランス、欧州連合（EU）の各章から読み進めるよりも、本章と終章を先に読まれることを推奨する。また、その際には、巻末の整理表も目を通されると各国の特徴が掴みやすいかと思われる。各国の記述は詳細かつ専門的なものであるため、上記のような読み進め方で全体像や各国の特徴を掴んだ後に、各国の記述に目を通された方が読者の理解に資するものと考える。なお、補章は、上記第1節でも述べた通り、本書の特色でもあるが、とりわけ終章を読まれ修復的正義に興味を抱いた読者が目を通されることを予定している。

# 1章 イギリス

滝原　啓允

## 1 はじめに

　イギリスにおけるハラスメント[1]への法的アプローチについては複数の方法があるものの、それを大別すれば、コモン・ローを主とするアプローチと、制定法を主とするアプローチの二つとなろう。ここでいう「主とする」という表現は、たとえば、制定法に反する加害被用者の法的責任について使用者の代位責任（vicarious liability）を問うなどの方法があることに起因する。以下、それぞれについて端的に述べたい。

　まず、雇用契約の下、ハラスメントに遭った被用者に身体的または精神的被害が発生し、当該被用者が訴えを提起する場合、使用者の法的責任を追及する方法としてはコモン・ロー上、①使用者の被用者に対する責任（employer's liability）を追及する方法、②使用者の代位責任を追及する方法、あるいは③雇用契約における黙示条項（implied terms）への違反を問う方法の3つが

---

＊本章は、滝原啓允「書簡による職業活動妨害のハラスメント該当性」労旬1780号（2012年）50頁、同「イギリスにおけるハラスメントからの保護法とその周辺動向——職場における dignity の保護」学会誌労働法122号（2013年）121頁、同「コモン・ローにおける雇用関係上の注意義務と相互信頼義務——職場いじめ・ハラスメントへの対処、あるいは『心理的契約』論の援用を中心として」季労250号（2015年）189頁などを基礎とし、それに加筆修正などしたものである。

[1] イギリスにおいて、職場いじめは workplace bullying または bullying at the workplace などとされるが、一般用語としてのハラスメント harassment と、截然と区別されているわけではない。それは助言斡旋仲裁局（ACAS: Advisory, Conciliation and Arbitration Service）のガイドである Bullying and Harassment at Work をみても明らかであり、同書は両者を並列のまま展開させている。しかし、本章で述べるように、一般用語としての workplace bullying と harassment は制定法上の harassment（Protection from Harassment Act 1997 ないし Equality Act 2010 におけるそれ）にあたるか否かで法的処理がなされる。本章では、「ハラスメント」との語を、様々な類型のハラスメントないし職場いじめを包含する語として用いる。

あり得る。そして、これら3つの法的方法に共通するのは、注意義務（duty of care）違反についてであり、①と③の場合は使用者の注意義務が、②の場合は被用者の注意義務が、それぞれ関連し得る。注意義務は、コモン・ローにおいて大きく発展を遂げており、本章では第2節の2において論じ、またそれに併せ②の代位責任法理についても述べる。また、③については、とりわけ学説上、相互信頼（mutual trust and confidence）義務に関する議論が蓄積しており、一定の視角を与え得るため、これを第2節の3で検討する。そして、同節の4では、これらを小括する。

また、制定法に関し、イギリスでハラスメントが法的に争われるとき、重要となるのが、1997年ハラスメントからの保護法（Protection from Harassment Act 1997、以下「PHA」）と、2010年平等法（Equality Act 2010、以下「EA2010」）の2つであり、それぞれが規定する「ハラスメント」概念に、問題となるハラスメントが該当する場合、その被害者は救済を受けることができる。それぞれによるアプローチの違いなどに着目しつつ、第3節の2でこれを論じたい。また、Majrowski事件以降、ハラスメントについてPHAの適用が広く行われるようになっているところ、その展開を紹介する。ところで、PHAもEA2010も雇用関係のみを射程としたものではないが、その一方で、ハラスメント対策に特化した「職場におけるdignity[2]法案（Dignity at Work Bill、以下「DWB」）」が2度イギリス議会に上程されている。しかし、2度とも廃案となっている。議事録をみるに、PHAの存在がその理由であった。現在、イギリスにおいては、職場におけるdignityが重要な法益とされ、雇用関係法上、欠くことのできない価値の一つとして強く意識されて

---

[2]「dignity」の訳語については、「尊厳」が定訳であるが、原典における文脈をみるに複数の訳語が考えられ、ハラスメントを念頭とする場合、dignityを一律に「尊厳」とするのには、いささかの躊躇を感じるところである。少なくとも、他者からの侵害を念頭に具体的な被侵害利益としてのdignityが語られる場合、包括的で法的諸利益の源泉としての意味合いが強い「尊厳」という訳語よりは、「人格的利益」と訳すのが妥当と思われた。また、大陸法の文脈で語られるdignityアプローチは、「人格権的アプローチ」となろう。そして、無論のことではあるが、「人格的利益」は「身体的な人格的利益」と「精神的な人格的利益」とに分析可能である。このように、dignityという言葉は、その都度文脈に沿って訳し分けられるべきであるが、筆者の主観を完全に排除することはできないし、場合によっては、付した訳の意味内容から誤解が生じるおそれもある。よって、本章ではdignityにつき、原語のまま展開することとする。

おり、また DWB にモデルが規定されていた「職場における dignity 方針」は各使用者において定められるところとなっている。ゆえに、第 3 節の 3 では、職場における dignity に着目しつつ、いかにそれと PHA が有機的な関連を有するに至ったか、DWB と併せて論じたい。そして、同節の 4 では、これらを小括する。

　無論のこと、上に述べるもの以外、ハラスメントに係る法的アプローチが存在しないわけではないが、それらについては、適宜本章の各部分で指摘していくこととし、基本的には上に述べたような内容を主軸として本章を展開させる。

## 2 ┃ コモン・ローによるアプローチ

### 1　概　論

　近時のイギリスにおけるハラスメント訴訟においては、第 3 節で述べるように PHA[3] や EA2010[4] など制定法が主たる役割を演じ、コモン・ローは、どちらかといえば付随的役割を演じることが多いようにも思われる。たとえば、被害に遭った被用者が使用者を被告として訴えを提起する場合、制定法である PHA に反するハラスメント行為をなした加害被用者の法的責任について、使用者の代位責任を問うとの方法がみられる。使用者の代位責任法理はコモン・ローによるものだが、後述の Majrowski 事件[5]（本章第 3 節 2

---

[3] 同法とハラスメントを中心とした動向につき、滝原・前掲注＊）学会誌労働法。また、同法の概観と適用につき、滝原啓允「イギリスにおける職場いじめ──ハラスメントからの保護法による救済」季労 235 号（2011 年）150 頁、滝原・前掲注＊）労旬など。

[4] 同法とハラスメントを中心とした動向につき、内藤忍「イギリスにおけるハラスメントの救済──差別禁止法の直接差別から平等法 26 条のハラスメントへ」学会誌労働法 123 号（2014 年）135 頁など。また、同法につき、宮崎由佳「イギリス平等法制の到達点と課題」学会誌労働法 116 号（2010 年）121 頁、鈴木隆「イギリス 2010 年平等法の成立」労旬 1734 号（2010 年）43 頁、山田省三「イギリス雇用関係における差別概念」法学新報 121 巻 7・8 号（2014 年）433 頁、浅倉むつ子「包括的差別禁止立法の意義──イギリス 2010 年平等法が示唆すること」毛塚古稀『労働法理論変革への模索』（信山社、2015 年）581 頁など。

[5] *Majrowski v Guy's and St Thomas' NHS Trust* [2006] IRLR 675（HL）.

（3）ア）以降、PHA とセットで用いられるなどして、被害被用者の救済が
図られている。

　そうすると、ハラスメントへの法的アプローチにおける主役は制定法であ
る、ということになりかねないが、どちらかといえば、それは実務上の動向
である。理論的な動向としては、むしろコモン・ローにおける議論が集積し
ており、これまでの法的発展を含め、ハラスメントとの関係に軸を置きつ
つ、それを紹介することには一定の意義があるものと考えられる。すなわ
ち、以下で紹介する不法行為法における注意義務（duty of care）の発展、お
よび同義務または相互信頼（mutual trust and confidence）義務といった雇用
契約における黙示条項[6]（implied[7] terms）に関する議論は、今日的な被用者
の精神的な人格的利益を考察するために不可欠であることから、イギリス雇
用契約法を理解する上でキーとなり得る。また、Brodie または Collins[8] によ

---

[6] イギリスの雇用契約における黙示条項につき、唐津博「イギリス雇用契約における労
働者の義務——雇用契約における implied terms とコモン・ロー上の労働者の義務」同
志社法学 33 巻 4 号（1981 年）102 頁、山田省三「労働契約と労働条件」秋田成就編著
『労働契約の法理論——イギリスと日本』（総合労働研究所、1993 年）135 頁、山川隆
一「労使の義務論——いわゆる附随義務を中心に」同 158 頁、有田謙司「イギリス雇
用契約法における信頼関係維持義務の展開と雇用契約観」山口経済学雑誌 46 巻 3 号
（1998 年）183 頁、龔敏「イギリス雇用契約における implied terms の新動向に関する一
考察——黙示的相互信頼条項という implied terms を中心に」九大法学 88 号（2004 年）
52 頁、同「労働契約における黙示義務の創設」季労 234 号（2011 年）192 頁、滝原・
前掲注＊）季労など。

[7] 何をもって「黙示（implied）」とするかにつき、唐津・前掲注6）104 頁。

[8] Collins に関し、その労働法に係る理論を詳細に紹介または端的に言及するものとして、
石田眞「企業組織と労働契約——ストーン・コリンズ『論争』をめぐって」名古屋大
学法政論集 169 号（1997 年）27 頁、石橋洋「知識経済社会への移行と雇用契約法理
——コリンズ教授の所説を中心に」労旬 1576 号（2004 年）16 頁、有田謙司「労働関
係の変容とイギリス労働法理論・雇用契約論の展開」学会誌労働法 106 号（2005 年）
26 頁、古川陽二「ニュー・レイバーの労働立法政策とその特質——現代イギリス労働
法のグランド・デザインと規制対象・方法の分析のために」季労 211 号（2005 年）157
頁、唐津博「イギリスにおける新たな労働法パラダイム論——H. Collins の労働法規制
の目的・根拠・手法論」季労 216 号（2007 年）146 頁、石橋洋「コリンズの雇用契約
論——雇用契約の意図的不完全性とデフォルトルールを中心として」労旬 1672 号
（2008 年）8 頁、長谷川聡「コリンズの社会的包摂論——差別禁止法との関係に着目し
て」同 18 頁、清水敏「公務労使関係における協力とパートナーシップ——コリンズの
示唆するもの」同 26 頁、藤本茂「職場での市民的自由——コリンズ論を中心に」季労
222 号（2008 年）229 頁、石田信平「イギリス労働法の新たな動向を支える基礎理論と
概念——システム理論、制度経済学、社会的包摂論、Capability Approach」石橋・

る相互信頼義務にかかる所論は、一定の視角を付与し得るであろう。

　以上を踏まえるに、本節の目的は3つある。すなわち、第一の目的は、コモン・ローにおける注意義務の発展を、ハラスメントへの法的対応との切り口で紹介することにある。第二の目的は、ハラスメントへの法的対応について、むしろ相互信頼義務が主軸となるべきとの問題意識を有するBrodieの議論を紹介することにある。第三の目的は、「心理的契約」という組織論の概念を、相互信頼義務論に及ぼそうとするCollinsの議論を紹介することにある。

　雇用契約の下、ハラスメントに遭った被用者に身体的または精神的被害が発生し、当該被用者が訴えを提起する場合、本章冒頭で述べたように、使用者の法的責任を追及する方法としてはコモン・ロー上、以下の3つの方法があり得る。すなわち、①使用者の被用者に対する責任を追及する方法、②使用者の代位責任を追及する方法、あるいは③雇用契約における黙示条項への違反を問う方法の3つである。これらにつき、以下で述べる。

　まず、①使用者の被用者に対する責任法理は、使用者自身の法的責任を問うものである。これは、使用者のネグリジェンス（negligence, 注意義務違反、不注意そのものを指す場合と不法行為類型の一を指す場合とがある）を問うものとして発展した。他人に転嫁不可能（non-delegable）な義務（personal duty）違反[9]であるため、仮に注意義務の履行（安全な職場環境の提供など）を第三者に委ねていたにしても、注意義務が果たされなかった場合、使用者は法的責任を免れない。なお、職場の安全に関しては、制定法による規制も多くみられるが、それについてはここで論じない。

　次に、②代位責任法理は、被用者が生じさせたコモン・ローまたは制定法における不法行為につき、使用者の代位責任を問うものである。被用者の法的責任が肯定されない限り、使用者にも法的責任は生じない[10]。しかし、使用者にフォールト（fault, 不注意）がなかったとしても、被用者のデフォールト（default, 不履行）についての法的責任を負わねばならない[11]。なお、

---

　　小宮・清水還暦『イギリス労働法の新展開』（信山社、2009年）36頁など。

[9] See, Simon Deakin *et al.*, *Tort Law* (7th ed.), (Oxford University Press, 2013), p. 541.

[10] *Id.*

前提となる関係性は雇用契約に基づいている必要がある。雇用関係の有無については、コモン・ロー上発展してきた諸般のテストが用いられる。本節は、雇用契約の存在を議論の前提として進めるが、その際においても、当該被用者の行為と職務との関連性などが問題となる（本章本節2（2）ウの密接関連性テストを参照）。

そして、③雇用契約における黙示条項違反を問うことも可能である。ハラスメントに関する場合、注意義務違反または相互信頼義務違反（相互信頼の毀損）などとして意識化される。

これら3つの法的方法に共通するのは、注意義務違反についてである。①と③の場合は使用者の注意義務が、②の場合は被用者の注意義務が、それぞれ関連し得る。このうち、前者、すなわち使用者の注意義務は、イギリスのコモン・ロー上、まず不法行為法分野において発展し、現在は雇用契約における黙示条項としても認識されている[12]。そして、後者については、加害被用者における注意義務違反が論点となり得る。

また、③の黙示条項に関する議論は、理論上重要であろう。とりわけ相互信頼義務については、今日のイギリス雇用契約法を理解する上で欠かせないように思われる。

よって、以下においては、ハラスメントへの法的対応を念頭に、不法行為法との関係を軸に注意義務につき述べ、その後で相互信頼義務につき論じることとする。なお、以下で紹介する①と②に係る事案において、当該判示部分が①または②のいずれについてであるかを明確にするため、適宜「類型①」または「類型②」と表示し、あるいは、それぞれの法的方法を端的に表す記号として、これらを用いる。

なお、被害被用者が、加害被用者を直接の被告とする場合については、ここでの考察の対象としない。

---

[11] *Id.*, p. 554.

[12] Anne Davies, *Employment Law*, （Pearson, 2015）, p. 163.

## 2　注意義務論によるハラスメントへのアプローチ

### （1）注意義務の一般理論

　注意義務それ自体は、イギリス不法行為法上、ネグリジェンスを肯定するために用いられてきた。ここでいうネグリジェンスは不法行為類型の一であるが、[1] 注意義務（duty）の存在・[2] 被告の注意義務違反（breach）・[3] 原告に損害（damage）が生じたこと・[4] その損害の全部または一部につき原告が有責であるとの因果関係（causation）を成立要件とし[13]、その責任の基礎を、規範的な不注意性に置いている。すなわち、ある状況におけるネグリジェンスが争点となっている際、通常の判断力を有する一般人（reasonable man）が同じ状況に置かれた場合を措定し、同人がしたであろうことを被告がしなかったとき、あるいは、同人がしなかったであろうことを被告がしたときに、不注意性が肯定される。被侵害利益や侵害行為の各類型が厳格でない点が他の不法行為類型と異なっており[14]、このような特徴は、高い柔軟性と一般性をネグリジェンスに付与している。使いやすい訴権として広く意識されるネグリジェンスは、ダイナミックかつ急速に変貌しつつある法分野との評価を導出させる一方、ときとしてその広範な射程を限定する作業を裁判所に要請している[15]。

　注意義務についてのリーディング・ケースとされるのが、ジンジャー・ビールの瓶の中に腐ったナメクジが入っていたため気分が悪くなり胃腸炎になったとして、原告がジンジャー・ビールの製造者を被告として提訴したDonoghue 事件[16] である。この事件の判決において、Atkin 貴族院判事は、いわゆる「隣人原則（neighbor principle）」を判示した。すなわち、Atkin 判事は、隣人を愛するとの規範は、隣人に損害を与えてはならないことを法的に意味することを前提に、（ア）「隣人に損害を与えるであろうと合理的に予見（reasonably foresee）可能な作為または不作為をなさないよう合理的な注

---

[13] Deakin, *supra*, note 9, p. 99.
[14] 望月礼二郎『英米法（新版）』（青林書院、1997 年）153 頁。
[15] See, Deakin, *supra*, note 9.
[16] *Donoghue v Stevenson* [1932] AC 562（HL）.

意を払わねばならない[17]」こと、そして、（イ）隣人とは自己の行為によって「密接かつ直接的に（closely and directly）影響を受ける[18]」と通常念頭に置くべき範囲の者であることを明らかにした。その上で、製造物の責任につき具体的な基準を導出させ、消費者に対して製造者は合理的な注意義務を負うとした。爾来、注意義務が生じるための基準として、（ⅰ）損害についての予見可能性（foreseeability）と、（ⅱ）当事者間の近接性（proximity）とが用いられることとなり、その後、（ⅲ）当該義務を課すことが公平、正当かつ合理的（fair, just and reasonable）であることが付加されて、3段階基準（three-stage test）となった[19]。ここでいう（ⅱ）近接性とは、物理的なものから人間関係におけるもの、あるいは因果関係まで多様な意味付けがなされ、基準（ⅲ）と相俟って、当事者間の利益調整的な役割を果たしている。この3段階基準は、それまでの判例を要約し定義したCaparo事件貴族院判決[20]によるが、裁判所において参照されることが多い。

## （2）ハラスメントと注意義務、代位責任法理

ハラスメント事案における使用者の注意義務違反は、被害に遭った被用者の精神的侵害（psychiatric injury）に関連して問題となる。精神的侵害が争われる場合、上の3段階基準のうち（ⅱ）当事者間の近接性が争点化することが通常多い。しかし、「職場」における人間関係を前提とするハラスメント事案においては、加害者と被害者との関係性は接近ないし限定されているといえ、近接性を否定するのはなかなか難しいように思われる。近接性が問題となるとすれば、因果関係の問題として、加害行為と生じた結果との関係

---

[17] Lord Atkin in *Donoghue* at 580.

[18] *Id.*

[19] この一連の流れは、Hedley Byrne事件（*Hedley Byrne & Co Ltd v Heller and Partners Ltd* [1964] AC 465（HL））、Dorset Yacht事件（*Dorset Yacht Co Ltd v Home Office* [1970] AC 1004（HL））、Anns事件（*Anns v Merton London Borough Council* [1978] AC 728（HL））を経て、Murphy事件（*Murphy v Brentwood District Council* [1991] 1 AC 398 [HL]）による変節を経験しつつ生じた。これにつき、詳細はDeakin, *supra*, note 9, pp. 109-116 ないし望月・前掲注14）156-161頁。また各基準の詳細につき、Vivienne Harpwood, *Modern Tort Law*（7th ed.),（Routledge-Cavendish, 2008), pp. 27-31.

[20] *Caparo Industries plc v Dickman* [1990] 2 AC 605（HL).

が論点となり得る。もっとも、侵害行為としてのハラスメントから生じた損害については、それが直接の被害である限り、因果関係論による否定を受けることは少ないであろう。すなわち、侵害現場を見て第三者が精神的なショックを負うといった間接的な被害については議論が必要となろうが、精神的被害の賠償について消極的であった以前と異なって、現在のイギリス不法行為法理論は精神医学の発達に沿う形で発展を遂げており（これにつき本章第3節3（1））、直接被害を受けた被用者の精神的被害にかかる訴えが全く容れられないといった帰結は考えにくい。むしろ、ハラスメント事案において、どの程度まで使用者に注意義務を課すことができるかという点で（ⅲ）の「公平、正当かつ合理的」との基準が理論的には問題となり得る。すなわち、（ⅲ）何が公平、正当かつ合理的か、という公序（public policy）の問題[21]として認識されることが指摘されている。

ア　被用者の精神的な人格的利益に対する注意義務

　被用者の精神的な人格的利益についても、使用者の注意義務が妥当し得ることを明示したケースとして、Walker 事件[22] 高等法院判決[23] が挙げられる。その事案は以下のようなものであった。すなわち、シニア・ソーシャル・ワーカーであった原告は、問題が多発する地域に配置されていたために過重労働を強いられていた。原告は精力的に業務をこなすとともに、地域の分割や部署人員の増員を上司に要望したが、容れられなかった。その後、同僚が異動し一層業務量が増加するなどして、原告は神経衰弱（nervous breakdown, 精神的疲労・深刻な不安・頭痛・不眠・神経過敏・無力感）に苦しむこととなり、休職した。復職後、原告と業務分担する者の配置など過重労働を軽減するための特別なサポートがなされたが早期に打ち切られ、仕事量も増加し続けた結果、原告は神経衰弱を再発し、永続的疾病（permanent ill-health）を理由に被告に解雇された。

---

[21] Douglas Brodie, 'Deterring Harassment at Common Law', (2007) 36 ILJ 213, 214.
[22] 本件の日本語評釈として、山田省三「ストレス疾患労働者に対する使用者の注意義務——使用者は労働者の精神的ストレス予防につき注意義務を負うか」労旬 1363 号（1995 年）17 頁。
[23] *Walker v Northumberland County Council* [1995] IRLR 35（QB）.

　高等法院女王座部の Colman 判事は、「被用者に合理的に安全な職場体制（safe system of work）を提供し、合理的に予見可能（reasonably foreseeable）なリスクから被用者を保護するための合理的措置（reasonable steps）を採らねばならない義務が使用者に課されるのは明らか[24]」であるとした。そして、「この義務の範囲についての法理は、被用者のメンタル・ヘルスへの侵害と区別された物理的侵襲（physical injury）に関連する事案でほとんど専ら発展してきたが、精神的損害（psychiatric damage）のリスクが使用者の注意義務の範囲から除外されるべき、あるいは、それと同じ範囲である雇用契約における黙示条項から除外されるべき論理的理由は存在しない[25]」とし、復職後、特別なサポートがなければ神経衰弱が増悪すると合理的に予見できたから、使用者に注意義務違反があったものとした（類型①）。これら判断のうち、使用者の義務論については、先述の基準（ⅰ）予見可能性と直接的に連関し、義務範囲論については、（ⅱ）と（ⅲ）が関連し、とりわけ損害の分担という意味において（ⅲ）が関係しているといえるであろう。

　本判決は、被用者のメンタル・ヘルスに関する使用者の注意義務を肯定した初めての事案とされ[26]、その判旨は後に Barber 事件の貴族院判決[27]で支持されている[28]。従来型の身体への物理的侵襲のみならず、精神的損害についても使用者の注意義務の範囲に含まれるであろうことを明らかにした点は、本件の特徴といえる。すなわち、物的・身体的な注意義務についての法理（日本における物的な危険に対する安全配慮義務に近い）は存在していた[29]ものの、精神的侵害についての注意義務を定立し、かつ使用者の予見可能性を肯定した点が本件の特色であった。

　先述したように、使用者の注意義務は不法行為法上のみならず、雇用契約における黙示条項としても認識されるが、本判決は精神的侵害に関する注意

---

[24] Justice Colman in *Walker* at [37].

[25] *Id.*

[26] Davies, *supra*, note 12, p. 164.

[27] *Barber v Somerset County Council* [2004] IRLR 475（HL）.

[28] See, Davies, *supra*, note 12, p. 165.

[29] *Wilsons & Clyde Coal Co Ltd v English* [1938] AC 57（HL）. その他の事案等につき、望月・前掲注 14）200 頁、有田謙司「イギリス」『『諸外国の労働契約法制に関する調査研究』報告書』労働政策研究報告書 No. 39（労働政策研究・研修機構、2005 年）207 頁、244 頁。

義務を黙示条項としても捉えており、この点も意義深い。すなわち、精神的侵害に関する使用者の注意義務が、ネグリジェンスの要件としてだけでなく、雇用契約上の黙示条項としても解されるのであれば、被害被用者の訴訟選択の幅が拡がることとなる。本件は、不公正解雇（unfair dismissal）法制による申立てがなされた事案ではないが、同法制と本件で示された法理とによれば、精神的侵害に関する使用者の注意義務違反は、みなし解雇（constructive dismissal）の問題として申立て可能となる。不法行為の問題とするか、雇用契約上の黙示義務違反とするかは、訴訟を提起した原告が何を求めるかという「生の主張」によって決定されるであろうが、賠償の算定方法や時効など、それぞれの法的方法における特長に応じて選択がなされることとなろう[30]。

イ　ハラスメントと注意義務

　結果として、Walker 事件は、使用者の注意義務の及ぶべき範囲をメンタル・ヘルスまで拡大させたが、原告の精神疾患原因は過重労働であった。では、ハラスメントを原因とする被用者の精神的被害については如何であろうか。

　これについては、Waters 事件貴族院判決[31] が重要である。すなわち、同事件は、警察職員であった原告が、他の職員からの深刻なセクシュアル・ハラスメントに遭ったという事案であった。判決において、Slynn 貴族院判事は注意義務に関連し、「雇用のうちに被用者らによってなされた行為が、ある特定被用者への身体的または精神的被害の原因となったであろうことを使用者が認識しており、また職権（power）が及ぶとき使用者がかかる行為への監視または防止をなさないのであれば、その被用者への義務違反を使用者がなしたことになるであろうことは疑いなく論証可能である[32]」とし、さらに、「そのような行為が生じるであろうこと、その行為が行われ身体的または精神的被害が個人に生じるであろうことを、使用者が予見（foresee）でき

---

[30] See, Davies, *supra*, note 12, p. 163.
[31] *Waters v Commissioner of Police for Metropolis* [2000] IRLR 720（HL）.
[32] Lord Slynn in *Waters* at [10].

たのであれば、使用者はさらに義務違反に陥ることとなるであろう[33]」とした。この部分を引用した Davies は、Freedland を参照しつつ、「本件は、被用者の福利（well-being）に着目した使用者の強固で明白な義務（strong positive obligation）を示唆した[34]」としている。

また、Slynn 判事に続き、Hutton 貴族院判事は「身体的または精神的侵害を引き起こす不利益な取扱やブリング（bullying,（職場）いじめ）から被用者を保護することに使用者が失敗したのであれば、通常の雇用契約のもと雇い入れられている者は、使用者に対しネグリジェンス法理における正当な訴訟原因を有し得る[35]」とし、「この義務は、雇用契約、そして、ネグリジェンスのコモン・ロー法理の両方から（both under）生じる[36]」とした。この後、Hutton 判事は「ハラスメントが生じたのを認識していたか、または認識するべきであった、そしてハラスメントを予防する合理的措置（reasonable steps）をとり損ねたのでない限り、使用者に法的責任は存在しない」としている（類型①）。

Waters 事件における、これら判断は、以下で述べる Barlow 事件高等法院判決[37]において参照され、さらに Green 事件の高等法院判決[38]にも影響を及ぼしている[39]。その Barlow 事件とは、自治体の現業部門における管理職者であった原告が、汚く酷な言辞を職場で浴びせられるなどした結果、うつ病となった事案であった。高等法院女王座部の Gray 判事は、訴訟の原因となっているハラスメントについての法的責任に関連し、以下のような問い（questions）を発した。

（a）訴訟原因記載書面（Particulars of Claim）において原告が主張する行為

---

[33] *Id.*

[34] Davies, *supra*, note 12, p. 164.

[35] Lord Hutton in *Waters* at [35].

[36] *Id.*, at [37].

[37] *Barlow v Borough of Broxbourne* [2003] EWHC 50（QB）. なお、時系列上 Waters 事件と Barlow 事件との間に、被用者の過重労働ないし家庭事情による精神的ストレスにかかる事案として Sutherland v Hatton [2002] IRLR 263（CA）があり、日本語評釈として鈴木隆「職場における労働者のストレスに対する使用者責任」労判 833 号（2002 年）96 頁がある。

[38] *Green v DB Group Services（UK）Ltd* [2006] IRLR 764（QB）.

[39] See, Brodie, *supra*, note 21, 213.

が実際に行われたと原告が立証したかどうか、そして立証したのであれば、その行為が通常職場いじめまたはハラスメントという語に内包され、それにあたるかどうか。そして、これについては、個々の出来事に依拠するのではなく、当該行為の累積的な影響が考慮されなければならず、

（b）その不利益な取扱または職場いじめに関わった者ないし者らが、その行為が原告の被害をひき起こしたと認識していたか、または合理的に認識するべきであったか、

（c）合理的な注意（reasonable care）をすることで、その被害を回避する措置が可能であったか、

（d）それらの行いが、被告に代位的な責任（vicariously responsible）をとらせるほどに、雇用に関連していたか [40]。

　Gray 判事は（c）を肯定、そして（d）を被告代理人が認めたことから、本件においては（a）と（b）が重要な問いになるとした。この Barlow 事件における問いのうち、（b）（c）は Green 事件高等法院判決において、幾分か修正され採用されている [41]。また、（d）は代位責任に関する問いであり、これは後述の密接関連性テストに由来する。なお、（a）については、制定法におけるハラスメント要件の解釈運用によって代替が可能であろう [42]。

---

[40] Justice Gray in *Barlow* at [16].

[41] すなわち、

（ⅰ）管理者および（または）人事部員は、原告が訴えるところの行為対象になっていることを認識していたか、または認識するべきであったか、

（ⅱ）管理者および（または）人事部員は、そのような行為が原告への精神的侵害の原因となるであろうことを認識していたか、または通常認識すべきであったか、

（ⅲ）管理者および（または）人事部員は、合理的な注意（reasonable care）をすることで、そのような侵害を回避する措置が可能であったか、

との規範であった。以上につき、Justice Owen in *Green* at [10]. なお、これらについては、後述（本章第3節第2項（3）イ）の本文で再掲する。

[42] たとえば、Green 事件高等法院判決においては、PHA 上のハラスメントを構成する要件として、

（ア）少なくとも2回の行為が起こること、

（イ）原告を客体とする行為であること、

（ウ）客観的に困惑させると判断される行為であること、

（エ）耐え難く不合理的（unreasonable）であると客観的に判断される行為であること、

という4要件が示されている。以上につき、Justice Owen in *Green* at [14]. なお、これら

　これら問いは、原告が主張するハラスメントが、ネグリジェンスにおける潜在的責任（potential liability）を生じさせるか[43]を考慮するために用いられたものである。Waters 事件貴族院判決の参照が明示されており、（b）と（c）については同判決の影響がみてとれるものの、個々の問いがそれぞれ如何なる根拠を有するかについては必ずしも明らかではない。もっとも、（d）に関しては、先に言及したように、当該行為と雇用との密接関連性に関するLister 事件貴族院判決[44]の参照が明らかである。

ウ　代位責任法理における密接関連性テスト

　Lister 事件は代位責任（類型②）に関する判例であって、生徒寄宿舎の管理人が同舎の少年らに性的暴行を度々加えていたという事案であった。ここでは、当該管理人の使用者が代位責任を負うかが争点となっている。貴族院は、十分な密接関連性（sufficiently close connection）の有無につき、カナダ最高裁の判例[45]を参照しつつ、先例となる判断を示した。すなわち、代位責任を使用者にとらせることが公平かつ正当なほど、被用者の当該侵害行為が雇用に密接に関連していたか、とのテストであった。これは、この後、いくつかの事例を経て、「使用者の第三者への責任に徴し、その侵害行為（wrongful conduct）が雇用の過程（course of employment）において被用者がなしたと公平かつ正当に（fairly and properly）みなされるほど、被用者の職務行為と密接に関連している行為である場合にのみ当該侵害（wrong）は雇用の過程において犯された[46]」といえる、といった内容に整序されている（close connection test, 密接関連性テスト）。

　この密接関連性テストは、加害被用者のハラスメント行為について使用者の代位責任（類型②）が問われる際に用いられている。たとえば、Majrowski 事件（本章第 3 節 2（3）ア）は、加害被用者によるハラスメント

---

についても後述の本文で再掲し、それらの根拠についても示す。

[43] かかる評価につき、Justice Owen in *Green* at [9].

[44] *Lister v Hesley Hall Ltd* [2001] IRLR 472（HL）.

[45] *Bazley v Curry*（1999）174 DLR（4th）45, also, *Jacobi v Griffiths*（1999）174 DLR（4th）71.

[46] これは、Majrowski 事件貴族院判決における Nicholls 判事による整序である。Lord Nicholls in *Majrowski* at [10].

（他の被用者との否定的な比較・他の被用者の前での侮辱的発言・不可能な
目標の付与等）について原告が使用者を被告として提訴した事案であった
が、貴族院は、加害被用者の制定法（PHA）違反行為について被告使用者は
代位責任を負うと判決しており、代位責任を肯定する際に密接関連性テスト
を用いている [47]。また、男性重役と交際していた原告が、同僚被用者らによ
るハラスメント（無視・会話等からの締出し・卑猥なうわさの流布・聞こえ
よがしな悪口等）により重大なうつ障害に陥った Green 事件（本章第 3 節 2
（3）イ）においても、被告使用者の代位責任が問われており、加害被用者の
行為と職務との密接関連性が確認されている。

　もっとも、不法行為法理論上、制定法への代位責任法理の適用は、一つの
論点となることにも注意が必要である。具体的には、制定法である PHA に
違反した被用者の行為について、コモン・ロー上の代位責任法理により使用
者が法的責任を負うか、との点につき論じる必要が生じる。これにつき、
Majrowski 事件において Nicholls 貴族院判事は、雇用の過程において被用者
が侵害行為（wrong）をなしているにも関わらず、代位責任法理が適用され
ないといった特別な適用免除（special dispensation）を使用者が有するのは
疑問であるとして、コモン・ロー不法行為法への適用と同様に、制定法であ
る PHA にも代位責任法理は適用可能とした [48]。訴訟実務では、使用者の代
位責任を問うとの法的方法を選択する原告が多いようではあるが、先述のよ
うに、それぞれの方法の特長を勘案の上で選択がなされており、一概には言
えない。

## 3　相互信頼義務論によるハラスメントへのアプローチ

　これまでみてきたように、ハラスメントに関しては、不法行為法上、主と
して①使用者の被用者に対する責任法理と②使用者の代位責任法理とが発展
してきた。しかし、コモン・ローにおけるハラスメントへのアプローチ方法
は、これにとどまるものではない。既に若干の言及をしているところである
が、③雇用契約における黙示条項に関する法理によっても、適切に対応可能

---

[47] *Id*., at [23]-[30].

[48] See, *id*., at [27]. See also, Deakin, *supra*, note 9, pp. 580-581.

である。これを論じることは、単に訴訟選択の幅が拡がるといった実務上の利益というよりも、むしろ理論上重要な視角をもたらし得る。

　さて、雇用契約における黙示条項論にあって、ハラスメントへの法的アプローチに関しては、おおよそ2通りの法的方法が存在する。すなわち、注意義務によるか、あるいは相互信頼義務によるか、2つの方法が考えられる。注意義務については、上述の判決群のうちWalker事件ないしWaters事件の判旨において精神的な人格的利益の保護に関し言及がなされ、雇用契約への取込みがなされている。被害被用者の救済は、注意義務論によって一定程度実現され得るであろう。

　また、雇用契約が長期に及ぶ関係性を継続し発展させることから、使用者と被用者間における相互信頼の維持が要請されている。そして、使用者が自らハラスメントを行う場合であっても、被用者が他の被用者にそれを行う場合であっても、それら行為は相互信頼を毀損し、黙示条項違反を構成し得る。前者の場合は当事者間の信頼破壊という意味で分かりやすく具体的な事例[49]も多くみられるが、後者の場合については、若干テクニカルかも知れない。以下では、後者の場合を如何に導きだすか、Brodieの理論を紹介する。また、相互信頼を論じるにあたって、組織論における「心理的契約」という概念を用いるCollinsの議論も以下で紹介することとする。なお、Brodieは「相互信頼義務（[implied] obligation of mutual trust and confidence）」との語を用い、Collinsは「相互信頼条項（implied term of mutual trust and confidence）」との語を用いて、それぞれ論を展開している。しかし、本章との関係において、両者はほぼ同じものと解して差し支えなく、いずれに反した場合であっても黙示条項違反となるなど同一性を有することから、以下では両者共に「相互信頼義務」の語をもって表現する。

## （1）相互信頼義務に基づくハラスメントへのアプローチ（Brodie）

　Brodieは、雇用関係において中心となる義務として相互信頼義務を位置付け、あるいはDawn Oliverのいうコモン・ロー上の重要な価値[50]である

---

[49] 小宮文人『現代イギリス雇用法』（信山社、2006年）114-115頁は、相互信頼義務に係る具体的な紛争事案を端的に紹介している。

dignity などの保護について同義務の発展は調和している[51]などとしている。そして、ハラスメントに関連し Brodie は、Green 事件や Barlow 事件における裁判所の論証がネグリジェンスにつき幾分か不十分であり、上述の Caparo 事件貴族院判決における 3 段階基準が十全に適用されるべきであったことを指摘しつつ、とりわけ（iii）の「当該義務を課すことが公平、正当かつ合理的（fair, just and reasonable）であること」との基準が根源的な問いとなるとした[52]。その上で、（α）Waters 事件等における注意義務論と、ハラスメント行為の特殊性とが必ずしも調和しないこと、（β）精神的被害を合理的に予見し得る程に十分深刻な行為にふけっていたとしても加害被用者の責任が重くはないことへの疑問、（γ）ネグリジェンスにおける法的責任が現代雇用契約の価値をさらに促進させ、調和させるかとの疑問などの諸点から、当事者間の相互信頼に着目しつつ、ハラスメントへのアプローチを導いている[53]。Brodie の所論の紹介を以下で試みる。

ア　Brodie の主張

　最初に、（α）についてだが、Brodie の論理は以下の通りである。まず、上記の Waters 事件判旨において明らかなように、ハラスメントを認識していたか、認識すべきであったのでない限り、使用者には法的責任が生じない。これは、上述の類型①の使用者の被用者に対する責任法理における注意義務内容を指しているが、ときとして使用者が全くもって与り知らぬところで行われるハラスメントについての考慮が十分であるようには思われない。「ハラスメント行為はしばしば使用者の探知をすり抜ける[54]」のである。そうすると、これら侵害行為の特殊性と、使用者の認識可能性の問題との間には、一定の距離が生じざるを得ない。その結果、類型①による法的責任追及

---

[50] Dawn Oliver, *Common Values and the Public-Private Divide*, (Butterworths, 1999), pp. 60-70.

[51] 前者につき、Douglas Brodie, *Enterprise Liability and the Common Law*, (Cambridge University Press, 2010), p. 142. 後者につき、Brodie, 'Mutual Trust and Confidence: Catalysts, Constraints and Commonality', (2008) 37 ILJ 329, 339.

[52] See, Brodie, *supra*, note 21, 214.

[53] See, *id.*, 214-216.

[54] *Id.*, 214.

が難しくなり得る。では、類型②における代位責任法理によって、被用者がなした PHA 違反の法的責任を使用者に負わせることが可能でないかとの指摘も生じよう。しかし、もし仮に PHA が適用できない何らかの事由が存在する場合、被害被用者の救済は厳しくなる。

　次に、（β）は、身体的侵襲と同視し得るくらい有害な精神的被害をもたらすハラスメントが、やや軽視されているのではないかとの問題意識に基づくものと解される。すなわち、殴る蹴る等の侵襲と同様、物理的有形力の行使を伴わない侵害行為も重大な被害を招く場合が十分あり得ることについての確認をなしているものと思われる。そして、そうした重大な精神的被害を招来する十分深刻な行為についても注意が払われるべきことが示されていると考えられる。

　そして、（γ）についてであるが、この点を Brodie は最も強調したかったのではないかと思われる。すなわち、相互信頼が、コミュニタリアン的価値（communitarian values）などと調和し、現代雇用契約の価値を促進するという点である。これにつき、まず Brodie は、これまでの注意義務の展開のみならず、被用者にハラスメントをなす使用者が相互信頼に反していることを指摘する。そして、Spring 事件 [55] において Slynn 貴族院判事が「制定法によってであろうと、あるいは裁判所の判決によってであろうと、被用者の身体的・経済的・さらに精神的な福利（welfare）への配慮をするという、以前よりもはるかに重大な義務を使用者に課すことで、使用者と被用者との関係で生じる変化 [56]」に触発されたことを引きつつ、Brodie は、こうした義務の拡大は被用者における責任の発展と有意な関係があるとした。すなわち、相互信頼義務の法的創出は、Selznick がいうところ [57] の「相互依存性・思い遣り・コミットメント（interdependence, caring and commitment）」を促進するし、コミュニタリアン的価値と調和することになる [58] としている。そして、

---

[55] *Spring v Guardian Assurance* [1994] IRLR 460.

[56] Lord Slynn in *Spring* at [86].

[57] Brodie が参照しているのは、Philip Selznick, *The Moral Commonwealth: Social Theory and the Promise of Community*, （University of California Press, 1994）である。なお、コミュニタリアニズムにつき、補章第 3 節 1 （1） 参照。

[58] Brodie, *supra*, note 21, 215.

雇用契約は経済的なやり取りだけでなく社会的または個人的な関係について
も存在するとの認識を相互信頼義務はもたらすし、コミュニタリアン的価値
を考慮すれば、被用者間に存在または存在すべき義務と被用者との間の関係
性を無視できないとする[59]。


イ　帰結

　こうした上で、Brodie は、ハラスメントについて、同僚被用者にハラスメ
ントを行う被用者に関心を向けるべきとする[60]。そして、多くの使用者がハ
ラスメント方針（職場における dignity 方針[61]）を策定し、被用者は遵守を

---

[59] See, *id.*

[60] *Id.*

[61] 現在イギリスにおける多くの企業で、ハラスメント対策として、職場における dignity
方針（Dignity at Work Policy）を策定している。おおよそ、かつての DWB における附
則 1 の第 2 条における同方針の包含要素をみたすものであることが多い。同法案は議
会に上程されたものの PHA の存在などによって 2 度廃案となっているが、その内容に
ついては現在でも企業実務で斟酌されている。この附則 1 の第 2 条は、以下の通りで
ある。
*附則 1*
*職場における Dignity 方針*
第 2 条　職場における dignity 方針は、以下の各号を必ず包含し、書面化して、全ての
被用者に配布されなければならない。
　(a) 職場における dignity のための全ての被用者の制定法上の権利の解説、および権
利侵害が許容されないことの宣明。
　(b) 職場における dignity 権を侵害するような行為の類型の例示、および懲戒処分と
なるであろう行為の類型の例示。
　(c) 申立てが深刻に受け止められ、客観的に調査され、また信義に則って対処され
るということと、全ての段階において申立人の代理人が申立てを代理することを
許容するという約定が包含された、職場における dignity 権の侵害に対する申立て
の提起とその方法についての手続にかかる明確な記述。
　(d) 法の趣旨のもと、割り振られた職務を果たすべき、申立てを受けなければなら
ない適格者の指定。
　(e) 当該方針に違反した被用者に対して従わせるべき懲戒手続の明確な記述であっ
て、助言斡旋仲裁局の行為準則である「雇用における懲戒処分と手続（1977）」の
規定を遵守しているもの。
　(f) 申立てをしようとしている者、または申立ての対象となる者に対して、相談、
支援、助言のため連絡可能な指定された者の詳細（氏名、電話番号を含む）。
　(g) 使用者と管理権限を有する何らかの地位を占める全ての者への当該方針に関す
る教育と、全ての被用者への周知のための手順。
　(h) 当該方針のもとでの全ての申立ての要約を包含し、上級管理職に報告されるべ
き、当該方針の運用についての年 1 回のモニタリング（申立人が合意しない限り、

指示されるであろうこと、もし使用者がそれを策定しない場合や、使用者が
被用者にハラスメントをなす場合、また被用者間のハラスメントを予防しな
い場合は、相互信頼に反するであろうことを指摘する[62]。その一方、被用者
はハラスメントにふけってはいけないし職場環境を他の被用者に対して敵対
的なものにしてはならず、ハラスメントのない職場を確保するという使用者
の努力を被用者が害するのであれば相互信頼を毀損したこととなるとしてい
る[63]。こうした相互の義務は、一種の取引（quid pro quo）のようであり、ま
た義務の互恵性（reciprocal nature, あるいは互酬性[64]ともなろうか）と調和
する[65]という。

ウ　Brodie の議論に係る小括

　Brodie の議論におけるエッセンスを抽出するなら、以下のようになろう。
すなわち、ハラスメントに対する既存法理アプローチへの疑問、ハラスメン
ト行為それ自体への洞察、人的関係性の重視など雇用契約が内包すべき価
値、それら諸点に鑑みて、Brodie は相互信頼義務の妥当性や適度な拡張を論
じている。そこでは、とりわけ使用者と被用者との間における相互性や互恵
性が重視されているように解される。そして、ハラスメントを予防し対応す
るという使用者の義務に、職場環境を他の被用者に対して敵対的なものとし
てはならないとの被用者側の態度が対向することで、Brodie のいう相互性な
いし互恵性が全うされる。

---

　　申立人の氏名は秘密扱い）。
　　（ⅰ）当該方針の履行と、実際の運用における観点からの当該方針のあらゆる改定、
　　　当該方針の運営についての労働組合と安全代表の協議のための手順。
[62] See, Brodie, *supra*, note 21, 215-216.
[63] *Id.*, 216.
[64] 原初的な「互酬性」につき、カール・ポランニー（玉野井芳郎＝栗本慎一郎訳）『人間
　　の経済（Ⅰ）・（Ⅱ）』（岩波書店、1980 年）、マルセル・モース（有地亨訳）『贈与論』
　　（勁草書房、1962 年）など。
[65] See, Brodie, *supra*, note 21, 216.

## (2) 相互信頼義務論と「心理的契約（psychological contract）」論 (Collins)

　そして、この互恵性や、被用者の期待（expectation）について特に関心を払うのが Collins である。互恵的概念であり、契約当事者の期待を描く「心理的契約（psychological contract）」論を用いながら、Collins は雇用契約上の黙示条項、特に相互信頼義務を論じている。しかし、「心理的契約」とは、法学上の概念ではない。組織論などで用いられる概念であって、「契約」といっても、法律学において理解される契約とは異なることに注意が必要である。Collins の言うところを理解する前提として、以下で「心理的契約」につき、確認したい。

ア　「心理的契約」について

　「心理的契約」は、Denise Rousseau が主導する概念であり[66]、日本の組織論者によって一定の紹介がなされている。すなわち、まず、「心理的契約」論が前提とするのは、通常約束事には、「文章化された契約」だけでなく、「文章には記載されないもの」があり得る[67]という事実である。前者は「法律によって履行が担保」されるが、後者は必ずしもそうではなく、こうした文章化されない約束の履行を担保する代替的メカニズムが必要になるとし、そのメカニズムとは「社会関係における評判効果」であるとする[68]。すなわち、「雇用契約の当事者は、限定された市場の中で、長期的な交換を行って」おり、その市場が「限定」されていることから、「約束の履行状況が、直接の契約相手や他の潜在的な契約相手にも容易に知れてしまう[69]」ため、「当事者は約束を履行するインセンティブを持つ[70]」こととなる。また、「その

---

[66] Rousseau による代表的文献として、Denise M. Rousseau, *Psychological Contracts in Organizations: Understanding Written and Unwritten Agreements*,（Sage, 1995)、Collins が参照するものの一つとして、D. M. Rousseau, 'Psychological and implied Contracts in Organaisations',（1989）2 Employee Responsibilities and Rights Journal 121.

[67] 服部泰宏『日本企業の心理的契約——組織と従業員の見えざる約束〔増補改訂版〕』（白桃書房、2013 年）17 頁。

[68] 服部・前掲注 67。

[69] 服部・前掲注 67。

[70] 服部・前掲注 67）18 頁。

ような交換は、1回限りで終わるものでなく長期継続的な性格を持っており、当事者にとっては、約束を不履行して短期的な利益を得るよりも、履行によって自らの評判を守ることの利益のほうが大きく知覚される[71]」という。

結果、「心理的契約は、雇用契約の開始に先立って成立し、法律によって履行を担保される『文章化された契約』だけでなく、組織参入前、そして算入後に形成される『書かざる約束』をも含めた、相互期待の総体をもって、『契約』とみなす点に特徴がある[72]」とされている。そして、組織と従業員は、雇用関係開始後に様々な情報探索を行い、種々の文章化されざる約束を交わし、必要であればお互いが当初抱いていた非現実的な期待を現実的なものへと調整し、お互いの義務を徐々に形成すると共に、その相互義務は定期的に再確認される[73]。

以上より、「心理的契約」は、雇用の長期継続性を前提としつつ、「社会関係における評判」をその履行確保手段とし、その内容は時折確認・調整されるものと理解される。

さて、以上を踏まえた上で、Collins の議論を若干検討する。

イ 「心理的契約」の援用

まず、Collins は、様々な論者の引用をしつつ、自身が理解するところの「心理的契約」を紹介している。

すなわち、Collins は、最初に Brodie や関係的契約理論で知られる Ian Macneil[74] を引き、協力・公正な取扱・長期的なコミットメント（cooperation, fair dealing, and long-term commitment）といった黙示の期待（implicit expectations）が通例存在するがゆえに、雇用契約は単発的契約（discrete

---

[71] 服部・前掲注 67。

[72] 服部・前掲注 67。

[73] 服部泰宏「日本企業の組織・制度変化と心理的契約——組織内キャリアにおける転機に着目して」労研 628 号（2012 年）60 頁、63 頁。

[74] ここで Collins が参照しているのは、Ian Macneil, 'Contracts: Adjustment of Long-Term Economic Relations under Classical, Neoclassical, and Relational Contract Law', (1978) 72 NULR 854、及び David Campbell (ed.), *Ian Macneil, The Relational Theory of Contract: Selected Works of Ian Macneil*, (Sweet & Maxwell, 2001) である。

contract）というより関係的契約（relational contract）といえる[75]旨指摘する。その上で、契約当事者の黙示の期待は「心理的契約」として描かれ、それは、懸命に働けば雇用が維持されると被用者が信じ、使用者もそれに応じるといった互恵的義務（reciprocal obligation）になり得るとする[76]。そして、この「心理的契約」は、「個人と組織との間の交換的合意の条項について、組織により具体化される、個人の信念[77]」である[78]として、Collins は同契約論者の Rousseau による定義を引用している。また、「心理的契約」が履行される場合、被用者の仕事満足度・役割におけるパフォーマンス・組織市民行動（job satisfaction, in-role performance, and organizational citizenship behaviors）に関係するとされ、同契約が履行できない場合、被用者の低い仕事満足度・低い仕事コミットメント・転職意図の増進に関係するとされていることを紹介している[79]。そして、当該組織によって「心理的契約」が具体化され、互恵的義務の存在を被用者に信じさせることで、転職率を下げるなどの効用が使用者にもたらされる一方、正式な法的裏付けのない同契約は被用者にとって不確かなものとなり、使用者による「心理的契約」の不履行があった場合、雇用関係への裏切り、相互信頼の毀損であると、被用者によってみなされるであろうとしている[80]。

　もっとも「心理的契約」は法的なものでない。よって、「期待」は必ずしも法的保護の対象とはなり得ない。しかし、Collins は、「心理的契約」の内に発生する「期待」に対して、黙示条項は法的効力を与えることができる[81]

---

[75] Hugh Collins *et al.*, *Labour Law*,（Cambridge University Press, 2012）, p. 102. なお、本章における同書よりの引用箇所は全て Collins が執筆している。

[76] See, *id.*

[77] Collins が引用するところの原語は、individual beliefs, shaped by the organization, regarding terms of an exchange agreement between individuals and their organization である。なお、individual's belief, regarding the terms and conditions of reciprocal exchange agreement between focal person and another party という定義も Rousseau によりなされ、こちらについては、「当該個人と他者との間の互恵的な交換について合意された項目や条件に関する個人の信念」と訳されている。これにつき、服部・前掲注67）26頁。

[78] Collins, *supra*, note 75.

[79] See, *id.*

[80] *Id.*, p. 103.

[81] *Id.*, p. 136.

としている。すなわち、雇用契約における黙示条項の発展に基づいて、裁判所は使用者と被用者の両者の新しい期待に法的表現（legal expression）を与えてきたとし、仕事のパフォーマンスを使用者は期待し、敬意・信頼・dignity をもって公正に扱われるという期待を被用者が持ち、それら期待は「心理的契約」として記述され、黙示条項を構成することにより保護できるとする[82]。

　また、相互信頼義務は、不利益取扱・不公正取扱・ハラスメント・職場いじめなど経営権力（managerial power）濫用の全てに及ぶ[83]と確認し、あるいは、旧来の主従的雇用契約への見方を変容させた同義務の形成・発展に言及するなどした後に、Collins は明示条項による排除との関係で同義務の一定の限界を指摘する[84]。さらに、ある程度まで「心理的契約」を侵害から保護するものであると相互信頼義務をみるのが正しいのであれば、かかる「心理的契約」の内容が雇用の種類における相違によって相当変動するであろうことを認識すべきとし、たとえば、農場経営者との雇用で 1 日フルーツを摘み取るような特定の業務を行う臨時的雇用の場合、「心理的契約」が存在するとしても、それはかなり貧弱（thin）であろうとする[85]。しかし、そうした点を踏まえつつも、「心理的契約」に込められる被用者の期待を保護する不公正解雇法制のような制定法上の規定により、契約の自由と黙示条項への明示条項の優越とを常に保護する法（legal orthodoxy）をコモン・ローが放棄するかも知れないことは魅力的[86]であるとしている。

ウ　Collins の議論に係る小括

　さて、以上のような Collins の議論は、「心理的契約」という他分野の概念を黙示条項論に移入するだけでなく、同契約論が内包する互恵性・当事者の期待の探究・そして同契約論自体が前提としているはずの雇用契約の長期継続性などについて、再度の意識または確認をなす意図であったかのようにも

---

[82] *Id.*

[83] *Id.*, p. 138.

[84] *Id.*, pp. 141-143.

[85] *Id.*, p. 143.

[86] *Id.*

思われた。使用者が「社会関係における評判」を保持しようとするならば、被用者の「期待」を実現せざるを得ないとの互恵性を重視する「心理的契約」を用いることは、相互信頼義務の根拠に対する洞察に、一つの見方を与えるだろう。また、「心理的契約」の内容は統計的に測定可能とされるが、一定の「期待」の実質化は、どのようなことが期待されているか、どこまでが法的保護に値するかの考察に資するやも知れない。あるいは、雇用契約が通常の契約と異なる性質を持つことを際立たせるためにも、「心理的契約」は役立つであろう。

　とりわけ、「心理的契約」の内容が変動し得るとして、1 日限りのフルーツ摘みの雇用の場合、「心理的契約」の内容はかなり貧弱（しかし、それは「貧弱」なのであって「無」ではなく、それ自体は関係的契約理論と軌を一にする）になると例示を交えたのは、存外重要ではないだろうか。これは、「心理的契約」が継続的な雇用を前提としていることに由来するものと解され、そうした意味で 1 日の臨時的雇用は余りに短いことを指摘したのであろうが、雇用の種類によって「心理的契約」が変動し、それに対応する相互信頼義務の及ぶべき範囲も変遷することをも示している。あるいは、1 日という極めて短い雇用において、被用者が使用者に期待することは少ないやも知れないが、使用者が被用者に期待することもまた少ないとの相互性を意味しているともいえ、「関係性」の枠内におけるメニューの数量的側面を端的に表現したものと解される。関係的契約は長期の継続性を前提とするが、多くの雇用契約もまた長期の継続を予定しており、結果として被用者の「期待」ないし「心理的契約」の内容は豊富なものとなり得る。

　そして、ハラスメントとの関連において被用者の「期待」が知覚されるとすれば、予防という局面において、被用者は職場における dignity 方針の内容・改定がそれぞれ適正であることを期待するであろう。また、侵害が実際に生じた場合、同方針の適正な運用が期待されるであろうし、侵害が精神的なものであればあるほど、それぞれの被害者にフィットした救済もまた期待されよう。個々人の感受性はそれぞれ異なるからである。こうした被用者の「期待」にも、黙示義務違反という法的方法によって一定の保護が及び得るとすれば、その意義は小さくはないように思われる。

## 4　小　括

　本節の前半においては注意義務論について、後半においては相互信頼義務論について、それぞれコモン・ローの発展ないし理論の展開をみてきた。前半においては、とりわけ Walker 事件・Waters 事件・Barlow 事件が、ハラスメントに関して重要であったといえよう。すなわち、使用者における注意義務の範囲は被用者の精神的な人格的利益の保護にも及び（Walker 事件）、それはハラスメントについても妥当する（Waters 事件）ことが明らかにされ、実際に法的責任を生じさせるための前提規範が示される（Barlow 事件）などして、現在のハラスメントに関するコモン・ローが形成され発展している。そして、不法行為論によるのであれ、雇用契約論によるのであれ、使用者の法的責任を如何に導くかという点において、本節でみた諸規範ないし要件論は若干なれども意義を有していたものといえよう。

　一方で、注意義務論によるよりも相互信頼義務論によってハラスメントに対応すべきことが Brodie により指摘されていることを踏まえ、本節の後半では、相互信頼義務論における理論動向を示すこととし、Collins の議論についても紹介することとした。そして、Brodie のいう相互性ないし互恵性、あるいは Collins の「心理的契約」の援用は、目新しさを含むものであったように思われる。すなわち、ハラスメントを予防し対応するという使用者の義務に、職場環境を他の被用者に対して敵対的なものとしてはならないとの被用者側の態度が、いわば反射的に生じ相対する。それが、Brodie がいうところの相互性であり、また互恵性の発露でもあった。また、使用者が「社会関係における評判」を保持しようとするなら「心理的契約」は履行されるであろうし被用者の「期待」が実現され得るとの論理は、一見当然のようでありながら、法律学において明白に意識されていなかった視角と解され、そうした意味で「心理的契約」論は注目に値する。あるいは、同論を援用しつつ、期待の実質化や雇用の長期継続性を意識する Collins の議論は、先述の Macneil の関係的契約理論とも親和性を有しており、一種特徴的といえるだろう。

　これらが日本の法理論に示唆をもたらすかどうか安易に述べることはでき

ない。しかし、一定の視角は付与されるように思われ、それは労働契約論
——とりわけ付随義務論——にとって重要であるように考えられる。

　まず、日本におけるハラスメントについては、「働きやすい職場環境の実
現」を内容とする職場環境配慮義務の定立が重要となる。そして、同義務違
反については、債務不履行構成が学説上支持されると解される。すなわち、
使用者における行為規範（義務内容）の明確化・具体化が図れる[87]という
点、他人責任としての使用者責任とは異なって、使用者による積極的な職場
環境への配慮・整備が促進される[88]点、過去の損害に対する構成（不法行
為構成）ではなく、契約上の本来の内容回復を図ることで過去の清算のみな
らず将来に向けて一定の措置を強制するという形での法的責任追及が可能と
なる[89]点などに鑑みるに、債務不履行構成は妥当性を有しているといえる。
Brodie も Collins も雇用契約の黙示条項論として相互信頼義務の理論的発展
を目指しているが、そこでの議論は一定の視角または斟酌すべき価値を、日
本の議論に与えるように思える。

　たとえば、職場環境配慮義務など契約上の義務が使用者に十全に課される
とき、それに対応ないし相対する形で労働者の側においても、職場環境を他
の労働者に対して敵対的なものとしないことが要請され得るであろう。もち
ろん、何が「敵対的」か、あるいは何をもって「適正」とするか、との問い
は依然残されるだろうし、単に使用者が「あるべき」と思うことが労働者に
強制されるようなことはあってはならない。労働者に要請されることが法的
な義務にまで転化するかどうかは別として、少なくとも、ハラスメントの防
止については、ひとり使用者のみならず「職場」を構成する労働者の関与が
不可欠なことに思いをいたらせる必要があるだろう。そうした意味におい
て、使用者に課される義務に対向する形で、被用者は職場環境を他の被用者

---

[87] 松本克美「セクシュアル・ハラスメント——職場環境配慮義務・教育研究環境配慮義
　務の意義と課題」ジュリ 1237 号（2003 年）137 頁、土田道夫『労働契約法』（有斐閣、
　2008 年）116 頁。

[88] 山田省三「JR 西日本日勤教育における労働者の人格権——鑑定意見書（2007 年 4 月 3
　日大阪地裁提出）」労旬 1764 号（2012 年）28 頁、29 頁。

[89] 唐津博「労働者の『就労』と労働契約上の使用者の義務——『就労請求権』と『労働付
　与義務』試論」下井古稀『新時代の労働契約法理論』（信山社、2003 年）157 頁、190
　頁。

に対して敵対的なものとしてはならないとする Brodie の議論は、直ちに首肯しかねるものの、一つの視角としてあり得なくはないように思われる。

　そして、労働と人格の不可分性、人格同士がせめぎあう職場（集団性）、労働契約の継続性といった各個の特殊性を考慮するならば、労働者の人格的利益への配慮やコミュニティ構築の諸方法のみならず、労働者が期待するところも意識せざるを得ない。「職場」が一つのコミュニティである以上、構成員個々の期待は一定程度汲まれる必要がある。この点、ハラスメントを生じさせないようにし、「働きやすい職場環境の実現」を求める職場環境配慮義務の主張は、いってしまえば期待の法的実現の一つであったかも知れない。ハラスメントについて労働者が何を求め、仮に侵害が生じた場合に何を欲するかについて使用者が積極的に斟酌することは、最終的には使用者の世評にも結びつく。そうした視角は、職場環境配慮義務が使用者によって誠実に履行される際のインセンティブ足り得るのではないだろうか。

　とりわけ Collins の議論を踏まえるに、一回的な取引行為ではなく、継続性をもった関係を維持するのが労働契約であるという視点も再度確認すべきであろう。長期継続性という価値は、当事者間における期待項目の増大を要請し、その探究・維持・改定についても原理的に作用する。そして、ハラスメントに関していえば、それに関する諸規定の策定・改廃や、研修の立案・実施についても、労働者の期待を反映すべきであり、あるいは労働者にイニシアチブが付与されるべきようにも思える。そうした作業は、「職場」というコミュニティとしての価値をも、高めることになるだろう。

## 3 ｜ Protection from Harassment Act 1997 を中心とした制定法によるアプローチ

### 1　概　論

　イギリスでハラスメントが法的に争われるとき、重要となるのが、以下の制定法である。すなわち、既に論及している 1997 年ハラスメントからの保護法（PHA）と、2010 年平等法（EA2010）の 2 つである。それぞれが規定

する「ハラスメント」概念に、問題となるハラスメントが該当する場合、その被害者は救済を受けることができる。ただ、PHA がありとあらゆる類型のハラスメントをその射程に収めるのに比して、従来の差別禁止法の系譜[90]に連なる EA2010 は、性や人種など特定の保護特性に関連するハラスメントのみを射程下に置くにとどまる。そのため、ハラスメントに対し、より包括的に機能するのが、PHA となっている。また、要件が簡潔であること、EA2010 と比べ提訴期間が長いこと、高額賠償が期待できることなど、PHA の持つ特長は少なくなく、その有効性は注目に値する。よって、本節では、PHA を主軸としてその紹介をし、EA2010 アプローチとの比較、代表的なハラスメント事案における PHA の適用等について述べることを、第一の目的とする。

　ところで、PHA または従来の差別禁止法もしくは EA2010 は、雇用関係分野以外にも適用される制定法である。つまり、いずれの制定法もハラスメント対策のみを目的としたものでない。一方で、職場におけるハラスメント対策に特化した「職場における dignity 法案（DWB）」は、2 度イギリス議会に上程されたが、2 度とも廃案となった。これは、ハラスメントについては、PHA などによる対応で足り、新しい制定法は必要でないとする議会の判断によるものだった。しかし、依然として、労組等各種団体は「職場における dignity」を求め続け、結局イギリス政府もそれに関するパートナーシップ事業に資金を提供するに至った。また、2003 年、2 度目の DWB 廃案の結果、PHA は、いわばその代替としての役割を確定的に果たし始め、職場における dignity を侵害する行為に対する制定法として、PHA を評価する論説もみられることとなった。現在、イギリスにおいては、職場における dignity が重要な法益とされ、雇用関係法上、欠くことのできない価値の一つとして強く意識されている。ゆえに、職場における dignity に着目し、いかにそれと PHA が有機的な関連を有するに至ったか、DWB と併せて論じることを、本節の第二の目的とする。

　なお、PHA や EA2010 以外にハラスメントに対応し得る他の制定法が見

---

[90] なお、これについて、内藤（忍）・前掲注 4。

当たらないわけでない[91]。しかし、イギリスにおいて多くのハラスメント事案が、現在、PHA か EA2010 で処理されていることに鑑み、本章では、PHA と有効なハラスメント対策法となったであろう DWB を中心に述べることとする。

## 2　PHA の概要・EA2010 との比較・展開

### (1) PHA の立法背景とその概要

ア　コモン・ロー上の法的限界と PHA の成立

　PHA 制定前において、ハラスメントは、それが性別や人種等を理由とする直接差別（direct discrimination）でない限り、コモン・ロー上の不法行為類型であるニューサンス（nuisance, 生活妨害）やトレスパス（trespass, 直接侵害）によって法的対処がなされた。しかし、そこには以下で述べるような限界があった。

　そもそも、ニューサンスは、主として、財産権への侵害行為を念頭にしており、他人の平穏な生活を妨害する迷惑行為や他人の権利を妨害する行為、あるいは、公共の利益を害する行為のことをいう。他人の土地などを不法に使用する、あるいは、土地所有権の享有を妨害するなど財産権を侵害するものを私的ニューサンス（private nuisance）、公共の道路に妨害物を置くなどして、公共の利益を害するものは公的ニューサンス（public nuisance）として、ニューサンスは 2 つに分類される。これまで、騒音やハラスメント及びストーキングなどが、私的ニューサンスの問題とされており、たとえば、地上げ業者が、住民を追い出す目的のため、騒がしい大家族を賃借人として、隣に住まわせた事例[92]などもその例の一つとして挙げられる。しかし、先述のように、そもそも私的ニューサンスは、財産権への侵害行為を前提にし

---

[91] たとえば、被用者がハラスメントを苦に退職するに至ったとき、1996 年雇用権法（Employment Rights Act 1996）の「みなし解雇」としての救済を受けられる可能性があり、被用者は雇用審判所に不公正解雇の申立てが可能である。以上につき、鈴木隆「イギリスにおける職場いじめ対策の実情と課題」季労 218 号（2007 年）63 頁、65 頁。同法は、後述する雇用契約上の相互信頼義務（黙示条項）違反との関係で、ハラスメントへの対処としての意義を持つ。

[92] *Smith v Scott* [1973] ChD 314（Ch）.

たものであるために、ハラスメントやストーキングについての対策としては不十分であった。そもそも原告適格者についても、当該土地に何らかの財産権を持つ者に限定される。そうすると、たとえば、自らの所有地でない職場でのハラスメントには対応できない。また、公的ニューサンスは、「公共」と呼べる程度の多くの人が侵害される必要があり、ある特定人のみ、あるいはその家族までといった限定された範囲の者が被害者になるにとどまるハラスメントやストーキングに適用するには、大きな困難があった。そのために、ニューサンスによるハラスメント等への対応は、不完全かつ不安定なものとなりがちであり、仮にそうするのであれば、それはニューサンスの無理のある拡張である、とみなすことも可能であった。こうした流れの中、貴族院は、Hunter 事件[93] において、ニューサンスを拡張するのは望ましくないと判決している。

　また、トレスパスは被害者への意図的（intentional）かつ直接的[94] な物理的侵襲を射程に収めるが、ハラスメントに調和的であったとは必ずしもいえない。なぜなら、ハラスメントは、物理的侵襲というより精神的苦痛をもたらすし、積極的な加害意思のもとでなされるとは必ずしも限らないからである。ニューサンスとトレスパスいずれの類型においても、それぞれ上記のような原理原則からのずれを生じ、ハラスメントへの対応としては、法的な限界を示しつつあった[95]。

　とりわけ、ハラスメント・ストーキングの文脈においてコモン・ロー上の限界を示した事案としては、Khorasandjian 事件[96] を挙げることができよう。同事件は、若い女性が、男性に対して、ハラスメント行為を抑えるよう差止

---

[93] *Hunter v Canary Wharf Ltd* [1997] 2 WLR 684（HL）.

[94] 但し、身体に対する故意の侵害は、それが間接的であっても不法行為責任を成立させるという準則が、*Wilkinson v Downton* [1897] 2 QB 57 により樹立されている（これにつき、望月・前掲注14）211頁参照）。しかし、この準則に立ったとしても、明白に病臥しない限り身体に対する侵害とはならないため、やはり精神的苦痛をもたらすハラスメントと調和的であるとはいえない。

[95] これにつき、Timothy Lawson-Cruttenden & Neil Addison, *Protection from Harassment Act 1997*, (Blackstone, 1997), pp. 3-9。また、Brenda Barrett, 'Protection from Harassment Act 1997', (1998) 27 ILJ 330, 331 も参照。

[96] *Khorasandjian v Bush* [1993] 3 All ER 669（CA）.

命令を求めるものであった。判決では傍論ながらハラスメントについての不法行為法の不備が指摘[97]されている。これは、1992年のイギリス法務委員会（Law commission）のレポートと調和するものであった。当初、前配偶者や同棲者からのハラスメントなどに対応するために、家族法（Family Law）を拡大適用するという解決策も持ち上がっていたが、それでは、相隣関係、不動産の貸主から借主へのハラスメント、職場におけるハラスメントなどに対応することができず、抜本的な解決にならないと同委員会のレポートで指摘された[98]。

そして、このようなコモン・ロー上の限界だけでなく、増加するハラスメント・ストーキング問題への対応の必要性は法曹関係者のみならず、一般においても認識されるところとなった[99]。1996年、イギリス労働党のJanet Anderson議員によって、反ストーカー法案（Anti-Stalking Bill）が提出されたが、当時のMajor政権によって否決され、成立に至らなかった。しかし、同法案の提出は、ストーキングやハラスメントに、立法で対応すべきであるということを、内務大臣Michael Howardに認識させることに成功した。

1996年6月にイギリス内務省が発表した文書[100]は、ハラスメントに係る法律の制定について、イギリス政府が積極的であることを示した。結局、

---

[97] Mr. Justice Peter Gibson in *Khorasandjian* at p. 683.

[98] Law Commission, *Family Law Domestic Violence and Occupation of The Family Law*, （Law Com. No. 207, 1992）, para. 3. 14.

[99] PHAの制定に関し、17年間に亘ってハラスメントに遭った経験のあるEvonne Von Heussenによって、1993年に反ストーキング・ハラスメント協会（The National Anti-Stalking and Harassment Support Association）が設立されたことが一つの契機となっている。イギリス政府に対するハラスメント被害者救済を企図した同協会の働きかけが同法の制定に大きく寄与した。また、Andrea Adamsの著書（*Bullying at work: How to confront and overcome it*, （Virago, 1992））も大きな役割を果たしている。これは、Adams自身がBBCにおけるラジオ番組を通じ、ハラスメントの具体的ケースについて紹介をしたところ、Adamsや番組プロデューサーの予想を遥かに超える反響があり、それに応えるため著されたものだった。サイコセラピストのNeil Crawfordの協力も得て執筆されており、単にハラスメントの告発を図るという性格だけでなく、心理学的なアプローチを含め、一定の解決策を提示しようとするものと評価できる。また、「職場いじめ（bullying at work）」という言葉を最初に用いたのも、Adamsであったとされている。なお、Helge Hoel, 'Workplace Bullying in United Kingdom', （2013）12 JILPT Report 61もAdamsの著書に一定の評価を与えている。

[100] Home Office, *Stalking – The Solutions*, （Home Office consultation paper, 1996）.

PHA の法案は、イギリス政府から 1996 年 12 月 6 日に庶民院に提出され、審議が開始された。法案の内容の多くは、Anderson 議員の提案をたたき台にしており、その同一性は高い。庶民院では、スピード感のある法案審議が行われ、法案提出から 2 週間で、最終審議が終わり、1996 年 12 月 18 日法案は貴族院に送られた。貴族院においては、その翌日に法案の審議が開始された。1997 年 3 月 19 日に最終審議がなされ、可決されると、1997 年 3 月 21 日、法案は女王の承認（Royal Assent）を受け、成立した（施行は同年 6 月 16 日）。3ヶ月半での成立は、ハラスメント問題への対応が強く要請されていたことを物語るが、そもそも 1997 年は 5 月に庶民院の総選挙を控えており、重要法案と目された PHA は、その成立が急がれたとの背景もあった。

　しかし、一方において、1996 年 11 月 19 日 Monkswell 卿により貴族院に提出されていた DWB は、同年 2 月 28 日に庶民院で審議日程が決まっていない [101] と言及されたまま、審議未了で不成立に終わった。これは、1 度目の DWB の提出であった（2 度目の提出は 2001 年 Blair 政権下で Anne Gibson 議員によりなされている）。DWB の不成立は、PHA に原因があるが、これについては後述する（本章本節 3 (2)）。

## イ　PHA の概要

　差別禁止法あるいは EA2010 と同様に、PHA[102] は、その適用を特定の法分

---

[101] Michael Morris, HC Deb 28 Feb. 1997, vol 291, col 595.

[102] ここでは、民事救済の場面でほぼ必ずその根拠となる 1 条・3 条・7 条に絞り、また、その各条項の中でも民事救済上重要なもののみ抄録として以下で紹介する。
　　第 1 条　ハラスメントの禁止
　　(1) 何人も以下のような一連の行為をしてはならない。
　　(a) 他人へのハラスメントにあたるものであって、
　　(b) 他人へのハラスメントにあたると認識している、または認識すべき行為
　　(1A) 何人も以下のような一連の行為をしてはならない。
　　(a) 2 人または複数人に対する行為であって、
　　(b) 他人へのハラスメントにあたると認識している、または認識すべき行為であり、かつ、
　　(c) 下記のようなことを意図する行為
　　(ⅰ) 授権されているか、要求されていることをさせない、または、
　　(ⅱ) 何ら義務がないことをさせる

野に限定しない。この点が、DWBとは全く異なる点である。そして、「ハラスメント」という不法行為類型、または刑事罰を規定するのがPHAであり、民事救済と刑事罰が有機一体的な関係を持つのが特徴となる。たとえば、差止命令（injunction）に違反した場合、刑事罰の対象となる。しかし、雇用関係上「ハラスメント」が刑事罰に発展することはかなり稀で、専ら民事救済が利用されている。なお、立法当時イギリスではストーキングによるハラスメントが深刻化しており、PHA制定の要因ともなったが、PHAはストーキング問題だけに対応するものでなく、ストーキングを含むハラスメン

---

(2) 本条、または2Ａ条2項ｃ号の趣旨のため、同じ情報を有する一般人（reasonable person）が、一連の行為が他人へのハラスメントにあたる、またはハラスメントを意味すると認識する場合、その加害行為者は、その一連の行為がハラスメントにあたる、またはハラスメントを意味すると認識すべきであったとする。

(3) 下記を明らかにした場合、(1) または (1Ａ) は、その一連の行為に適用しない。

(a) 犯罪を防止または捜査する目的でなしたものであり、

(b) 法令もしくは法の支配のもと、または、法令において課された条件もしくは要件を満たしたものであること。または、

(c) 特殊な状況において、一連の行為の遂行が合理的（reasonable）であること。

第3条　民事救済

(1) 実際または、そう思料される1条1項違反は、当該一連の行為の被害者または、被害者であろう者による民事訴訟の請求対象となる。

(2) かかる請求において、（特に）ハラスメントによって引き起こされた苦悩およびハラスメントによる金銭的損失につき、損害の賠償が命じられる。

(3) 前項の場合

(a) かかる手続において、高等法院または郡裁判所は、被告がハラスメントにあたる行為をなすのを制限する目的で、差止命令を発する。また、

(b) 差止命令により被告が禁止される行為をなしたと原告が思料する場合、原告は、被告の逮捕令状を発するよう申し立て得る。

(4)〜(9)　［略］

第7条　以上の条文の解釈

(1) 本条は、1条から5Ａ条に係る解釈に適用される。

(2) ハラスメントには、他人を不安（alarming）にさせること、困惑（distress）を引き起こすものを含む。

(3) 「一連の行為」とは

(a) 1人に対する行為の場合（1条1項の場合）は、それは、その者に対して2回以上の行為でなければならない。あるいは、

(b) 2人または複数人に対する行為の場合（1条2項の場合）は、それは、それらの者に対して少なくとも1回以上の行為でなければならない。

(3A)　［略］

(4) 「行為」には言論を含む。

(5)　［略］

ト一般に対応する。これにつき、議会における審議過程で、内務副大臣 David Maclean は、PHA が人種迫害・隣人との紛争・職場での紛争など全てのハラスメント類型をカバーすると指摘している[103]。すなわち、PHA はハラスメントの様々な類型全般に適用される。PHA の「ハラスメント」概念は、あらゆる侵害類型を包摂すべく極めて広範である。PHA は当初全 16 条[104] からなり、民刑事両法の性格を持つ。そして、14 条 1 項により、1 条から 7 条までがイングランドおよびウェールズにおいて適用となり、14 条 2 項によって、8 条から 11 条がスコットランドにおいて適用されるが、14 条 3 項により、13 条以外は北アイルランドに適用されない。本章との関係で重要なのは、民事救済に係る 1 条・3 条・7 条となるので、それらを中心に以下で紹介する。

　まず、1 条は、「ハラスメント」の禁止を定める。すなわち、1 項では「何人も以下のような一連の行為（course of conduct）をしてはならない。(a) 他人へのハラスメントにあたるものであって、(b) 他人へのハラスメントにあたると認識している、または認識すべき行為」と規定し、2 項では、「一般人（reasonable person, 合理的通常人）が、その一連の行為は他人へのハラスメントにあたる……と認識する場合、加害行為者は、その一連の行為がハラスメントにあたる……と認識すべきであったとする」とし、「ハラスメント」判断につき、一般人基準を採用している。そして、3 条 1 項は、1 条違反の「ハラスメント」行為が不法行為となり民事救済の対象になることを定め、2 項では賠償金請求について、3 項から 5 項は差止命令について規定する。差止命令に反した場合、同条 6 項と 9 項により、刑事罰の対象となる[105]。また、7 条は、1 条から 5A 条の解釈指針であり、同条 2 項は「ハラスメントには、他人を不安にさせること、困惑を引き起こすことを含む」とし、3 項 (a) は「一連の行為」とは「2 回以上の行為でなければならない」

---

[103] David Maclean, Home Office Junior Minister, HC Deb 18 Dec. 1996, vol 287, col 985.
[104] 刑事関連制定法成立などに伴う形で、施行後の PHA には条や項の挿入がみられ、条文数には変化が生じている。
[105] 通常、差止命令に反した場合、裁判所侮辱罪（contempt of court）として、制裁金か投獄により処罰されるが、これとは別の刑事罰を PHA は定めている。もっとも、当然ながら、二重処罰は禁止される。これにつき、PHA3 条 7 項、8 項。

と定め、4項は「『行為（conduct)』は言論を含む」とする。なお、イングランドおよびウェールズにおいて適用となる他の条項は、6条が提訴期限を定める以外、ほとんどが刑事罰に関するものである。

このようにしてPHAをみると、「ハラスメント」概念が明確に定義されていないことに気付く。これには、立法時における明確な意図があり、たとえば、先述の内務副大臣David Macleanは、議会において「広範な行為を定義づけることはできない」とした[106]。また、大法官Mackay卿は、ハラスメント概念について、「容易に要件づけることはできない」としている[107]。これは、どのような行為であっても「ハラスメント」になりえる可能性があることを示唆している。そして、そもそも禁止行為をリスト化したとしても、リストに存在しないハラスメントが生じた場合、これに対応しえない。そうした不都合を回避するため、明確な定義を避けたのであった。したがって、作為・不作為を問わず、2回以上の行為（7条3項（a))であって、それが他人に不安や困惑を引き起こすもの（7条2項）である限り、PHA上の包括的かつ広範な「ハラスメント」概念に抵触する可能性がある[108]。

## (2) PHAアプローチとEA2010アプローチとの比較

従来イギリスでは、セクシュアル・ハラスメントをはじめとするハラスメント問題について、差別禁止という観点から処理がなされてきた[109]。そし

---

[106] David Maclean, Home Office Junior Minister, HC Deb 17 Dec. 1996, vol 287, col 827.

[107] Lord Mackay of Clashfern, Lord Chancellor, HL Deb 24 Jan. 1997, vol 577, col 941.

[108] PHAは雇用の分野のみに適用される制定法でなく、あらゆる分野一般に適用される制定法であることは、本文において幾度も述べた通りであるが、PHAを根拠として提起された訴訟の多くは家事相隣関係のものであり年間約1000件に及ぶ訴訟をもたらした。家屋敷の修繕による騒音や音楽の音でもPHAの「ハラスメント」に値するなら、PHAが適用され得る。また、PHAは、親族間にも適用される。たとえば、2006年、PHAに基づき、嫁いじめの事例が訴訟提起され、3万5000ポンド（判決当時のレートで約750万円）の賠償命令が出て新聞紙上を賑わせた（Sam Jones, 'Bullying mother-in-law must pay £35,000', *Guardian*, Jul. 25, 2006, at p. 3）。この事件は、姑（被告）が嫁（原告）に対して、宗教上のいやがらせとして、髪の長さを自由にさせない、寺院（シーク教）に行かせないなどし、「プードル」と呼び、ブラシを使うことを許さずトイレを洗わせ、実家に帰ることを許さなかった、というようなものであった。また、2009年には、著名な歌手が、パパラッチによる被害について、PHAに基づき、高等法院に差止を請求、Eady判事は差止命令を発している。

て、そもそもイギリスや他の欧州諸国における差別禁止アプローチは、アメリカ法からの影響を受けたものであった[110]。イギリスにおいては、性差別禁止法（Sex Discrimination Act 1975）、人種関係法（Race Relations Act 1976）などの差別禁止法が制定された後、複数の欧州指令に対応するなどして、改正または新たな制定が行われた。そして、これまでの差別禁止法を統合し、「平等（equality[111]）」を志向するのが EA2010 である。EA2010 に至る系譜自体は差別禁止法に端を発するものの、その差別禁止法自体が欧州指令によって変容を経験しているものであって、EA2010 の内実は EU 的である。EA2010 に比すれば、PHA はイギリスにおいて内在的な要因のもと成立したといえる。したがって、EA2010 アプローチとは全く違う発想を持つのが PHA であり、ハラスメントへのアプローチも異なったものとなる。なお、ハラスメントへの対応について、PHA か EA2010 かのいずれかが先ず適用されるというような、優先劣後関係は存在しない。以下、両アプローチの差異を比較する[112]。

　まず、第 1 に、PHA アプローチの場合、EA2010 が念頭に置く保護特性（protected characteristics）に縛られることがなく、いかなる事由によっても、加害者による行為が PHA 上の「ハラスメント」にあたると被害者が考えるのであれば、提訴可能である。しかし、EA2010 アプローチの場合、保護特性、すなわち、年齢・障害・性同一性障害・人種・宗教または信条・性・性的指向に関連するハラスメントでなければ、争えない。これは、両アプローチの発想・視点の違いを明白に示している。とりわけ、PHA に特段の制限がないのは、ハラスメント訴訟の遂行につき、実務上大きな意味を有する。第 2 に、提訴にあたっては、PHA の場合、①2 回以上の一連の行為（言論を含む）の存在と、②被害者における不安や困惑の存在などを要件とする

---

[109] 詳細は、山田省三「イギリス労働法におけるセクシャル・ハラスメントの法理（1）〜（2・完）」中央学院大学法学論叢 3 巻 1 号（1990 年）85 頁、同 3 巻 2 号（1990 年）99 頁。

[110] Gabrielle S. Friedman & James Q. Whitman, 'The European Transformation of Harassment Law: Discrimination versus Dignity', (2003) 9 Colum. J. Eur. L. 241, 241-246.

[111] equality の基本理念には、dignity の尊重等が含まれる。Simon Deakin & Gillian S. Morris, *Labour Law* (6th ed.), (Hart, 2012), pp. 609-613 参照。

[112] アプローチの差異につき、Stephen Taylor & Astra Emir, *Employment Law: An Introduction* (3rd ed.), (Oxford University Press, 2012), p. 510 等参照。

「ハラスメント」を立証する必要がある（なお、要件につき後掲 Green 事件参照）。一方、EA2010 の場合は、「（a）保護特性に関連し、（b）（ⅰ）被害者の dignity を侵害する、または（ⅱ）被害者にとって脅迫的、敵対的、侮蔑的、屈辱的、若しくは攻撃的な環境を創出する、目的または効果の存在（26条1項）」を要件とする「ハラスメント」の立証が必要となる。第3に、救済を求めるべき裁判所は、PHA の場合は郡裁判所か高等法院となり、EA2010 の場合は雇用審判所となる。第4に、被告適格については、PHA の場合は制限なく、加害者を直接被告とすることも可能であるが、EA2010 の場合は使用者のみである。第5に、提訴期間については、PHA の場合は6年、EA2010 の場合は3カ月である。

　こうしてみると、ハラスメントを争う場合、射程が広く及び、通常訴訟の利用で高額賠償が期待できる PHA に基づく方が、有利のようにも思える。しかし、EA2010 による雇用審判所の利用で補償金を求めるなどした方が低廉迅速な解決を期待し得る[113]。また、PHA による通常訴訟の場合、勝訴した側が全ての訴訟費用を敗訴側に請求できるが、これは同時に敗訴した場合のリスクにもなる[114]。結局、アプローチの選択については、当事者がいかなる解決を求めるかという「生の主張」と、保護特性や提訴期間など法文上

---

[113] Brenda Barrett, 'When Does Harassment Warrant Redress?', (2010) 39 ILJ 194, 199. なお、EA2010 の 40 条には、使用者による被用者または求職者へのハラスメントを禁止する規定が置かれている。また、同条の 2 項以下には第三者からのハラスメントについての規定（当該被害者が第三者から少なくとも 2 回のハラスメントを受けていることを使用者が知っており、そうした行為を防止するための合理的に実施可能な措置を講ぜずに、3 回目のハラスメントが生じた場合に係る規定）が存在していたが現在は削除されている。当該規定削除の理由としては、PHA が存在するなどしており保護に欠けることはないこと、企業における負担の大きさ、第三者からのハラスメント規定導入からの 4 年間で当該規定に基づく提訴とそれに続く審理は 1 件に過ぎなかったことなどが挙げられている。See, Baroness Stowell of Beeston, HL Deb 14 January 2013, vol. 742, cols. 127‑130. その後、イギリス政府は第三者からのハラスメント規定につき、以前とはやや異なる内容でそれを設けようとしている模様であった。See, The Equalities Office, 'Consultation on sexual harassment in the workplace: government response', (2021). Available from <https://www.gov.uk/government/consultations/consultation-on-sexual-harassment-in-the-workplace/outcome/consultation-on-sexual-harassment-in-the-workplace-government-response>. 実際、EA 2010 の 2023 年改正案では第三者からのハラスメント規定が当初盛り込まれていたが貴族院での審議で削除された。その結果、同改正は、使用者にセクシュアル・ハラスメント防止義務が課せられる（40A 条の新設）などにとどまる。

[114] Taylor & Emir, *supra*, note 112.

の制限によるところが大きい。

## (3) 雇用関係分野における PHA の展開

　PHA の適用対象は、上で述べたように特に制限なく「ハラスメント」全般とされ、様々な法分野に PHA が適用される。たとえば、嫁いじめ、騒音被害などへの適用がみられ、ときとして新聞紙上を賑わせる[115]。そして、雇用関係分野においては、主としてハラスメント事案に、PHA が適用される。以下で、概観する 3 つの事案は、ハラスメントへの PHA 適用を確たるものとしたという意味で、意義を持つ。また、イギリスにおいて、どのような行為がハラスメントとして認識され、PHA による救済対象となったのか、垣間みることができる。

　理論的には、雇用関係における PHA の適用という場面において、Majrowski 事件判決と Green 事件判決の両方がコモン・ロー上の法理（代位責任法理）と併せて結論を導き出している点に注目すべきである。

### ア　Majrowski 事件[116]
　（ア）事実の概要

　William Majrowski（原告、以下「X」）は、1996 年 11 月 11 日から、被告会社（以下、「Y」）に、clinical audit co-ordinator として勤務を開始した。XがYでのポストについている間、Xはゲイであるという理由で、上司である Sandora Freeman（以下、「A」）からのハラスメントにさらされることになった。すなわち、AはXに対し、ひどくあら探しをする、時間管理と仕事について極端に厳しくする、Xとの会話を拒否して孤立させる、他のスタッフと異なる取り扱いをして否定的に比較する、他のスタッフの前でXに対して荒っぽく侮辱的になる、Xの遂行能力からして非現実的な目標を課す、また、それを達成せねば懲戒すると脅す、ということであった。これらの行為は 18 ヶ月続いた。

　Xは、1998 年 4 月、Yの反ハラスメント方針の下、Aのハラスメントに

---

[115] 前掲注 108 参照。
[116] See, *supra*, note 5.

ついて正規の申立てをなし、取り上げられたものの、Xは1999年6月、本件ハラスメントと無関係の事由により、退職した。

2003年2月、Xは、Aの行為がPHA上の「ハラスメント」にあたるとして、Yの代位責任を追及すべく提訴した。第1審（Central London County Court）は、PHAは同法違反によるYの代位責任追及を許すものではないとしてXの請求を斥けたが、控訴院は、Xの請求を容れた。これを不服として、Yが貴族院に上告したのが本件である。なお、Xの代理人は、ハラスメント訴訟に造詣の深いNick Hanningが務めた[117]。

（イ）判旨

貴族院のNicholls卿、Hope卿、Hale卿、Carswell卿、Brown卿は、全員一致で上告を棄却し本件は確定した。貴族院は、代位責任の原則は、制定法が明確にまたは暗示的に他の方法を規定していない限り、「雇用の過程[118]」においての損害につき被用者が制定法上の義務違反を犯した場合に適用可能である、とした。

さらに、第三者に対する使用者の責務のために、被用者が行うよう権限を与えられた行為に、極めて密接に関連した行為[119]である場合にのみ、「雇用の過程」において不法が犯されたといえ、不法な行為は、公正かつ厳密に、事業執行中に被用者によってなされたとみなされ、もし、この前提条件が満

---

[117] *Guardian*, Jul. 13, 2006, p. 14.

[118] これに関連し、Jones事件（*Jones v Tower Boot Co Ltd* [1997] IRLR 168（CA））が挙げられよう。同事件は、PHA制定前の事案であるが、黒人の父親を持つことを理由として、原告被用者がハラスメントに遭ったという事案であり、原告は、「チンパンジー（chimp）」、「サル（monkey）」、「ヒヒ（baboon）」と呼称されるなどし、また、それのみならず、熱せられたねじ回しによって腕にヤケドを負わされ、足を鞭打たれるなどして迫害された。本件においては、同僚被用者によるハラスメントについて、使用者が代位責任を負うかどうかが焦点になった。控訴院は、雇用の過程（course of employment）について、コモン・ロー上の解釈と区別をし、差別禁止法の文脈における雇用の過程はより広く解釈されるべきであると判示して、原告を救済している。

[119] 判決の中で、Nicholls卿は、代位責任を立証しようとするには、被用者のハラスメント行為は、「密接関連性」テスト（本章第2節第2項（2）ウで前述）を満たさねばならないとしている。また、請求において、ハラスメントを構成するといえる必要条件と質を満たしたら、苛立ちや悩み、時折日常において人々が他の人々に対処して生じる動揺さえ、裁判所は、考慮にいれるであろうとしている。

たされるなら、コモン・ローの代位責任の基礎をなす政策目的（policy reason）は、コモン・ローにおける不法行為に対するのと同じように、エクイティ上の不法や制定法上の義務違反に充分適用可能であるとした。

そして、PHA1条（ハラスメントの禁止規定）に違反するハラスメントにあたる、ある被用者の一連の行為について、使用者は、PHA3条（民事救済規定）の下、損害への代位責任を負わなくてはならない、と判示した。また、議会が、代位責任の通常の原則を除外したと指し示すものは、PHAの内に何もないとしている。

（ウ）本判決の意義

本件は、雇用関係へのPHAの適用が、ハラスメント救済に有効であることを明確にした事案である。法理的に最も重要なのは、PHAのもと、被用者間の「ハラスメント」について、使用者がコモン・ロー上の代位責任を負うとした点である。（これにつき本章第2節2（2）ウで前述）。PHAのもと、使用者は、被用者に対する他の被用者の行為について代位責任を負うことが示された。これは、Waters事件[120]において、代位責任が認められたことと調和的といえる（これについても本章第2節2（2）イで前述）。

イ　Green事件[121]

（ア）事実の概要

Helen Green（原告、以下「X」）は、1970年1月12日に誕生し、児童養護施設（Children's home）に所在していたが、2歳で養子縁組をなし、リンカンシャーの村で育った。Xは、幼少期より、養父による性的虐待、養母による物理的虐待による被害に遭っていた。養父母は不和で、家庭的に恵まれなかった。そのような境遇であったが、Xは勉学に励み、扶助金やパートタイムで糊口をしのぎながら、グランサムカレッジを経て、ケンブリッジ市に所在するアングリア・ポリテクニック大学のInstitute of Company Secretaries and Administrators（ICSA）に学んだ。課外活動（ホッケー）にも積極的に取

---

[120] *Waters v Commissioner of Police of the Metropolis* [2000] IRLR 720（HL）.

[121] See, *supra*, note 38.

り組むなどしていたが、大学最終学年の際、養父に責のある事情で卒業試験を受けることができなかった。また、これらが原因で、Xは過食症やうつ病などの精神上の問題を呈した。その後、アングリア・ポリテクニック大学に復学するなどしつつ、会社に就業することで company secretary としての実務経験も積んだ。

Xは、1997年10月6日から、商業銀行である被告会社（ドイツ銀行、以下、「Y」）に、company secretary として勤務を開始した。Xの採用当初の年俸は、2万6,000ポンド（当時のレートで約470万円）であった。被告会社は、ドイツに本店を置き、約70カ国にネットワークを持つ、世界有数の総合金融機関である。

XがYでのポストについて程なく、Xは、部長でありY社投資銀行部門の重役であった Richard Elliston とランチを共にし、オペラを観劇するなどして、交際をスタートさせた。一方、Xは、仕事上、非常に近しい4人の女性グループからハラスメントにさらされることになった。すなわち、その内容は、無視をする、会話やグループ活動から締め出す、近くを歩くだけでののしり笑う、粗野かつひわいな風評を流布する、Xの机上の紙を持ち去る、Xの郵便物を隠す、回覧や管理記録から彼女の名前を取り去って除外する、Xが架電や受話をすることが困難になるよう彼女の椅子のそばにおいて大声で話す、というようなものであった。また、「ここ何か臭くない？（err what's that stink in here?）」と話し、Xを指し示して、「あっちから臭うね（it's coming from over there）」と話すなどした。

Xはこの問題について、管理者と人事部に報告したものの、問題解決のための効果的な対策は行われなかった。これらのハラスメントは4人グループの女性のうち3人が当該部署からいなくなった1998年中ごろまで続いた。

さらに、Xは、同僚被用者である Stuart Preston（以下、「A」）に悩まされることになった。初めの関係は良好だったものの、Aの振る舞いは徐々に敵対的、不適当で攻撃的なものとなり、Xの仕事を妨害した。AはXの仕事を奪うよう企て、彼女を傷つけ、恥をかかせるなどした。Xは、再び管理者と人事部に報告した。管理者はAと話し合い、Xの仕事への妨害をやめるよう伝えたが、Aの行為を差止める正規の手続きはふまれなかった。

1999年2月、このような逆境にありながら、Xは、優秀な仕事ぶりで、3万2,000ポンド（当時のレートで約640万円）にまで昇給し、1万ポンド（当時のレートで約200万円）のインセンティブ賞与を得た。

ところが、2000年10月末の休暇の後、仕事に戻ろうとすると、Xは、会社の玄関をくぐれなくなったことに気付いた。病院で、Xは重大なうつ障害と診断され、自殺監視状態に置かれた。

2001年3月、Xはパートタイムベースで仕事に戻った。その時点の年俸は、4万5,000ポンド（当時のレートで約785万円）であった。しかし、10月、Xを解雇するかのように解釈される管理者（Bartlett）からのEメール（BartlettからPenford宛）をたまたま見るに至ったXは、重大なうつ障害を再発し、同年同月18日以降仕事に復帰することはなかった。

Yは、2003年8月まで、Xのポストを空けたままにしておいたが、Xは仕事に復帰できないとする精神科医からの報告書を受け取り、Xを解雇した。

Xは、Xの同僚被用者らによるハラスメントの結果についてのYの代位責任、及びY側の管理者及び人事部が彼女をこのような行為から守るため十分な措置をとらなかったというネグリジェンスを理由として、Yに対し、精神的損害、間接的逸失利益及び損害についての賠償を求め提訴した。


（イ）判旨
高等法院女王座部のOwen判事は、Xの請求を認容し、精神的損害、間接的逸失利益及び損害など総額で約85万ポンド（判決当時のレートで約1億9,000万円）の賠償をYに命じて、本件は確定した。

オーウェン判事は、以下のような規範、要件を明らかにしている。

（a）Yの側にネグリジェンスありと認定するための規範[122]

　　（i）管理者および（または）人事部員は、原告が訴えるところの行為対象になっていることを認識していたか、または認識するべきであったか、

---

[122] この規範は、PHA1条1項2項、及びMr. Justice Gray in *Barlow* at [16] を受けつつ導出される。

（ⅱ）管理者および（または）人事部員は、そのような行為が原告への
　精神的侵害の原因となるであろうことを認識していたか、または通
　常認識すべきであったか、

（ⅲ）管理者および（または）人事部員は、合理的な注意（reasonable
　care）をすることで、そのような侵害を回避する措置が可能であっ
　たか、

（β）PHAの「ハラスメント」要件[123]

（a）少なくとも2回の行為が起こること[124]

（b）原告を客体とする行為であること[125]

（c）客観的に困惑させると判断される行為であること[126]

（d）耐え難く不合理的（unreasonable）であると客観的に判断される行
　為であること[127]

　本判決において、オーウェン判事は、これらの規範、要件を事実に照ら
し、Yは、Xへのハラスメントを認識しており、対応すべきであったという
ネグリジェンスがあったとし、同僚被用者（4人の女性グループ構成員及び
A）による行為は、PHA上のハラスメントに該当するとして、Yは代位責
任を負うべきであるとした。


（ウ）本判決の意義

　本件における問題点は、原告Xが同僚からのハラスメントにつき、上司
や人事部に複数回、報告・相談をしていたにも関わらず、被告Y社が十分
な対策を行わなかったことにあった。これはとりもなおさず、コモン・ロー
上のネグリジェンスによる責任に結びつき、結果、ネグリジェンスを認める
ための規範が定立された。また、PHA上のハラスメントを構成する要件を

---

[123] これらにつき、Mr. Justice Owen in *Green* at [11]-[14].

[124] かかる要件は、PHA7条3項から導出される。

[125] かかる要件は、Lord Phillips of Worth Matravers MR in *Thomas v News Group Newspapers Ltd* [2002] EMLR 78 at [30]（CA）を受けたものである。

[126] かかる要件は、PHA7条2項、Lord Justice May in *Majrowski* at [82] を受けたものである。

[127] かかる要件は、Lord Phillips of Worth Matravers MR in *Thomas* at [30], Lord Justice May in *Majrowski* at [82] を受けたものである。

クリアにしている。また、本件は、同僚から同僚へという図式におけるハラスメントに対する判断であり、その点がMajrowski事件と異なり、あるいは、相当多額[128]の賠償を命じた事例としても特筆されるべきである。

　理論的には、ネグリジェンスによる責任の創出という点において、本件は注目されるべきであろう。すなわち、本件において、Owen判事は、Barlow事件高等法院判決の規範を援用しているが、かかる規範に至るまでの流れについては前述（本章第2節2（2）イ）の通りである。また、ネグリジェンスを基礎として、使用者は、ハラスメントに関与する被用者の行為につき代位責任を負うという、同じ前提がClark事件[129]（本件と時期的に密接）で用いられている。ハラスメントの犠牲者への潜在的な被害を考え、精神的損害を与えないようにするという注意義務を被用者に課すことは、適切であるように考えられているが、Brodieによる検討が加えられているのは前述（本章第2節3（1））の通りである。

　また、PHAの「ハラスメント」について要件を判示しているが、これはPHAそれ自体から、ないしコモン・ローからOwen判事が導出したものである。PHA自体は一般人基準を採用しているが、さらに進んで主観的要素をなるべく排除しようとする意図が、（c）と（d）における「客観的」との文言に表出している。


ウ　Iqbal事件

（ア）事実の概要

　控訴人Mashood Iqbal（以下「X」）は、事務弁護士（Solicitor、以下単に「弁護士」）であった。Xは、弁護士事務所である被控訴人Dean Manson

---

[128] 本件における賠償額は高額であるものの、懲罰的損害賠償（exemplary damages）ではない。イギリスにおいて、懲罰的損害賠償が認められるのは、ごく稀な紛争類型に極限され、制定法が明白に懲罰的損害賠償を認めている場合などに限られる。以上につき、Harpwood, *supra*, note 19, pp. 424-425. そして、PHAは、明白に懲罰的損害賠償を認めている制定法ではなく、本件の高額賠償も懲罰的損害賠償によるものではない。本件の賠償額内訳は、精神的侵害に対し35000ポンド、うつ障害及びその増悪リスクによる雇用市場での損害として25000ポンド、逸失利益として768000ポンド、並びに訴訟費用である。

[129] *Clark v Chief Constable of Essex* [2006] EWHC 2290（QB）.

Solicitors（以下「Y」）に、Part-time assistant solicitor として雇用されたが、実際に X が Part-time assistant solicitor として働いたのは、2006 年 2 月から 3 月末日であり、その後 X は Y を退職している。なお、Y は 2006 年 1 月に設立されたばかりであった。そして、当時の Y は、訴外 Tahir 夫妻を顧客としており、訴外 Butt は、Y に支払われるべき Tahir 夫妻からの報酬を保証していた。しかし、Tahir 夫妻は報酬を払うことができず、Y は、2009 年 1 月保証人 Butt らに対しての訴訟をリーズ郡裁判所に提起した。このとき X は、Ahmads' Solicitors という名前の事務所を運営しており、Butt の弁護にあたった。そのため、X は Y と対峙することとなった。

かかる状況下において、Y は、X の Butt に係る訴訟遂行につき、合計 3 通の書簡を X に送った。2009 年 1 月 28 日付け第 1 書簡の内容は以下のようなものである。

「……貴殿が被告（Butt）のため弁護活動をするにあたり、我々は、貴殿の弁護士としての信頼性について、2、3 の疑義を提起したいところであります。特に、貴殿が、自由かつ公平に顧客（Butt）と彼の最上の利益のため、貴殿が行動できることを、確信できているのかどうか、疑問に思うところです。我々は、貴殿が単独の弁護士であって、貴殿がかかる事件を自ら処理し得ることを了解しております。貴殿の顧客は、以前、貴殿が我々の事務所のパートナーの指揮監督下にあったことを知り得たとして、納得するでしょうか？我々の事務所のお陰で、貴殿は、今のようになることができたのでしょう。貴殿のため、いくつものアドバイスをしてきていますし、また、貴殿は我々の事務所に雇われていたのです。我々の事務所からの貴殿の退職は平和的だったでしょうか、あるいは、貴殿の雇用と退職に関連し、いくつかの問題点が未解決のままではないですか？これは、必要とあらば、法廷において提示されることになる公開書簡であります……」

そして、2009 年 2 月 17 日付け第 2 書簡の内容は以下のようなものであった。

「……本当は、Tahir 夫妻と貴殿とは個人的な関係であるということと、また貴殿が我々の事務所に雇用されている間、貴殿がその案件に取り組んだことを、我々は了解しています。貴殿が我々の事務所を退職してから、貴殿の

側で深刻な葛藤とふるまいが生じたことは好ましくなく、また、顧客の問題
を扱うときや、移民判断について不必要な論点を裁判所に持ち込むといっ
た、反抗的で向こう見ずな行為によって、貴殿は即時解雇されたのでありま
す……」

　そうして、さらに第2書簡においてYは、XがButtのために行動するの
は、Yへの個人的な復讐という役割をもつからであると非難し、また、Xが
Yの事務所の特定のコミュニティに属する顧客を奪い、悪意ある情報を第三
者に対して教えるように煽動したことをも糾弾しつつ、Xの個人的な怨恨に
よって、解決を長引かせ、訴訟による無駄な費用がかかってしまうので、X
はButtに対し、Yに対して保証債務を履行するよう促すべきとも勧告して
いる。そして、この書簡の写しは、Yによって、リーズ郡裁判所（Butt保証
債務訴訟が係属中）に送られた。

　さらに、2009年2月26日付け第3書簡の内容は以下のようなものであっ
た。

　「……（現在Xが運営するAhmads' Solicitorsにおいて、かつてパートナー
であった）訴外Sajjid Ali氏もまた、我々の事務所において勤務され、そし
て退職されました。Ali氏は、我々の事務所のパートナーや我々の事務所の
情報を保有していました。後に、貴殿はAli氏の名前を用い、Ali氏と事務
所を立ち上げましたが、Ali氏に連合王国に在留し働くための許可がないと
いう国法違反のために、貴殿は、法律協会（Law society、ソリシタ会）及び
一般社会を欺き、法律家として相応しくない」などと指弾し、さらに、Xと
Ali氏の程度があたかも低いかのように示唆し、そのことは裁判所が知るべ
きであるとした。この書簡もまた、写しが、リーズ郡裁判所（Butt保証債務
訴訟が係属中）に送られている。

　Xは、Yよりの書簡が「ハラスメント」を構成する「一連の行為」にあた
るとして、PHA3条に基づき、Yに対する訴訟手続をクロイドン郡裁判所に
おいて、2009年2月26日に開始した。もっとも、Yより第3書簡は、同日
付けで発信されていたものの、この時点では、Xに到達していなかったが、
ほどなくして、到達している。

　クロイドン郡裁判所において、PHAの下では、かかる3通の書簡がハラ

スメントを構成するとはいえないとされ、Xの請求は容れられず、Xは高等法院に上訴した。高等法院でも、結論としては、これら3通の書簡は、PHAの下でハラスメントの事案として論証できるものとは思われないとし、最初の2通の書簡は、「適切でなく遺憾な一節」を含んでいたとしても、過酷ないし合理的でないということはできないとされた。しかしながら、第3書簡については、ほぼ間違いなく、ハラスメントと評価し得る可能性があるとされるものの、1通に過ぎず、「一連の行為」という要件を満たすことができないと判断された。すなわち、PHAの下で、3条の民事救済を受けるには、ハラスメントとされるべき「一連の行為」はPHA7条3項により「少なくとも2回以上の行為を含まなければならない」からである。これを不服としたXは控訴した。

（イ）判旨

控訴院のRix判事はXの請求を認容した。控訴院における争点は複数あるものの、ここでは、主として以下の2つの争点を取り上げることとする。すなわち、（$a$）いずれの書簡がPHAのもとでの「ハラスメント」を構成し得るのか、（$\beta$）計3通の書簡のうち、仮に、ある書簡が「ハラスメント」にあたらない場合、総体的に考慮して、その書簡も「ハラスメント」を構成する「一連の行為」に含まれるのかどうか、の2点である。なお、その他の争点は、以下（$\gamma$）として摘示する。

（$a$）について

Rix判事は、以下のように判示した。すなわち、3通の書簡のうち、特に第2書簡と第3書簡については、「Xの職業的・個人的な信頼性への意図的な攻撃」にほぼ間違いなくあたるとし、これは、Xに圧力をかける企てであり、Xの顧客や裁判所を不当に誘導しようとするものであったとし、また、それができなくとも、Yにとってより有利な方向に裁判を導こうとする意図がみられるとした。しかし、それぞれの書簡が「ハラスメント」にまであたるとは、述べておらず、ある特定の書簡がハラスメントを構成するものでないとしている。

　そして、それぞれの書簡を総体的に考慮するとき、ほぼ間違いなくXへのハラスメントの一環であると評価でき、「書簡群は、ほぼ間違いなく、不安（alarm）ないし困惑（distress）を引き起こし得るものである」とした。さらに、書簡群が、ほぼ確実に、合理的でなく（unreasonable）、または、圧迫的（oppressive）であって合理的でない、ないし、圧迫的であって受け入れ難い（unacceptable）、あるいは、真に攻撃的（offensive）で受け入れ難いものであるとし、苛立ちまたは立腹を超え、生活における通常のひやかしや揶揄も上回る程度のものとし、また、「専門職（professional man）としての信頼性は、その職業にとって重要不可欠なものである」などと指摘し、かかる利益に対する書簡群による一連の攻撃を違法視した。

　（β）について
　「法（PHA）は、ハラスメントの個別的な事実よりも、むしろ、一連の行為がハラスメントにあたるかどうかに関心を払うものである」と述べ、Rix判事はPHAの一般原則を明らかにした。
　また、PHA7条3項が2回以上の行為を要求していたとしても、それは、2回の行為が個別的でなければならないとしているわけではなく、すなわち、それぞれの行為が「ハラスメント」にあたらなくてはならないとしているわけでないとした。そして、PHAがこのように規定されている理由は、理解し難いことではないとしている。すなわち、具体例として、Rix判事は、典型的なストーキングの例、あるいは、悪意ある架電につき論じている。加害者が被害者の家のドアの前を歩くとき、ないし、被害者に無言電話をかけた場合、それぞれの行いそれ自体は、ハラスメントにあたるかどうかはっきりしない（neutral）が、それぞれの行いが何回も反復された場合、「一連の行為」は、「ハラスメント」となることを指摘した。一連の行為は、個々の行いに単純化されないし、解体されることもなく、本件のような書簡による一連の通信（course of communications）も同様であって、第1書簡それ自体が法的責任を問い得ないものであり、わずかな当惑（unease）はともかく、不安（alarm）を引き起こすものでなくとも、第2書簡と第3書簡を考慮するに、第1書簡も、ハラスメントの一環（campaign of harassment）と

して評価し得るであろうとした。これは、すなわち、「総体として（as a whole）」、個々の行いを考察するということの表明である。

（γ）について

その他の争点として、2点あり、まず、（ア）提訴後に第3書簡がXに到達しているところ、これが証拠となり得るかという争点については、第3書簡も当然にして、証拠足り得、一連の行為に含まれる旨、判示されている。そして、もう1点は、（イ）Solicitors のようなパートナーシップ（partnership）が被告たり得るかという争点であった。すなわち、PHA は、「person」が「ハラスメント」につき帰責される旨を定めるが、1978年法律解釈法（Interpretation Act 1978）において、person には法人格ある person と法人格なき person を含む、とされているところ、パートナーシップについても PHA の帰責主体たるかが問題となった。そして、パートナーシップも PHA の目的のもと、PHA による提訴の被告たり得るとされた。

なお、最終的に、Rix 判事は、Xの控訴を認容した上で、X、Y共にロンドンの同じコミュニティに属する者であるところ、Court of Appeal Mediation Scheme（CAMS）におけるミディエーションを勧告している。

（ウ）本判決の意義

a　PHA との関連について

具体的な検討に入る前に、PHA の条文構造を再度確認すると、まず、PHA1条においてハラスメントの禁止が定められている。すなわち、1項において、「何人も（以下のような）一連の行為をしてはならない。（a）他人へのハラスメントにあたるものであって、（b）他人へのハラスメントにあたると知っている、または知るべき行為」としている。2項においては、「本条趣旨につき、同じ情報を有する一般人が、一連の行為が他人へのハラスメントにあたると認識する場合、その行為者は、その一連の行為がハラスメントにあたると知るべきであったとする」として、ハラスメント概念の外縁を定めている。なお、1条から5条の条文の文言に係る解釈が7条に示されており、7条2項では、「ハラスメントには、他人を不安（alarming）にさせる

こと、困惑（distress）を引き起こすものを含む」とされ、3項において、「『一連の行為』は、少なくとも2回以上の行為を含まなければならない」としている。また、3条1項において、1条違反のハラスメント行為は不法行為となり、民事救済の対象になることが定められ、2項では賠償金請求について、3項では差止命令について規定されている。

　このようにPHAにおける「ハラスメント」概念は、多分に柔軟かつ広範であるが、PHAの制定時において、最も困難な課題であったのは、「ハラスメント」の定義であった。制定の後においてさえ、ハラスメント概念は明確に定義されているといえないと指摘される[130]ほどだったが、実は、このようなハラスメント概念の曖昧さについては、立法時における明確な意図があったのは先述の通りである。すなわち、「広範な行為を定義づけることはできない（Maclean内務副大臣）」、そして、ハラスメント概念は「容易に要件づけることはできない（大法官Mackay卿）」のであった。これらの趣旨は、どのような行為であってもハラスメントになり得る可能性があることを考慮に入れたものであり、合理的（reasonable）という規範的要件によって、PHAの適用を容易にさせることを意図したものである[131]。また、そもそも禁止行為をリスト化したとしても、それをかいくぐるハラスメントに対応できなくなることを防止する趣旨でもあった。よって、どのような行為であっても、PHA上のハラスメント概念に抵触する可能性があり、PHA上のハラスメント概念は極めて広範なものといえる。ほぼ唯一の明確な「2回以上の行為」という要件は、上に述べたように、本件高等法院判決において問題となったが、あたかも1回限りのハラスメントはPHA上救済不可能であって、不当なようにも思える。しかし、1回限りのハラスメントであっても、それが悪質なものであれば、PHAによらずとも、ニューサンス（nuisance）や名誉毀損（defamation）による訴訟、あるいは刑事による解決が可能なのであって、不当とまではいえない。むしろ「ハラスメント」定義の困難性のもとで、ハラスメントの外縁を定める上で不可欠だったのが、この「2回以

---

[130] John Bowers, *A Practical Approach to Employment Law* (7th ed.), (Oxford University Press, 2005), p. 636.
[131] これにつき詳しくは、Lawson-Cruttenden & Addison, *supra*, note 95, pp. 23-4.

上の行為」という要件だったといえよう。

　本件において、Rix 判事は、特に第 2 書簡及び第 3 書簡について、X の職業的・個人的な信頼性への意図的な攻撃であるとしているものの、それぞれの書簡が個別的に「ハラスメント」にあたるとは、判示していない。すなわち、それぞれの書簡が、個々に「ハラスメント」にあたる必要はないとしているのである [132]。一つ一つの行為や事象について個別的に観察するのでなく、書簡群を総体として（as a whole）観察し、「一連の行為」とみた結果において、それが、PHA の下での「ハラスメント」にあたるかどうかを判断すべきという原則を Rix 判事は表明したといえる。かかる原則の射程は、PHA 全体に及ぶであろう。

　そして、本件において、Rix 判事は、「専門職としての信頼性は、その職業にとって重要不可欠なものである」と指摘して、かかる利益に対する書簡群による攻撃を違法視し、退職後の競業開始者である X の職業上の信頼性を貶めようと企図する書簡群を公開のもと送付した Y の一連の行為を総体的に観察した結果、PHA によってハラスメントと評価され得るとした点が、雇用関係法上も、本件が重視されるべき点といえよう。すなわち、職業上の人格的諸利益を侵害し得る行為による職業活動への妨害は、PHA の射程下に置かれ得る。

　なお、高等法院で問題となった PHA7 条 3 項の要求する「2 回以上の行為」という要件について、Rix 判事は、必ずしも「ハラスメント」にあたるかどうかはっきりしない（neutral）行いであっても、それが複数回あったのであれば、これを満たすことができるとした。この点、先にも述べたところであるが、個々の行いに着目するのでなく、「総体」としての「一連の行為」が「ハラスメント」にあたるかが重要とする判断は、PHA の適用をより容易にせしめたものとして、評価し得る。

　b　先例との整合性について
　イギリスにおけるハラスメントへの PHA 適用の経緯をみるとき、本件に

---

[132] Nigel Duncan, *Employment Law in Practice*（10th ed.),（Oxford University Press, 2012), p. 215.

おける Rix 判事の判示内容は、従前のケースの判断枠組みとは異なり、判断
基準を緩和している。

　まず、新聞記事のハラスメント該当性が、表現の自由との葛藤の中で争わ
れた Thomas 事件[133] において、Phillips 貴族院判事は、「個人に向けられた行
為は、PHA7 条に規定されるような結果を生じさせるよう意図されるもので
あって、圧迫的（oppressive）であって合理的でない（unreasonable）[134]」かど
うかによりハラスメントテストが行われるとしている。

　また、先述の Majrowski 事件において、貴族院の Nicholls 卿は、代位責任
の立証につき、当該雇用関係下におけるハラスメント行為は、密接関連性テ
スト[135] の要件を満たさなければならないとした上で、PHA におけるハラス
メントは、「圧迫的であって受け入れ難い（unacceptable）行為[136]」であると
示唆している。そして、同事件において、Hale 卿は、「日々の通常の冗談や
からかいと、真に攻撃的（offensive）で受け入れ難いふるまいの間に適切な
線引き[137]」をすべき旨判示している。

　Thomas 事件及び Majrowski 事件に徴するに、ある行為が、圧迫的、ある
いは受け入れ難いなどと判断されることで、ハラスメントと評価され得る。
また、「一連の行為」を構成する全ての行為の違法性を厳格に判断した判決
（Veakins 事件）[138] も存在している。しかし、本件は、書簡群を総体として
（as a whole）みたとき、それが、圧迫的であるとか、受け入れ難いなどと評
価され得るのだとしている。これは、Rix 判事が、「法（PHA）は、ハラス
メントの個別的な事実よりも、むしろ、一連の行為がハラスメントにあたる
かどうかに関心を払うものである」という一般原則を表明したことによるも
のである。そして、従前の規範に、総体として観察するというクッションを
置くことで、救済を意図したのであって、この点が、本件の目新しい点とい
える。これは、様々な行為がハラスメントになり得る可能性を考慮した

[133] See, *supra*, note 125.
[134] Lord Phillips MR in *Thomas* at [30].
[135] See, *supra*, note 44.
[136] Lord Nicholls in *Majrowski* at [30].
[137] Baroness Hale in *Majrowski* at [66].
[138] *Veakins v Kier Islington Ltd* [2010] IRLR 132（CA）.

PHA の立法趣旨に沿うものである。従来、Ferguson 事件 [139]、Veakin 事件ともに、個々の行いがハラスメントにあたらなければならず、それぞれが圧迫的で受け入れ難くなくてはならないとしていたところ、本件はかかる基準を緩和したものとして評価し得る。よって、本件における判示は、イギリスにおける PHA 一般に係る実務に影響をもたらすものと位置付けられよう。

そして、こと雇用関係法の枠組みの中においては、Rix 判事が、判決文において、「専門職としての信頼性は、その職業にとって重要不可欠なものである」と端的に述べるなどして、専門職としての信頼性あるいは職業活動それ自体を重要な利益として捉え、Y が使用者として知り得たことなどを暴露する公開書簡群により顧客や裁判所を不当に誘導しようと企図したことを非難するなどして、最終的に X のそれら利益の保全のため、PHA の柔軟な適用を導いていることに着目すべきであろう。すなわち、「総体として（as a whole）」という規範は、X の職業上の人格的諸利益保全を意図しつつ導出され、また、それに触発される形で、Rix 判事は、個別的な事実より一連の行為の評価に重きを置くのが PHA の趣旨との原則を表明するに至ったといえる。

典型的なハラスメントについて争われるとき、PHA の適用に関しては、Majrowski 事件におけるように、代位責任の立証について密接関連性テストが用いられ、あるいは、Green 事件におけるように、使用者がハラスメントを認識しており対応すべきであったというネグリジェンスを認定するための要件の充足などが付随する。本件は、企業内で生じる典型的なハラスメントとは事案を異にし、雇用関係が終了した後のやや特殊なハラスメントの事案であるが、このようなハラスメントによる職業活動への妨害についても、PHA の適用が及ぶことを判示したものである。職業上の信頼性や職業活動それ自体を重要な人格的利益として保護しようとし、ひろく職業活動へのハラスメントをも射程とすることを示唆したといえよう。

---

[139] *Ferguson v British Gas Trading Ltd* [2009] 3 All ER 304（CA）.

エ　PHA に係る裁判例に関する小括

　Iqbal 事件の後も PHA に係る裁判例が累積されているが、ここで紹介した3事件は重要なものであったといって良い。Majrowski 事件は、上司による典型的な行為類型によるハラスメント事案であったが、PHA がそれに妥当し、コモン・ロー上の代位責任法理と相まって、使用者の責任が問われるという訴訟遂行の形を明確にした点に意義があった。次に、Green 事件は、同僚によるハラスメント事案であったところ、ネグリジェンスと PHA に係る規範をクリアにした点において意義を有する。とりわけ、PHA の「ハラスメント」要件を、(a) 少なくとも2回の行為が起こること、(b) 原告を客体とする行為であること、(c) 客観的に困惑させると判断される行為であること、(d) 耐え難く不合理的（unreasonable）であると客観的に判断される行為であること、と整序し、主観的要素に左右されることもあるハラスメントについて客観性を重視する立場を明確にしており、注目に値しよう。そして Iqbal 事件は、職業活動への妨害について、PHA の射程が及ぶことを示し、一つ一つの行為がそれぞれ「ハラスメント」にあたるかどうかよりも、「総体として」の「一連の行為」が「ハラスメント」として評価し得ると判断した点に意義があった。個々の行為それぞれの違法性にとらわれるよりも、一連の行為が「総体」として違法性を帯有するか否かが重要とした判断それ自体には、ハラスメントという行為への洞察が隠されているものといっても良いだろう。ささいな行為であっても、それが累積することで、総体としての違法性を生じさせ得るのである。

## 3　職場における dignity 保護への道程

### (1) 精神的侵害と不法行為法理論の発展

　ハラスメントにより侵害され得るのは個人の dignity である。dignity が被侵害利益として意識され、現代的に「精神的な人格的利益」として捉えられる前提として、精神的侵害の不法行為法上の地位はしっかりと確立されたものでなくてはならない。しかし、イギリス不法行為法上、その地位は必ずしも安定したものでなかった。そして、PHA の登場とそのハラスメントへの適用は、精神的侵害に関するイギリス不法行為法の発展においても、看過で

きない。よって、この2点につき、以下で概観する。すなわち、そもそも personal injury[140]（元来、身体への物理的侵襲である physical injury のみを観念していたのが personal injury であった）に関するコモン・ローの議論から派生したのが、精神的侵害を巡る諸論点であった。イギリスの裁判所は、伝統的に、精神的苦痛への賠償について消極的で、ネグリジェンスによる精神的苦痛のうち、交通事故など身体的被害に付随して生じる精神的ショック（nervous shock）のみを救済対象としていた。そのため、たとえば、先述の Green 事件のような「純粋」な精神的侵害については、議論が錯綜するという状況であった[141]。しかし、PTSD やうつ病などの研究を中心とした精神医学の発達は、精神的侵害の認定を容易にし、また、それらの原因となる社会的な出来事（無論、職場におけるストレスやハラスメントを含む）の増加は、精神的侵害に関する法理論の発展を招来した。それについてのコモン・ローの発展は、第2節の2でも述べたところだが、たとえば使用者における注意義務の範囲は被用者の精神的な人格的利益の保護にも及び（Walker 事件）、それはハラスメントについても妥当する（Waters 事件）ことが明らかにされ、実際に法的責任を生じさせるための前提規範が示される（Barlow 事件）などして、現在のハラスメントに関するコモン・ローが形成され発展しているところであった。そして、PHA 制定とその適用は、これら一連の動向の一翼を担うものとして位置付けられている[142]。また、このような法理論の発展は、精神的侵害の法的地位の安定をもたらしたが、それはさらに、現代的な文脈における「精神的な人格的利益」としての dignity 保護の契機ともなった。

## (2) 職場における dignity の保護

1997 年総選挙を控えた Blair 労働党内では、ハラスメント対策の整備がMSF[143] 系の党員らにより主張され、選挙後の DWB[144] 成立が視野におかれ

---

[140] 高柳賢三ら編『英米法辞典（初版）』（有斐閣、1952 年）355 頁において、personal injury は「身体への侵害行為」と訳されているが、本文で述べることを踏まえれば、「人身／精神侵害」などとするのが現代的な適訳となるのではないだろうか。

[141] See, *Alcock v Chief Constable of South Yorkshire Police* [1991] 4 All ER 907（HL）.

[142] Harpwood, *supra*, note 19, pp. 37-71. See, Deakin, *supra*, note 9, p. 380.

ていた。大陸法的な人格権アプローチの伝統を持たないイギリス[145]におい
て、このような動きは画期的であったといえよう。DWB[146]は、全9条から

---

[143] Manufacturing, Science and Finance Union の略称。

[144] 法案提出に至る経緯、法案の概要につき、Lord Monkswell, HL Deb 04 Dec. 1996, vol 576, cols 754-758.

[145] Susan Harthill, 'Bullying in the workplace: Lessons from the United Kingdom', (2008) 17 Minn. J.Int'l L. 247, 251.

[146] DWB は、全9条となるが、本章趣旨を踏まえ、日本への示唆という点で意義があると思われるものを中心に、抄録として以下紹介する。

職場における *dignity* 権
第1条　職場における dignity 権
（1）すべての被用者は、職場における dignity 権を有するものとし、雇用契約の条項に、かかる権利が含まれていない場合であったとしても、それを包含するものとみなす。
（2）第5条の前提として、使用者によるハラスメント、職場いじめまたはその他の行為であって、被用者に不安または困惑を引き起こす不作為または作為を、被用者が雇用期間中に被った場合、使用者は被用者の職場における dignity 権を侵害したこととなる。そのような不作為または作為とは、以下に例示するようなものであるが、これに限るものでない。
　(a) 2回以上の攻撃的、侮辱的、悪意ある、無礼な、若しくは脅迫的な行為
　(b) 2回以上の正当化されない非難
　(c) 合理的正当性を欠いて制裁を課すこと
　(d) 合理的正当性を欠いて、被用者の義務や責任を変化させ、被用者の不利益となるもの
第2条　不利益取扱
　使用者は、ある被用者が以下に掲げるような理由を有していることにより、当該被用者を他被用者よりも不利に取扱った場合、当該被用者の職場における dignity 権を侵害したこととなる。
　(a) 本法に基づき、使用者またはその他の者に対して、法的申立て提起すること
　(b) 本法に基づき、使用者またはその他の者に対して、法的申立てを提起した者に証拠または情報を提供すること
　(c) 本法に基づく、または、本法に関連した、使用者またはその他の者に関する、上記以外のあらゆる行為の存在
　(d) 本法に基づく訴えを提起されるような行為を、使用者またはその他の者がしたと（訴えを提起するかどうかにかかわらず）主張したこと
　または、被用者が上のような行動をした、もしくは、しようとしていることを、使用者が認識している、もしくは、疑っていることを理由として、当該被用者を他被用者よりも不利に取扱った場合、当該被用者の職場における dignity 権を侵害したこととなる。
第3条　コントラクト・ワーカー（contract worker）に対する差別　［略］
権利侵害への措置
第4条　雇用審判所への申立　［略］
第5条　使用者の抗弁

なり、1条1項は「職場における dignity 権（the right to dignity at work[147]）」が全ての被用者[148] に保障されることを定める。同条2項では、同権利への侵害としてのハラスメント・職場いじめ・または他の行為、つまり、被用者に不安や困惑を引き起こす不作為または作為として、以下のような行為を例示列挙している。すなわち、「(a) 2回以上の攻撃的、侮辱的、悪意ある、

---

（1）第4条に基づく雇用審判所への申立に先立ったあらゆる手続において、下記の各号の要件を全て満たす場合、第1条（2）項の行為または複数の行為について、使用者は責任を問われない。

（a）申立てられようとしている行為または複数の行為があった時点において、使用者が、職場における dignity 方針を有し、その方針が本法附則1の要件の全てを満たし（方針は効力を有していなければならない）、かつ、方針の履行と強制のための適切な全ての措置がとられており、使用者が本法と職場における dignity 方針の要件を満たすために必要な施策に取り組むにあたって使用者を支援する適格者の任命もなされていなければならない。

（b）被用者またはその代理人により、申立てられようとしている行為または複数の行為が適格者に報告された後、いかなる場合にあっても3営業日以内に、でき得る限り速やかに適格者により、それら事実が否認された場合であって、

（c）かつ、でき得る限り速やかに、申立てられようとしている行為または複数の行為の結果として被行為者により指摘された損害または被った不利益といった損失に対する補償に対し通常求められる全ての措置を、使用者がとっていること。

（2）ある人物が（1）項の目的のために、適格者としてみなされるには、同項において言及された施策を支援するため、十分な訓練、経験、その他の資質を有していなければならない。

（3）〜（6）［略（否認通知にかかる規定等）］

第6条　救済　［略（雇用審判所における救済）］

なお、条文の後に付される附則については、前掲注61に日本語訳を記した。

[147] 職場における dignity の現代的意義につき、組織論の立場から論じ、ディーセント・ワーク（decent work）とのリンクを指摘するものとして、Sharon C. Bolton, 'Dignity in and at work: why it matters', in S. C. Bolton (ed.), Dimensions of Dignity at Work, (Butterworth-Heinemann, 2007), pp. 3–16.

[148] イギリスにおいては、「労働者（worker）」より狭い概念である「被用者（employee）」が、制定法上定められる権利の中心的な法主体となっている。なお、イギリス労働（雇用）法の適用対象につき、小宮・前掲注49）54頁以下、有田・前掲注29）215頁以下、岩永昌晃「イギリスにおける労働法の適用対象者（1）〜（2・完）」法学論叢157巻5号（2005年）56頁、同158巻1号（2005年）72頁、國武英生「イギリスにおける労働法の適用対象とその規制手法」学会誌労働法108号（2006年）184頁、新屋敷恵美子「イギリス労働法における労働者概念──労働者概念における契約の要素と契約外的要素」山口経済学雑誌61巻4・5号（2013年）99頁、石田信平「イギリス労働法の Worker 概念（1）〜（2・完）」季刊労働法262号（2018年）178頁、同263号（2018年）116頁、岩永昌晃「イギリス」『労働法の人的適用対象の比較法的考察（資料シリーズ No. 214）』（労働政策研究・研修機構、2019年）6頁等。

無礼な、若しくは脅迫的な行為、(b) 2 回以上の正当化されない非難、(c) 合理的正当性を欠いて制裁を課すこと、(d) 合理的正当性を欠いて、被用者の義務や責任を変化させ、被用者の不利益となるもの」の 4 つである。2 条では、当該法に基づき手続を開始した被用者等への使用者の不利益取扱 (victimisation) が「職場における dignity 権」への侵害になることを定める。そして、5 条は、使用者が詳細な「職場における dignity 方針（Dignity at Work Policy）」を策定し全ての被用者に周知せねばならないことなどを定め、6 条は救済に関する規定となっている。

5 条 1 項 (a) の方針への記載内容の要素は、附則 1 第 2 条[149] に定めがあるが、(a) 職場における dignity のための全ての被用者の制定法上の権利の解説、および権利侵害が許容されないことの宣言、(b) 職場における dignity 権を侵害するような行為の類型の例示、および懲戒処分となるであろう行為の類型の例示、(c) 申立てが深刻に受け止められ、客観的に調査され、また信義に則って対応されるということと、全ての段階において申立人の代理人が申立てを代理することを許容するという約定が包含された、職場における dignity 権の侵害に対する申立ての提起とその方法についての手続にかかる明確な記述、(d) 法の趣旨のもと、割り振られた職務を果たすべき、申立てを受けなければならない適格者の指定、(e) 当該方針に違反した被用者に対して従わせるべき懲戒手続の明確な記述であって、助言斡旋仲裁局の行為準則である「雇用における懲戒処分と手続（1977）」の規定を遵守しているもの、(f) 申立てをしようとしている者、または申立ての対象となる者に対して、相談、支援、助言のため連絡可能な指定された者の詳細（氏名、電話番号を含む）、(g) 使用者と管理権限を有する何らかの地位を占める全ての者への当該方針に関する教育と、全ての被用者への周知のための手順、(h) 当該方針のもとでの全ての申立ての要約を包含し、上級管理職に報告されるべき、当該方針の運用についての年 1 回のモニタリング（申立人が合意しない限り、申立人の氏名は秘密扱）、(i) 当該方針の履行と、実際の運用における観点からの当該方針のあらゆる改定、当該方針の運営について

---

[149] 既に前掲注 61 において示したが、本文において再度参照する。

の労働組合と安全代表の協議のための手順、とされている。これらを予防・事後対応・修復といった3分法の観点から整序（重複するものもあるが）すれば、全要素が予防または事後対応のいずれかに分類し得るだろう。しかし、注目すべきは、（h）と（i）である。これらにより方針それ自体が実際の申立てを受けつつ、いわば成長し充実していくこととなる。それは結果として、（g）などを通じ当該事業体自体に波及する。これ自体のメカニズムは、職場の（被害者そして周囲の者にとっての）修復あるいは改善といった契機を生じさせ得る。その点において、（g）と（h）と（i）は修復的な側面を包含する要素として分類できよう。

　全ての被用者に dignity を保障し、ハラスメントに正面から向き合おうとした強い姿勢がみてとれる DWB は2度議会に提出されている。そして、本節2（1）アで述べたように1度目は1996年で、PHA 法案提出と時をほぼ同じくする。しかし、職場における侵害も PHA 法案の射程範囲に含まれ得るといった DWB の議事[150] が端的に示すように、DWB は、PHA の陰のような存在として扱われた。また、庶民院においては、さほど具体的な審議が行われないまま、1997年5月の総選挙以降へ議論が持ち越されるような形で、DWB は不成立となった。総選挙では、Blair 労働党が大勝し、政権は Major 保守党から Blair 労働党へと移った。1998年人権法（Human Rights Act 1998）の成立とその施行（2000年10月）などイギリス法にとって大きな改革を経た後の2001年、2度目の DWB 提出がされ、貴族院を通過、庶民院に送られた。しかし、その頃までに当の労働党、裁判所そして実務家[151] は、ハラスメントへの PHA の適用可能性について認識し始めていた[152]。足掛け3年の審議の末、結局 DWB が成立しなかった大きな理由は、PHA など既存の制定法による救済で足りる[153] というものであった。DWB は PHA に2度成立を阻まれたといえよう。そして、PHA は DWB が予定していたハラスメント救済を開始しつつあった。特に Majrowski 事件以降、それは顕著とな

[150] Lord Lucas, HL Deb 04 Dec. 1996, vol 576, col 769.

[151] 実務家による Elizabeth Gillow *et al.*, *Harassment at Work* (2nd ed.), (Jordan, 2003), pp. 150-151, p. 166 を参照。

[152] Harthill, *supra*, note 145, 287.

[153] HC Deb 25 Mar. 2003, vol 402, cols 8WH–22WH.

り、ある弁護士事務所では、ハラスメント事案の50％をPHAで処理することに改めたという[154]。また職場における他者のdignityを侵害する被用者による不合理な行為に対する制定法として、PHAを評価する論説[155]も現れた。PHAは、いわばDWBの代替として、職場におけるdignityの保護という役割も担うに至ったといえる。

なお、DWB審議議事録のなかで、PHAは、ハラスメントに対する有効な制定法として、筆頭に挙げられているが、それ以外に人種関係法、性差別禁止法等も挙げられていた。そして、DWB廃案直後、欧州指令[156]に対応し、2003年に人種関係法へ3A条が、2005年に性差別禁止法へ4A条がそれぞれ挿入され、ハラスメントの条項が、「dignityへの侵害」という要件と共に、差別禁止法上初めて登場するに至った[157]。これらの条項は、EA2010におけるハラスメント条項（26条）の淵源となっている[158]。また、2004年に職場におけるdignityパートナーシップ（Dignity at Work Partnership）事業[159]が開始された。イギリス政府は、これに約100万ポンド（当時のレートで約2億円）を投じ、ハラスメント対策の要とした。その甲斐もあってか、現在では多くの企業や大学などの組織で「職場におけるdignity方針」が策定されて

---

[154] Barr. Clive Coleman, 'How a stalkers' law is now being used to catch 'bullies'', *The Times*, 7 Nov. 2006, at 1, S2.

[155] Sam Middlemiss, 'Liability of Employers under the Protection from Harassment Act 1997', (2006) 10 Edin.L.R. 307, 307-308.

[156] 男女均等待遇指令（76/207/EEC、2002/73/ECにより修正）2条2項等。

[157] 条項挿入の流れにつき、小宮・前掲注49) 173-174頁。なお、Equality Act 2006（3条(c) は、dignityと人格的価値の尊重を謳う）によって、The Equality and Human Rights Commission（EHRC）が設置され、差別への対処および人権の保護・啓発が志向されている。EHRCは、2020年1月、ハラスメントに係る新たなガイダンス（Sexual harassment and harassment at work: technical guidance）を発した。それは以前の版に比し大幅に増補されている。そして、そこには、どのようにハラスメントに取り組み対応すべきか法的な議論のみならず実践的な例をも含め詳細な記載がなされている。

[158] なお、dignity要件挿入の積極的意義につき、Sandra Fredman, *Discrimination Law* (2nd ed.), (Oxford University Press, 2011), pp. 227-230 参照。

[159] この事業は、当時の貿易産業省（Department of Trade and Industry）および労働党に連なる有力労組Amicus（以前のMSF、現在のUnite the Union）が資金を提供、軍需航空宇宙産業のBAEシステムズ、BTなど企業も加わり、開始された。労使各団体が一体となり、ハラスメントに取組むと共に、その啓発を目的とし、ハラスメント対策の検討や各種調査も行われた。多数の労使各団体の参加をみたが、この事業は2008年5月全目的を達成したとして、解消されている。

いる。その内容は、名ばかりのものから、相当に整ったものまで玉石混淆であるものの、多くのそれは、先に述べた DWB の附則に基づいた形式となっている[160]。依然として一部労組や各種団体が DWB の成立を求め活動している[161]ものの、既に DWB は「職場における dignity 方針」の各使用者における策定という意味において、役割を果たしているものといって良い。とはいえ、それは、一定の対策をなしていることを使用者がアピールする手段（場合によっては法的紛争を見据えての手段）となっているものと解することもできよう。

## 4 小 括

　本節の主軸となった PHA は、EA2010 のように特定の保護特性に縛られることなく、包括的な「ハラスメント」概念のもと、コモン・ロー上の法理といわば重畳的に用いられることで、ハラスメントの救済法として有効に機能している。

　PHA において、とりわけ特徴的なのは、明確に定義されているとはいえない「ハラスメント」概念であろう。これは、PHA 制定時における趣旨の忠実な反映であったといえる。その侵害行為の類型という点では典型的なハラスメントであったが、Majrowski 事件以降は PHA が雇用関係に適用されるようになり、Green 事件高等法院判決は「ハラスメント」概念を4要件に整序し客観性を強調するなどし、さらに Iqbal 事件控訴院判決は、ささいな行為でも積み重なれば一つの「ハラスメント」となり違法性を帯有し得ることを示した。結局のところ、PHA の「ハラスメント」概念は、依然として広範といえるが、これ自体は、保護特性（年齢・障害・性同一性障害・人種・宗教または信条・性・性的指向）と関連のある「ハラスメント」でなければ争えない EA2010 との明確な差異であるといえる。本節2（2）で論じた PHA と EA2010 との比較からすれば、被害者において有利な点が PHA に複数みられ、ハラスメントについて PHA は有効な制定法と評価できよう。

---

[160] See, Hoel, *supra*, note 99, 68-70.
[161] 一部労組や各種団体が、具体的にいかなる活動をしているかにつき、Hoel, *supra*, note 99, pp. 72-74.

　とはいえ、PHA は、雇用や職場という特殊性およびハラスメントそれ自体に着目し成立した制定法でなく、予防に重点を置いたものでもない。これは、DWB と明確なコントラストをなすものであった。そして、DWB は成立こそしていないものの、「職場における dignity 方針」を各使用者において策定させる一つの契機となった。また、議会の議論を通じ、DWB の持つ救済的な機能を PHA が担うこととなったが、それは、PHA の可能性を広く認識させ際立たせるという意味で意義があったといえよう。

　現代のイギリスにあって、職場における dignity が重要な法的価値となりつつあることは、とりわけ本節 3 における検討で明らかになった。「精神的な人格的利益」としての dignity は、不法行為法理論の発展に支えられ、DWB のいわば代替としての PHA は、職場における dignity を保護射程のもとに置いた。そして、EA2010 や相互信頼義務は、dignity に一定の意義をもたせている。dignity は、個人の自律（autonomy）と密接に関連し、「平等」に確固とした基盤を与え[162]つつ、ハラスメントを解決し得るものとして現代的展開をみせている。かつて着目された「身体的な人格的利益」の源泉でもあり、古いようで新しい包括的な法的価値が dignity といえる。DWB は不成立となったが、政府や労使各団体の取組みから看取されるのは、職場における dignity 重視の姿勢に他ならない。

# 4 ┃ おわりに

　本章においては、ハラスメントに関し、第 2 節でコモン・ローによるアプローチについて、第 3 節で PHA を中心とした制定法によるアプローチについて、それぞれ概観した。それらの小括については、それぞれの節の 4 で述べた通りであるが、本節で若干ながらそれらにつき振り返り、本章の結びとしたい。

　まず、コモン・ローについては、ハラスメントに関し、注意義務論と相互信頼義務論とがキーとなることから、それぞれ第 2 節で検討したが、理論的

---

[162] Deakin & Morris, *supra*, note 111. Fredman, *supra*, note 158, pp. 19-25.

な意味合いで一定の示唆を含み得ると思われたのは、相互信頼義務論に係る議論であった。具体的には、Brodie や Collins による議論がそれにあたることとなるが、Brodie のいうところの相互性ないし互恵性、あるいは Collins の「心理的契約」の援用は、日本の労働契約論、とりわけ付随義務論に対し、一定の視角をもたらすものであった。

次に、制定法に関しては、ハラスメントにつき、PHA や EA2010 が機能し得るが、一定の保護特性との関連が必要な EA2010 に比し、広範な「ハラスメント」概念を有する PHA の方が用いやすいこと、あるいは、複数の点において被害者に有利なのが PHA であることを第 3 節において指摘した。また、職場におけるハラスメントに着目するなどした DWB は廃案となったものの、「職場における dignity 方針」を各使用者において策定させる契機となったことも同節において指摘した。

イギリスにおける法制、とりわけ制定法において特徴的なのは、① PHA が包括的かつ広範な「ハラスメント」概念を有しているという点、そして、② EA2010 が一定の保護特性に関連するハラスメントをその対象としているという点であろう。①は、PHA の立法時における「広範な行為を定義づけることはできない」、あるいは「容易に要件づけることはできない」といった理由に基づくものであり、法規範の明確性を重視する日本では受容し難いものであろうが、様々な形態で生じ得るハラスメントの特性からすれば、その本質を射たものとも指摘できる。また、②では、年齢・障害・性同一性障害・人種・宗教または信条・性・性的指向といった保護特性を予め定めておくという法的方法が採られ、どういった特性が保護されるかという点で明確性を有するところとなっている。かかるような法的方法は、どういった特性が保護されるべきかを鮮明にし、当該特性に係るハラスメントが規制されるという分かりやすさを有するものとして評価可能である。しかし、それらに関連しないハラスメントについては EA2010 によって争うことができないところ、当該法的方法には一定の限界が存在するものといえる。

なお、イギリスにおけるハラスメントに係る最近の法的動向として、①EA2010 の 2023 年改正と、②労働党の Rachael Maskell 議員による「職場いじめ及び職場における配慮法案（Bullying and Respect at Work Bill）」の提出

を挙げることができる。①は、2024 年 10 月に施行予定である。同改正では、第三者からのハラスメントに関する規定[163]が再び設けられることが予定されていたが、それは貴族院での審議で覆された。結果として、同改正は、使用者にセクシュアル・ハラスメント防止義務が課せられる（40A 条の新設）などにとどまるものとなった。②は、「職場いじめ」の定義を法定し、それに関わる申し立てを雇用審判所で扱えるようにし、職場環境の最低基準である「職場における配慮規範（Respect at Work Code）」を定めるといった内容からなるが、2024 年 1 月の時点で、提出された庶民院での第二読会さえ了していない。今後のイギリス議会での審議の行方が注目される。

## 参考文献

【邦語文献】

浅倉むつ子「包括的差別禁止立法の意義──イギリス 2010 年平等法が示唆すること」毛塚勝利先生古稀記念『労働法理論変革への模索』（信山社、2015 年）581 頁。

有田謙司「イギリス雇用契約法における信頼関係維持義務の展開と雇用契約観」山口経済学雑誌 46 巻 3 号（1998 年）183 頁。

有田謙司「労働関係の変容とイギリス労働法理論・雇用契約論の展開」日本労働法学会誌 106 号（2005 年）26 頁。

有田謙司「イギリス」『諸外国の労働契約法制に関する調査研究』労働政策研究報告書 No. 39（労働政策研究・研修機構、2005 年）207 頁。

石田眞「企業組織と労働契約──ストーン・コリンズ『論争』をめぐって」名古屋大学法政論集 169 号（1997 年）27 頁。

石橋洋「知識経済社会への移行と雇用契約法理──コリンズ教授の所説を中心に」労働法律旬報 1576 号（2004 年）16 頁。

石橋洋「コリンズの雇用契約論──雇用契約の意図的不完全性とデフォルトルールを中心として」労働法律旬報 1672 号（2008 年）8 頁。

石田信平「イギリス労働法の新たな動向を支える基礎理論と概念──システム理論、制度経済学、社会的包摂論、Capability Approach」石橋洋教授・小宮文人教授・清水敏教授還暦記念『イギリス労働法の新展開』（信山社、2009 年）36 頁。

石田信平「イギリス労働法の Worker 概念（1）～（2・完）」季刊労働法 262 号（2018 年）178 頁、同 263 号（2018 年）116 頁。

岩永昌晃「イギリスにおける労働法の適用対象者（1）～（2・完）」法学論叢 157 巻 5 号（2005 年）56 頁、同 158 巻 1 号（2005 年）72 頁。

岩永昌晃「イギリス」『労働法の人的適用対象の比較法的考察』資料シリーズ No. 214（労働政策研究・研修機構、2019 年）6 頁。

唐津博「イギリス雇用契約における労働者の義務──雇用契約における implied terms とコ

---

[163] これに関し前掲注 113 を参照。

モン・ロー上の労働者の義務」同志社法学 33 巻 4 号（1981 年）102 頁。

唐津博「労働者の『就労』と労働契約上の使用者の義務——『就労請求権』と『労働付与義務』試論」下井隆史先生古稀記念『新時代の労働契約法理論』（信山社、2003 年）157 頁。

唐津博「イギリスにおける新たな労働法パラダイム論——H. Collins の労働法規制の目的・根拠・手法論」季刊労働法 216 号（2007 年）146 頁。

龔敏「イギリス雇用契約における implied terms の新動向に関する一考察——黙示的相互信頼条項という implied terms を中心に」九大法学 88 号（2004 年）52 頁。

龔敏「労働契約における黙示義務の創設」季刊労働法 234 号（2011 年）192 頁。

國武英生「イギリスにおける労働法の適用対象とその規制手法」日本労働法学会誌 108 号（2006 年）184 頁。

小宮文人『現代イギリス雇用法』（信山社、2006 年）。

清水敏「公務労使関係における協力とパートナーシップ——コリンズの示唆するもの」労働法律旬報 1672 号（2008 年）26 頁。

新屋敷恵美子「イギリス労働法における労働者概念——労働者概念における契約の要素と契約外的要素」山口経済学雑誌 61 巻 4・5 号（2013 年）99 頁。

鈴木隆「職場における労働者のストレスに対する使用者責任」労働判例 833 号（2002 年）96 頁。

鈴木隆「イギリスにおける職場いじめ対策の実情と課題」季刊労働法 218 号（2007 年）63 頁。

鈴木隆「イギリス 2010 年平等法の成立」労働法律旬報 1734 号（2010 年）43 頁。

高柳賢三・末延三次（編）『英米法辞典（初版）』（有斐閣、1952 年）。

滝原啓允「イギリスにおける職場いじめ——ハラスメントからの保護法による救済」季刊労働法 235 号（2011 年）150 頁。

滝原啓允「イギリスにおけるハラスメントからの保護法とその周辺動向——職場における dignity の保護」日本労働法学会誌 122 号（2013 年）121 頁。

滝原啓允「書簡による職業活動妨害のハラスメント該当性」労働法律旬報 1780 号（2012 年）50 頁。

滝原啓允「コモン・ローにおける雇用関係上の注意義務と相互信頼義務——職場いじめ・ハラスメントへの対処、あるいは『心理的契約』論の援用を中心として」季刊労働法 250 号（2015 年）189 頁。

土田道夫『労働契約法』（有斐閣、2008 年）。

内藤忍「イギリスにおけるハラスメントの救済——差別禁止法の直接差別から平等法 26 条のハラスメントへ」日本労働法学会誌 123 号（2014 年）135 頁。

長谷川聡「コリンズの社会的包摂論——差別禁止法との関係に着目して」労働法律旬報 1672 号（2008 年）18 頁。

服部泰宏「日本企業の組織・制度変化と心理的契約——組織内キャリアにおける転機に着目して」日本労働研究雑誌 628 号（2012 年）60 頁。

服部泰宏『日本企業の心理的契約——組織と従業員の見えざる約束〔増補改訂版〕』（白桃書房、2013 年）。

日原雪恵「諸外国におけるハラスメントへの法的アプローチ——セクシュアル・ハラスメント、『差別的ハラスメント』と『いじめ・精神的ハラスメント』の横断的検討（1）～（2・完）」季刊労働法 278 号（2022 年）103 頁、同 279 号（2022 年）95 頁。

藤本茂「職場での市民的自由——コリンズ論を中心に」季刊労働法 222 号（2008 年）229 頁。

古川陽二「ニュー・レイバーの労働立法政策とその特質——現代イギリス労働法のグラン
　ド・デザインと規制対象・方法の分析のために」季刊労働法 211 号（2005 年）157 頁。
カール・ポランニー（玉野井芳郎＝栗本慎一郎訳）『人間の経済（Ⅰ）・（Ⅱ）』（岩波書店、
　1980 年）。
松本克美「セクシュアル・ハラスメント——職場環境配慮義務・教育研究環境配慮義務の
　意義と課題」ジュリスト 1237 号（2003 年）137 頁。
宮崎由佳「イギリス平等法制の到達点と課題」日本労働法学会誌 116 号（2010 年）121
　頁。
望月礼二郎『英米法（新版）』（青林書院、1997 年）。
マルセル・モース（有地亨訳）『贈与論』（勁草書房、1962 年）。
山川隆一「労使の義務論——いわゆる附随義務を中心に」秋田成就編著『労働契約の法理
　論——イギリスと日本』（総合労働研究所、1993 年）158 頁。
山田省三「イギリス労働法におけるセクシャル・ハラスメントの法理（1）〜（2・完）」中
　央学院大学法学論叢 3 巻 1 号（1990 年）85 頁、同 3 巻 2 号（1990 年）99 頁。
山田省三「労働契約と労働条件」秋田成就編著『労働契約の法理論——イギリスと日本』
　（総合労働研究所、1993 年）135 頁。
山田省三「ストレス疾患労働者に対する使用者の注意義務——使用者は労働者の精神的ス
　トレス予防につき注意義務を負うか」労働法律旬報 1363 号（1995 年）17 頁。
山田省三「JR 西日本日勤教育における労働者の人格権——鑑定意見書（2007 年 4 月 3 日
　大阪地裁提出）」労働法律旬報 1764 号（2012 年）28 頁。
山田省三「イギリス雇用関係における差別概念」法学新報 121 巻 7・8 号（2014 年）433
　頁。

【外国語文献】
Andrea Adams, *Bullying at work: How to confront and overcome it*, （Virago, 1992）.
Brenda Barrett, 'Protection from Harassment Act 1997', （1998）27 ILJ 330.
Brenda Barrett, 'When Does Harassment Warrant Redress?', （2010）39 ILJ 194.
Sharon C. Bolton, 'Dignity *in* and *at* work: why it matters', in S. C. Bolton （ed.）, *Dimensions of Dignity at Work*, （Butterworth- Heinemann, 2007）.
John Bowers, *A Practical Approach to Employment Law* （7th ed.）, （Oxford University Press, 2005）.
Douglas Brodie, 'Deterring Harassment at Common Law', （2007）36 ILJ 213.
Douglas Brodie, 'Mutual Trust and Confidence: Catalysts, Constraints and Commonality', （2008）37 ILJ 329.
Douglas Brodie, *Enterprise Liability and the Common Law*, （Cambridge University Press, 2010）.
David Campbell （ed.）, *Ian Macneil, The Relational Theory of Contract: Selected Works of Ian Macneil*, （Sweet & Maxwell, 2001）.
Clive Coleman, 'How a stalkers' law is now being used to catch 'bullies'', *The Times*, 7 Nov.
Hugh Collins *et al.*, *Labour Law*, （Cambridge University Press, 2012）.
Anne Davies, *Employment Law*, （Pearson, 2015）.
Simon Deakin *et al.*, *Tort Law* （7th ed.）, （Oxford University Press, 2013）.
Simon Deakin & Gillian S. Morris, *Labour Law* （6th ed.）, （Hart, 2012）.
Nigel Duncan, *Employment Law in Practice* （10th ed.）, （Oxford University Press, 2012）.
Equalities Office, 'Consultation on sexual harassment in the workplace: government response', （2021）.

Sandra Fredman, *Discrimination Law* (2nd ed.), (Oxford University Press, 2011).

Gabrielle S. Friedman & James Q. Whitman, 'The European Transformation of Harassment Law: Discrimination versus Dignity', (2003) 9 Colum. J. Eur. L. 241.

Elizabeth Gillow *et al.*, *Harassment at Work* (2nd ed.), (Jordan, 2003).

Vivienne Harpwood, *Modern Tort Law* (7th ed.), (Routledge-Cavendish, 2008).

Susan Harthill, 'Bullying in the workplace: Lessons from the United Kingdom', (2008) 17 Minn. J.Int'l L. 247.

Helge Hoel, 'Workplace Bullying in United Kingdom', (2013) 12 JILPT Report 61.

Home Office, *Stalking – The Solutions*, (Home Office consultation paper, 1996).

Sam Jones, 'Bullying mother-in- law must pay £35,000', *Guardian*, Jul. 25, 2006, at p. 3.

Law Commission, *Family Law Domestic Violence and Occupation of The Family Law*, (Law Com. No. 207, 1992).

Timothy Lawson-Cruttenden & Neil Addison, *Protection from Harassment Act 1997*, (Blackstone, 1997).

Ian Macneil, 'Contracts: Adjustment of Long-Term Economic Relations under Classical, Neoclassical, and Relational Contract Law', (1978) 72 NULR 854.

Sam Middlemiss, 'Liability of Employers under the Protection from Harassment Act 1997', (2006) 10 Edin. L. R. 307.

Dawn Oliver, *Common Values and the Public-Private Divide*, (Butterworths, 1999).

Denise M. Rousseau, 'Psychological and implied Contracts in Organaisations', (1989) 2 Employee Responsibilities and Rights Journal 121.

Denise M. Rousseau, *Psychological Contracts in Organizations: Understanding Written and Unwritten Agreements*, (Sage, 1995).

Philip Selznick, *The Moral Commonwealth: Social Theory and the Promise of Community*, (University of California Press, 1994).

Stephen Taylor & Astra Emir, *Employment Law: An Introduction* (3rd ed.), (Oxford University Press, 2012).

2 章 # アメリカ

藤木　貴史

## 1 はじめに

　本稿は、2019 年に「仕事の世界における暴力及びハラスメントの撤廃に関する条約」（以下 ILO190 号条約）が採択されたことを踏まえ、日本が同条約を批准するに際し検討すべき事項を比較法的分析によって析出するための一助として、アメリカにおけるハラスメント法制の概要を紹介することを目的とする。ILO190 号条約は、仕事の世界（a world of work）における暴力及びハラスメントを防止・撤廃するため、「包摂的な、統合された、及びジェンダーに配慮した取組方法（inclusive, integrated and gender-responsive approach）」を採用することを批准国に求めている。

　しかし、管見の限り、アメリカ合衆国においては、ILO190 号条約に対する関心は必ずしも高くないように思われる。セクシュアルハラスメント（以下セクハラ）の国際比較研究において、同条約を肯定的に紹介する論文が見られる一方で[1]、同条約の批准を積極的に求めたり、同条約を利用して国内法上の問題の解決を図るべしといった主張は見られず、同条約に言及した論文数自体も少ない[2]。一見奇異に思われるこの事実を了解するためには、アメリカ法におけるハラスメント規制の前提が、ILO190 号条約によるハラスメント規制のそれと異なっていることを知る必要があろう。すなわち、

---

[1] Benedetta Faedi Duramy, *#Me Too and the Pursuit of Women's International Human Rights*, 54 U. S. F. L. Rev. 215, 216-217（2020）.

[2] ILO190 号条約の通称である "Violence and Harassment Convention" で検索した結果、ヒットしたローレビューの記事は、Nexis Uni においては 3 件、Hein Online においても 11 件に留まる。正式名称である "Convention concerning the elimination of violence and harassment in the world of work" で検索しても、Nexis Uni において 1 件、Hein Online において 10 件が見られるのみである（いずれも 2021 年 2 月 16 日現在）。

ILO190 号条約の基本的前提は、「仕事の世界における暴力及びハラスメント
が、人権の侵害又は濫用に当たるおそれがある」という認識である（前文、
傍点筆者）。換言すれば、基本的人権として「暴力及びハラスメントのない
仕事の世界に対する全ての者の権利」（第 4 条第 1 項）を措定し、この権利
を保障するという、いわば「人（格）権アプローチ」を採用している点に、
ILO190 号条約の特徴がある。これに対して、アメリカによるハラスメント
規制は、第 3 節以下で紹介する通り、ハラスメントと思われる行為が「差
別」に該当する場合に重点的に解決を図る、いわば「差別規制中心アプロー
チ」を採用していると考えられる[3]。この違いが、ILO190 号条約への低関心
の理由の一つではなかろうか。

　アメリカ法が差別規制中心アプローチをとっているのは、積極的な取捨選
択の結果というよりも、歴史的経緯に制約された結果であるといえる。公民
権法第 7 編により雇用差別が禁じられたのが 1964 年、セクハラの概念が発
明されたのは 1960 年代末から 1970 年代初頭にかけてであり[4]、以降長ら
く、差別禁止法規を通じて、性を理由とするハラスメントの救済が図られて
きた。これに対して、職場でのいじめ・嫌がらせ全般を問題視する発想がア
メリカにもたらされたのは、1980 年代におけるスウェーデンの心理学者ハ
インツ・レイマン（Heinz Leymann）の業績によってであり、本格的な研究
の開始は 1990 年代後半におけるナミエ夫妻（Gary Namie & Ruth Namie）の
研究をまたねばならなかった[5]。それゆえ、ハラスメントに対する救済も、
差別禁止法規が中心となってきたと考えられよう。

　以下ではまず、アメリカにおいて、日本の「ハラスメント」に相当する現
象がどのように理解されているのか、また実際にどの程度生じているのか、
を概観する（第 2 節）。そのうえで、差別的ハラスメント（第 3 節）及び非

---

[3]「人（格）権アプローチ」「差別規制中心アプローチ」は、山﨑文夫『改訂版セクシュ
　アル・ハラスメントの法理』（労働法令、2004 年）18 頁以下を踏まえた表現である。
　同書の議論は、セクハラに限定されているが、アメリカ法の状況全体を描写するうえ
　でも有益であると考える。
[4] 山﨑・前掲注 3）19 頁。
[5] David Yamada, *Workplace Bullying and the Law: A Report from the United States, in* JIL-PT,
　JILPT REPORT NO. 12, WORKPLACE BULLYING AND HARASMENT, 165（June 2013）, https://www.jil.
　go.jp/english/reports/documents/jilpt-reports/no.12.pdf（last visited on Feb. 16, 2021）.

差別的ハラスメント（第 4 節）のそれぞれについて、法規制の具体的内容を紹介する[6]。紹介に際しては、可能な限り統計資料に触れたうえで、①ハラスメントの定義および禁止される行為の内容に加え、②保護対象の範囲、③紛争解決手段、④救済等のトピックを中心に述べることとする。

# 2 アメリカにおけるハラスメントの状況

## 1　アメリカにおける「ハラスメント」調査のための予備的考察

先行研究は、ハラスメント規制に関する国際比較の観点から、ハラスメントに対する特別の規制法をもたない国の代表として、日本とアメリカを挙げている[7]。この意味で、日本とアメリカは、ハラスメント規制において共通点を持つ。

しかし、注意が必要なのは、日本とアメリカが、「ハラスメント」の概念まで共有しているわけではないことである。すなわち、日本において「ハラスメント」と呼ばれる行為は、アメリカにおいて異なる仕方で観念されている。そのため、アメリカおける「ハラスメント」規制を理解するためには、まず日本法における「ハラスメント」概念の内実を確認したうえで、日本法の「ハラスメント」に相当する行為は何か、またその行為に対する規制におけるアメリカ法の特徴は何かを明らかにする、という手順を踏むことになる。そこで以下、日本法との簡単な対比を通じて、（1）アメリカは日本と異なり、実定法上の包括的な「ハラスメント」概念を持たないこと、（2）アメリカは日本以上に、個別的な場面ごとの行為規制に留まること、（3）アメリカは日本以上に、多様な履行確保手段を持つことを紹介したい。

---

[6]「差別的ハラスメント」「非差別的ハラスメント」の定義については、第 2 節 1.（2）参照。

[7] 日原雪恵「職場における『パワー・ハラスメント』に関する比較法的考察——カナダ法のハラスメント規制を素材に」東京大学法科大学院ローレビュー14 巻（2019 年）110-111 頁、114 頁。

## （1）包括的「ハラスメント」概念の不在

　日本における「ハラスメント」概念は、主として次の4つを総称する概念である。第1がいわゆるセクハラであり、実定法上は、「職場において行われる性的な言動に対するその雇用する労働者の対応により当該労働者がその労働条件につき不利益を受け、又は当該性的な言動により当該労働者の就業環境が害されること」（男女雇用機会均等法第11条第1項）と定義されている。第2がいわゆるマタニティハラスメント（以下マタハラ）である。実定法上は、「職場において行われるその雇用する女性労働者に対する当該女性労働者が妊娠したこと、出産したこと、……休業を請求し、又は……休業をしたことその他の妊娠又は出産に関する事由であつて厚生労働省令で定めるものに関する言動により当該女性労働者の就業環境が害されること」（同第11条の3第1項）と定義されている。また、同法第9条第3項は、妊娠等を理由とする「解雇その他不利益な取扱い」も禁じている。第3に、労働者が妊娠・出産に伴い育児休業等の制度を利用した場合、育児・介護休業法は、これら制度の利用を理由とする不利益取扱いを禁じている[8]（育児・介護休業法第10条等）。第4が、いわゆるパワーハラスメント（以下パワハラ）であり、実定法上は、「職場において行われる優越的な関係を背景とした言動であつて、業務上必要かつ相当な範囲を超えたものによりその雇用する労働者の就業環境が害されること」（労働施策総合推進法第30条の2第1項）と定義されている。

　以上からわかる通り、日本法は、ハラスメントを規制する包括的立法を持たない一方で、「ハラスメント」というある程度共通の要素をもつ概念を、特定の場面ごとに当てはめている。すなわち、「職場において行われる言動により、就業者に不利益を与えること、または就業者の就業環境を害すること」をハラスメントの共通要素と定式化したうえで、問題となる言動の性質

---

[8] 育児・介護休業法は、あくまで制度利用を理由とする不利益取扱いを全般的に禁じるものであり（育児・介護休業法第10条、第16条、第16条の7、第16条の10、第18条の2、及び第20条の2等）、狭義のマタハラのみを禁じるものではない。例えば、父親が育児休業等を取得したことを理由とする嫌がらせ（いわゆるパタハラ）も、同法の禁じる不利益取扱いに該当しうる。

に応じて具体的な規制を図っているといえる[9]。

　これに対してアメリカ法は、そもそも「ハラスメント」に対応する包括的な実定法上の概念をもたない。労働に関する連邦法は、主として連邦法典の第 29 編及び第 42 編に収められているが、そこに掲載された条文において、harass（ment）の語は一度も用いられていない。定評ある法律事典によるharassment の記載も、

> 特定の個人を対象に、当該個人をいらだたせ、不安を感じさせ、あるいは実質的な精神的損害を与えるものであって、かつ正当な目的に資することのない（通常、反復的かつ継続的に行われる）言語、行為または法律行為（words, conduct, or action）。目的を持ったいらだたせ（purposeful vexation）。負債を徴収するために債権者が脅迫又は濫用的戦術を用いた場合、いくつかの法域においては訴訟提起が可能となる[10]。

となっており、就労環境を問題とする文脈ではない。雇用差別を禁じた連邦法の執行機関である合衆国雇用機会均等委員会（U.S. Equal Employment Opportunity Commission；以下 EEOC）は、2016 年に「職場におけるハラスメント」の調査を実施しているが[11]、その調査は「職場のハラスメントの法的定義に限定せずに」行われており、しかも、「職場における歓迎されない又は不愉快な行為（unwelcome or offensive conduct in the workplace）」のうち、何らかの保護属性を理由とする行為のみを対象としている。アメリカにおける harassment が、日本法の「ハラスメント」と対応していないことは明らか

---

[9] 大和田敢太『職場のいじめと法規制』（日本評論社、2014 年）9-16 頁及び 32-37 頁は、①労使間の不対等・不平等な関係を当然視する「パワー」ハラスメントの語は不適切であり、代えて、職場のいじめ全般を指す「ワークハラスメント」を用いるべきこと、②ワークハラスメントがセクハラと共通性・同質性を有することを指摘したうえで、③ワークハラスメントとセクハラを別個のものとして位置づける見解に対して、「ワークハラスメントが構造的であり、企業経営の経営風土の問題であることを無視するおそれがある」と批判する。

[10] *Harassment*, BLACK'S LAW DICTIONARY, 831 (10th ed., 2014).

[11] CHAI R. FELDBLUM & VICTORIA A. LIPNIC, EEOC, REPORT OF THE CO-CHAIRS OF THE SELECT TASK FORCE ON THE STUDY OF HARASSMENT IN THE WORKPLACE (June 2016), https://www.eeoc.gov/select-task-force-study-harassment-workplace (last visited on Feb. 16, 2021).

であろう。

　アメリカの制定法規において、日本法の「ハラスメント」に近いと思われる概念は、カリフォルニア州をはじめいくつかの州法において規定されている「虐待的行為（abusive conduct）」であり（詳細は第4節3. 参照）、

> 職場における使用者または被用者の悪意に基づく（with malice）行為であって、合理的な人間であれば、敵対的（hostile）、不愉快（offensive）であり、使用者の正当な事業上の利益とは無関係と判断する行為をいう。虐待的行為は、次の行為を含む。悪口、侮辱、軽蔑的なあだ名の使用など、口頭での暴言を浴びせること。合理的な人間であれば、脅迫、恫喝、恥辱、又はいわれのない妨害（gratuitous sabotage）、すなわち人の労務提供の妨害と判断するであろう、口頭のまたは物理的行為。単一の行為は、特別に重大かつ言語道断（egregious）でない限り、虐待的行為には該当しない[12]。

と定義づけられている。しかしこの概念は、特定の州においてしか妥当せず、アメリカ全土で用いられているわけではない。したがって、日本法の「ハラスメント」のように広い射程を持つわけではない。

　講学上、もっともよく用いられる表現は、「職場いじめ（workplace bullying）」である。おそらく、日本法の「ハラスメント」に最もよく対応する概念は、この「職場いじめ」であろう。しかし同概念は、日本法の「ハラスメント」と異なり、実定法上の概念ではない。連邦法典の第29編及び第42編においても、bully（ing）の語は、わずか1カ所、それも労働法とは関係のない公衆衛生に関する条文で用いられているにすぎない。

　以上要するに、アメリカ法は日本法と異なり、職場いじめを規律する包括的な実定法上の概念をもたない。それゆえ、講学上の概念である「職場いじめ」に含まれる行為に着目したうえで、それに対応する法的規律を探求することが必要となる。

---

[12] CAL. GOV'T CODE §12950.1（h）（2）（Deering 2021）.

## （2）個別法規による断片的規制

　日本法は、共通の「ハラスメント」概念を持ちながら、「ハラスメント禁止法」のごとき総括的な法令をもたない。ハラスメント法制全体を統合する理念がみえにくい、という状況のもとで[13]、性的言動、妊娠等に関する言動、優越的関係を背景とする言動といった個別の言動について、男女雇用機会均等法、労働施策総合推進法、さらには民法の不法行為規定といった個別法規による対処を図っている。

　アメリカ法も、前項（1）で述べたことの帰結として、「ハラスメント」に対する規制は断片的なものにとどまっている。すなわちアメリカ法は、「職場いじめ」に対して、特定の保護属性を理由とする差別を禁じた法令を中心に、制定法規所定の手続を利用したことを理由とする報復を禁じた法令や、州法の特別法規、コモンロー上の不法行為法等を利用して救済を図っている[14]。アメリカ法における「ハラスメント」規制を考えるためには、これらの法を個別に検討せざるを得ないのである。

　注意が必要なのは、アメリカ法を「個別に検討する」ことの意味である。日本と異なり、アメリカは連邦制を採用しているから、連邦法の検討のみならず、50 州における州法の調査も必要となる。また日本と異なり、アメリカは不文法の国でもあるので、制定法のみならず、各州によって内容の異なる判例法（コモンロー）についても検討が求められることになる。その意味で、「アメリカ」法の網羅的検討はかなり困難とならざるを得ない。本稿における調査も、その意味での限界を有していることに留意されたい。

　なお、本稿で検討する法令が多岐にわたることから、あらかじめ各法令の関係を簡単に図示しておきたい（図 2−1）。アメリカ労働法は、①集団的労働関係を規律する労使関係法（Labor Law）、②保護属性を理由とする差別を禁止する雇用差別禁止法（Employment Discrimination Law）、そして③個別的労働関係を規律する雇用関係法（Employment Law）の 3 分野からなってお

---

[13] 中窪裕也「ハラスメント法制の歩みと課題」ジュリスト 1546 号（2020 年）31-32 頁。
[14] アメリカ法における職場いじめの規制の全体像を簡潔に概観する論考として、品田充儀『「職場のいじめ」の定義と被害者救済──北米における労働安全衛生法と救済立法からの示唆」季刊労働法 233 号（2011 年）90 頁。

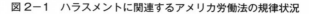

図2-1　ハラスメントに関連するアメリカ労働法の規律状況

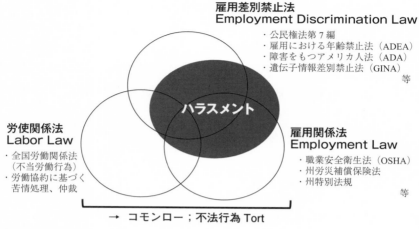

雇用差別禁止法
Employment Discrimination Law
・公民権法第7編
・雇用における年齢禁止法（ADEA）
・障害をもつアメリカ人法（ADA）
・遺伝子情報差別禁止法（GINA）
　　　　　　　　　　　　　　　等

ハラスメント

労使関係法
Labor Law
・全国労働関係法
　（不当労働行為）
・労働協約に基づく
　苦情処理、仲裁

雇用関係法
Employment Law
・職業安全衛生法（OSHA）
・州労災補償保険法
・州特別法規
　　　　　　　　　　　等

→ コモンロー；不法行為 Tort

【出典】筆者作成

り、各分野において様々な連邦・州の制定法規が設けられている[15]。また、制定法規でカバーされない問題は、コモンローが、契約（contract）や不法行為（tort）等の類型ごとに対象としている。ハラスメント対応の中心となる分野は、雇用差別禁止法と雇用関係法である（労使関係法による対応については、第3節3.（3）イで触れる）。以下では分析の便宜上、日本において「ハラスメント」と観念される言動のうち、雇用差別禁止法によって規制される言動（対象となる個人が特定の保護属性を持つことを理由としてなされる言動）を「差別的ハラスメント」、それ以外の言動を「非差別的ハラスメント」と呼ぶことにしよう。

### (3) 履行確保手段の多様性

　日本におけるハラスメント規制においてしばしば先行研究が問題視するのは、履行確保手段が必ずしも頑健とはいえない面があることである。例えば、①男女雇用機会均等法は「企業に対して、差別是正措置を強制すること

---

[15] 代表的な体系書である中窪裕也『アメリカ労働法〔第2版〕』（弘文堂、2010年）も、この分類に即して章立てされている。

はできない性質の行政的救済のみを予定している法律である[16]」との指摘が
ある。また、②同法（17 条 1 項）のもとでは「個別事案に関する行政指導
（例えば、「その行為はセクシュアルハラスメントだからやめなさい（やめさ
せなさい）」といったような指導）は基本的に行うことが出来ない」がゆえ
に、個別事案に対する解決をもたらしうるか疑問である旨の指摘もなされて
いる[17]。さらに、③ハラスメントの違法性は、あくまで一般的な不法行為
（民法第 709 条）の枠組みで判断せざるを得ないことも指摘されている[18]。

　これに対してアメリカ法は、分野ごとに濃淡を伴いつつ、多様な履行確保
手段が設けられている。差別的ハラスメントに対しては、雇用差別禁止法に
おいて、EEOC による行政的対応に加えて、「公権力によって強制しうる司
法的救済[19]」が予定されており、ハラスメントが差別に該当する限りにおい
て、当該差別を理由に、コモンロー上の損害賠償やエクイティ上の差止めな
どを請求しうることになる。ただし、非差別的ハラスメントに対しては、制
定法規違反に対しても訴権が付与されない場合があり、またハラスメントが
不法行為の各類型に該当することの証明が別途必要となるなど、履行確保が
十分でないことも多い。この意味で、訴訟を通じた履行確保の実現可能性
は、分野ごとの濃淡が激しい[20]。

---

[16] 相澤美智子『雇用差別への法的挑戦――アメリカの経験・日本への示唆』（創文社、
2012 年）479 頁。

[17] 内藤忍「職場のハラスメントに関する法政策の実効性確保」季刊労働法 260 号（2018
年）50 頁。確かに理論上は、各企業において生じる具体的な個別事案についても、労
働者からの相談を端緒として、所轄行政機関が行政指導を行うことは可能であり（均
等法第 11 条第 1 項）、結果的に個別事案の解決につながる可能性はある。しかし、行
政通達によれば、「均等法及び指針は、あくまで職場におけるセクシュアルハラスメン
トが発生しないよう防止することを目的とするものであり、個々のケースが厳密に職
場におけるセクシュアルハラスメントに該当するか否かを問題とするものではない」
（「改正雇用の分野における男女の均等な機会及び待遇の確保等に関する法律の施行に
ついて」（平成 28 年 8 月 2 日雇児発 0802 第 1 号）第 3、1（2）イ）。行政指導による個
別事案への関与がどの程度実質的なものとなっているかについては、理論的な可能性
に基づく評価ではなく、運用実態を踏まえた慎重な評価が求められよう。

[18] 内藤忍「パワーハラスメント」土田道夫・山川隆一編『労働法の争点』（有斐閣、2014
年）32-33 頁。

[19] 相澤・前掲注 16) 479 頁。

[20] Ricky E. Richardson, et al., *Workplace Bullying in the United States: An Analysis of State Courts
Cases*, 3 Cogent Bus. & Mgmt. 6-9 (2016), https://doi.org/10.1080/23311975.2016.1256594

　また、裁判所による履行確保のみならず、仲裁を通じた履行確保も図られている。労働組合が排他的交渉代表として使用者と労働協約を締結している場合には、仲裁付託条項を労働協約に設けることが通例である（労働仲裁（labor arbitration））ほか、近年では、「あらかじめ被用者の採用に当たり、雇用上のすべての紛争を（裁判ではなく）仲裁で解決することに同意させておく[21]」、いわゆる雇用仲裁（employment arbitration）も増えている。アメリカ法における「ハラスメント」規制を考えるためには、紛争解決のあり方にも注意する必要がある。

## 2　統計調査から見るハラスメントの現状

　以上、1. で述べた注意を踏まえたうえで、日本で「ハラスメント」とされる具体的な各言動について、以下では端的に（カギカッコを付さずに）ハラスメントと呼ぶこととしよう。では、アメリカにおけるハラスメントは、実際にはどの程度生じているのだろうか。

　アメリカにおけるハラスメントの実情に関しては、研究者や、民間のシンクタンクにより、いくつかの統計調査が行われている[22]。例えば、2007 年の研究は、NAQ[23]（Negative Acts Questionnaire）と呼ばれる調査票を用いたオンライン調査を実施し、「得られたデータを踏まえると、アメリカの就労

---

（last visited on Mar. 1, 2021）によれば、州裁判所において 2009 年 1 月から 2015 年 12 月に下された判決のうち、「職場いじめ」に関するものはわずか 18 件にとどまっている。調査対象は Westlaw に掲載された判例であり、検索語は「職場いじめ（workplace bullying）」である。全 18 件のうち 14 件で請求が認容されており、勝訴率は必ずしも低くない。しかしこの事実が示すものは、当事者がほぼ勝てる案件しか訴訟を提起しないほどに、請求が認められにくいということだと同論文は結論付けている。以上を踏まえると、訴訟の提起先は、州裁判所ではなく、連邦裁判所が多いと考えられる。

[21] 中窪・前掲注 15）320 頁。

[22] E. Christine Reyes Lola, *Low-Wage Workers and Bullying in the Workplace: How Current Workplace Harassment Law Makes the Most Vulnerable Invisible*, 14 HASTINGS RACE & POVERTY L. J. 231, 234（2017）. 以下の調査結果は、WBI の調査を除き、この論文を踏まえて紹介している。

[23] 日本においても、津野香奈美らにより、改良版である NAQ-R を日本語化した「職場のいじめ日本語版尺度」が開発されている。*See,* Kanami Tsuno, et al., *Measuring Workplace Bullying: Reliability and Validity of Japanese Version of the Negative Acts Questionnaire*, 52 J. OCCPU. HEALTH, 216, 226（2010）.

者の約 35〜50％は、任意の 6〜12 カ月の間に少なくとも 1 回はネガティブ
な言動を経験しており、またアメリカの労働者の約 30％近くは、少なくと
も 2 つの異なるネガティブな言動を頻繁に経験していると推測することがで
きる」としている[24]。同研究における「いじめ」は、回答者自身が「いじ
め」と認識したもののほか、調査側で「いじめ」と判定したもの[25]を含ん
でいるが、「いじめ」全体の件数において前者が占める割合が約 3 分の 1 に
とどまった。このことから、「本研究の対象となるアメリカの就労者が、職
場において持続するネガティブな事象を報告したとしても、そのネガティブ
な事象をいじめの概念とは同視しているとは限らない[26]」、すなわち潜在的
ないじめが相当数存在することも、同研究は示唆している。また、疾病対策
予防センター（CDC）のプレスリリースによれば[27]、国立労働安全衛生研究
所（NIOSH）の実施した 516 の民間企業及び公共団体を対象とする 2004 年
のアンケートにおいて、調査対象の 24.5％が、過去 1 年間にいじめがあった
と回答している。

　比較的新しい調査としては、職場いじめ研究所（Working Bullying
Institute；以下 WBI）が実施した「アメリカにおける職場いじめ調査」があ
る。2017 年調査によれば[28]、調査対象者のうち、現在または過去にいじめ

---

[24] Pamela Lutgen-Sandvik, et al., *Burned by Bullying in the American Workplace: Prevalence, Perception, Degree and Impact*, 44 J. MGMT. STUD. 837, 854（2007）. 同研究は、オンライン調査で得られた 469 人の回答のうち、アメリカで就労していない者等を除いた 403 人（女性 266 名、男性 134 名）の回答を分析対象としている（3 名は性別に関する情報が欠落していた）. *Id*. at 845-846.

[25] 調査項目にあるネガティブな言動（negative acts）につき、「虐待（abuse）から身を守りまたはそれを止めるのが難しい状況において、個人が、6 カ月またはそれ以上の間に、1 週間（またはもっと短い間）に少なくとも 2 回経験した」場合を、「いじめ」と判定している. *Id*. at 841.

[26] *Id*. at 854.

[27] *Most Workplace Bullying is Worker to Worker, Early Findings from NIOSH Study Suggest*, CENTERS FOR DISEASE CONTROL AND PREVENTION（July 28, 2004）, https://www.cdc.gov/niosh/updates/upd-07-28-04.html（last visited on Feb. 17, 2021）. ただし、NIOSH のアンケート調査結果自体はプレスリリースに示されておらず、調査能力の限界から、本稿は NIOSH の調査自体を直接には検討していない。

[28] WORKPLACE BULLYING INSTITUTE, 2017 WBI U.S. WORKPLACE BULLYING SURVEY（2017）, https://workplacebullying.org/download/2017-wbi/（last visited on Feb. 17, 2021）[hereinafter, 2017 SURVEY]. 2017 年の 4 月 28 日から 29 日にかけて、アメリカ在住の 1,008 人の成人を対

を経験した者は19％（ただし過去1年間に絞ると9％）、いじめを目撃した経験のある者も19％であった。さらに、加害者であると述べた者や、経験や目撃こそしていないが、自らの職場でいじめが生じているだろうと認識している者、職場外の他人が見た場合には虐待（mistreatment）に該当するだろう行為が職場で生じていると考える者なども加えると、いじめの存在を認識している者は63％にのぼるとされる[29]。これを踏まえて2017年調査は、

> 3,000万人のアメリカ人就労者が、過去または現在、職場においていじめられており、別の3,000万人はこれを目撃した経験がある。この割合は伝染病の域（epidemic-level）に達している。いじめによって影響を受けたアメリカの就労者——直接にいじめられた者、目撃経験を持つ者——の人数は6,030万人となり、西部6州の人口の合計にも匹敵する[30]。

と推計している。その後の2020年調査においても[31]、現在または過去にいじめを経験した者は30％（過去1年間に絞ると13％）、いじめを目撃した経験のある者も19％であり、いじめの存在を認識している者は66％となっている[32]。これを踏まえて2021年調査は、

> いじめを直接に受けた就労者は4,860万人、目撃者は3,060万人である。この合計から示されるのは、7,930万人の就労者が影響を受けた、ということである[33]。

---

象に実施したオンライン調査である。*Id.* at 25-26. 同調査におけるいじめの定義は、カリフォルニア州法の定める「虐待的行為」とほぼ同様である。*Id.* at 1.

[29] *Id.* at 1-3.

[30] *Id.* at 3-4.

[31] WORKPLACE BULLYING INSTITUTE, 2021 WBI U.S. WORKPLACE BULLYING SURVEY（2021）, https://workplacebullying.org/wp-content/uploads/2021/04/2021-Full-Report.pdf（last visited on May 18, 2021）[hereinafter 2021 SURVEY]. 2021年1月23日から25日にかけて、アメリカの成人1,215名を対象に実施したオンライン調査である。*Id.* at 25. 2020年調査においても、いじめの定義は、カリフォルニア州法の定める「虐待的行為」とほぼ同様である。*Id.* at 3.

[32] *Id.* at 1-3.

[33] *Id.* at 7. なお数値は10万人単位を四捨五入しているため、計算結果が一致していない

と推計している。

　また2017年調査は、いじめの内訳についても分析している。例えば、同調査によれば、加害者が男性である場合（70％）でも女性である場合（30％）でも、被害者となるのは女性（いずれも全調査対象被害者の約65％前後）が多い[34]。いじめを直接経験した者はヒスパニック（25％）やアフリカ系アメリカ人（21％）が多く、いじめの目撃者にはアジア人（44％）が多い[35]。健康への悪影響があったと答えた者が40％おり、うち22％が他人にわかる形での悪影響であったと答えている[36]。2016年の大統領選挙によって職場の人間関係が悪化したと答えた者の割合が、46％にのぼることなども興味深い[37]。

　もっとも、2021年調査においては、加害者・被害者属性の分布に2017年調査と多少の違いがみられる。2021年調査においては、被害者が女性となる割合は、加害者が男性である場合（67％）において42％だったのに対し、加害者が女性である場合（33％）には65％となった[38]。また、いじめの被害者となった者の割合も、黒人（26.3％）より白人（30.0％）のほうが大きかった[39]。

　本稿にとって最も興味深いのは、①加害者の属性分布、②ハラスメントに対する被害者の対応、③ハラスメントに対する使用者の対応、そして④ハラスメントが止まった原因、⑤オンラインによるハラスメントの分布、の5点であろう。

　①につき、まず2017年調査を見よう。現在いじめられている又は過去にいじめられた者、およびいじめを目撃した者（計374名）の回答によれば、加害者の属性分布は、表2-1の通りである。加害者が1人であるいじめが63％である一方、複数人によるいじめが37％もみられる。また、上司によ

---

（同調査の表4参照）。

[34] 2017 SURVEY, *supra* note 28 at 5.

[35] *Id.* at 6-7.

[36] *Id.* at 8-9.

[37] *Id.* at 23-24.

[38] 2021 SURVEY, *supra* note 31 at 11-12.

[39] *Id.* at 13.

表2−1　加害者の属性（2017年）

| 加害者の属性 | 割合（％） |
|---|---|
| 単独の上位階級の加害者 | 37.16％ |
| 単独の同階級の加害者 | 21.39％ |
| 単独の下位階級の加害者 | 4.27％ |
| 複数の上位階級の加害者 | 19.52％ |
| 複数の同階級の加害者 | 8.82％ |
| 複数の下位階級の加害者 | 1.6％ |
| 複数の上位階級及び下位階級の加害者 | 7.22％ |

【出典】脚注28）10頁表6

るいじめが61％と過半数を占めるほか、同僚によるいじめが33％、部下によるいじめも6％存在している。7％の事案では、上司、同僚、部下が協力していじめを実行している例もみられる、と2017年調査は述べている[40]。

　2021年調査においても、同様の状況がみられる。加害者が単独か、複数かという視点も加えた調査結果は、表2−2の通りである。加害者が1人で

表2−2　加害者の属性（2021年）

| 加害者の属性 | 割合（％） |
|---|---|
| 単独の上位階級の加害者 | 46.80％ |
| 単独の同階級の加害者 | 15.98％ |
| 単独の下位階級の加害者 | 9.36％ |
| 複数の上位階級の加害者 | 13.92％ |
| 複数の同階級の加害者 | 4.11％ |
| 複数の下位階級の加害者 | 3.65％ |
| 上司と同僚とが結託した加害者 | 3.65％ |
| 上司、同僚及び部下が結託した加害者 | 2.28％ |

【出典】脚注31）14頁表13

---

[40] 2017 SURVEY, *supra* note 28 at 10-11.

あるいじめが 72％である一方、複数人によるいじめが 28％もみられる。上
司によるいじめ（同僚や部下と結託したものを除く）が約 65％と増加した
ほか、同僚によるいじめが約 21％、部下によるいじめが 14％となった。

　また②ハラスメントに対する被害者の対応につき、表 2 - 3 が参考となる。
2017 年調査においては、調査対象者（380 人）の 29％がいじめの事実を誰
にも告げておらず、公式な苦情処理等を申し立てた者は 18％にとどまる。
ハラスメントに対する沈黙を選択する背景には、報復に対する本能的な恐れ
があると想定される一方、いじめが発生したことを知らされなければ、使用
者がその防止を図ることも難しくなる、と 2017 年調査は述べている[41]。

　なお、2021 年調査においては、職場いじめ被害者の属性分布が明らかに
されている（表 2 - 4）。52％の被害者が、管理職ではない（not management）
一方、40％の被害者が管理職労働者（management）層に属していた。この
ことは、たとえ上層階級の労働者であっても、職場いじめに対する沈黙を選
択する公算が高いことを意味する。したがって、企業が積極的な是正策を講

**表 2 - 3　被害者による対応（2017 年）**

| 被害者による対応 | 比率 | 割合（％） |
|---|---|---|
| 職場外の誰にも告げない | .1158 | 12％ |
| 使用者の代表者（人事部等）や上司に告げない | .1736 | 17％ |
| *沈黙した被害者* | *.2894* | *29％* |
| 同僚就労者だけに告げる | .3353 | 35％ |
| 非公式な形でのみ使用者に知らせる | .1789 | 18％ |
| *非公式に経験を報告した被害者* | *.5432* | *53％* |
| 使用者に対し（苦情を）公式に申立 | .1263 | 13％ |
| 政府機関に対し公式に申告 | .0263 | 3％ |
| 訴訟を提起 | .0237 | 2％ |
| *公式に経験を報告した被害者* | *.1763* | *18％* |

【出典】脚注 28）13 頁表 7

---

[41] *Id.* at 12-13.

表2−4　被害者の属性（2021年）

| 被害者の属性 | 比率 | 割合（％） |
|---|---|---|
| 非監督職被用者（Non-supervisory employee） | .3630 | 36％ |
| 非監督的・指導的労働者（Lead worker, not supervisor） | .1575 | 16％ |
| 非管理者層 | .5205 | 52％ |
| 現場監督者（First-line supervisor） | .1392 | 14％ |
| 管理職（Manager） | .1849 | 18％ |
| 上級管理職（Senior manager or executive） | .0776 | 8％ |
| 管理者層 | .4018 | 40％ |
| オーナー、社長、CEO | .0639 | 6％ |
| 独立契約者（Contractor） | .0159 | 2％ |

【出典】脚注31）15頁表14

じない限り、職場いじめが自主的に解決される可能性は極めて低いと言わざるを得ない。ただし、独立契約者が、いじめの蔓延する職場から比較的逃げだしやすい状況である（いじめ被害者全体の2％）点が注目される[42]。

　さらに③ハラスメントに対する使用者の対応につき、表2−5を参照されたい。調査対象者（479人）の回答を分析する限り、使用者のハラスメントに対する対応は明確でなく、また使用者の対応が認識できたとしても、その71％はネガティブなものであった。総じて、アメリカの使用者は苦しんでいる従業員を助けるための措置をほとんど講じない、という社会通念が裏付けられた形となっている、と2017年調査は述べている[43]。

　残念ながら、この傾向は2021年になっても改善されていない（表2−6）。ほとんどの団体は、苦情を改善の機会とは捉えず、苦情を申し立てる者を組織改善に役立つ者とは位置づけていない、と2021年報告書は論じている[44]。

　加えて、④ハラスメントが止まった原因についても確認しておこう。分析

---

[42] 2021 Survey, *supra* note 31 at 15-16.

[43] 2017 Survey, *supra* note 28 at 14. なお、表中の「ネガティブな対応」及び「ポジティブな対応」は、使用者が何らかの対応をとったことを認識した者（212人）に占める割合である。

[44] 2021 Survey, *supra* note 31 at 19.

## 表2-5　使用者による対応（2017年）

| 使用者による対応 | 比率 | 割合（％） |
|---|---|---|
| 使用者は違反行為について認識しなかった | .2192 | 22％ |
| 使用者がどう対応したか分からない | .3382 | 34％ |
| 苦情を申し立てたが使用者は何もしなかった | .2594 | 26％ |
| 申立の調査が不十分で何も変わらなかった | .4622 | 46％ |
| *ネガティブな対応* | *.7075* | *71％* |
| 申立を調査し、被害者にとって良い変化があった | .2311 | 23％ |
| 調査後加害者にネガティブな結果がもたらされた | .0613 | 6％ |
| *ポジティブな対応* | *.2925* | *29％* |

【出典】脚注28）14頁表8

## 表2-6　使用者による対応（2021年）

| ハラスメントに対する使用者の対応 | 成人全体における比率 | 成人全体における割合（％） | 被用者全体における比率 | 被用者全体における割合（％） |
|---|---|---|---|---|
| 【奨励】競争的組織にとって必要 | .1277 | 13％ | .1814 | 18％ |
| 【擁護】加害者が代表者や管理職 | .1101 | 11％ | .1259 | 13％ |
| 【正当化】操業上、罪のない日常行為 | .1132 | 11％ | .1244 | 12％ |
| 【拒絶】ハラスメントは未発生。苦情は調査されない。 | .1606 | 16％ | .1349 | 13％ |
| 【矮小化】人々に害悪を与えない | .0895 | 9％ | .0674 | 7％ |
| *ネガティブな対応* | *.0614* | *60％* | *.6314* | *63％* |
| 【承認】被害就労者への心配を示す | .1256 | 13％ | .1289 | 13％ |
| 【除去】方針や手続を策定し強制する | .1132 | 11％ | .1064 | 11％ |
| 【非難】ハラスメントに対するゼロ・トレランスポリシーを採用する | .1585 | 16％ | .1304 | 13％ |
| *ポジティブな対応* | *.3975* | *40％* | *.3658* | *37％* |

【出典】脚注31）19頁表18

対象回答 350 名のうち、25％は「いじめは止まらなかった」と答えているため、残りの対象者（263 名）の回答が分析の対象となる。原因の分布は、表2-7 の通りである。残念ながら、被害者が職を失ったことによりいじめが止まったとの回答が 54％を占めている。加害者の失職（36％）や、使用者による調査等の介入（10％）と比べると、あまりにも問題の多い数字と言わざるを得ない[45]。

　2021 年調査においても、大きな傾向は変わっていない（表2-8）。過去の調査よりは被害者にとって良い原因が増えているとはいえ、「数カ月から数年にわたる絶え間ない虐待に加えて、使用者が被害者に失職の苦しみを強いるのは、良心にもとる[46]」と言わざるを得ない。

**表2-7　ハラスメントが止まった原因（2017 年）**

| 原因と思われる事実 | 比率 | 割合（%） |
|---|---|---|
| ハラスメントは止まらなかった | .2485 | 25％ |
| ハラスメントを逃れるため、被害者が任意で辞職 | .2319 | 23％ |
| 就労条件が故意に悪化させられたため、被害者が退職を余儀なくされる | .1178 | 12％ |
| 使用者が被害者を解雇 | .0798 | 8％ |
| *被害者が失職* | *.5437* | *54％* |
| 被害者が、同一の使用者のもとで、異なる職・勤務地に配置転換 | .1147 | 11％ |
| 加害者が懲戒されたが職に留まる | .1673 | 17％ |
| 加害者が解雇される | .1140 | 11％ |
| 加害者が任意で辞職 | .0836 | 8％ |
| *加害者が失職* | *.3650* | *36％* |
| 使用者による何らかのポジティブな対応（調査、新ポリシーの策定） | .0950 | 10％ |

【出典】脚注 28）18 頁表 10

---

[45] 2017 SURVEY, *supra* note 28 at 18-20.
[46] 2021 SURVEY, *supra* note 31 at 22.

表2-8　ハラスメントが止まった原因（2021年）

| 原因と思われる事実 | 比率 | 割合（%） |
|---|---|---|
| ハラスメントは止まらなかった | .1229 | 12% |
| ハラスメントを逃れるため、被害者が任意で辞職 | .2346 | 23% |
| 就労条件が故意に悪化させられたため、被害者が退職を余儀なくされる | .1732 | 17% |
| 使用者が被害者を解雇 | .1181 | 12% |
| 被害者が、同一の使用者のもとで、異なる職・勤務地に配置転換 | .1496 | 15% |
| *被害者にとってネガティブな結果* | *.6755* | *67%* |
| 加害者が懲戒されたが職に留まる | .1055 | 11% |
| 加害者が解雇される | .0897 | 9% |
| 加害者が任意で辞職 | .0346 | 3% |
| *加害者にとってネガティブな結果* | *.2298* | *23%* |
| 使用者による積極的対応による職場いじめの終了 | .0582 | 6% |
| 同僚労働者による積極的対応による職場いじめの終了 | .0362 | 4% |

【出典】脚注31）21頁表19

　かかる惨状の背景として、いわゆる随意雇用（employment at will）の原則を無視することはできない[47]。使用者は、被用者の解雇に際し正当な理由を要求されないのが原則である以上、ハラスメント被害者を解雇することもまた、特段の事情がない限り許されるからである。確かに、解雇規制の弱さは、ハラスメントを生む原因そのものではない。EEOCは、ハラスメントが発生しやすい危険因子として、様々な状況を挙げている[48]。しかし解雇規制

---

[47] 同原則については、中窪裕也「『解雇の自由』雑感――アメリカ法からの眺め」中嶋士元也先生還暦記念論集『労働関係法の現代的展開』（信山社、2004年）341頁参照。

[48] EEOC, *supra* note 11 は、①職場の多様性が欠けている状況や、②逆に職場全体の統一性が欠けている状況、③社会的ステレオタイプの根強い職場において、それから外れた就労者（例えば、女々しいとされる男性就労者など）がいる状況、④職場に若者（10代、20代）が多い状況、⑤一部の従業員の「市場価値」が高騰していて周りが注意できない状況、⑥職場の意思疎通が上意下達型となっている状況、⑦顧客の満足度が仕事の成果に直結する状況、⑧仕事が単調であり、タスクの強度も低い状況、⑨夜勤の

の弱さは、これらの原因から生じたハラスメントを増悪させ、拍車をかける役割を果たしているといえる[49]。

　最後に、⑤コロナ禍のもとにおけるオンライン・ハラスメントの状況を確認しておこう。2021年調査によれば、調査対象者のうち、リモートワークで就労しているのは47%である（選択した者が33%、使用者にリモートワークを義務付けられたものが14%）。リモートワーカーのうち、いじめの被害者となったものは43.2%、いじめを目撃したものは18.3%となっている[50]。では、リモートワークにおける職場いじめはどのように生じるのか。表2−9を見よう。約半分の職場いじめは、オンライン・ミーティングにおいて発生・目撃されている一方で、Eメールによるハラスメントはかなり少ない。記録が残ることへの懸念が、その理由と考えられる。

　もっとも、上記調査はコロナ禍におけるオンライン・ハラスメントを対象

表2−9　リモートワークにおけるハラスメント（2021年）

| リモートワーク中に深刻な虐待を経験・目撃したか | 比率 | 割合（%） |
|---|---|---|
| 他人の前でのバーチャルミーティング（Zoom、Skype、WebEx等）におけるハラスメント | .3482 | 35% |
| 1対1の個人ミーティングにおけるハラスメント | .1482 | 15% |
| バーチャルミーティング | .4964 | 50% |
| 他人もみるグループEメールにおけるハラスメント | .0635 | 6% |
| 1対1の個人Eメールにおけるハラスメント | .0282 | 3% |
| Eメールを通じて | .0917 | 9% |
| ハラスメントの目撃・経験はない | .4117 | 41% |

【出典】脚注31）9頁表7

---

清掃業者や農業労働者など、職場で労働者が孤立している状況、⑩職場でアルコールが許容・奨励されている状況、等を挙げている。

[49] 一部には、日本で「追い出し部屋」のようなハラスメントが発生する原因を、日本の解雇規制の厳しさに求め、解雇規制の緩和を主張する向きもみられる。しかし、アメリカ法の状況は、解雇規制緩和がハラスメント根絶の解決策ではありえないことを示している。

[50] 2021 SURVEY, *supra* note 31 at 8.

としたものであり、ストレスフルでない環境におけるリモートワークの場合
にまで、オンライン・ハラスメントが頻発することを示す根拠となるか、必
ずしも明らかではない。労働者らに対し、「COVID-19 が労働者に対する虐
待の件数に影響を与えたか」を問うたところ、① 25％の回答者が「有害な
いじめが増加した」と答えている一方で、② 17％の回答者が職場における
いじめは以前同様生じていると回答し、③ 24％の回答者が職場におけるい
じめは以前同様生じていないと回答した。②と③の合計が 41％であること
からすれば、平常時のリモートワークにおけるハラスメントへの対応の必要
性を示すものと解釈する余地は否定できない。その意味で、オンライン・ハ
ラスメントへの防止策を検討することは重要である。しかし、①の回答割合
からすれば、上記調査結果をコロナ禍以外の状況にも適用するには慎重であ
る必要があるのではなかろうか。

## 3　小　括

　最後に、本節の内容を改めて確認しておく。第 1 に、アメリカには日本の
ような包括的「ハラスメント」概念がない。「職場いじめ」に対応する行為
について、個別法による断片的規制があるのみであり、個々の規制における
救済の多様さにも留意しながら、個別に検討を行う必要がある。
　第 2 に、アメリカにも日本における「ハラスメント」に相当する現象は広
く存在する。水面下におけるいじめが多いことを示唆する研究があるほか、
最新の調査においても、約 4,800 万人が、実際にいじめを経験していると推
計されている。ハラスメントの実態としては、上司による加害が多いが、同
僚・部下によるハラスメントも無視できない割合で存在する。しかし、概し
て使用者によるハラスメント対応は不十分であり、ハラスメントから逃れる
ために、5 割前後の被害者が退職していると推計されている。

# 3 | 差別的ハラスメントの規制

## 1 差別的ハラスメントの状況

　改めて確認すれば、差別的ハラスメントは、日本において「ハラスメント」と観念される言動のうち、雇用差別禁止法によって規制される言動、すなわち、対象となる個人が特定の保護属性を持つことを理由としてなされる言動を指す。例えば、機械工として働いていたヒスパニッシュの労働者M氏が、上司から、同僚とともに「バカなメキシコ人」「のろまのメキシコ人」「働く価値のないメキシコ人」と連呼され、これに抗議したが改善されなかったため、EEOCに差別を申告したところ、解雇された、といった言動である[51]。

　かかる差別的ハラスメントは、アメリカにおけるハラスメント規制の中心を占めている、と考えられる。すでに述べたように、ハラスメント全般がアメリカにおいて問題視される以前から、セクハラは、公民権法第7編により規制されてきた。また例えば、Bureau of National Affairs社の訴訟データベースを用いて、2006年から2008年までの間におけるハラスメント関連訴訟を調査した2009年の研究によれば、それらの訴訟における請求権（cause of action）の上位3つは、いずれも公民権法第7編などの連邦法規に根拠をもつとされる[52]。またこの研究によれば、ハラスメント全般に関する訴訟の勝訴率は1割前後に留まるが、勝訴判決82件のうち差別禁止法規に基づく訴えが39件（47％）を占めている[53]、とされる。

　具体的な保護属性としては、①公民権法第7編が保護する、「人種（race）、肌の色（color）、宗教（religion）、性（sex）、又は出身国（national origin）[54]」、

---

[51] EEOC, *supra* note 11.

[52] William Marty Martin, et al., *What Legal Protections Do Victims of Bullies in the Workplace Have?*, 14 J. WORKPLACE RTS., 143, 150-151（2009）. 同研究は、「いじめる（bully）」または「いじめ（bullying）」のいずれか、及び「被用者（employee）」の語を含む訴訟524件を分析対象としている。ただし同研究は、心理学者及び経営学者らによって実施されており、法律家が含まれていない点に留意されたい。

[53] *Id.* at 151-152.

②雇用における年齢差別禁止法（Age Discrimination in Employment Act；以下 ADEA）が保護する「年齢（age）[55]」、③障害をもつアメリカ人法（Americans with Disability Act；以下 ADA）が保護する「障害（disability）[56]」、④遺伝子情報差別禁止法（Genetic Information Nondiscrimination Act；以下 GINA）が保護する「遺伝子情報（genetic information）[57]」等が挙げられる。また、州によっては、独自の州立法により保護属性を拡大する例もみられることが指摘されており[58]、例えばカリフォルニア州の公正雇用・住宅法は、祖先（ancestry）や医学的状態（medical condition）、配偶者の有無（marital status）なども保護属性として挙げている[59]。

　では、これらの保護属性のうち、特に問題が生じやすいのはどれだろうか。雇用差別禁止法分野における連邦法の大部分の運用を担当する EEOC が、2016 年に発表した調査報告書によれば[60]、2015 年（会計年）に EEOC に提出された申告約 90,000 件のうち、約 28,000 件がハラスメントの申告を含んでいた。申告内容を保護属性別にみると、表 2-10 の通りとなっている

**表2-10　EEOC に対するハラスメントの申告に占める保護属性の割合**

| 属性 | 民間被用者／州・地方自治体公務員からの申告に占める割合（％） | 連邦政府公務員からの申告に占める割合（％） |
|---|---|---|
| 性 | 45％ | 44％ |
| 人種 | 34％ | 36％ |
| 障害 | 19％ | 34％ |
| 年齢 | 15％ | 26％ |
| 出身国 | 13％ | 12％ |
| 宗教 | 5％ | 5％ |

【出典】脚注 11 の記述に基づき筆者作成

---

[54] 41 U. S. C. §2000e-2 (a) (2018).

[55] 29 U. S. C. §623 (a) (2018).

[56] 42 U. S. C. §12112 (a) (2018).

[57] 42 U. S. C. §2000ff-1 (a) (2018).

[58] Lola, *supra* note 22 at 242-243.

[59] Cal. Gov't Code §12940 (j) (1) (Deering 2021).

[60] Eeoc, *supra* note 11.

（1つの申告に複数の保護属性を根拠とする申告が含まれ得るため、合計は100％とはならない）。

　この表から明らかな通り、差別的ハラスメントにおいては、性を理由とするハラスメントがかなりの部分を占めている。そこで以下の分析にあたっては、まずセクハラに対する規制を論じたうえで（2.）、その他の差別的ハラスメントを論じることとする（3.）。

## 2　セクハラに対する規制

　我が国の労働法学は、アメリカ法におけるセクハラ規制に対し、高い関心を示してきた。すでに数多くの文献が、アメリカにおけるセクハラ規制の内容を紹介し、分析し、批判している[61]。本稿は、それらの邦語先行研究に全面的に依拠して、アメリカにおけるセクハラ規制の概略を紹介する。以下、（1）定義・規制内容、（2）保護対象の範囲、（3）紛争解決手続、（4）救済、（5）課題、の順に論じる。

### （1）定義・規制内容
ア　セクハラ禁止規定
（ア）セクハラの2類型——対価型と環境型
　公民権法第7編は、その条文において「セクハラ」という文言を用いているわけではない。「違法な雇用上の行為」と題された同法第703条（a）項は、

> 使用者による下記の行為は、違法な雇用上の行為である。
> （1）ある個人の人種、肌の色、宗教、性、または出身国を理由として、当該個人を雇用せず、あるいは雇用を拒否し、もしくは個人を解雇すること、または、その他の形で雇用における報酬、期間（terms）、条

---

[61] 代表的な書籍として、出版年が古い順に、山﨑・前掲注3）169-218頁、中窪・前掲注15）223-227頁、相澤・前掲注16）415-475頁、ジリアン・トーマス著・中窪裕也訳『雇用差別と闘うアメリカの女性たち——最高裁を動かした10の物語』（日本評論社、2020年）などがある。

　　件（conditions）、権利について個人を差別すること。
（2）ある個人の人種、肌の色、宗教、性別、出身国を理由として、当該
　　個人の雇用機会を奪う若しくは奪うことを意図する方法で、又はその
　　他被用者としての地位に悪影響を与えるような方法で、被用者又は求
　　職者を、制限、隔離、又は分類すること[62]。

と定めるのみである。セクハラは、この「性……を理由」とする差別に該当
する、と理解されている。EEOC は、「性を理由とする差別禁止ガイドライ
ン」第 1604.11 条（a）項において、セクハラを次の通り定義している。

　　性を理由とするハラスメントは、公民権法第 703 条〔U.S.C.2002e-2
　条〕違反に該当する。歓迎されない性的な誘い、性的な好意の要求、そ
　の他性的な性質をもつ口頭の又は物理的行為は、以下の各号のいずれか
　を満たす場合に、セクハラとなる。
（1）当該行為への服従が、明示又は黙示の雇用条件である場合。
（2）個人に影響を与える雇用上の決定の根拠として、当該個人による行
　　為への服従または拒否が利用される場合。または、
（3）当該行為が、労務の履行を不合理に妨害する、または恫喝的、敵対
　　的もしくは不愉快な就労環境（intimidating, hostile or offensive working
　　environment）を創出する目的ないし効果を有する場合[63]。

　上記類型のうち、（1）号及び（2）号がいわゆる「対価型」セクハラであ
り、（3）号がいわゆる「環境型」セクハラである。歴史的には、対価型セク
ハラが、環境型セクハラよりに先んじて、公民権法第 7 編の禁ずる差別に該
当すると認められてきた[64]。対価型のセクハラが成立するためには、被害者
が「受けた性的行動に対する反応の結果として、職に関する有形の不利益又
は経済的損失を被ったことを立証しなければならない」とされ、解雇や昇

---

[62] 42 U. S. C. §2000e-2 (a) (2018). 翻訳は筆者が行っているが、訳語については中窪・前掲
　注 15）195 頁を参照した。
[63] 29 C.F.R. §1604.11 (a) (2021).
[64] 山﨑・前掲注 3）176-177 頁、相澤・前掲注 16）415-418 頁。

進・昇給拒否や降格などがその例に当たるとされる[65]。

　ただし、1998年のEllerth事件連邦最高裁判決は[66]、被害者に対する脅し
が実行されなかった場合、対価型ではなく、後述の環境型にカテゴライズさ
れると判断している。同事件においては、Y社の販売員として勤務していた
女性被用者Xが、職制上の上司S（ただし直属の上司ではない）から、次の
ような言動をされたことが問題となった。すなわち、①Xは出張中に、S
からラウンジに招待され、Xの胸に関する発言をされたり、「くつろぎなさ
いよ（loosen up）」、「分かっているでしょう、バーリントンでの君の生活を
つらいものにも楽なものにも僕はできるんだよ」と言われたこと。②Xは、
自身の昇進面接中に、Sから膝を触られて「十分にくつろいでいないね」と
告げられ、また、昇進決定を告げるSからの電話において、「君は工場で働
く男性と仕事をすることになるね。彼らは間違いなく、きれいなお尻や脚の
女性が好きだ」と言われたこと。③XがSに業務上の指示を仰ぐ電話を掛
けたところ、今着ている服を教えないと答えない、短いスカートを履いてい
るのか、などと言われたことである。その後、Xは直属の上司から、顧客へ
の電話対応が遅い旨注意されたため、辞職した。SのXに対する発言はいず
れも、雇用条件に影響を与えうるように思われる。しかし、連邦最高裁は、
Xが実際に昇進していることに照らし、「脅しは実行されなかった」として、
対価型ハラスメントとは位置づけなかった。

　これに対して、環境型セクハラは、1980年に発表されたEEOCのガイド
ライン、そして1986年のVinson事件連邦最高裁判決[67]を通じて、公民権法
第7編の禁ずる差別に該当すると認められるようになった。同判決における
事案の概要は次の通りである。Y銀行（被告・上訴人）の支店においてアシ
スタント・マネージャーとして就労していた女性被用者X（原告・被上訴
人）が、男性上司Sから夕食に招待され、性的関係を持つことを持ち掛け
られた。当初、Xはこれを拒否したが、職を失うことを恐れ、最終的に合意

---

[65] 山﨑・前掲注3）180頁。

[66] Burlington Indus., Inc. v. Ellerth, 524 U.S. 742, 754 (1998).

[67] Meritor Saving Bank v. Vinson, 477 U.S. 57 (1986). 同事件について、山﨑・前掲注3）185-
186頁、中窪・前掲注15）224-225頁、相澤・前掲注16）422-427頁、トーマス・前掲
注61）119-156頁。

した。その後、X は、支店において繰り返し性的愛情を示すよう要求され、数年間で 40〜50 回の性行為をしたほか、時には強姦されることもあった。この行為は 1977 年以降はなされなくなったが、その後 X は、病気休暇の取得超過を理由に Y から解雇された。そこで X は、公民権法第 7 編違反を理由に訴訟を提起した。

　レーンキスト裁判官の執筆した法廷意見は、EEOC のガイドラインが判例法理に即していることを指摘したうえで、「我々は、性に基づく差別が敵対的若しくは虐待的な就労環境を創出したことの証明を通じて、原告が第 7 編違反を証明できるとする見解に賛成する[68]」と述べた。環境型セクハラの具体的な成立要件として、同判決は、「セクハラが、被害者の雇用条件を変更するほどに重大かつ蔓延しており、かつ、虐待的な就労環境を創出していなければならない[69]」としている。「被用者を不愉快な気持ちにさせるような……表現を単に口にすること[70]」では、環境型セクハラは成立しないのであり、のちの連邦最高裁判決も、環境型セクハラの対価型セクハラとの違いは、この「重大かつ蔓延した（severe and pervasive）」という要件が課される点にあると述べている[71]。

　もっとも、環境型セクハラの場合においても、敵対的環境のせいで被用者が精神的損害を被ったことまで要求されるわけではない。1993 年の Harris 事件連邦最高裁判決では[72]、機械レンタル会社のマネージャーとして働いていた女性被用者 X が、同社社長の P から受けた、次のような言動が問題となった。すなわち、①P は X に対し、「女のお前に何が分かる」、「男のマネージャーが必要だ」、あるいは「まぬけの女だ」と他の被用者の前で発言

---

[68] *Vinson*, 477 U.S. 66.

[69] *Id.* at 67.

[70] *Id.* at 67.

[71] *Ellerth*, 524 U.S. 752. もっとも、山﨑・前掲注）191 頁は、対価型のセクハラについては、「解雇などの不利益が代償的な意図で行われたことを証明することが難しいため、実際の訴訟においては、最初から環境型セクシュアル・ハラスメントとして訴えて、救済される」旨指摘している。

[72] Harris v. Forklift Systems Inc., 510 U.S. 17 (1993). 同事件につき、山﨑・前掲注3) 186-187 頁、中窪・前掲注15) 225 頁、相澤・前掲注16) 428-431 頁。トーマス・前掲注61) 249-274 頁。

した。②また P は、X に対し、ほかの被用者の前で、ホテルで昇給交渉を
しようと提案した。③さらに P は、X やその他の女性被用者に対し、自ら
のズボンの前ポケットから小銭をとるよう求めたり、地面にものを落として
それを拾うように求めた。④さらに P は、X やその他の女性被用者の服装
について、性的なことをほのめかす発言をした。同判決は、「精神的損害は、
他の関連する要素と同様に、考慮される要素の 1 つであるけれども、〔環境
型ハラスメントの成立において〕要求される単一の要素というわけではな
い[73]」と述べ、これらの言動について環境型セクハラの成立を否定した原審
判決を破棄差戻とした。原審では、ハラスメントの成立が認められ、その後
和解が成立している[74]。

（イ）「歓迎されない」の意味

EEOC によるセクハラの定義から明らかなとおり、対価型セクハラおよび
環境型セクハラのいずれにおいても、セクハラが成立するためには、問題と
なる性的言動が「歓迎されない（unwelcome）」ことが必要となる。EEOC の
ガイドラインは、「歓迎されない」ことの評価方法につき、第 1604.11 条
（b）において、

> （b）申し立てられた行為がセクハラに該当するかの判断に際し、EEOC
> は、記録全体を検討するとともに、性的な誘いの性質及び問題となっ
> た事象が生じた状況などの事情を全体として検討する。特定の行為の
> 適法性判断は、事案ごとの根拠に基づいて事実を踏まえて決定され
> る[75]。

と規定し、関連する事情全体を考慮するとの立場を示している。連邦最高裁
も、Vinson 事件判決においてこの立場を支持した。連邦最高裁によれば、
「歓迎されない」といえるかは、性的誘いに応じたことが「自発的」であっ

---

[73] *Harris*, 510 U.S. 23.

[74] トーマス・前掲注 61）274 頁。

[75] 29 C.F.R. §1604.11（b）（2021）.

たか否かとは無関係である一方で[76]、性的に興奮させる言動や服装（sexually provocative speech or dress）は考慮されるべき事情となる[77]。

　では、その他にどのような事情が考慮されるのか。1990 年代の下級審判決を検討した研究によれば、「合衆国下級審裁判所は……<u>申立人の日頃の振る舞いに関する事実を証拠として取り入れる</u>ことで、申立人が SH〔セクハラ〕として問題となる言動をどう受け止めたのかを判断する傾向にある[78]」とされる。特に、「申立人が職場内での性的言動に加わっていたかどうかは『歓迎されない』審査において重要な判断基準となっている[79]」という。

　また、誰を基準として「歓迎されない」ことを判断するのかという問題もある。この点につき連邦最高裁は、環境型セクハラが問題となった Harris 事件判決において、「客観的にみて敵対的ないし虐待的な就労環境——合理的人間（reasonable person）が敵対的であるとか虐待的であると感じる環境——を創出するに足りるほど重大でも蔓延してもいない行為の場合、公民権法第 7 編の射程を超える[80]」と述べ、「合理的人間」を基準とすると判断した。もっとも、その後の連邦下級審判決は「通常の被害者」や「通常の女性」を基準にする例が見られるなど、「基準の運用に関して見解の一致は見られない[81]」ことが指摘されている。


　（ウ）「性を理由とする」の意味——ジェンダーハラスメントの包摂？

　セクハラが公民権法第 7 編の禁ずる差別に該当するのは、それが「性を理由とする」ハラスメントだからである。では、ここでいう「性」とは、狭く生物学的な性を意味するのであろうか。換言すれば、性指向や性自認、性表

---

[76] *Vinson*, 477 U.S. 68. この意味で連邦最高裁は、自発的でこそあるものの、諸般の事情から受け入れることを余儀なくされた「歓迎されない」言動が存在することを承認している。

[77] *Id.* at 69.

[78] 松岡千紘「セクシュアル・ハラスメント法理における『歓迎されないこと』概念の考察（一）」阪大法学 68 巻 6 号（2019 年）1299 頁。下線部筆者。

[79] 同上 1299-1300 頁。この立場には学説から批判も提起されているという。同上 1302 頁。

[80] *Harris*, 510 U.S. 21.

[81] 松岡千紘「セクシュアル・ハラスメント法理における『歓迎されないこと』概念の考察（二）」阪大法学 69 巻 1 号（2019 年）46 頁。

現を理由とするハラスメントは、「性を理由とする」に包摂されるのであろうか。ILO190 号条約が、禁止すべき暴力及びハラスメントの中に「ジェンダーに基づく暴力及びハラスメント」を含めていることに照らしても、この問題は重要である。

　結論から述べれば、「ジェンダーを理由とする」ハラスメントは、形式上、「性を理由とする」ハラスメントに含まれない。ただし、ジェンダーを理由とするハラスメントは、ほとんどの場合、「性を理由とする」ハラスメントにも該当するため、結果的に、法の禁じる差別に該当することが多いと考えられる。

　この問題を考える手がかりとなる連邦最高裁判決は 2 つある。1 つは 1998 年の Oncale 事件連邦最高裁判決であり [82]、石油掘削会社 Y で掘削作業に従事していた男性被用者 X が、上司・同僚らから、性的な辱めや強姦の脅しを受け、また同性愛を示唆する名前で呼ばれるなどのいじめを受けていたため、このままでは強姦されるのではないかとの恐れから辞職した、という事案である。連邦最高裁は、公民権法第 7 編所定の「性を理由とする」差別の禁止の保護が男性にも及ぶこと [83]、X と加害者らが同性であるという理由だけで、「性を理由とする」差別の申告を禁じるとする公民権法第 7 編の規定はどこにもないことを指摘し [84]、セクハラが性的欲望に動機づけられている必要はないとして [85]、同性者間でのハラスメントも「性を理由とする差別」に該当すると判断した。

　もう 1 つが、2020 年に下された Bostock 事件連邦最高裁判決である [86]。こ

[82] Oncale v. Sundowner Offshore Services, Inc., 523 U.S. 75（1998）. 同判決につき、山﨑・前掲注 3）179-180 頁、中窪・前掲注 15）225-226 頁、相澤・前掲注 16）431-434 頁。
[83] *Oncale*, 523 U.S. 78.
[84] *Id*. at 79.
[85] *Id*. at 80
[86] Bostock v. Clayton County, 590 U.S. ＿＿, 140 S. Ct. 1731（2020）. 同事件につき、中窪裕也「タイトル・セブンにおける『性』差別の禁止と LGBT」ジュリスト 1551 号（2020 年）90 頁。松岡千紘「性的指向及び性自認に基づく解雇が公民権法第 7 編で禁止される雇用における性差別であると判断された合衆国連邦最高裁判決」阪大法学 70 巻 5 号（2021 年）499 頁。大野友也「性的指向やトランスジェンダーであることに基づく差別が、公民権法第 7 編の禁止する『性別に基づく差別』とされた事例」鹿児島大学法学論集 55 巻 2 号（2021 年）57 頁。秋葉丈志「Bostock v. Clayton County, 590 U.S. ＿＿,

れらは以下の 3 つの事件が併合審理されたものである。① E₁ は、児童福祉に従事する地方自治体公務員であったが、ゲイ向けのソフトボール大会に参加したのち、公務員にふさわしくない（unbecoming）行為をしたとして解雇された。② E₂ は、スカイダイビングのインストラクターであったが、自身がゲイであると述べたのち、解雇された。③ E₃ は、葬儀社で勤務を開始したのちに性同一性障害と診断され、休暇明けから女性として勤務することを使用者に申し出たが、休暇明けを待たずに解雇された。連邦最高裁は、これらをいずれも、「性を理由とする」差別であると判断している。その論理はこうである。

　「性」の語は、「生殖生物学により決定される、男性または女性のいずれかの状態」を指している。また「理由とする（because of）」とは、単純かつ伝統的な「条件的因果関係（but-for causation）」の基準を含んでいる。つまり、被害者の〔生物学的意味での〕「性」が、問題となる決定をもたらした「条件的原因（but-for cause）」の 1 つであれば、法を適用するには十分である[87]。

　公民権法第 7 編に即していえば、使用者が被用者個人の解雇を決めるに際して、部分的にせよ、その被用者の「性」を意図して利用したのなら、制定法違反が生じることになる。そして、「個人を性に基づいて差別することなく、当該個人を同性愛であるとかトランスジェンダーであることに基づいて差別することは不可能である[88]」。例えば、①使用者のもとに、男性を性愛の対象とする被用者が二人いて、一方が男性、一方が女性であるとする。男性を愛するという理由で男性被用者を解雇することは、女性従業員ならば許される特性や行為のゆえに、換言すれば、部分的にせよ被用者の性に基づいて、男性被用者を差別したということにほかならない。また例えば、②女性被用者と同時に MtF の被用者を雇っており、後者を解雇する場合を考えよう。女性被用者であれば許される特性や行動に基づいて、生物学的には男性の被用者を解雇するのであるから、被用者の「性」が、まぎれもなく許され

---

　　140 S. Ct. 1731（2020）───性別による雇用差別を禁止する公民権法 Title VII は性的指向による差別も禁止対象とする」アメリカ法 2021 - 1 号（2022 年）138 頁。

[87] *Bostock*, 140 S. Ct. 1739.

[88] *Id*. at 1741.

ない役割を果たしている[89]。したがって、性的指向や性自認に基づく差別は、不可避的に、「性」の一部を利用した差別となる。ゆえに、公民権法第7編に違反する。

　この理路に基づく限り、ジェンダーに基づく差別は、「性を理由とする」差別とは異なるものの、その中に必然的に包摂されることになる。したがって、少なくとも公民権法第7編のもとでは[90]、ハラスメントが「差別」に該当する限り、ジェンダーハラスメントもセクハラとして禁じられることとなろう。

（エ）セクハラについての使用者責任

**a　監督者による加害の場合：エレース／ファラガーの法理**

　使用者自身（例えば企業所有者）が違法なセクハラの行為主体となっている場合には、その責任も使用者が負うことは疑いない。しかし、現代の企業は、複雑な階層構造をなしている。違法なセクハラの行為主体が、使用者に雇用される監督者ではあっても、使用者そのものではない、という場合も多い。この場合、使用者は、監督者の行為について責任を負うか。連邦最高裁は、1998年のEllerth事件判決及びFaragher事件判決[91]において、この問題に対処するための枠組み（以下、エレース／ファラガーの法理）を提示した。そのポイントは次の通りである[92]。

　まず前提として、監督者による行為は、「雇用の範囲（scope of employment）」を外れた行為と位置づけられる。ただし、①上司が解雇や昇進拒否といった「認識可能な雇用上の行為（tangible employment action）」を行った場合、不法行為法における「目的達成への助力（aided in accomplishing）」の法理に

---

[89] *Id.* at 1741-42.

[90] ただし、法廷意見は、性差別を禁じる他の連邦法、州法が同判決の審理の対象ではないことを明示的に述べている。*Id.* at 1753.

[91] Faragher v. City of Boca Raton, 524 U.S. 775（1998）. 同判決については、山﨑・前掲注3）189-190頁、中窪・前掲注15）226-227頁、相澤・前掲注16）436-442頁。

[92] 前掲注91の諸文献に加え、RESTATEMENT OF EMPLOYMENT LAW §4.03（AM. LAW. INST. 2015）及び Jason R. Bent, *Searching for Common Law Amid the Statutes: A Report on the Restatement of Employment Law, Chapter 4 (Section 4.03, 4.04, and 4.05)*, 21 EMP. RTS. & EMP. POL'Y J. 459, 472-473（2017）を参照した。

基づき、使用者責任が認められる。②また、「認識可能な雇用上の行為」が
なく、したがって「雇用の範囲」を超えてなされたセクハラの場合にも、使
用者責任が認められる余地は残る。ただしこの場合、使用者は、下記の「積
極的抗弁（affirmative defense）」をすることができる。すなわち、（ⅰ）使用者
が、現実のあるいは脅迫上の権限濫用について、これを防止し適切に是正す
るための合理的注意（reasonable care）を払っていたこと、及び、（ⅱ）被害
被用者が、合理的理由なしに、〈A〉使用者の提供した予防・是正の機会を
利用しなかった、若しくは〈B〉その他の方法による損害の回避を怠ったこ
と、を証明すれば、使用者は免責されることになる。

　セクハラにより被害者が被った損害が業務上（in the course of employment）
生じたものであっても、セクハラ行為自体は監督者の「雇用の範囲（scope
of employment）」内にあるとは限らず、使用者責任の検討において別途「雇
用の範囲」内かを検討する、という論理構造は、日本法の感覚からすれば奇
異に感じられる。アメリカ法の特徴といえようか。その後の下級審判決にお
いては、使用者による積極的抗弁が広く認められているようである[93]。

　なお、エレース／ファラガーの法理においては、あくまで、加害者が監督
者であることが前提となっている。しかし、この監督者の範囲は、2013 年
の Vance 事件連邦最高裁判決において[94]、かなり狭く解釈されるようになっ
た。同判決は、「公民権法第 7 編における代位責任を判断するという目的に
照らし、被用者が『監督者（supervisor）』であるといえるのは、当該被用者
が、被害者に対して認識可能な雇用上の行為をとることにつき、使用者から
権限を付与（empowered）された者である場合である[95]」と述べ、勤務場所
である厨房において業務遂行上の指示こそ与えていたものの、被害被用者に
対する雇用上の措置（採用、解雇、降格、昇進、異動、懲戒等）を講じる権
限を持たず、また被害被用者の就労スケジュールも決定していなかった上司
を、「監督者」ではないと判断した[96]。

---

[93] 相澤・前掲注 16）442-443 頁。
[94] Vance v. Ball State Univ., 570 U.S. 421（2013）.
[95] Id. at 424.
[96] Id. at 449-450.

### b　同僚等による加害の場合

　ハラスメントの加害者が監督者ではない場合（上司であるが法的な「監督者」と位置づけられない事案も含む）、すなわち同僚労働者や部下によるハラスメントの場合につき、EEOC のガイドラインは、

> 同僚被用者間の行為につき、使用者は、使用者（またはその代理人若しくは監督的被用者）がその行為を知っていた、または知るべきであった場合、直ちに適切な是正措置を取ったことを示すことができない限り、職場でのセクハラ行為に対して責任を負う[97]。

と定めている。この場合、問題となるのは使用者の代位責任ではなく、使用者が加害被用者を採用・選任したことの過失（negligence）責任である[98]。

### イ　報復的ハラスメント禁止規定

　公民権法第 7 編は、①違法な雇用上の行為に反対したことを理由として、または、②同法の定める調査、手続、もしくは聴聞において、いかなる態様であれ、申告し、証言し、援助し、もしくは参加したことを理由として、被用者や求職者を差別することを禁じている[99]。この規定は、ハラスメントに対する救済を求めるうえで、大きな役割を果たしている。セクハラに限らない数字だが、2006 年から 2008 年のハラスメント訴訟のうち、65.8％が制定法上の報復禁止規定を根拠法規としており[100]、州裁判所に提起されたハラスメント関連訴訟 18 件のうち、7 件が報復を根拠としているからである[101]。

　差別として禁じられる報復行為は、「雇用上の地位や条件に影響するものには限られず、合理的な被用者に対して実質的な不利益を与え、その行為を抑制するものであればよい[102]」。連邦最高裁は、鉄道会社のメンテナンス部

---

[97] 29 C.F.R. §1604.11 (d)（2021）.

[98] *Vance*, 570 U.S. 439.

[99] 42 U.S.C. §2000e-3（2018）.

[100] *Martin*, et al., *supra* note 52 at 151, Table 2.

[101] *Richardson*, et al., *supra* note 20 at 8, Table 5.

[102] 中窪・前掲注 15）231 頁。

門で働く女性労働者が、①直属の上司のセクハラについて苦情を申し立てたのちに、フォークリフト業務から降格的配転を命じられたこと、および②当該配転を EEOC に申告したのちに、37 日間の停職を命じられたことを、いずれも違法な報復と判断している[103]。

　もっとも、報復の証明は、通常の差別の証明に比べて難しくなっている[104]。連邦最高裁によれば、ハラスメント被害者は、報復の唯一の原因が、自身の保護されるべき行為にあることを示さねばならないからである[105]。

ウ　刑事的規制

　以上、セクハラの禁止に関する民事的規制を概観した。では、刑事的規制の状況はどうか。確かにセクハラは、「強姦、性的暴行、性的強要などの犯罪行為を含むものであるが、刑事法は、従来、限られた場合にしか、セクシュアル・ハラスメントに適用されてこなかった[106]」。というのも、フランスと異なり、アメリカにおいては、セクハラそのものに対する刑事罰がほとんど規定されていないからである。

　各州刑法に「驚くべき[107]」影響を与えたとされる 1962 年の模範刑法典は、第 213.1 条で強姦（rape）及び性交強制（Gross Sexual Imposition）を、第 213.4 条で強制わいせつ（Sexual Assault）をそれぞれ禁じている[108]。しか

[103] Burlington Northern & Santa Fe Railway, Co. v. White, 548 U.S. 53（2006）. 同判決についてトーマス・前掲注 61）275 頁以下参照。

[104] 通常の差別の証明においては、保護属性が差別の決定的動機であったことを証明すれば、それ以外の動機が競合する場合でも、差別が認められる。42 U.S.C. §2000e-2（m）（2018）. 中窪・前掲注 15）198-203 頁。

[105] Univ. of Tex. Sw. Medical. Center. v. Nassar, 570 U.S. 338（2013）. 人種差別を理由とする報復的差別が問題となった事案であるが、セクハラにも妥当する。詳細は 3.（1）イ. 参照。

[106] 山﨑・前掲注 3）205 頁。

[107] ヨシュア・ドレスラー著・星周一郎訳『アメリカ刑法』（レクシスネクシス・ジャパン、2008 年）46 頁。同 46-47 頁によれば、模範刑法典は、それ自体として法的拘束力こそ有しないものの、「少なくとも 37 の州で、修正された刑法典の採用」をもたらしており、「多くの刑法の教授は、模範刑法典を『刑法を講ずる際の主たるテキスト』として扱っている」とされる。

[108] 模範刑法典の翻訳として、藤木英雄訳『アメリカ法律協会　模範刑法典（1962 年）』（法務省刑事局、1964 年）がある。本稿における模範刑法典の訳文は、すべて同書から引用している。

し、強姦の成立には「人に重大な身体障害もしくは過度の苦痛を加え」ることが、強制性交の成立には「通常の意思力（ordinary resolution）を備えた女性の抵抗を抑止するに足る脅迫」が、それぞれ要求されている。強制わいせつも、成立のためには「接触」が要求される。これは、原語の Sexual assault という表現からわかる通り、assault というコモンロー上の概念が、不法な身体的接触の恐れや、その未遂に対する保護に焦点を当てているからである[109]。

また、「1950 年代から各州で、ひわいな電話や嫌がらせ電話を規制するハラスメント罪が定められ、その後その適用範囲が電話以外のものに拡大されている[110]」とか、精神的苦痛の刑事的惹起（criminal infliction of emotional distress）ともいうべき新たな州立法が、近年増えてきていることも指摘されている[111]。しかし、これらの立法の大部分は、日本法でいうところのストーカー規制法規やリベンジポルノ規制法規であり、部分的にハラスメントを処罰対象としうる場合があるとはいえ、セクハラ（あるいはハラスメント全般）に対する刑事法的規制とは必ずしもいいがたいように思われる。

いじめに対する刑事法規制を研究するある論者は、精神的暴力を繰り返す言動により、いじめが一定のレベルに達した場合、政治的文脈からの類推に基づいて、これを「社会心理的専制（Socio-Psychological Tyranny）」と呼び、この種の極端ないじめに対する解決策がアメリカにはない、と指摘する[112]。要するに現在、「アメリカにおいて、心理的・精神的な assault の被害者を保護する法規は希薄であり、SPT に対する刑事的保護は、ほとんど存在しな

---

[109] 不法な身体的接触そのものは、Battery と表現され、Battery & Assault が、伝統的なコモンローにおける規制対象類型であった。樋口・後掲注 261）35-46 頁。なお、コモンローが、不法行為規制と同時に、刑事的規制においても重要な役割を果たすことについては、ドレスラー・前掲注 107）43-46 頁参照。

[110] 山﨑文夫「各国ハラスメント法制と我が国の現状」日本労働研究雑誌 712 号（2019 年）66 頁。

[111] Avlana K. Eisenberg, *Criminal Inflictions of Emotional Distress*, 113 MICH. L. REV. 607 (2015). 同論文 661-662 頁記載の付録には、その根拠となった州立法の一覧が掲載されている。本文における筆者の評価は、そこに掲載された州立法の文言を確認した結果に基づく（運用は未確認である）。

[112] Kindaka J. Sanders, *Defending the Spirit: The Right to Self-Defense against Psychological Assault*, 19 NEV. L. J. 227, 229 (2018).

い[113]」のである。セクハラ（あるいはハラスメント全般）が、例外的に構成要件を満たした場合に限り、刑事法規による対処が可能である——原則として刑事的救済を予定していない——という意味では、アメリカも、日本と共通しているといえる。

### （2）保護対象の範囲

ア　使用者の範囲

　セクハラ禁止の法的根拠となる公民権法第7編は、「使用者」の行為を禁じている。問題となるのは、この使用者の定義である。同法第701条（b）項は、

> 「使用者」とは、通商に影響を与える産業に従事する者であって、暦年上の当該年又は前年における20週以上の暦週の各労働日において、15名以上の被用者を有する者及びその代理人を指すが、次の者を含まない（後略）[114]。

と規定している。省略した適用除外部分では、①合衆国、②合衆国政府が完全に国有している企業、③インディアンの部族、④D.C.特別区の政府部局、⑤純粋な私的会員制クラブ、などが掲げられている[115]。したがって、連邦政府職員には公民権法第7編は適用されないが、州政府職員には適用されることになる[116]。なお、公民権法第7編の適用がない使用者に対しても、州差別禁止法や大統領令による規律が及ぶことがある。

イ　保護される就労者の範囲

　ILO190号条約第2条第1項は、①被用者に加え、②契約上の地位のいか

---

[113] Id. at 245.
[114] 42 U.S.C. §2000e（b）（2018）. なお、労働組合や雇用あっせん機関による差別も禁止対象となる。
[115] 中窪・前掲注15）197-198頁。なお、連邦政府職員には特別の差別禁止規定が設けられている。
[116] 同上。

んを問わず働く者、③訓練中の者（実習生及び修習生を含む）、④雇用が終了した被用者、⑤ボランティア、⑥求職者及び就職志望者などを保護することを求めている。では、公民権法第 7 編によるセクハラの保護の範囲は、どの程度であろうか。

公民権法第 7 編第 703 条（a）項は、（1）号において「個人（individual）」を差別することを、（2）号において「被用者また求職者（employees or applicants）」を制限し、隔離し、または分類することを、それぞれ禁じている。したがって、①被用者及び⑥求職者が、公民権法第 7 編による保護の対象であることは疑いない。これまで紹介した判例には、ハラスメント被害者が退職後に訴訟を提起した例も含まれており、④雇用が終了した被用者も保護されているといえる。また職業訓練に関しては、

> オンザジョブトレーニングプログラムを含む、徒弟制（apprenticeship）その他の教育・再訓練を管理する使用者、労働団体若しくは労使合同の委員会が、徒弟制度その他の訓練を提供するプログラムの期間中に、ある個人の人種、肌の色、宗教、性、または出身国を理由として個人を差別することは、違法である[117]。

旨が規定されており、③の一部が保護されることも文言上明らかである。

問題はそれ以外の者である。②「契約上の地位のいかんを問わず働く者」については、いわゆる自営的就労者やフリーランサーが問題となる。公民権法第 7 編第 703 条（a）項（1）号は、保護対象を個人としている一方で、「雇用」における差別を禁止しているにすぎない。同法は被用者を「使用者によって雇用される個人を意味する[118]」と定義しているから、雇用関係にない自営的就労者やフリーランサー——法的には独立契約者（independent contractor）と呼ばれる——は、保護の対象にはならないと考えられる。被用者該当性の判断は、いわゆるコントロールテスト[119]、あるいは経済的従

---

[117] 42 U.S.C. 2000e-2（d）（2018）.
[118] 42 U.S.C. §2000e（f）（2018）.
[119] 國武英生『労働契約の基礎と法構造——労働契約と労働者概念をめぐる日英米比較法

属性も加味した中間的判断[120]が用いられるとされる。

　⑤ボランティアは、EEOCのガイドラインによれば[121]、被用者ではない。したがって、純粋のボランティアは、原則として保護の対象とならない。しかし、ボランティアに従事した個人が、年金、集団的生命保険、労災補償、あるいは専門的資格（professional certification）といった便益を受け取った場合には、たとえその便益が第三者によって提供された場合でも、特定の法主体との間で被用者と見なされることがある、とされる[122]。ただし、同ガイドラインによれば、得られる便益が、単なる「無償の関係における些細な出来事（inconsequential incidents of an otherwise gratuitous relationship）」では不十分であり、「実質的な報酬（significant remuneration）」である必要がある[123]。

　③訓練中の者（実習生及び修習生を含む）や、⑥就職志望者（特にインターンシップ中の者）が保護されるか否かも——必ずしも明確な基準とはいい難いが——基本的には就労先からの物質的誘引（material inducement）の有無により判断されると思われる[124]。1万5,000ドルの奨学金や研究資金を受給しつつ、学位取得のために医学部の研究室で働く大学院生を、大学との関係で被用者と認めた例がある一方で[125]、連邦政府から研究補助金を受けながら、学位取得のため大学指定の社会福祉施設でインターンシップに従事した大学生を、当該福祉施設との関係で被用者ではないとした例がある[126]。

---

研究』（日本評論社、2019年）145頁。就労者の労働の態様と手段を使用者がコントロールしているか否かを中心的判断基準とするテストを指す。

[120] 中窪・前掲注15）318頁。

[121] EEOC, Compliance Manual, Section 2: Threshold Issues, May 12, 2000, https://www.eeoc.gov/laws/guidance/section-2-threshold-issues#2-III-A-1-c（last visited on Feb. 19, 2021）.

[122] Id. See, also, Pietras v. Board of Fire Comm'rs, 180 F.3d 468, 473（2d Cir. 1999）.

[123] EEOC, supra note 121. See, also, Haavistola v. Community Fire Co. of Rising Sun, Inc., 6 F.3d 211, 222（4th Cir. 1993）. さらに、ボランティア該当性の判断に関する研究論文として、Mitchell H. Rubinstein, Our Nation's Forgotten Workers: The Unprotected Volunteers, 9 U. PA. J. LAB. & EMP. L. 147（2006）.

[124] RESTATEMENT OF EMPLOYMENT LAW §1.02（AM. LAW. INST. 2015）.

[125] Cuddeback v. Fla. Bd. of Educ., 381 F.3d 1230（11th Cir. 2004）. ただし、経済的従属性を重視した経済的現実テスト（Economic Reality Test）が判断基準として用いられた。

[126] O'Connor v. Davis, 126 F.3d 112（2d Cir. 1997）. ただし、判断基準としてコントロールテストが用いられた。

ウ　第三者による加害

　職場におけるセクハラは、使用者の雇用する上司や、同僚被用者・部下以外に、顧客など第三者によってもなされることがある。EEOC のガイドラインは、

> 職場における被用者に対するハラスメントにつき、使用者（またはその代理人もしくは監督的被用者）が知っていた、または知るべきであったにもかかわらず、直ちに適切な是正措置を取らなかった場合、被用者でない者による行為についても使用者は責任を負うことがある。かかる事案の審査において、EEOC は、使用者によるコントロールの程度及び、被用者でない者による当該行為について使用者が負っていたその他の法的責任を考慮する[127]。

と規定している。使用者に損害賠償を請求する際に用いられるのは、代位責任ではなく過失責任であり、使用者が「知っていたまたは知るべきであった」こと、「直ちに適切な是正措置を取らなかったこと」が要件となる。連邦控訴審判決のなかには、「女性従業員が男性顧客からの被害を伝えた際に、マネ〔ー〕ジャーが男性従業員に接客させ、自ら接客し、顧客に退店を求める等適切に対応せず、女性に接客を命じて濫用的かつ潜在的に危険な状況に置いたこと」を、環境型セクハラに該当するとして違法とした例がある[128]。

## （3）紛争解決手続

　セクハラの紛争解決においては、①まず行政機関である EEOC に対して申告を行い、② EEOC による調整で解決しない場合には、申告人または EEOC 自身が訴訟を提起するという、2 段階のプロセスを経ることになる。すでに詳細な先行研究があるため[129]、以下では、訴訟提起に至る経過につ

---

[127] 29 C.F.R. §1604.11 (e)（2021）.
[128] 山﨑・前掲注 110) 66 頁。Lockard v. Pizza Hut, 162 F.3d 1062（10th Cir. 1998）. 男性客ら 2 名は、女性被用者に対し、①良いにおいがするとして、つけている香水を尋ねる、②髪の毛をつかむ、③胸を触ったり、胸に口づけしたりする、などの行為をした。*Id.* at 1067.

き、これら先行研究の内容を簡単に要約するにとどめる（図 2 - 2 参照）。

　公民権法第 7 編違反により損害を受けた被害者は、EEOC に対して申告（charge）を行う。ただし、州や地方自治体が連邦法とは別個に差別禁止法を制定しており、救済機関が別途設けられている場合もある。この場合には、州の救済機関に先に申告し、その機関の手続完了か、または申告から 60 日が経過後に、EEOC への申告が可能となる。EEOC は、申告を受けて初期調査を行い、却下の必要がない場合には、改めて本格的に、違法行為を認めるに足りる合理的理由の有無を調査する。合理的理由があると認められれば、申告者、被申告人（企業）及び EEOC の三者で、違法行為の是正・排除に向けた調整（conciliation）を行う。調整が成立した場合には、三者間で拘束力のある書面協定が締結され、事件が終結する。調整不調の場合には、EEOC 自身が訴訟を提起するか、申告人に訴権付与状（Right-to-sue letter）を付与する。訴権付与状を得た申告人は、その時点で初めて、被申告人に対する民事訴訟を提起することが可能となる。なお、申告人に訴権が付与されるのは、その他にも、初期調査で申告が却下される場合や、調査の結果合理

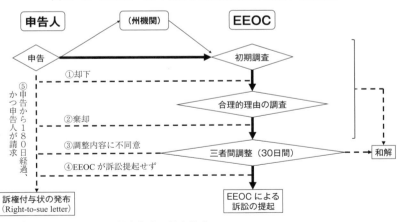

**図 2 - 2　EEOC への申告から訴訟提起に至る流れ（概念図）**

【出典】脚注 129 掲載の文献を参考に筆者作成

---

[129] 中窪・前掲注 15）232-235 頁、相澤・前掲注 16）143-151 頁。以下の要約は両書に基づく。

的理由なしとして申告が棄却される場合、EEOC と被申告人の間の調整内容に納得できない場合、さらに EEOC への申告から 180 日が経過し、申告人自身が EEOC に訴権付与状の発布を請求した場合などがある。そのほか、EEOC は調査の全期間を通じて、当事者間の和解を許容する。近年では、EEOC が、中立の第三者も交えた調停（mediation）の利用を推奨している。

　以上が、訴訟提起に至るプロセスについての先行研究の要約である。以上のプロセスにおける解決割合については、次項 3.（3）アを参照されたい。

　申立人個人または EEOC による訴訟提起後は[130]、通常の民事訴訟の手続に従うことになる[131]。ただし、証拠開示手続が日本の民事訴訟に比して相当程度充実している旨の指摘がある[132]。

　なお、アメリカにおいては、裁判外紛争解決手続として、仲裁（arbitration）も用いられる。セクハラも含む差別的ハラスメント全般についての仲裁の利用状況は、次項 3.（3）イを参照されたい。


## （4）救済

　セクハラを理由とする民事訴訟に勝訴すれば、民事的救済が与えられることになる。民事的救済は、大きく分けてエクイティ上の救済と、コモンロー上の救済とに分かれる[133]。エクイティ上の救済としては、セクハラ等の違法な雇用上の行為を使用者が故意に実行した（または現にしている）と判断された場合に発布される、インジャンクション（injunction）を挙げることができる。すなわち、公民権法第 7 編 706 条によれば[134]、裁判所は、当該行為の差止め（enjoin）に加え、適当と認められる積極的是正措置の実施命令を下すことができる。積極的是正措置の内容としては、バックペイ付き、またはバックペイなしでの、被用者の復職・再採用や、その他適当な措置が

---

[130] 相澤・前掲注 16）146 頁および 151-152 頁によれば、厳密には、被申告者が州政府または地方自治体政府の場合、訴訟提起の判断を行い、また訴訟を提起する場合にはその主体となるのは、EEOC ではなく連邦の司法長官である。

[131] 邦語文献として、浅香吉幹『アメリカ民事手続法〔第 2 版〕』（弘文堂、2008 年）。

[132] 相澤・前掲注）155-157 頁。

[133] 民事的救済については、中窪・前掲注 15）237-241 頁、相澤・前掲注 16）160-166 頁参照。

[134] 42 U.S.C. §2000e-5（g）（1）（2018）.

ある。対象となるバックペイは、EEOC への申告日から 2 年前までの間に限定されるほか、中間収入等の控除が認められている。

コモンロー上の救済の典型は、金銭による損害賠償請求であり、将来の金銭的損失に加え、精神的苦痛といった非金銭的損失も賠償対象となっている[135]。公民権法第 7 編は、填補的損害賠償（compensatory damages）のみならず[136]、懲罰的損害賠償（punitive damages）も認めている[137]。懲罰的賠償が認められるのは、一以上の差別的行為が、①悪意（malice）によってなされた場合、または、②連邦法上保護される被害者の権利に対する無謀なまでの無関心（reckless indifference）によってなされた場合、である。ただし、懲罰的損害賠償額には、企業規模に応じた上限額が定められており、被用者数が 15～100 名の場合には 5 万ドル、101～200 人の場合には 10 万ドル、201～500 人の場合には 20 万ドル、そして 501 人以上の場合には 30 万ドルが、それぞれ上限となる[138]。

このほか、弁護士費用を、敗訴当事者が負担することも定められている[139]。アメリカ法においては、弁護士費用は自己負担が原則であるため、重要な規定である。

## （5）課題

以上、アメリカにおける差別的ハラスメント規制のうち、セクハラに関する規制を概観した。大きな特徴は、監督者による加害の場合の使用者責任と、同僚等による加害の場合のそれとを分け、別個に規律していることであろう。さらに、監督者による加害について、「認識可能な雇用上の行為」の有無に着目し、使用者からの具体的権限付与のない場合のハラスメントに関しては、使用者の積極的抗弁を認めている点も、アメリカに特徴的な仕組み

---

[135] 42 U.S.C. §1981a（b）（3）（2018）. コモンロー上は、精神的苦痛が補償対象とならないのが原則である（第 3 節 4. 参照）。この意味で、公民権法はコモンローよりも損害賠償の範囲が広い。

[136] ただし、バックペイ相当額は賠償に含まれない。42 U.S.C. §1981a（b）（2）（2018）.

[137] 42 U.S.C. §1981a（b）（1）（2018）.

[138] 42 U.S.C. §1981a（b）（3）（2018）.

[139] 42 U.S.C. §2000e-5（k）（2018）.

であると考えられる。

　もっとも、この仕組みがアメリカにおいて十分に機能しているかについては、疑問なしとしない。使用者による積極的抗弁の免責を認めたのは、「使用者がセクシュアル・ハラスメント禁止方針の徹底と苦情手続きの整備を進め」ることを期待したがゆえである[140]。しかし、例えば、ハラスメント防止のための研修が、どの程度効果をあげているかを示す実証的研究はない。使用者からの積極的抗弁の審理においては、研修の実効性に対する専門家の評価をも考慮すべきである、との指摘もみられる[141]。ハラスメント規制において、使用者に対するインセンティブの付与をどのように設計するかという問題は、慎重に検討されるべきであるといえよう。

## （6）マタハラに関する補足

　1978年に制定された妊娠差別禁止法（Pregnancy Discrimination Act；以下PDA）は、公民権法第7編に701条（k）項を創設し[142]、「『性を理由として』という文言が、『妊娠、出産、または、これらに関連する健康状態（pregnancy, childbirth, ore related medical conditions）』を理由とする場合をも含む[143]」ことを規定している。したがって、いわゆるマタハラも、公民権法上の「差別」に該当する限りにおいて、セクハラ同様に違法の評価を受けることになる。

　同条が要求しているのは、①〔主体〕妊娠、出産またはこれらに関連する健康状態から影響を受ける女性が、②〔範囲〕福利厚生プログラムにおける便益給付を含む、雇用に関連するすべての目的に関し、③〔比較対象〕妊娠等による影響を受けていないが、しかし（妊娠した女性と）同様の労働能力を持つもしくは働けない者と、④〔行為〕同一に取り扱われること、である。例えば、書面によるまたは不文の雇用ポリシーにおいて、妊娠、出産、またはこれらに関連する健康状態を理由として、求職者や被用者を雇用から

---

[140] 中窪・前掲注15）227頁。

[141] JoAnna Suriani, *"Reasonable Care to Prevent and Correct": Examining the Role of Training in Workplace Harassment Law*, 21 N. Y. U. J. Legis. & Pub. Pol'y 801, 835-838（2018）. 相澤・前掲注16）464-468頁も参照。

[142] 42 U.S.C. §2000e（k）（2018）.

[143] 中窪・前掲注15）221頁。

除外した場合、公民権法第 7 編違反の推認が働く[144]。また 2015 年の Young
事件連邦最高裁判決は[145]、妊娠した女性被用者に対し、業務上の災害によ
る労働不能等の場合に認められる配置転換を使用者が講じなかったため、当
該被用者が、健康保険受給資格を喪失する、妊娠中に無給での自宅待機を余
儀なくされる等の不利益を被ったことについて、妊娠差別に該当する可能性
を認めている。ただし、あくまで同条は、他の一時的労働不能の場合と同一
の取扱いを求めるに留まる。例えば「他の一時的労働不能について休暇制度
や給付制度がなければ、妊娠・出産に対する休暇や給付がなくても、PDA
違反とはならない[146]」。

## 3　その他の差別的ハラスメントに対する規制

　アメリカ法は、セクハラ以外にも、本節 1. で示した様々な保護属性を理
由とする差別を禁じている。もっとも、その規制内容や手続は、セクハラに
対する規律と同様の部分が多い。以下、(1) 定義・規制内容、(2) 保護対象
の範囲、(3) 紛争解決手続、(4) 救済、(5) 課題、の各項目ごとに簡単に確
認しよう。

### (1) 定義・規制内容

ア　差別禁止規定

　性以外の保護属性のうち、公民権法第 7 編の対象となる保護属性（人種、
肌の色、宗教、出身国）が問題となる場合、セクハラ規制の仕組みがそのま
ま準用される。EEOC のガイドラインは、セクハラの定義規定の脚注におい
て、

---

[144] 29 C.F.R. §1604.10 (a) (2021). より正確には、「一応の証明（prima facie）」が認められ
る。その意味については、中窪・前掲注 15）200 頁以下参照。

[145] Young v. United Parcel Service, 575 U.S. 206 (2015). 中窪裕也「妊娠した女性労働者に対
する業務転換措置の拒否と差別立証の枠組み」労働法律旬報 1852 号（2015 年）29 頁、
トーマス・前掲注 61）303 頁以下も参照。

[146] 中窪・前掲注 15）222 頁。一時的労働不能に陥った被用者の一部に無給の休暇を保障
する連邦法として、家族・医療休暇法（Family and Medical Leave Act）が 1993 年に制
定されている。同法については、同書 271 頁以下を参照。

> 本条記載の原則は、人種、肌の色、宗教、または国籍にも引き続き適用
> される[147]。

と述べている。研究者も、「Vinson 判決以降、第 7 編の敵対的就労環境に基
づく請求は、人種、宗教、肌の色、出身国、性的指向・性自認に基づく場合
にも承認されてきた[148]」と述べる。なお、出身国差別に関する EEOC のガ
イドラインは、セクハラと異なり、下記の通り、敵対的環境の創出をハラス
メントの定義の中心に置いている。

> 個人の国籍に関連した民族的中傷およびその他の口頭のまたは物理的行
> 為は、以下の各号のいずれかに該当する場合、ハラスメントとなる。
> （1）当該行為に、脅迫的、敵対的、または不愉快な就労環境を創出する
> 　　目的または効果がある場合。
> （2）当該行為に、個人の労務の履行を不当に妨害する目的または効果が
> 　　ある場合。
> （3）その他、個人の雇用機会に悪影響を及ぼす場合[149]。

　また、公民権法以外の制定法規（ADEA、ADA、GINA）も、それぞれの
保護属性に基づく「差別」を禁止している。ADEA による差別「禁止規定
〔29 U.S.C. §623（2018）〕の文言は、公民権法第 7 編の文言をそのままスラ
イドさせたものであり、……雇用のあらゆるステージをカバーしている[150]」。
ADA も、差別を広く禁止することに加え[151]、関係者の障害を理由とする差
別（いわゆる関係者差別）を禁じる[152]、合理的配慮を提供しないことを差
別と定める[153] など、特有の差別禁止規定を設けている。GINA においても、

---

[147] 29 C.F.R. §1694.11 (a) n.1 (2021).

[148] Suriani, *supra* note 141 at 809.

[149] 29 C.F.R. §1606.8 (b)（2021）.

[150] 柳澤武『雇用における年齢差別の法理』（成文堂、2006 年）37 頁。

[151] 長谷川珠子『障害者雇用と合理的配慮——日米の比較法研究』（日本評論社、2018 年）
105-115 頁。

[152] 42 U.S.C. §12112 (b)（4）(2018).

遺伝情報の利用規制の一環として、「遺伝情報を理由とする差別が、採用差別を含め、全面的に禁止されて」おり、「例外は一切認められていない」[154]。したがって、これらの保護属性を理由とするハラスメントが、敵対的就労環境の創出等により「差別」に該当する場合には、禁止の対象となる。

イ　報復的ハラスメント禁止規定

　なお、被用者による制定法上の手続の利用等を理由とした報復的ハラスメントも、公民権法第 7 編 [155]、ADEA[156]、ADA[157]、GINA[158] のそれぞれにおいて禁じられている。これらの規定は、ハラスメント訴訟において広く活用されているが、証明については法規ごとに異なる。

　例えば、公民権法第 7 編のもとで、ハラスメント被害者は──2.（1）イ. で述べた通り──報復の唯一の原因が、自身の保護されるべき行為にあることを示さねばならない。2013 年の連邦最高裁判決において問題となったのは [159]、Y 大学の教員であり、また Y 大学の系列病院の医師であった、中東系アメリカ人 X の受けた報復である。X は、Y 大学における直属の上司より、「中東人は怠け者だ」といった宗教・民族的地位を理由とする嫌がらせを受けていたため、上級の管理職に苦情を申し立てたうえで、Y 大学の職を辞し、病院でのみ勤務しようとした。しかし、その上級管理職が、大学に籍を置かない者は規則上病院で勤務できないと抗議したため、X に対する病院勤務のオファーが撤回された。そこで X は、Y 大学に対して報復的差別を理由とする訴訟を提起した。原審は、報復的差別に基づく X の請求を認容したが、連邦最高裁はこれを破棄差戻とした。

　連邦最高裁によれば、「ある行為がなくとも特定の事象が生じたであろう場合には、当該行為はその事象の原因とは見なされない」というのが不法行

---

[153] 42 U.S.C. §12112 (b) (5) (2018).

[154] 河野奈月「労働関係における個人情報の利用と保護（四）──米仏における採用をめぐる情報収集規制を中心に」法学協会雑誌 134 巻 3 号（2017 年）349 頁。

[155] 42 U.S.C. §2000e-3 (a) (2018).

[156] 29 U.S.C. §623 (d) (2018).

[157] 42 U.S.C. §12203 (a) (2018).

[158] 42 U.S.C. §2000ff-6 (f) (2018).

[159] *Nassar*, 570 U.S. 338.

為の原則であり、法令に特段の定めがない限り、この原則が妥当する[160]。確かに、公民権法第7編は、1991年の法改正により、他の動機が競合する場合でも、保護属性が差別の決定的動機であったことを証明すれば、差別の成立を認める規定を設けている[161]。しかし、同規定の挙げる保護属性は「人種、肌の色、宗教、性別、又は国籍」に限定されており、報復を含んでいない。また、報復的差別の禁止は、これらの保護属性による差別の禁止とは別の条文において規定されている。これらを踏まえると、同規定が報復差別に適用されることはない。したがって、報復的差別による救済を求める場合、被用者は、自身の本来保護されるべき行為が、使用者による報復の唯一の原因となったことを証明しなければならない。これが、連邦最高裁による結論である。

　同様の理解は、公民権法第7編の報復的ハラスメントのみならず、ADEAにおいても採用されている[162]。もっとも、繰り返しになるが、これらの証明責任に関する解釈は、法文の文言および制定経緯を踏まえたものである。そのため、報復的ハラスメントの禁止については、根拠法規ごとに証明責任の分配が異なりうる点に注意されたい。

## （2）保護対象の範囲

### ア　使用者の範囲

　公民権法第7編により保護される属性を理由としたハラスメントの場合、セクハラと同様の規制が及ぶ。したがって、差別を禁じられる使用者は、典型的には、15名以上の被用者を雇用する企業ということになる。ADAの場合も、差別を禁じられる使用者の典型が、被用者数15人以上の民間企業である[163]。GINAの場合も同様である[164]。ADEAの場合は、15名ではなく20名以上の被用者を雇う使用者であることが定められている[165]。

---

[160] *Id.* at 347.

[161] 42 U.S.C. §2000e-2 (m) (2018).

[162] Gross v. FBL Fin. Servs., 557 U.S. 167 (2009). 中窪・前掲注15）251頁。

[163] 長谷川・前掲注151）87頁。その他、州政府および地方自治体も含まれる。

[164] 42 U.S.C. §2000ff (2) (B) (2018).

[165] 29 U.S.C. §630 (b) (2018).

イ　保護される就労者の範囲

　公民権法第 7 編が適用される場合は、セクハラの場合と同様の範囲の就労者が保護される。ただし、人種に基づくハラスメントについては、意図的な差別に該当する場合に限り、被用者でない場合にも救済が得られる[166]。

　GINA は、被用者の定義を公民権法第 7 編と共有している[167]。ADA も、被用者を「使用者に雇用される個人」と定義しているから[168]、保護される者の範囲は、公民権法第 7 編の場合[169]と同じであろうと考えられる。すなわち ADA は、被用者や求職者、訓練中の者を、明文で差別禁止の対象としている[170]。ADA 上の被用者性についてはコントロールの程度が「主たる道しるべ（principal guidepost）」となるため[171]、コントロールの及ばない独立契約者には保護が及ばない。ボランティアについても[172]、勤務手当（line-of-duty benefits）や携帯電話の割引券、年金受給資格を得られる消防士のボランティアは ADA 上の被用者ではないとされるなど[173]、実質的な報酬といえるか否かという観点から、保護の有無が判断されている。

　ADEA の場合も同様に、被用者を保護の対象としている。求職者も、明文で差別禁止の対象となっている[174]。同法上の被用者の定義は「使用者によって雇用される個人」であり[175]、被用者性は、コントロールテストや中間的基準によって審査される。具体的には、ライター等の販売者は独立契約者であって被用者ではないとか[176]、保険代理商の被用者は保険会社の被用者ではない[177]、との判例がある。ボランティアについても、年金や奨学金、

---

[166] 42 U.S.C. §1981（2018）. 中窪・前掲注 15）242-244 頁参照。公民権法第 7 編による救済とは相対的に別個であるので、例えば被用者数 15 名以下の使用者に対しても救済を主張できる。

[167] 42 U.S.C. §2000ff（2）（A）（2018）.

[168] 42 U.S.C. §12111（4）（2018）.

[169] 42 U.S.C. §2000e（f）（2018）.

[170] 42 U.S.C. §12112（b）（2018）.

[171] Clackamas Gastroenterology Associates v. Wells, 538 U.S. 440, 448（2003）.

[172] ボランティアに関しては、Rubinstein, *supra* note 123.

[173] Tawes v. Frankford Volunteer Fire Co., 2005 U.S. Dist. LEXIS 786（D.Del. 2005）.

[174] 29 U.S.C. §623（d）（2018）.

[175] 29 U.S.C. §630（f）（2018）.

[176] EEOC v. Zippo Mfg. Co., 713 F.2d 32（3d Cir. 1983）.

[177] Deal v. State Farm County Mut. Ins. Co., 5 F.3d 117（5th Cir. 1993）.

保険加入などの福利厚生が保障された保安官代理は、被用者ではなくボランティアであるとされるなど[178]、経済的報酬の性質に照らし、保護の有無が審査されている。

## （3）紛争解決手続

### ア　行政手続の前置された訴訟手続

公民権法第7編の射程の及ぶハラスメントの場合、訴訟提起の手続きはセクハラの場合と同様である。また、「ADEA の訴訟手続きは、公民権法第7編と類似している[179]」、「ADA の下での救済手続は、公民権法第7編の下での手続きとほぼ同じである[180]」とされ、GINA の訴訟提起にも公民権法第7編の手続が原則として準用されるようなので[181]、セクハラにおける記述を参考とされたい。

なお、EEOC の手続により、セクハラも含むハラスメントの申告がどの程度解決したのかについて、EEOC 自身が、統計的数値を公開している。それによれば、2015 年に提出された約 28,000 件の申告に対し、各段階での解決の割合は次の通りである（表2−11 参照）。

### イ　仲裁による紛争解決

#### （ア）労働仲裁と雇用仲裁の違い

仲裁による紛争解決を検討する前提として、労働法における仲裁の意義を確認しよう。労働者の就労から生じた問題に対する仲裁は、仲裁付託の根拠の違いにより、二種類に分けられる。1つが、労働組合と使用者との間で締結された労働協約に基づいて、問題を仲裁に付託する場合であり、この場合における仲裁を労働仲裁（labor arbitration）と呼ぶ。これに対し、使用者が

---

[178] Blankenship v. City of Portsmouth, 372 F. Supp. 2d 496（E.D. Va. 2005）. 各種の福利厚生は、保安官としての地位に伴うものではないとされている。

[179] 柳澤・前掲注 150）41 頁。ただし、いくつかの点において異なっているとされ、例えば EEOC に対して訴権付与状の送付を要求できる日数が、180 日から 60 日に短縮されている等の違いがある。

[180] 長谷川・前掲注 151）89 頁。

[181] 29 C.F.R. §1635.10（a）（2021）.

表 2−11　差別的ハラスメントの処理結果の内訳

| 項目 | 数値 |
| --- | --- |
| ハラスメントを含む申告の受理件数 | 27,893 件（全申告のうち 31％） |
| ハラスメントを含む申告の解決（resolved）件数 | 28,642 件（全申告のうち 31％）（*） |
| EEOC の訴訟前手続きにおいて、ハラスメント申告者に支払われた（secured）金額 | 1 億 2,550 万ドル |
| EEOC による訴訟提起件数 | 33 件（全訴訟提起件数のうち 23％） |
| EEOC による訴訟解決件数 | 42 件（全訴訟解決数のうちの 27％） |
| EEOC の訴訟により、ハラスメント申告者に支払われた金銭的利益額 | 390 万ドル |

【出典】脚注 11 に基づき筆者作成
＊前年度に申告され、当該年度に解決された案件を含む。

被用者個人の採用に際して、雇用上生じる紛争については全て仲裁付託に付すること、訴訟を提起する権利を被用者は放棄することを雇用契約に盛り込む場合もあり、この場合における仲裁を雇用仲裁（employment arbitration）と呼ぶ。両者は、法的根拠が異なっており、労働仲裁の根拠が全国労働関係法（National Labor Relations Act；以下 NLRA）301 条[182] であるのに対し、雇用仲裁は連邦仲裁法及び州法を根拠とする[183]。その評価についても違いがあり、労働仲裁が労使双方から高く評価され、また裁判所も終局的決定としてこれを重視する姿勢を示しているのに対し、雇用仲裁については、労使の力関係の違いに照らせば、労働者保護を奪うものとなりかねないとの疑念が示され、また制定法上の権利について仲裁付託が可能かについても確たる裁判所の態度は示されていない[184]。

---

[182] 29 U.S.C. §185（2018）.
[183] 荒木尚志「労働法の実効性と紛争解決システムの機能——集団的合意による法定基準の柔軟化とアメリカにおける雇用仲裁の機能の比較法的検討」金融研究 36 巻 3 号（2017 年）142-144 頁、146-151 頁。
[184] 同上。雇用仲裁に関する判例の展開等の法理的検討は、同論文を参照されたい。

（イ）研究の対象と留意点

差別的ハラスメントの解決において、仲裁がどのような役割を果たしているかを考えてみよう。有益と思われるのは、BNA Bloomberg 社のデータベースを用いて、2009 年から 2018 年までに公表された仲裁裁定 60 件を分析した 2019 年の研究である[185]。研究内容の分析に入る前に、注意点を 3 点確認しておく。

第一に、これらの裁定例は、いずれも職場におけるハラスメント加害者が、使用者から懲戒（解雇含む）を受けたため、これを不服として仲裁を申し立てた、という事例であり、ハラスメント被害者が救済を求めて仲裁を申し立てた事例ではない。著者らの分析によれば、これはデータベースの限界ではなく、仲裁一般の傾向を代表している、とされる[186]。アメリカ仲裁協会（American Arbitration Association）の 2016 年の報告によれば、セクハラに関する仲裁の申し立てはわずか 100 件であり、ハラスメント被害者は、仲裁による解決を志向していない可能性が高い。著者らは、その理由の一端を、そもそも労働協約等の根拠規定にハラスメントを禁じる文言がなく、仲裁付託の申立自体が難しいことに求めている[187]。

第二に、これらの裁定例において、仲裁人が審査の根拠として依拠しているのは、労働協約または使用者の雇用ポリシーに定められた「正当な理由（just cause）」条項——使用者が懲戒・解雇をするには「正当な理由」がなくてはならない旨を定める条項——である。随意雇用原則を採るアメリカにおいては、差別に該当するなど特段の事情がない限り、使用者は、原則として自由に被用者を解雇できる。しかし、労働協約等において「正当な理由」条項を設けることで、随意雇用原則は修正を受けることになる。すなわちこの研究は、ハラスメント加害者に対する懲戒が、アメリカにおいてどの程度

---

[185] Stacy A. Hickox & Michelle Kaminski, *Measuring Arbitration's Effectiveness in Addressing Workplace Harassment*, 36 HOFSTRA LAB. & EMP. L. J. 293（2019）. 判例分析研究一般に通じるものであるが、そもそも裁定を申し立てないケースが多いこと、公表された裁定例に比して未公表の裁定例が圧倒的に多いこと、データベースに掲載された裁定例が、仲裁裁定全体を代表する典型的な裁定例とはいえないことに留意されたい。

[186] *Id.* at 332 n.236.

[187] *Id.*

「正当」とみなされるのかを考える素材を提供しているといえる。

　最後に第三に、裁定例のほとんどが労働仲裁であり、雇用仲裁ではない。ただし著者らは、分析の結果を、雇用仲裁にも適用できると考えている[188]。もっとも、アメリカにおける労働組合の組織率は、公共部門・民間部門を併せて 1 割前後にすぎない。協約が締結されなければ、随意雇用原則のために「正当な理由」が問題とならないという意味で、一般化には限界があることを、著者ら自身も認めている[189]。


（ウ）研究結果

a　全体的状況

　仲裁に付託された 60 件の苦情について、全体の結果は表 2 - 12 の通りである。仲裁により、原懲戒が無効とされたり、軽減されたりした裁定例が 29 件（48.3％）にのぼる。セクハラについての裁定結果と、それ以外の保護属性を理由とする差別的ハラスメントについての裁定結果との間に、統計的に有意な違いはないとされる[190]。

表 2 - 12　加害者とされる者が申し立てた苦情の結果

| 申立人の行為 | 申立件数 | 申立認容の割合 | 懲戒解雇が無効に | 解雇から警告に | 解雇から停職に | 解雇からバックペイなしの復職に |
|---|---|---|---|---|---|---|
| セクハラ | 37 件 | 17／37（45.9％） | 6／17（35.3％） | 1／17（5.9％） | 7／17（41.2％） | 3／17（17.6％） |
| その他差別的ハラスメント | | 12／20（60.0％） | 2／12（16.7％） | 0／12（0％） | 6／12（50.0％） | 4／12（33.3％） |
| 合計 | 60 件 | 29／60（48.3％） | 8／29（27.6％） | 1／29（3.4％） | 12／29（41.4％） | 7／29（24.1％） |

【出典】脚注 185）335 頁表 1
※上段の数字は、「申立認容の割合」の列においては、「認容件数／申立件数」を示し、それ以外の列においては、「該当項目の件数／認容件数」を示す。下段のマルカッコ内は、上段の数字の割合（％）を示す。

---

[188] *Id.* at 299.

[189] *Id.* at 333.

[190] *Id.* at 336.

### b 裁定結果に影響を与えうる事象

　仲裁人の裁定に影響を与えている可能性のある事柄として、考えられるものは何か。この研究は、裁定の文言からみて、次の2つの事柄が、裁定結果に有意な影響を与えているという。

　1つは、あまりにも当然のことだが、ハラスメントの証拠である[191]。加害者によるハラスメントの証拠が十分にある場合には、裁定も懲戒を肯定する方向に有意に働く。逆に証拠不十分の場合には、裁定は懲戒を無効・軽減する方向に有意に働く。当然の結果ではあるが、そのことが統計的に確認された点に意味があるといえる。

　逆に、「正当な理由」の考慮要素のうち、問題の行為が懲戒対処となる旨の事前の通知や、他の従業員に対する懲戒との均衡、被懲戒被用者に対する段階的な懲戒（progressive discipline）の履行などは、さほど重視されていない[192]。また、ハラスメントが被害者に与えた影響についても、同様である。ハラスメント被害者の利益を考慮した裁定例は、60件中12件（20％）にとどまり、うち8件で復職が命じられているからである[193]。

　もう1つが、興味深いことに、「ハラスメントの定義」である。すなわち、労働協約や、使用者の雇用ポリシーにおいて、ハラスメントの具体的定義が規定されていた場合、仲裁人が、懲戒解雇をより軽い処分とする裁定を下す可能性が有意に高いとされる[194]。具体的な件数は、表2-13の通りであり、25件中18件において懲戒が減免されていることがわかる。

　60件の検討対象裁定例のうち、使用者が雇用ポリシー等にハラスメントの定義を設けていたのは、39件である。例えば、敵対的就労環境の法理（15件；38.5％）に言及するものや、「仕事の妨害」（18件；46.2％）に触れるもの、ハラスメントが被害者に与える影響に言及するもの（11件；

---

[191] *Id.* at 351-354, 369.

[192] *Id.* at 349-351, 354-358.

[193] *Id.* at 365-368. ただし復職条件として、加害者による悔恨（contrition）や、過去の加害行為の誤りを認め将来繰り返さない旨の加害者による確約（assurance）、謝罪、アンガーマネジメント研修への参加、2年間のメンタルチェックの受診などが課された裁定例があるとされる。

[194] *Id.* at 345.

表2−13　言及されたハラスメントの定義

| 結果 | 合計 | 懲戒を肯定 | 懲戒を軽減 | 懲戒を無効 |
|---|---|---|---|---|
| 具体的定義に言及した裁定例 | 25件 | 7件（28%） | 13件（52%） | 5件（20%） |
| 具体的定義に言及しなかった裁定例 | 35件 | 24件（68%） | 8件（22.9%） | 3件（8.6%） |

【出典】脚注185）344頁表3

28.2%）、不適切な接触やポルノの展示といったハラスメントの具体例を挙げるもの（27件：69.2%）などがある[195]。しかし、こうした定義を整備することで、問題となる行為はハラスメントの定義から外れる、という形での利用も増えることになる。

## （4）救済

　公民権法第7編に基づいてハラスメントの救済を求める場合には、セクハラにおける記述がそのまま妥当する。ADAによる「救済には、①現職復帰や採用などの積極的措置を含むインジャンクション（差止命令・義務付与命令）、②バックペイ、③金銭賠償、④弁護士費用が含まれる[196]」とされており、これも公民権法第7編と同様に考えることができよう。これに対してADAの場合、「コモンロー上の救済もエクイティ上の救済も可能であ」り、「損害賠償はもちろん、バックペイ、フロントペイ、復職、昇進・昇格命令、契約強制命令」が下される可能性がある一方で、「公民権法第7編のように巨額の懲罰的損害賠償は認められず、故意の場合に限って倍額の『定額損害賠償（liquidated damages）』が認められるにとどまる」などの違いもある[197]。

## （5）課題

　以上、差別的ハラスメント全般についての規制を概観した。差別的ハラスメントは、アメリカ法において、ハラスメントを救済できる可能性が最も高

---

[195] *Id.*
[196] 長谷川・前掲注151）89頁。
[197] 柳澤・前掲注150）42頁。

い類型にあたる。しかし、差別的ハラスメント規制には一定の限界があることも指摘されている。例えば、①セクハラとそれ以外のハラスメントが混在する場合には、性を理由としないハラスメントがセクハラの成立にあたって考慮されず、適切な救済に至らない場合がある、とされる[198]。また、たとえハラスメント被害者が保護属性を有していたとしても、それだけでは差別的ハラスメントによる救済を得られるとは限らない。例えば、ヒスパニック就労者が数多く働く職場において、特定のヒスパニック就労者だけがいじめられている、という場合には、差別的ハラスメントを規律する法から救済を得ることができない[199]。救済のためには、問題の行為が保護属性を「理由として」いる必要があるためである。

また、仲裁による履行確保にも問題が残る。ハラスメント被害者自身が、苦情を申し立て、仲裁による解決を図ることは極めてまれである。加害者に対する懲戒が仲裁に付託される場合にも、被害者の利益が必ずしも考慮されていない。むしろ、仲裁人の裁定は、ハラスメントの定義に照らし、ハラスメントとまではいえないとして、加害行為に対する懲戒を減免する傾向にある。

以上に加え、最も根本的な問題として、保護属性を有しない就労者は、差別的ハラスメントの規制によって救済されることはない、という点を指摘できるだろう。したがって、ハラスメント規制の全体像を考えるにあたっては、非差別的ハラスメントについての検討もまた、重要な位置を占めることとなる。

# 4 非差別的ハラスメントの規制

差別的ハラスメントに対する規制と比べると、非差別的ハラスメントの規制は、より断片的であり、かつ残念ながら、より実効性に欠ける（と思われる）ものが多い。以下では、成文の連邦法として、①職業安全衛生法（Occupational Safety & Health Act：以下、OSHA）を、成文の州法として、

---

[198] Yamada, *supra* note 5 at 172.

[199] Lola, *supra* note 22 at 241-242.

②労働災害補償法規（workers' compensation statute）及び③その他の州立法
を、さらに不文法として、④州コモンローにおける不法行為（Tort）の規律
を、順次検討することとする。検討はそれぞれ、（1）規制内容、（2）保護対
象の範囲、（3）紛争解決手続、（4）救済、（5）課題、について、この順に行
う（ただし④のみ順序が異なる）。

## 1　連邦制定法：職業安全衛生法（OSHA）

### (1)　規制内容

　OSHA は、文言上、ハラスメントそのものを禁じていない。しかし同法5
条（a）項は、下記の通り、我が国の安全配慮義務に近い義務を使用者に課
している。

> 各使用者は、以下のことを実施しなければならない。
> (1) 認識可能な危険（recognized hazards）であって、死亡その他重大な
> 　　身体的危険を被用者に生ぜしめる、またはその恐れのあるものが存在
> 　　しないように、雇用及び雇用場所を自らの被用者に対して提供するこ
> 　　と。
> (2) 本章のもとで定式化された職業上の安全衛生基準に従うこと[200]。

　労働安全衛生に関する具体的基準が定められている場合には、第（2）号
の適用が優先されるが、特に基準が定められていない場合でも、第（1）号
が「一般的義務条項（general duty clause）」として機能し、「使用者に安全衛
生上の懈怠があれば、この規定を通じて OSHA 違反を問責することができ
る[201]」。職場のハラスメントにより、体調を崩したり、通院したなどの身体
的損害が生じた場合には、第（1）号の「重大な身体的危険」による救済を
求める余地がある。

　また OSHA は報復禁止規定を設け、OSHA 所定の手続を利用したり、証
言を行ったこと等を理由として、または OSHA 上の権利を行使したこと等

---

[200] 29 U.S.C. §654 (a) (2018).
[201] 中窪・前掲注 15) 286 頁。

を理由として、被用者を解雇することや、差別することを禁じている[202]。同規定も、ハラスメントに対する救済を求めるうえで活用されている。

## （2）保護対象の範囲

　OSHA の適用される「使用者」は、「被用者を雇用して州際通商に従事する者[203]」である。連邦政府および州・地方自治体政府は含まれないが、「私企業を広くカバー」しており、公民権法「第7編のような被用者数の下限は設けられていない」[204]。

　また OSHA は、「被用者」に対して、雇用及び雇用場所を安全に提供する義務を使用者に課しているため、被用者以外の者（例えばフリーランスなどの独立契約者や、ボランティア）には適用されない。被用者の定義は、「州際通商に影響を与える使用者の事業において雇用される使用者の被用者[205]」であり、公民権法第7編など他の連邦法と同様、コントロールテスト、またはそれに経済的従属性などを加味した中間的基準によって審査されることになる。

## （3）紛争解決手続

　OSHA は、「極めて行政主導的な法律[206]」であり、連邦の行政機関である職業安全衛生局が管轄している。同局の地方支局に所属する「遵守監督官（compliance officer）」は、使用者の施設に立ち入って臨検し、違反が見つかった場合には使用者に対して「違反通告（citation）」を発して是正を命じるとともに、違反の程度に応じて制裁金を課すことができる、とされる[207]。

---

[202] 29 U.S.C. §660 (c) (1) (2018).
[203] 29 U.S.C. §652 (5) (2018).
[204] 中窪・前掲注 15) 281 頁。
[205] 29 U.S.C. §652 (6) (2018).
[206] 中窪・前掲注 15) 289 頁。
[207] 同上 287-288 頁。

## （4）救済

　被用者には、当該違反を労働長官に申告する権利が付与されており[208]、また一定の場合には使用者に対する刑事罰が課されることもある。しかし、私訴権が付与されないため、OSHA 違反を理由として使用者に対する民事訴訟を提起することはできず、民事上の救済を得ることもできない[209]。

　なお、被用者の申告を理由とする報復的ハラスメントの場合、被用者は、報復発生後 30 日以内において、労働長官に苦情を申告することができる。調査の結果、労働長官が苦情を適切であると認めた場合、労働長官は、適当な連邦地方裁判所に対して訴訟を提起することが義務付けられる。この訴訟においては、現職復帰やバックペイの支払いなど救済が与えられうる[210]。ただし、労働長官が訴訟提起をしなかった場合、被用者は使用者に対して民事訴訟を提起することはできない。使用者が OSHA 上の報復禁止規定に違反したことは、被用者による民事訴訟の訴訟原因とはならないからである[211]。

## （5）課題

　OSHA の予算・人員状況に照らせば、公法的な救済を通じて、職場いじめを実効的に是正することはおよそ非現実的である。また、被用者は、OSHA 違反による民事訴訟を提起することができず、制裁が弱いため、使用者が職場いじめを改善するインセンティブとならない。職場いじめが「重大な身体的危険」を招来するおそれの証明も、簡単ではない。学説による以上の指摘を踏まえると[212]、OSHA による職場いじめの規制は、不可能ではないにしても、効果的とはいいがたいであろう。ただし、OSHA に類似した私法上の義務に基づき、損害賠償請求を提起する可能性は一応残されている（本節4. 参照）。

---

[208] 29 U.S.C. §657（f）（2018）.

[209] 中窪・前掲注 15）289-290 頁。

[210] 29 U.S.C §660（c）（2）（2018）.

[211] Johnson v. Interstate Mgmt. Co., LLC, 849 F.3d 1093, 1097（D.C. Cir. 2017）.

[212] Yamada, *supra* note 5 at 175.

## 2　州制定法：労働災害補償法規

### (1)　規制内容

　「アメリカ合衆国における労災補償（workers' compensation）制度は、一定の職種に従事する被用者が連邦法の適用を受ける……のを除き、各州法に基づき運用されている[213]」。したがって、規制内容も州ごとに様々である。ただし、「①雇用の過程において（arising during/in the course of employment）、②雇用から（arising out of employment）生じた、③『人身傷害』（personal injury）」は、ほぼすべての州で補償対象となっている[214]。これらは「無過失責任に基づく」一方で、救済に一定の制限がかかる[215]（本項（4）参照）。

　ハラスメントにより、身体的不調をきたし通院を余儀なくされた場合など、身体的損害から精神的損害が発生した場合には、多くの州が保護の対象としている、とされる[216]。他方で、セクハラなど差別的ハラスメントから生じた損害（injury）については、複数の州（コロラド州[217]、アーカンソー州[218]、フロリダ州[219]、ノースカロライナ州[220]、デラウェア州[221]、マサチューセッツ州[222]など）が補償の対象から外している、とされる。それらのハラスメントは、個人的な感情ないし偏見を動機としている、と考えられているためである[223]。

---

[213] 地神亮佑「アメリカ法」『労災補償保険制度の比較法的研究——ドイツ・フランス・アメリカ・イギリス法の現状からみた日本法の位置と課題〔労働政策研究報告書 No.205〕』（労働政策研究・研修機構、2020 年）88 頁。

[214] 同上 95 頁。

[215] Bent, *supra* note 92 at 461-462.

[216] RESTATEMENT OF EMPLOYMENT LAW §4.01, cmt. b, reporter's note at 132（AM. LAW. INST. 2015）. ワイオミング州の例として、Sisco v. Fabricaiton Tech., Inc., 350 F.Supp. 2d 932, 941-942（D. Wyo. 2004）、オハイオ州の例として、Kerans v. porter Paint Co., 61 Ohio St. 3d. 486, 489, 575 N.E. 2d 428, 431（1991）.

[217] Horodyskyj v. Karanian, 32 P. 3d 470, 474（Colo. 2001）.

[218] King c. Consolidated Freightways Co., 763 F.Supp 1014, 1017（W.D. Ark, 1991）.

[219] Byrd v. Richardson-Greenshields Sec., Inc., 552 So. 2d 1099, 1099 n.7（Fla. 1989）.

[220] Hogan v. Forsyth Country Club. Co., 79 N.C. App. 483, 489, 340 S.E. 2d 116, 120（1986）.

[221] Konstantopoulos v. Westvaco Co., 690 A. 2d 936, 937（Del. 1996）.

[222] Doe v. Purity Supreme, Inc., 422 Mass. 563, 566, 664 N.E. 2d 815, 819（1996）.

[223] RESTATEMENT OF EMPLOYMENT LAW §4.01, cmt. b, reporter's note at 132-133（AM. LAW. INST. 2015）. 脚注 217 から 222 の参照指示も同書による。

　なお、労災の給付申請を理由とする報復的ハラスメントについては、これ
を禁じる州が多いようである。例えばカリフォルニア州は、この種の報復的
ハラスメントについて、刑事罰を科すとともに、被用者の得られる労災補償
給付額を上積みする規定を設けている[224]。

## （2）保護対象の範囲

　「民間部門の使用者（employer）については、大多数の州で、事業の種類
を問わず労災補償法の適用対象としている[225]」。大部分の州は、適用対象使
用者に企業規模の下限人数を設けていないが、小規模使用者を適用除外とす
る州もある[226]。またテキサス州のように、使用者の労災加入を任意化し[227]、
被用者による労災保険からのオプトアウトを認める[228]州もみられる[229]。

　労災保険の適用対象となるのは、「被用者（employee）」であり、フリーラ
ンスなどの独立契約者や、純粋のボランティア等は保護の対象から外れ
る[230]。被用者に該当するか否かの判断には、通常はコントロールテストを
用い、それだけでは判断がつかない場合には、代理法における使用人
（servant）該当性の判断要素を用いる[231]。なお、鉄道労働者および船員、連
邦政府職員、港湾労働者は、明文の制定法により適用が除外されるほか、家

---

[224] CAL. LAB. CODE §132a（Deering 2020）.

[225] 地神・前掲注213）89頁。

[226] Bent, *supra* note 92 at 461 n.5. 2004年段階で38州が企業規模の下限を設けていない。た
だし、フロリダ州は、従業員4人以上の使用者を適用対象としている。FLA. STAT. ANN.
§440.02（17）（b）2（LexisNexis 2020）. またノースカロライナ州は、従業員3人以上の使
用者を適用対象としている。N.C.GEN. STAT. §97-2（1）（2020）.

[227] TEX. LAB. CODE. ANN. §406.002（a）（2019）.

[228] TEX. LAB. CODE. ANN. §406.034（b）（2019）.

[229] Bent, *supra* note 92 at 465-466.

[230] ボランティアであっても、被用者性が肯定される場合には保護対象となる。ニュー
ヨーク州において、コントロールテストに基づいて、交通費や食費、制服について償
還があり、現金や奨学金が支給されていた青少年ボランティアの被用者性を肯定した
例として、Kelly v. City Volunteer Corps, 563 N. Y. S. 2d 169（N.Y. App. Div. 1990）. ただし、
報酬が実質的な対価といえない場合には被用者性が否定される。週末にスキー場のパ
トロールを行うボランティアについて、無料のリフト券やスキー場の特典、温かい飲
み物では実質的対価といえず被用者にあたらないとした例として、Hoste v. Shanty Creek
Mgmt., Inc., 592 N.W. 2d 360（Mich. 1999）. *See*, Rubinstein, *supra* note 123.

[231] 地神・前掲注213）91頁。

内被用者を適用除外とする州が 26 あり、農業被用者の適用範囲を制限する州もあるとされる[232]。

### (3) 紛争解決手続

　先行研究によれば、一般的な労災補償給付の受給手続は、次の通りである[233]。被災した被用者は、使用者に対し、すぐに自らの状況を通知（notice）する。その後、当該被用者は、使用者または保険会社に対し、補償の「申請」（claim）を行う（通常は死傷病判明時から 1～2 年の期間制限あり）。給付に争いがなければ、使用者または保険会社は、補償を被保険者に直接給付するとともに、行政機関に支払開始を報告し、手続は終了する。これに対して、給付に争いがある場合には、各州行政機関による審査が行われ、それでも争いが解決しなければ、最終的には法廷での解決となる。

　また、多くの州においては、労災補償の利用を理由とする報復的ハラスメントに対し、民事訴訟を別途提起することが可能となるようである。例えばカリフォルニア州は、明文で被用者の請求権を認めている[234]。

### (4) 救済

　労働災害補償法規による救済は、補償金の給付である。ただし、「排他的救済原則」に注意が必要である。すなわち、「労災補償制度は、使用者が無過失責任を負う代わりに損害全額の賠償責任を免れるという、使用者と被用者との間の妥協により創設された[235]」ものであり、労災補償給付を受けた場合、損害が完全に回復されなくとも、別途、損害賠償請求訴訟を使用者に提起することはできない。

　ただし例外があり、「使用者の『意図的な』（intentional）行為、例えば会社役員の暴行等による被害については、使用者は不法行為法上の責任を免れないことになる。のみならず、大多数の州では、真に『意図的な』行為とは

---

[232] 地神・前掲注 213) 90 頁。
[233] 同上 114-116 頁。
[234] CAL. LAB. CODE §132a (Deering 2020).
[235] 地神・前掲注 213) 118 頁。

いえないが、害意があると認められるような使用者の行為（willful negligence）や使用者の違法行為等によって被用者が被害を受けた場合にも、使用者が不法行為法上の責任を免れない[236]」とされている。

　また、労働災害補償法規の利用を理由とする報復的ハラスメントについては、民事上の救済が得られる州が多いようである。例えばカリフォルニア州は、民事救済として、被用者の復職や、得べかりし賃金相当額の請求を認めている[237]。

## (5) 課題

　労災補償を通じたハラスメントの救済は、いわば「帯に短し襷に長し」の観がある。ハラスメントによる損害が精神的損害に留まる場合には、救済の対象とならない可能性がある。他方で、労災補償を受給できる場合にも、当該給付は、損害を完全に填補するものではない。完全な填補のためには不法行為訴訟の提起が必要となるが、排他的救済原則に基づき、訴訟提起は制限されることになる。ハラスメントに対する上乗せの損害賠償が難しいという構造上の制約に鑑みれば——報復的ハラスメントに対する保護など、補完的な要素はあるにせよ——労災補償法規がハラスメント規制を担っているとはいいがたい面がある。

## 3　州制定法：その他の特別法規

### (1) 定義・規制内容

　一部の州は、州独自に、包括的なハラスメントの定義を設け、これに対する規制を展開している。代表的な州として、カリフォルニア州、ユタ州、テネシー州がある。前2者は、使用者に一定の研修プログラムの実施を義務付けるものであり、後者は、州政府が策定するモデルポリシーの採用を民間に推奨するものである。ただし、大部分の州は、これらの法規を採用しておらず、アメリカ全体を代表する法令とは位置づけられない点に注意されたい[238]。

---

[236] 地神・前掲注213）119頁。
[237] CAL. LAB. CODE §132a（Deering 2020）.
[238] これまで31州および2つの準州で、同趣旨の法案が提案され立法化が検討されてきた

ア　研修プログラム型：カリフォルニア州、ユタ州

　カリフォルニア州は、労働法典（Labor Code）ではなく政府（行政法）法典（Government Code）において、セクハラに関する次のような規定を設けている。

---

第 12950.1 条　セクハラに関する研修及び教育

（a）項

（1）2021 年 1 月 1 日までに、5 人以上の被用者を雇用する使用者は、セクハラに関する座学その他の効果的な双方向的研修・教育（classroom or other effective interactive training and education）を、カリフォルニア州における全監督的被用者（supervisory employees）に対し少なくとも 2 時間、監督者でない全被用者に対し少なくとも 1 時間、提供しなければならない。その後、本条の対象となる各使用者は、カリフォルニア州の各被用者に対して、2 年ごとに、セクハラに関する研修・教育を提供しなければならない。新規の監督者でない被用者には、採用後 6 カ月以内に研修を行うものとする。新たに監督者となった被用者は、監督者職に就いてから 6 カ月以内に研修を受けなければならない。……（中略）……本号の義務づける研修・教育は、セクハラの禁止、予防及び是正、並びにセクハラの被害者が得られる救済について規定した連邦法及び州法の条項について、情報と実践的指針を含んだものでなくてはならない。研修・教育は、さらに、ハラスメント、差別、報復を防止できるよう監督者を指導することを目的とした実践例を含まねばならず、かつ、当該分野における知識と専門性を有する研修者又は教育者（trainers or educators）が行うものとする。

（2）使用者は、（1）号所定の研修・教育の一環として、虐待的行為（abusive conduct）の防止も含めなければならない。

（3）使用者は、（1）号所定の研修・教育の一環として、性自認、性表現（gender expression）及び性的指向に基づくハラスメントをも包摂した研修を提供しなければならない。当該研修・教育は、ジェンダーアイデンティティ、性表現及び性的指向に基づくハラスメントを含む実例

---

が、いずれも否決され導入に至っていない。Richardson, et al., *supra* note 20 at 4.

> を示すものとし、かつ、当該分野における知識と専門性を有する研修
> 者又は教育者が行うものとする [239]。

　同規定は、研修者または教育者（具体的には、弁護士や人事管理の専門家
が想定されている [240]）による研修を、使用者が被用者に受講させるよう義
務付けるものである [241]。注目されるのは、その受講内容は、セクハラに加
え、「虐待的行為」や、ジェンダーハラスメントの防止も含んでいる点であ
る。カリフォルニア州による虐待的行為の定義を再掲すれば、

> 職場における使用者または被用者の悪意に基づく（with malice）行為で
> あって、合理的な人間であれば、敵対的（hostile）、不愉快（offensive）
> であり、使用者の正当な事業上の利益とは無関係と判断する行為をい
> う。虐待的行為は、次の行為を含む。悪口、侮辱、軽蔑的なあだ名の使
> 用など、口頭での暴言を浴びせること。合理的な人間であれば、脅迫、
> 恫喝、恥辱、又はいわれのない妨害（gratuitous sabotage）、すなわち人
> の労務提供の妨害と判断するであろう、口頭のまたは物理的行為。単一
> の行為は、特別に重大かつ言語道断（egregious）でない限り、虐待的行
> 為には該当しない [242]。

となっている。したがって、同法における規制対象行為は、ILO190 号条約
が想定する包括的なハラスメント規制に近いものとなっている。
　また、ユタ州においても、

> (a)「虐待的行為」とは、被用者が、同一の使用者における他の被用者
> 　　に対して行う口頭の行為、非口頭の行為又は物理的行為であって、行

---

[239] CAL. GOV'T CODE §12950.1 (a)（Deering 2021). 下線部筆者。

[240] CAL. GOV'T CODE §12950.1 (l)(5)（Deering 2021).

[241] ただし、研修を受講させたことだけにより、使用者がハラスメント責任を免れること
にはならない。CAL. GOV'T CODE §12950.1 (c)（Deering 2021).

[242] CAL. GOV'T CODE §12950.1 (h)(2)（Deering 2021).

> 為の深刻さ、性質又は頻度に照らし、通常人であれば次の各号の通り
> 判断するであろう行為を意味する。
> （ⅰ）恫喝（intimidation）、恥辱（hamilitation）、その他いわれのない
> 　　苦痛（unwarranted distress）の惹起を意図した行為
> （ⅱ）恫喝、恥辱、その他いわれのない苦痛の結果として、重大な身
> 　　体的・精神的損害を生ぜしめる行為
> （ⅲ）〔被害〕被用者のもつ既知の身体的・精神的障害（disability）を
> 　　悪用する（exploit）行為
> （b）虐待的行為は、ある行為が特に重大かつ言語道断であり、前項（ⅰ）
> 　　ないし（ⅲ）号のいずれかの基準を満たす場合を除き、単一の行為を
> 　　意味しない。

と規定したうえで[243]、州政府機関および民間使用者に対し、被用者向けに
虐待的行為を防止するための研修プログラムを提供することを義務付けてい
る[244]。ユタ州の規定においては、使用者の利益に関連する言及が見られな
い。

イ　モデルポリシー型：テネシー州

　テネシー州においても、職場健全化法（Healthy Workplace Act）において、
カリフォルニア州とほぼ同様の「虐待的行為」の定義が設けられている[245]。
しかし、カリフォルニア州やユタ州と異なり、同法は、使用者への義務付け
ではなく、州政府機関（Tennessee Advisory Commission on Intergovernmental
Relations；以下 TACIR）が主体となって、職場における虐待的行為を防ぐた
めに、使用者向けのモデルポリシーを策定することを定めている[246]。この
モデルポリシーの内容は、①使用者が、職場における虐待的行為を認識し、
これに対応するのを支援する、②職場での虐待的行為を報告した被用者に対
する報復を防止する、といったものであり、使用者はこのモデルポリシーを

---

[243] UTAH CODE ANN. §67-26-102（1）（LexisNexis 2020）.

[244] UTAH CODE ANN. §67-26-301（LexisNexis 2020）.

[245] TENN. CODE ANN. §50-1-502（1）（2020）.

[246] TENN. CODE ANN. §50-1-503（2020）.

任意に採用することができる。

　注目されるのが免責条項であり、同法においては、

> ……使用者は、第 50-1-503 条（a）に従って TACIR が作成したモデル
> ポリシーを採用するか、または第 50-1-503 条（b）に定められた要件
> 〔前段落①・②参照〕に適合するポリシーを採用した場合、過失または
> 精神的苦痛の意図的惹起をもたらした被用者の虐待的行為に関する訴訟
> において、免責される。本法のいかなる規定も、職場における虐待的行
> 為に対する被用者の個人責任を制限するものではない [247]。

との規定がみられる。もっとも学説は、単にモデルポリシーを採用しただけ
では、いじめに対する使用者責任を否定するには不十分であり、この規定
が、被用者保護の法令から使用者の安全装置へと変質するおそれがあるとし
て [248]、この免責規定に批判的である。

## （2）保護対象の範囲

　カリフォルニア州においては、5 人以上の被用者を雇用する使用者が対象
となっているが、ユタ州においては、雇用人数に関する言及はなく、すべて
の使用者が対象となっている [249]。テネシー州も同様である [250]。州・地方自
治体政府も、これらの制定法規上の使用者に当たることは共通である。

　保護される就労者はいずれも「被用者」である（カリフォルニア州の場合
には求職者（applicant）も含まれている）。州が特別な判断基準を設けてい
ない限りは、コモンロー上のコントロールテストやそれに類する判断基準に
よって、被用者該当性が判断されると考えられる。被用者ではない者、すな
わちフリーランサーなどの独立契約者や、ボランティアは、原則として、こ
れらの制定法規の保護の対象ではないと考えられる。また法令の性質上、退

---

[247] Tenn. Code Ann. §50-1-504（2020）.
[248] David Yamada, *Workplace Bullying and the Law: U.S. Legislative Developments 2013–2015*, 19 Emp. Rts. & Emp. Pol'y J. 49, 54（2015）.
[249] Utah Code Ann. §67-26-102（6）（LexisNexis 2020）.
[250] Tenn. Code Ann. §50-1-502（4）（2020）.

職者に対してもこれらの保護が及ぶとは考えにくい。

## （3）紛争解決手続

　カリフォルニア州においては、使用者が研修・教育を怠った場合、同州公正雇用・住宅局（Department of Fair Employment and Housing）が[251]、使用者に法的要請の遵守を求めるインジャンクションを発布するよう（裁判所に）要請できる旨の規定がある[252]。ユタ州の場合には[253]、自身と同じ会社の被用者からの虐待的行為に対する苦情を、書面により使用者に申し立てることを、被用者に認めている。苦情を受けた使用者は、調査を行うことが義務付けられる。使用者の調査に対して不服がある場合、被用者が行政審査を申し立てることも予定されているようである。またテネシー州においては、地方自治体及び州政府が、被用者へのハラスメントを行った者に対するインジャンクションの発布を（裁判所に）請求できる旨の規定がある[254]。

## （4）救済

　以上の通り、これらの州制定法においては、行政による解決手続が主である。すなわち、これらの州制定法は、「虐待的行為」をした加害被用者や、その防止を怠った使用者に対する損害賠償請求訴訟の提起といった、ハラスメント被害者への民事的救済を予定していない。カリフォルニア州は、制定法所定の研修・訓練が特定の個人に提供されていないからといって、それだけで、現在または過去の被用者若しくは求職者に対する使用者の損害賠償責任が発生するわけではないとする[255]。またユタ州も、同州制定法は「私訴

---

[251] 州知事直轄の「ビジネス・消費者サービス及び住居機関（Business, Consumer services and housing agency）」の下に設けられた部門（department）の1つであるため、省ではなく局と訳している。

[252] CAL. GOV'T CODE §12950.1 (d) (Deering 2021). 命令の発布主体が法文上明記されていないが、カリフォルニア州の他の規定に照らし、同局が裁判所に執行力付与のインジャンクションを請求しうる旨の根拠規定であると考えられる。

[253] UTAH CODE ANN. §67-26-202 (LexisNexis 2020).

[254] TENN. CODE ANN. §50-1-505 (2020). この場合、インジャンクションは差止命令と考えてよい。

[255] CAL. GOV'T CODE §12950.1 (c) (Deering 2021).

権（a private right of action）」を創出するものではないとしている[256]。テネシー州は、前述の免責規定により、民事訴訟を排除している。

## (5) 課題

　以上の州制定法は、結局、被害者が損害賠償訴訟を提起できるような独立の訴訟原因（causes of action）として、虐待的行為を位置づけていない。それゆえ、ハラスメント被害の救済のためには、既に承認された法理を利用するほかなく[257]、実効性に乏しい。さらに学説は、虐待的な就労環境それ自体を違法とする旨の条項の創設や、深刻な職場いじめに対して被害者によるインジャンクション請求を可能とする条項の創設、使用者に対するハラスメント防止のインセンティブの付与などの立法化も求めている[258]。しかし、企業による根強い反対や州政府の財政難などのため、学説が求める水準の立法化には程遠いのが現状である[259]。これらの法規を制定しているのがわずか 3 州であることに照らせば、これらの法規により、アメリカにおいて包括的なハラスメント規制がみられると評価することは困難である。

## 4　州コモンロー：職場における不法行為（Tort）

### (1) 概説：雇用法リステイトメントを軸とした検討

　差別的ハラスメントによる救済や、その他の制定法規による救済が得られない場合、最後に頼ることとなるのは、コモンローの 1 つである不法行為（Tort）である。現在、民事法の領域において連邦のコモンローは認められていないため[260]、「不法行為法の法源は、判例法であり、しかも州の判例法である[261]」ことになる。

　全米 50 州に準州を加えた各法域における職場の不法行為の判例を、外国の一研究者が網羅的に検討するのは極めて困難である。そこで本稿は、次善

---

[256] UTAH CODE ANN. §67-26-103 (2)（LexisNexis 2020）.

[257] Richardson, et al., *supra* note 20 at 5. *See, also*, Yamada, *supra* note 248 at 53.

[258] Yamada, *supra* note 248 at 50.

[259] *Id*. at 58-59.

[260] *See*, Erie Railroad Co. v. Tompkins, 304 U.S. 64, 78 (1938).

[261] 樋口範雄『アメリカ不法行為法〔第 2 版〕』（弘文堂、2014 年）6 頁。

の手段として、「雇用法リステイトメント[262]」に依拠した検討を行う。労働法分野におけるリステイトメントについては既に先行研究の紹介があるが[263]、その内容を簡単に確認しておこう。

「リステイトメント（法の再述 RESTATEMENTS OF THE LAW）とは、アメリカにおける判例法を、条文の形で、正に『再び記述する（restate）』する文献であり、アメリカ法律協会……が、その最も伝統的な事業としてその策定事業を行っている[264]」。同協会自体は、「民間団体であり、リステイトメントは立法府によって策定されるものではないため、制定法のように法源としての拘束力を有するものではなく、二次資料（secondary source）にすぎない。もっとも、不法行為法（Torts）や契約法（Contracts）を中心に、実際の訴訟において裁判所の意見の中でリステイトメントが引用されていることは多々あり、裁判所の判断に対して事実上の影響を与えているとともに、アメリカ法の統一および発展にも一定の役割を担っている[265]」。

ただし、雇用法リステイトメントが、他の分野のリステイトメントほどの権威をもつかは微妙な問題である。有力な労働法学者らの研究グループ（Labor Law Group）から、雇用法リステイトメントは現在の法を「凍結させる」こととなり、法発展を妨げるとの批判や、リステイトメント編纂の前提として労働法分野全体を貫く理論的基盤をまずは確立するべきである、との批判が寄せられているためである[266]。またその内容についても、「流転している判例法理の現状が適切に反映されていない[267]」との批判や、雇用法リ

---

[262] Restatement of Employment Law（Am. Law. Inst. 2015). 翻訳については、「雇用法リステイトメント」とするもの、「雇用関係法リステイトメント」とするものに分かれる。雇用法という日本語表現がそれほど定着していないと思われるため、法分野としての Employment Law の訳語は「雇用関係法」が分かりやすいであろうが、書籍名の訳としては「雇用法」リステイトメントのほうがより忠実であろう。

[263] 植田達「アメリカ・雇用法リステイトメントにおける労働者の忠実義務と在職中の競業・兼業に対する制限（一）・（二・完）」法学研究 93 巻 2 号 55 頁、同 3 号 75 頁（2020 年）。また、柳澤武「雇用関係法リステイトメントと対案」日本労働研究雑誌 622 号（2012 年）100 頁は、2012 年段階における雇用法リステイトメント策定過程を紹介している。

[264] 植田（一）・前掲注 263）60-61 頁。

[265] 同上 61 頁。同論文 86-87 頁注 28 は、リステイトメントが実質的な法創造であることに注意を促す。

[266] 同上 63 頁。

ステイトメントは本来、雇用関係法分野における制定法とコモンローを共に対象とすべきだったにもかかわらず、コモンローのみを対象としたため、できあがった代物はせいぜいが「奇妙で不完全（curious and incomplete）」な代物にすぎないとの批判もみられる[268]。

　これらの批判を踏まえた雇用法リステイトメントの多角的分析は今後に委ねることとし、本稿は以下において、雇用法リステイトメントの第 4 章「被用者に対する不法行為損害についての使用者責任に関する諸原理」及び第 9 章「救済」の内容を紹介しながら、職場のハラスメントに対しコモンローがどのような規律を及ぼしているのかを検討する。読者の理解を考え、本項に限りまず①救済の内容（第 9 章）を紹介し、そのうえで第 4 章に即して、②規制内容、③保護対象の範囲、④紛争解決手続をそれぞれ紹介する。

　なお以下では、単にリステイトメントと呼んだ場合、雇用法リステイトメントを指す。不法行為法リステイトメントや代理法リステイトメントなど、その他のリステイトメントに言及する場合には、その旨の記述を補う。


## (2)　救済

　不法行為に対する救済は、大きく 2 つに分かれる。1 つがコモンロー上の救済であり、もう 1 つがエクイティ上の救済である。

ア　コモンロー上の救済

　コモンロー上の救済について、リステイトメントは第 9.05 条において次の通り規定する。

---

第 9.05 条　損害賠償 − 使用者が不法行為に基づく義務に違反した場合
(a) 被用者に対する不法行為法上の義務（第 4 − 7 章）に違反した使用者は、当該違法により生じた予見可能な損害について、影響を受けた被用者に対して賠償する責任を負う。

---

[267] 柳澤・前掲注 263）100 頁。
[268] Bent, *supra* note 92 at 486.

> （b）労働者災害補償法規その他の法律により除外される場合を除き、
> （a）項のもとで請求しうる賠償費目には、過去及び合理的にみて確実
> に将来生じるであろう経済的損失、損害軽減のための合理的措置の費
> 用、及び合理的に予見可能な結果損害を含む。使用者はさらに、責め
> を帰されるに十分（sufficiently culpable）である場合には懲罰的損害
> 賠償を、実際の損害が証明されてない場合でも名目的損害賠償を、そ
> れぞれ支払う。
> （c）法が特別に規定しない限り、不法行為法上の義務に違反した使用者
> は、訴訟を維持するために被用者が負担した弁護士費用を賠償する責
> 任を負わない[269]。

　この規定からわかる通り、コモンロー上の救済の中心となるのは、損害賠償による金銭的救済である。填補的損害賠償に加え、帰責性の程度が高い場合には、懲罰的損害賠償を請求できる。

　ハラスメント規制を考えるうえで注意が必要となるのは、損害の範囲が、故意の場合と過失の場合とで異なる点である。同条へのコメントによれば、「被用者は一般に、過失によって生じた精神的損害であって肉体的傷害のないものにつき、損害賠償を請求することができない[270]」。また、同条（b）項は、賠償対象を「経済的損失」と表現している。「精神的損害の賠償は、通常、不法接触若しくはその恐れや未遂がある場合（assault, battery[271]）や、不法監禁（false imprisonment）、精神的苦痛の意図的惹起（intentional infliction of emotional distress）、プライバシーの侵害、名誉毀損（defamation）の場合に認められる。被用者が肉体的傷害を負ったのでない限り、過失による精神的苦痛についての賠償は得られない[272]」のである。したがって、使用者の過失を理由とする損害賠償請求は、故意を理由とする損害賠償請求よりも、救済の範囲が狭いことになる[273]。

---

[269] Restatement of Employment Law §9.05（Am. Law. Inst. 2015）.

[270] Id. §9.05 cmt. b.

[271] その内容については、注 109 及びそこで掲げた文献を参照されたい。

[272] Restatement of Employment Law §9.05 cmt. f（Am. Law. Inst. 2015）.

[273] その他、故意による不法行為と過失による不法行為の違いについては、樋口・前掲注
261) 35-36 頁参照。

　また、第9.05条（c）項からわかる通り、弁護士費用は本人負担であり、敗訴当事者に転嫁されない。公民権法第7編のような制定法規がある場合とは異なることに注意を要する。

イ　エクイティ上の救済
　エクイティ上の救済について、リステイトメントは第9.06条において次の通り規定する。

---

第9.06条　インジャンクションによる救済－使用者が不法行為に基づく義務に違反した場合
（a）使用者に不法行為上の義務（第4－7章）を履行させるためのインジャンクションの救済は、不法行為が継続している場合に限り得ることができ、かつ、エクイティ上の救済を得るのための伝統的要件を満たさなければならない（第9.04条コメントd参照）。
（b）法によって具体的に授権されない限り、裁判所は被用者を現職に復帰させることはない（第9.04条コメントb参照）[274]。

---

　まず問題となるのが、ハラスメントに対する救済としてインジャンクション（差止命令・義務付与命令）が発布されるか、という問題である。同条のコメントは、「インジャンクションが得られる可能性が高いのは、雇用関係法規や公序（第5章参照）に違反して、被用者に対するハラスメントが継続している場合……など、違法行為が継続している場合に限られる[275]」としており、継続的ハラスメントに対してはインジャンクションが発布される可能性がある。
　もっとも、ハラスメント防止のために常にインジャンクションが発布されるわけではない。参照先の第9.04条コメントdによれば、裁判所は典型的に、次の4つの要件を考慮するとされる[276]。すなわち、①原告が本訴にお

---

[274] RESTATEMENT OF EMPLOYMENT LAW §9.06（AM. LAW. INST. 2015）.
[275] Id. §9.06 cmt. a.
[276] Id. §9.04 cmt. d.

いて勝訴する可能性、②訴訟の最終的判断を待っていては防ぐことのできない回復不能の損害のリスク、③訴訟両当事者間の不利益のバランス（balance of hardship）、そして④公共の利益である。要件③も、原告がどの程度本案で勝訴する見込みがあるか、という観点から判断される。ハラスメント防止の観点からは、予備的インジャンクションの発布が許されるか否かが重要となるが、その判断においては、②要件が最も重要である。

　また、インジャンクションにより復職が認められるのは、制定法がその旨を明記している場合に限られる。参照先の第9.04条コメントｂによれば、労使双方とも、「労働や雇用の約束の特定履行（第9.08条）は認められないのが、長きにわたるエクイティのルールである。……制定法が問題とならないケースでは、人的役務契約において役務を提供する個人に復職（reinstatement）の救済は与えられない[277]」。したがって、インジャンクションが発布されるとしても、その内容は、「過度に手間のかかる司法的監督を要しない積極的決定の履行（例：義務のある金銭を支払え）や、当事者（通常は被用者）に対し特定の行為を控えるよう命じる消極的決定（例：競業他社での就労を禁じる）の強制」に留まる[278]。

## （3）規制内容

　日本においては、民法709条が不法行為一般に共通する要件を定め、同条所定の要件を満たす行為に対し同一の救済が与えられる。これに対してアメリカにおける不法行為は、「保護法益によって細かな分類がなされ、それぞれの不法行為に異なる名称がつけられている[279]」。そこで以下、故意責任が問題となる類型と過失責任が問題となる類型のそれぞれについて、雇用法リステイトメントにおける具体的な規制内容を確認することとしよう。

---

[277] *Id.* §9.04 cmt. b. その理由は、①使用者による強制労働から被用者を保護すること、②望ましからざる被用者を戻さなくてよいという使用者の利益を保護すること、そして③裁判となるほどに悪化した継続的関係の下での義務履行を監視し、ときにはこれを強制する、という重荷から、裁判所を解放することにある、とされる。

[278] *Id.* §9.04 cmt. b.

[279] 樋口・前掲注261）36頁。

ア　故意責任

　雇用法リステイトメントのうち、使用者の故意責任が問題となる条項は、次の 3 つである。第 1 が第 4.06 条であり、精神的苦痛の意図的惹起その他の類型を規律している。第 2 が第 4.02 条であり、使用者自身の故意による不法行為を規律している。第 3 が第 4.03 条であり、監督的被用者による不法行為につき、使用者の代位責任を規律している。

　（ア）第 4.06 条：精神的苦痛の意図的惹起（IIED）等
　雇用法リステイトメント第 4.06 条は、

> 第 4.06 条　被用者を対象とする故意による不法行為に関する使用者の責任
>
> 　労働者災害補償法規その他の法律により除外される場合を除き、使用者は、被用者に損害をもたらした業務上の（in the course of employment）行為であって、下記各号を含む意図的不法行為（intentional tort）として訴訟提起可能なものにつき、4.01 条、4.02 条および 4.03 条における賠償責任を負う。
> （a）不法監禁（false imprisonment）
> （b）故意による不法接触及びその威迫又は未遂（assault and battery）
> （c）精神的苦痛の意図的惹起（intentional infliction of emotional harm）[280]

と定めている。このうち、精神的苦痛の意図的惹起（Intentional Infliction of Emotional Distress：以下 IIED）が、職場のハラスメントを解決するうえで「好まれる不法行為法理論[281]」である。IIED が成立するための要件は以下の 4 つである[282]。①被告の行為が「故意または無謀（intentionally or recklessly）」であったこと、②被告の行為が「極端かつ極悪な（extreme and outrageous）」行為であったこと、③被告の行為が原告の「精神的苦痛

---

[280] RESTATEMENT OF EMPLOYMENT LAW §4.06 (AM. LAW. INST. 2015).
[281] Yamada, *supra* note 5 at 167.
[282] RESTATEMENT OF EMPLOYMENT LAW §4.06, cmt f (AM. LAW. INST. 2015).

（emotional distress）」を惹起したこと、そして④原告の精神的苦痛の程度が「重大（severe）」であること、である。

　リステイトメントに記載されている設例によれば、IIED が成立するのは、例えば次のような場合である。

　　　P 社の CEO であった C は、COO の M に対して、M は辞職するか、現在の職位よりはるかに低い「特別な割り当て（special assignment）」を受け入れなければいけないと述べた。C は、企業のオフィスの清掃、トイレの掃除、下級管理職の利用する車の洗浄を M に命じた。C はまた、M の新たな業務についてすべての被用者に周知した。M は、もし辞職すれば退職手当（severance benefits）を得られない旨を告げられていた。M は、仕事の継続を望んだ。極度の羞恥心から、M は深刻なうつ病により入院した。

　　　C 及び P 社は、M の重大な精神的損害を意図的に惹起したことにつき、損害賠償責任を負う[283]。

　また、同僚労働者によるいじめについて、それが「雇用の範囲（scope of employment）」内といえる場合には、使用者に損害賠償を求める際にも、IIED を利用することが可能である。設例 9 においては、

　　　化学薬品製造会社 P は、ある工場で働かせるために E を雇用した。（E と同じ）シフトで勤務するその他 5 名の就労者は E が嫌いであり、彼らの友人の一人の後任で E が採用されたことに腹を立てていた。彼らは、E の就労生活が困難になるよう様々な行為をした。例えば、仕事に関連する事柄について E と話すのを拒否する、E の仕事用スペース（work station）を無茶苦茶にする、みだらで下品な名前で E を呼ぶ、E の家族を脅迫する、自転車のタイヤをパンクさせる等である。当該シフトの監督者であった S と、その他のマネージャーは、ハラスメント行

---

[283] *Id.* §4.06, cmt f, illus. 7. この事例は、テキサス州法の適用が問題となった Wilson v. Monarch Paper Co., 939 F. 2d 1138, 1145 (5th Cir. 1991) を下敷きとしている、とされる。

為に気づいていたが、それらの行為が継続するのを黙認していた。E
は、これらのハラスメントを理由とする深刻な神経衰弱（breakdown）
に苦しめれた。

　S 及び P 社は、E の深刻な精神的障害が意図的に惹起されたことにつ
き、損害賠償責任を負う。E の家族を脅迫したり E の私物を破壊するな
ど、同僚労働者の極端かつ極悪な行為が E に深刻な精神的損害を惹起
する可能性に対し、少なくとも無謀なほど無関心な態様で、S はシフト
労働者を監督していた[284]。

という事例が紹介されている。

　もっとも、IIED は、単に行為が不公正であるというだけで成立するわけ
ではない。次の設例 6 は、

　　　P は、新たな代表取締役として C を採用した。C は、義理の娘をセー
　　ルスマネージャーとして雇いたいと思っていた。C は、その役職を 15
　　年勤めていた E を解雇し、義理の娘を採用した。C は、E が随意雇用の
　　被用者であり、大家族を養っており、ほかの雇用機会も許されないであ
　　ろうこと、うつ症状（anxiety attacks）に敏感であることを知っていた。
　　E は、解雇の結果として、神経衰弱により健康を悪化させた。

　　　C 及び P は、IIED の不法行為責任を負わない。C による E の取り扱
　　いは不公正だが、極端でも極悪でもない[285]。

としている。随意雇用（employment at will）の原則が、ハラスメントに対す
る実効的規制に悪影響を及ぼしている例といえる。また IIED は、使用者に

---

[284] RESTATEMENT OF EMPLOYMENT LAW §4.06, cmt f, illus. 9 (AM. LAW. INST. 2015). この事例は、
テネシー州法が問題となった Pollard v. E.I. DuPont de Nemours, Inc., 412 F. 3d 657, 664-
665 (6th Cir. 2005) を下敷きとしている、とされる。同事件では、原告の女性被用者は
4 年間、女は黙れと書かれたページを開いた聖書を机に置かれる、男性被用者が話しか
けない、食事を一緒にしない、休憩をともにしない、原告の指示に従わない、などの
いじめを受けた。最終的に、2,200 万ドルの填補的損害賠償と、2,500 万ドルの懲罰的
損害賠償が認められている。

[285] RESTATEMENT OF EMPLOYMENT LAW §4.06, cmt f, illus. 6 (AM. LAW. INST. 2015).

よる制定法違反だけで、直ちに成立するわけでもない[286]。設例 8 によれば、

> 取締役会の承認のもと、P 社の ECO である C は、最高会計責任者の
> F に対して、退職年齢に達している以上、辞職しなければ解雇する旨
> を、私的にアドバイスした。F は、その会合の直後に、発作（stroke）
> を起こした。
> 　C 及び P 社は、F に対して IIED の不法行為責任を負わない。C の解
> 雇の脅しは、適用可能な年齢差別禁止法規に違反しているが、C の行為
> は極端でも極悪でもない[287]。

とされている。ただし、IIED に該当するような極悪かつ極端な行為も、「差別的意図」がないために公民権法第 7 編による訴訟提起ができない場合がある[288]、との指摘もあり、独立の存在意義は失っていない。

　関連判例を分析した学説は、IIED による使用者責任の追及においては、要件②（極端かつ極悪）および要件④（精神的苦痛の程度が重大）を充足するのが難しいことを指摘している[289]。それらの研究が引用する判例によると、例えば要件②に関して、9 カ月の間、女性被用者に対しなされた各種言動（同人を同僚の前で恥をかかせる、性的ジョークを同人の目の前でいう、同僚被用者を助けた同人を怒鳴りつける、別の上司がわざわざ同人の胸についている無線機をとって連絡をする、同人を解雇すると脅す、同人に仕事に必要な道具を貸さない）は、極悪ではないとされている[290]。被用者に対し、怒りと侮蔑をもってにらみつける、叫ぶ、ドアを強く締める、子供のようで

---

[286] Marina Sorkina Amendola, *Intentional Infliction of Emotional Distress: A Workplace Perspective*, 43 VT. L. REV. 93, 102 (2018) は、ニューメキシコ州最高裁のようにセクハラ行為がそれ自体として「極端かつ極悪な行為」に該当するとした例がある一方で（Coates v. Wal-Mart Stores, Inc., 976 P. 2d 999 (N.M. 1999)）、多くの州は、差別それ自体を「極悪」な行為としていない旨指摘する。

[287] RESTATEMENT OF EMPLOYMENT LAW §4.06, cmt f, illus. 8 (AM. LAW. INST. 2015).

[288] *Sisco*, 350 F. Supp. 2d 932, 939-942 (D. Wyo. 2004).

[289] Yamada, *supra* note 5 at 168-169. *See, also*, Lola, *supra* note 22 at 243-244; Amendola, *supra* note 286 at 101. 以下、判例の内容はこれら先行研究の紹介による。

[290] Richards v. U.S. Steel, 869 F. 3d 557 (7th Cir. 2017).

無礼な電話のメッセージを残すといった言動も、法が救済を与えるべき行為
とはいえない[291]。被用者を冷やかす、同人のプライバシーを侵害する、同
人による駐車場への駐車を意図的に妨害する、仕事終わりの同人とのスポー
ツで競争的になる、同人に不合理な仕事量を課す等の言動は、報復や、恥辱
を与えるといった点に欠けており、救済に値しない[292]。被用者に対し、ほ
かの会社の社長の前で叱り飛ばす（yell）ことや、午前 3 時に電話を掛ける、
1 時間怒鳴りつける、必要もないのに同人の休暇をキャンセルさせる、出産
直後の夫人と病院で過ごすことを認めない、結婚 2 時間前に解雇を通知する
ことも、極悪とはいえない[293]。

　また、要件④に関しても、男性外科医の下で 2 年間働いた女性被用者が受
けた精神的苦痛につき、当該女性被用者が通常人ではない、若しくは精神的
苦痛に弱いことを、加害労働者が知っていたと認めるに足りる証拠はないと
して、救済を否定した判例がある[294]。5 カ月間にわたり、上司及び同僚被用
者から、自身のしゃべり方をバカにする言動を受け続けた結果、周章狼狽し
て、落とし穴に落ちるかのような感覚を覚えた被用者について、「重大な精
神的損害」を受けたとはいえないと判断した例もある[295]。

　以上の通り、IIED を通じたハラスメントの規制は、極めて脆弱と言わざ
るを得ない。この背景には、コモンローが伝統的に、精神的損害に対して極
めて冷淡な態度をとってきたことがある。IIED は、20 世紀後半から認めら
れるようになった比較的新しい不法行為にすぎない[296]。「他人の言動で精神
的に傷ついても、社会生活上、それに耐えるだけの一定の強さが求められ
る」のがアメリカ社会であり、理由のない訴えを抑制するためにも、精神的

---

[291] Tunbull v. Northside Hospital, Inc., 220 Ga. App. 883（1996）.

[292] Denton v. Chittendon Bank, 655 A.2d 703（Vermont, 1994）.

[293] Mirzaie v. Smith Cogeneration, Inc., 962 P. 2d 678, 683-684（Okla. App. 1998）.

[294] Hollomon v. Keadle, 326 Ark. 168（1996）. 傍点筆者。問題となった言動は、女性被用者に
　　　対する悪態（白いニガー、豚、売春婦、グレンウッドの無学者など）、患者や他の被用
　　　者の前での同人に対する冒涜、外で働く女性は売春婦との同人に対する発言、辞職や
　　　問題を起こした場合の身体的加害の示唆、などである。換言すれば、上記言動から受
　　　ける精神的苦痛は、通常人において甘受すべき、と判断されていることになろう。

[295] Harris v. Jones, 380 A. 2d 611（Md. Ct. App. 1977）.

[296] 樋口・前掲注 261）50 頁。

損害のみの救済を求める訴えに対し、「アメリカの裁判所は、一般的には厳しい態度を維持している」のである[297]。

なお、IIED 以外に掲げられている①不法監禁、② assault and battery、③名誉毀損（Defamation）について一言しておく。①不法監禁が問題となるのは、設例を見る限り[298]、職場での盗難や横領に際し、使用者が被用者に対して自白を迫ったり、手荷物検査を求めた場合に限られる。②ハラスメントの救済には assault and battery の類型のほうが利用できると思われるが、不法接触を核とする行為だけに射程は狭く、「重大な身体的・精神的損害が伴わない限り、訴訟の提起は非現実的である[299]」。③名誉毀損についても、「ごくわずかな事案においてのみ実行可能である[300]」にすぎない。

（イ）第 4.02 条：使用者自身の直接的加害行為

雇用法リステイトメント第 4.02 条は、

---

第 4.02 条　使用者の自己の行為に関する被用者への直接責任

　労働者災害補償法規その他の法律により除外される場合を除き、使用者は、使用者または支配的所有者（controlling owner）の不法行為により業務上生じた損害について、被用者に対し不法行為法上の損害賠償責任を負う[301]。

---

と定めている。ここでいう直接責任とは、本人責任の意味であり、代理人や被用者の行為についての代位責任（しばしば間接責任と呼ばれる）とは異なる[302]。したがって、会社所有者がハラスメントに及んだ例外的な場合は、本条による救済対象となる。具体例として設例 1 があり、

---

[297] 樋口・前掲注 261）54 頁。

[298] RESTATEMENT OF EMPLOYMENT LAW §4.06 cmt. d, illus. 1-3（AM. LAW. INST. 2015）.

[299] Yamada, *supra* note 5 at 171.

[300] Id.

[301] RESTATEMENT OF EMPLOYMENT LAW §4.02（AM. LAW. INST. 2015）.

[302] Id. §4.02 cmt. d.

　Cは、法人化していない建設事業を所有しており、Eを含む数人の就労者を雇用していた。Eは、背部損傷（back injury）により重いものを運ぶうえで制限がかかった状態で、仕事に復帰した。この制約に不満を持ったCは、Eの仕事を批判し、口論となった。引き換えに（In the exchange）CはEを背後から押し倒し、Eの背部障害を増悪させた。CはEに対して故意による不法接触（battery）の責任を負う[303]。

との記述がみられる。裏を返せば、ハラスメント加害者が単なる上司である場合、本条による救済は及ばない。支配的所有者の定義は、「持分権（ownership interest）により企業（enterprise）の全部または一部をコントロールする個人[304]」と極めて狭いからである。下記設例4を参考にされたい。

　CはPのCEOであり、企業を公然と売却した。Cは取締役会をコントロールするに十分な議決株（voting stocks）を有していない。Cは、Cの秘書（Executive assistant）Aに対し、セクハラおよび強制わいせつ（sexually harasses and assaults）をした。Pは、Aに対して本条所定の賠償責任を負わない。なぜならば、CはPの支配的所有者ではないからである。Pは雇用差別法規のもとで損害賠償責任を負う可能性がある。Pが第4.03条（c）や第4.04条のもとで責任を負うか否かは、他の要素に依存する[305]。

（ウ）第4.03条：監督者・被用者の行為についての責任
　雇用法リステイトメントは、監督者・被用者の行為に対する使用者の責任について、次の（a）項ないし（c）項の3つに分けて規定している。

---

[303] *Id*. §4.02 cmt. d, illus. 1.
[304] *Id*. §1.03.
[305] *Id*. §4.02 cmt. e, illus. 4. 下線部筆者。

> 第 4.03 条　被用者又は代理人の行為に関する被用者に対する使用者の責任
>
> 　労働者災害補償法規その他の法律により除外される場合を除き、使用者は、次の各号により、業務上生じた損害について、被用者に対し不法行為法上の損害賠償責任を負う。
> (a) 使用者が授権または追認（authorized or ratified）した、被用者または被用者ならざる代理人の不法行為による〔場合〕。
> (b) 雇用の範囲内（within the scope of employment）において引き受けられた被用者の不法行為による〔場合〕。
> (c) 雇用の範囲内にない場合であっても、適用可能な法規により授権される限りにおいて、監督的または経営的被用者の権限（supervisory or managerial employee's authority）の不法行為的濫用、または濫用するとの脅迫による場合。ただし、使用者が下記各号をともに証明できた場合はこの限りではない。
> 　　（1）使用者が、実際のまたは強迫された権限濫用を防止し適切に是正するための合理的注意（reasonable care）をしていたこと。
> 　　（2）〔被害者である〕被用者が、下記各号のいずれかを不合理にも利用しなかったこと。
> 　　（A）使用者の提供した予防・是正の機会を利用しなかったこと
> 　　（B）その他の手段により害を避けること [306]

以下、(a) 項ないし (c) 項について、順次検討する。


### a　(a) 項 − 直接責任が本人（使用者）に帰属する場合

　第 4.03 条 (a) 項により、使用者責任を追及しようとする場合、問題となるのは「授権または追認」の範囲である。代理法上、授権・追認により、代理人等の行為は本人の行為となるから、(a) 項は使用者に対する本人責任（直接責任）を規定するものといえる。したがって、授権に関しては「被用者または代理人の違法行為が、使用者のために行動するという移譲された権

---

[306] *Id.* §4.03.

限の範囲内でなされなければならない[307]」し、追認に関しては「先行行為に対する実際の承諾（actual affirmance）が必要となる[308]」。このことは、(a)項により損害賠償を請求できる範囲が極めて狭いことを意味する。下記設例を参照されたい。

　　　M、E、及び F は、いずれも P の被用者である。M は E 及び F の働く工場の GM であり、被用者を懲戒する権限を持つ。F は、E に対して口頭でおよび物理的に、望まれざる性的誘い（sexual advances）を反復して行った。これらの誘い掛けは、E の仕事を妨害するものであり、E に精神的損害を与えた。E は M に対して苦情を申し立て、M は F の行為は会社の反ハラスメントポリシーに反するものだと答えた。しかし M は F のハラスメントを止めるために何もしなかった。

　　　M は、P のための F の行為を追認しておらず、また F が E に嫌がらせをした際には P の代理人と称して行動していたわけでもない。〔ただし〕P は、F の選任に過失があったとして損害賠償に服する可能性がある[309]。

### b　(b) 項 -「雇用の範囲」内の行為につき代位責任を負う場合

　(b) 項は、監督者や同僚被用者・部下の言動が「雇用の範囲」内に位置づけられる場合に、それらの被用者の故意責任について、使用者が代位責任を負う旨を規定している。問題となるのは、ハラスメントが「雇用の範囲」に該当するか否かである。リステイトメントによれば、雇用の範囲内の行為とは「使用者が割り当てた、若しくは使用者のコントロールに服する仕事の範囲内における、若しくその仕事に付随する行為[310]」を指す。例えば、設例 5 によれば、

---

[307] *Id.* §4.03 cmt. d.

[308] *Id.* §4.03 cmt. e.

[309] *Id.* §4.03 cmt. e, illus. 4. これに類似の例として、Pruitt & Associates, P.C. v. Hooper, 277 Ga. App. 1, 625 S.E. 2d. 445（Ct. App. 2005）の参照が指示されている。

[310] Restatement of Employment Law §4.03 cmt. f（Am. Law. Inst. 2015）.

　Pは、供給倉庫の監督者としてSを雇用した。Sは、E、F、G、Hといった部下に仕事に関する指示を出すときや、その仕事ぶりを評価するときに、怒鳴り（yell）、悪態をついた（curse）。あるとき、Sは、自らの監督する被用者に対し、より一生懸命働かせるための手段として、暴力をふるうと脅迫した。Pは、Sを含む監督者に対し、監督時に被用者に悪態をついたり脅したりしないよう求めていた。

　Sの行為が、適用可能な法規のもとで不法行為だと判断されるならば、Pは、E、F、G、Hに対し損害賠償責任を負う。Pが、Sに不法行為を命じず、また授権すらしていなかったとしても、PはSに被用者を監督する仕事を割り当てたのであり、Sの行為はその仕事の一環としてなされている[311]。

とされる。もっとも、他の設例を見る限り、大部分のハラスメントが、「雇用の範囲」から外れた行為と位置づけられるように思われる。同僚被用者の行為や、雇用上の措置に関する権限規定がない上司による行為の場合、「雇用の範囲」には当てはまらないからである。設例7は、

　Pは、A〜Dを石油採掘場の被用者として雇用した。A〜Cは、Dのエキセントリックな人柄が嫌いだった。A〜Cは、Dに不法接触の恐れを抱かせ（assault）、またDを脅迫した結果、深刻な精神的障害が生じた。この障害は、通常の合理的人間であれば職場を辞する程度のものであり、Dも実際に辞職した。

　この行為は、適用される法規が不法行為とするか否かを問わず、A〜Cの雇用の範囲内における行為ではない。したがって、PはDに対して代位責任を負わない。A〜CがDを威迫し、脅迫したとき、彼らはPの利害に資するタスクを実施していたわけではない。〔ただし〕Pが、監督上の過失によりDに損害賠償責任を負うか否かについては、同4.04条を参照[312]。

---

[311] *Id.* §4.03 cmt. f, illus. 5. 下敷きとなった判例として、GTE Southwest Inc. v. Bruce, 998 S.W. 2d 605（1999）.

と述べ、また設例 8 は

　　【設例 8】 P が、A 及び B を販売員として雇用した。A は、B に恨み（grudge）をもっていた。A は P に対し、B から出張中に強制わいせつを受けた旨の虚偽報告をした。A は、虚偽報告に際して、P から移譲されたいかなる権限をも行使していなかった。また A の行為は、P の利益に資するという意図もなかった。P は、A の行為について B に対する損害賠償責任を負わない[313]。

と述べており、同僚被用者によるハラスメントや、セクハラ冤罪について、必ずしも救済の対象とならないことが分かる[314]。この射程の狭さは、リステイトメントが公民権法第 7 編におけるエレース／ファラガー判決の法理に依拠していることに由来する[315]。

### c　(c) 項－「雇用の範囲」外の行為につき代位責任を負う場合

　(c) 項は、監督的被用者・経営的被用者の言動が「雇用の範囲」外の場合の規定である。(c) 項もまた、(b) 項同様に、公民権法第 7 編におけるエレース／ファラガー判決の法理から多大な影響を受けており、使用者による積極的抗弁を認めているのも、その文脈で理解できよう。したがって、同僚被用者や部下によるハラスメントを代位責任の対象としない点や、使用者による積極的抗弁がかなり広く認められる点も、公民権法第 7 編と同様である。下記の設例の 9 ないし 11 を参照されたい。

　　【設例 9】 P は E を販売員として、M を販売マネージャーとして雇用し

---

[312] Restatement of Employment Law §4.03 cmt. f, illus. 7（Am. Law. Inst. 2015）.

[313] Id. §4.03 cmt. f, illus. 8.

[314] その他、同僚被用者の行為が極悪かつ極端であるとしても、「雇用の範囲」外でありIIED の故意責任を問えないとした例として、Beyene v. Hilton Hotels Corp, 815 F. Supp. 2d 235, 250-251（D. D.C. 2011）, aff'd, 573 Fed. Appx. 1（D.C. Cir. 2014）.

[315] 第 2 節 2.（1）ア.（エ）a. 参照。See, Restatement of Employment Law §4.03 cmt. f, reporter's note & cmt. g（Am. Law. Inst. 2015）.

た。MはEの仕事を指示・評価し、MはEを表彰し懲戒する権限を
持っている。MはEに対し、歓迎されない、不愉快な性的提案をした
が、Eの仕事を評価したり、Eの仕事の地位を決定する文脈においてそ
うしたわけではなかった。EはMに止めるよう求めたが、Mは行為を
継続した。Pは、明文化された職場のハラスメントポリシーを持ってい
たが、上司に苦情を申し立てる以外でハラスメントを報告する手段を被
用者に与えていなかった。Mの上司は、Eが辞職するまでMのハラス
メントを知らなかった。

　第4.03条（c）項のもとで、Mの行為が訴訟原因となるならば、Pは
Mの行為についてEに損害賠償責任を負う。Mのハラスメントは、P
の利益に資するものではなく、むしろそれをMの雇用の範囲外に置く
ものだった。Pのポリシーは、ハラスメントを防止する合理的可能性が
ない。なぜならば、ハラスメント被害被用者は、ハラスメントをしてい
る上司を通じて苦情を申し立てねばならなかったからである[316]。

【設例10】設例9と同様の事案において、Pが、Eの監督とは関係のな
い人事部役員に対し、監督者からハラスメントを受けているとの被用者
の苦情を聞き取るよう命じたとしよう。Pはさらに、手続を説明する研
修セッションに参加するよう被用者に命じ、また、その手続により、ハ
ラスメントを報告した被用者を報復から保護する旨を確約したとしよ
う。Eは、辞職前にMのハラスメントを報告することを合理的理由な
く怠った。

　Pは、MによるEへのハラスメントについての損害賠償責任を負わ
ない。Pは、ハラスメントを防止するための合理的措置を講じたのであ
り、EはPの提供した機会を合理的理由なく利用しなかった[317]。

【設例11】設例9と同様の事案において、ハラスメント加害者がEの上
司ではないFであり、さらに別の販売員が同じオフィスにいたとしよ

---

[316] RESTATEMENT OF EMPLOYMENT LAW §4.03 cmt. g, illus. 9 (AM. LAW. INST. 2015).

[317] Id. at §4.03 cmt. g, illus. 10.

う。F は、口頭でおよび物理的に、下品な誘い掛けを、仕事中・仕事後に E に行った。F の監督者もその他のマネージャーも、F のハラスメントを知らず、また知るべきであるとも言えなかった。

　P は、F のハラスメントについて損害賠償責任に服さない。なぜならば、F の雇用の範囲外だからである。F は、E にハラスメントをしているときは、P から移譲された権限を行使していない[318]。

　なお、本条（c）項の記述に対しては、責任を追及できる上司の範囲を狭めるものである、との批判があるので紹介しておく[319]。エレース／ファラガー判決の法理においても、またその後の Vance 事件連邦最高裁判決においても[320]、公民権法第 7 編の事案で問題となったのは「監督者（supervisor）」であった。これに対して本条（c）項は、「監督的または経営的被用者（supervisory or managerial employee）」を問題にしており、しかも、監督的被用者と経営的被用者に異なる定義を与えている。すなわち、雇用法リステイトメントによれば、監督的被用者とは「被用者の仕事上の義務や地位、報酬について変更する権限がある、または変更を効果的に提案する権限をもつ被用者または代理人」であり、経営的被用者とは「使用者のためにポリシーを策定・実行（formulate or implement）する権限をもつ被用者または代理人」である[321]。これらの定義は、Vance 事件連邦最高裁判決の定義といかなる関係に立つのか明らかではない。またそもそも、なぜ公民権法第 7 編の狭い監督者の定義を、コモンローの解釈において準用すべきなのかも説明がない。州の差別禁止法の適用において、Vance 事件判決の定義を否定してより広い監督者の定義を採用した州最高裁判決もある[322]。リステイトメントの記述は、正当化できない法創造である、というのが批判の骨子である。

---

[318] *Id.* at §4.03 cmt. g, illus. 11.

[319] Bent, *supra* note 92 at 475-478.

[320] *Vance*, 570 U.S. 421（2013）. 同判決による監督者の定義は、「被害者に対して認識可能な雇用上の行為をとることにつき、使用者から権限付与（empowered）された者」である。

[321] Restatement of Employment Law §4.03 cmt. g（Am. Law. Inst. 2015）.

[322] Aguas v. state, 107 A. 3d 1250, 1271-72（N.J. 2015）.

（エ）小括

　以上、使用者の故意責任に対する損害賠償の可能性について検討してきた。改めて、その内容をまとめておこう。IIED は、ハラスメント加害者の行為が「極端かつ極悪」であるという要件や、被害者の精神的苦痛が「重大」でなければならないという要件の充足が難しい。第 4.02 条や第 4.03 条（a）項で使用者の直接責任を追及することは難しく、第 4.03 条で代位責任を追及できる場合も、ごくごく限定的である。すなわち、上司によるハラスメントが仕事上の権限を利用してなされたとか（(b) 項）、さもなくば、ハラスメントについての使用者による積極的抗弁が認められなかった場合（(c) 項）に限られることになる。同僚被用者や部下によるハラスメントについては、故意責任を追及することが難しい。結局、いずれの条項も、ハラスメントに対する救済としては脆弱なものに留まるといえる。

イ　過失責任

　雇用法リステイトメントのうち、使用者の過失責任が問題となる条項は、次の 2 つである。第 1 が、第 4.04 条における被用者・代理人の選任・使用・監督に係る注意義務違反であり、ハラスメント加害者の故意責任の有無を問わず、使用者自身に過失責任が生じることになる。第 2 が、第 4.05 条における安全配慮義務違反であり、ハラスメント被害者に身体的損害が生じた場合の損害賠償責任を規定するものである。

（ア）第 4.04 条：選任・使用・監督に係る注意義務

　雇用法リステイトメントは、第 4.04 条において、

---

第 4.04 条　被用者または代理人を選任し、使用し、監督する（Selecting, Retaining, and Supervising）際に注意する使用者の義務

　労働者災害補償法規その他の法律により除外される場合を除き、使用者は、ある被用者に与えた損害につき、その損害が別の被用者または代理人の不法行為により発生しており、その被用者または代理人の選任、

> 使用、監督において過失（negligence）があるときは、損害賠償責任を
> 負う[323]。

と定める。被用者の選任に際して、使用者は、「就任予定の被用者または代
理人の過去の行動について、合理的な調査を実施する義務を負う[324]」。この
義務に反する例として、情事中に同僚被用者を殺害し刑事罰を受けた過去を
持つ被用者を、企業が再雇用した結果、当該被用者が、別の被用者を殺すと
脅迫したうえ、実際に職場外で殺したが、会社の経営陣は当該被用者の脅迫
を知りながら何もしなかった、といったものが考えられる[325]。

　被用者の使用（契約の維持）について、使用者は、「仕事中の行動をふま
え、被用者または代理人を使用するかどうかを決める、合理的な注意義務が
ある[326]」。すなわち被用者が、同僚被用者を不合理な危険にさらす行動をし
ており、使用者がそれを知っているまたは知るべきであったといえる場合、
使用者は、当該被用者を解雇し、配転し、またその権限を制約する義務を負
う。また、被用者に対する監督についても、使用者は責任を負う。もっと
も、「合理的な使用者が、被用者または代理人を監督する際に払わねばなら
ない注意は、その職位に応じて多岐にわたる[327]」。上級職になればなるほ
ど、他の被用者を危険にさらす可能性も高くなるため、より綿密な監督が求
められることとなろう。結局、使用者が払うべき合理的注意の範囲は、「使
用者が、被用者または代理人の過去及び現在の行為をどの程度知っている
か、また知るべきであったかに大きく依存する[328]」ことになる。

　具体的な例としてリステイトメントが挙げるのは、

　　　　Ｐは、カスタマーサービスの代表者としてＥを、Ｅの監督者としてＳ

---

[323] Restatement of Employment Law §4.04（Am. Law. Inst. 2015）.

[324] Id. §4.04 cmt. c.

[325] Id. §4.04 cmt. e, illus. 4. この設例の下敷きとなった判例として、Yunker v. Honeywell, Inc., 496 N.W. 2d 419（Minn. Ct. App. 1993）.

[326] Restatement of Employment Law §4.04 cmt. c（Am. Law. Inst. 2015）.

[327] Id. §4.04 cmt. d.

[328] Id.

を雇用した。Sは、Eに対して悪態をつき、下品なコメントをすることを繰り返した。Sはさらに、Eが妊娠した際に嫌がらせをし、「消毒されるべき」だと発言した。Eは、Sの対応のせいでノイローゼになり、医療的対応を探すとともに、Sについての苦情をPの人事部に申し立てた。人事部はSを懲戒せず、またSをコントロールする努力もしなかった。ハラスメントは継続、過激化し、最終的にはSが、駐車場に止めてあるEの車に侵入して、彼女を怒鳴りつけ掴みかかるまでにいたった。Eは辞職した。

　Pは、Sの監督と契約継続についてPの過失により生じた被害について、Eに対する損害賠償責任を負う。Sのハラスメントが雇用の範囲内といえるか否かを問わず、Pの人事部がそれを知っていた以上、合理的な監督的対応が求められた。Sは、自身が監督業務に不適当だと証明したのであるから、Pは、Sをその職位にとどめない義務、あるいは少なくとも、Sをよりよく研修し、Sをより丁寧に監視する義務を負っていた[329]。

というものである。ただし、上記設例において、PがSを調査のうえ停職とし、雇用継続の条件として研修コースの受講をSに要求したとしよう。この場合、Eが、Sを解雇すべきであったとPに苦情を申し立て、Sの復帰を待つことなく辞職したとしても、PはEに対して損害賠償責任を負わない、とされる[330]。したがって、ハラスメントにおける使用・監督責任も、さほど射程が広いとはいいがたいように思われる。不法行為訴訟では、ハラスメント被害を根絶するための細やかな調整は難しい、と言わざるを得ない。

　なお、「被用者が、職場外で他の被用者に対する不法行為に手を染め、かつその行為が雇用と関係する行為を含まない場合、同僚被用者が被った損害は、使用者の責任ではない[331]」。一見すると当然の記述であるが、「雇用と関係する」の範囲として、設例は、

---

[329] *Id.* §4.04 cmt. d, illus. 1. この設例の下敷きとなった判例として、Patterson v. Augat Wiring Systems, Inc., 944 F. Supp. 1509（M.D. Ala. 1996）.

[330] RESTATEMENT OF EMPLOYMENT LAW §4.04 cmt. d, illus. 2（AM. LAW. INST. 2015）.

[331] *Id.* §4.04 cmt. e.

　W は、建設会社 P のクルー監督者であった。S は、W の事業場にお
ける P 社の統括監督者（General Supervisor）であり、W が P 社の被用
者に対し、安全でない仕事への就労を命じたり、P の安全ガイドライン
に違反した仕事への就労を命じているのを観察していた。S は、W によ
る権限の濫用を是正しなかった。ある晩酒場で、W は同僚労働者 E と
口論となった。数杯酒を飲んだ後、W は引き金を引いて E を射殺した。
　P 社は、E の違法な死について責任を負わない。射殺は W の雇用の
範囲内にないからである。たとえ、W がその職位に不適合であったせ
いで職場での事故が生じたという理由で、P 社の代理人である S に、W
の監督・契約維持につき過失があったと考えたとしても、その過失は、
W が同僚労働者を酒場で射殺するという危険を増加させたものとは認
められない[332]。

と説明をしている。同僚労働者のハラスメント行為が「雇用と関係する」範
囲は、日本法の感覚からすると[333]、少し狭いとの印象を受ける。まさに業
務上のトラブルから生じたハラスメントであっても、救済対象から外れる場
合があることになるからである。

（イ）第 4.05 条：安全配慮義務
　雇用法リステイトメントは、日本における安全配慮義務類似の規定として、

第 4.05 条　安全な環境を提供し危険を警告する使用者の義務

　労働者災害補償法規その他の法律により除外される場合を除き、使用
者は、以下各号のいずれかを怠ったことにより、被用者に与えた損害に

---

[332] Id. §4.04 cmt. e, illus. 3.

[333] 例えば、労災事案ではあるが、国・尼崎労基署長（園田競馬場）事件・大阪高判平成
24 年 12 月 25 日（労判 1079 号 98 頁）は、女性労働者が、男性労働者の多い職場におい
て、ある男性労働者からのストーカー的行動を受け、上司に苦情を申し立てたところ、
当該男性労働者から刺殺された事案において、「業務に内在するまたは随伴する危険が
現実化して発生したもの」と評価している。

> ついて、損害賠償責任を負う。
> （a）合理的にみて安全な職場（合理的にみて安全な設備を含む）を提供
> 　　すること。
> （b）被害を受けた被用者は知らないが、使用者が知っていたまたは知る
> 　　べきであった、危険な労働条件に伴うリスクを警告すること[334]。

との規定を設けている。条文の文言は、OSHA の規定と類似しているが、細部に違いもある。①過失が問題とならない点や、②本条のように「合理的な安全」に留まらず、「認識可能な危険が存在しない」ことを求める点は、OSHA の射程が本条のそれより広いといえるのに対し、③「死亡その他重大な身体的危険」以外の危険（例えば、軽傷をもたらすにすぎない危険）についても救済対象とし得る点では、本条の射程が OSHA のそれよりも広い[335]。

　問題となるのは、OSHA 違反の場合、自動的に本条（a）項または（b）項違反が成立するのか、である。仮に成立するとすれば、OSHA 違反の際の民事的救済が広く認められることになるが、成立を否定する立場も有力であり、結論は不明確である[336]。いずれにしても、ハラスメントに関する設例が設けられていないこともあり、同条がハラスメント規制において果たす役割は必ずしも明らかではない。

（ウ）小括

　以上、使用者の過失責任に対する損害賠償の可能性について検討してきた。改めて、その内容をまとめておこう。第 4.04 条の規定する過失責任は、使用者が、被用者の行為をどの程度知っていた（知るべきだった）かに大きく依存する。同僚被用者・部下によるハラスメント責任を追及する上で重要な規定であるが、必ずしもハラスメント全般に広く適用できるわけではない

---

[334] RESTATEMENT OF EMPLOYMENT LAW §4.05 (AM. LAW. INST. 2015).

[335] Bent, *supra* note 92 at 483.

[336] *Id.* at 484. その根拠は、OSHA 自身が、同法の規定により、コモンロー上の使用者及び被用者の権利、義務、または責任が、拡大したり、縮小したり、その他のいかなる形でも影響を受けない旨の訓示規定を設けている点に求められる。*See*, 29 U.S.C. §653（b）(4)（2018).

と思われる。第 4.05 条の規定する過失責任は、必ずしも適用範囲が明確ではない。過失責任の場合には精神的損害に対する損害賠償が否定されることも併せて考えれば、総じて、いずれの規定もハラスメントに対する救済としては脆弱なものに留まるといえる。

## （4）保護対象の範囲

### ア　保護される就労者の範囲

　前項（3）の規制内容は、いずれも被用者を対象とするものである。したがって、独立契約者には規制が及ばない[337]。雇用法リステイトメントは、①少なくとも部分的には使用者の利益のために活動し、②役務の受領について使用者が同意しており、③使用者が個人の役務提供の態様と手段をコントロールしている、という要素をすべて満たす場合、役務提供者を被用者と位置づけている[338]。また、ボランティアについても、リステイトメント第 1.02 条は、

> 個人が、物質的な誘引（material inducement）を提示されることなく、相手方（principal）に対して強制されない役務を提供した場合、当該個人はボランティアであって、被用者ではない[339]。

と規定し、保護の対象としていない。同条に付されたコメントによれば、訓練中の者や、求職者、就職志望者についても、「対価なく、あるいは将来の雇用についての明確な約束なく、労務を提供するインターンは、一般に、本リステイトメントにおける被用者ではない。同様に、卒業や特定の専門または技能の習得のための教育要件・訓練要件を満たすため、報酬のない役務を提供する学生も、被用者ではない[340]」とされる。

---

[337] 雇用法リステイトメントは、故意責任・過失責任のいずれの条項においても、独立契約者については一般不法行為法の規律によると規定している。RESTATEMENT OF EMPLOYMENT LAW §4.03 cmt. i & §4.04 cmt. g (AM. LAW. INST. 2015).
[338] Id. §1.01.
[339] Id. §1.02.
[340] Id. §1.02 cmt. g.

イ　第三者による加害

　第三者による加害からの保護について、リステイトメント第 4.05 条に付されたコメントは「合理的にみて安全な職場環境を被用者に提供すべく合理的な措置を講じるという使用者の義務には、第三者による危険な行為から職場における被用者を保護するために合理的措置を講じる義務も含まれる。使用者は、被用者を不必要な危険にさらすおそれがある、と知っているもしくは合理的に知るべき行為または環境をコントロールするべく、合理的な措置を講じなければならない [341]」と述べている。それゆえ、理論的には、身体的傷害をもたらすようなカスタマーハラスメントに対して本条を適用できる可能性はある。もっとも、同条が主として想定しているのは銀行強盗などの刑事的犯罪からの保護であり、第三者による非差別的ハラスメント全般に対し、真に同条を適用可能かどうか、必ずしも明らかではない。

## （5）紛争解決手続

　不法行為は、民事訴訟を通じて解決される。したがって、紛争解決手続は、一般の民事訴訟手続と同様である。詳細は、民事訴訟法の研究書を参照されたい [342]。

## （6）課題

　コモンローを通じたハラスメント規制は、訴訟の成功確率の低さと、カバーされる範囲の狭さに問題がある。使用者に対し故意責任を追及する場合、最も利用される不法行為類型は IIED となる。しかしこの類型について数多くの訴訟が提起される一方で、最終的に勝訴するものはごくわずかである [343]。また、個人の IIED の場合には、請求される損害賠償額が必ずしも高

---

[341] *Id.* §4.05 cmt. d.

[342] 浅香・前掲注 131) など。

[343] Amendola, *supra* note 286 at 119 n. 231. 5 年間において提起された解雇訴訟のうち、名誉毀損・IIED が主張された 71 件において、サマリ・ジャッジメントの段階で請求が棄却された訴訟が 45 件にものぼることを紹介している。*See*, Mark P. Gergen, *A Grudging Defense of the Role of the Collateral Torts in Wrongful Termination Litigation*, 74 TEX L. REV. 1963, 1728 (1996).

くなるとは限らず、これに伴い受任弁護士が得られる報酬も少額となるため、ハラスメント訴訟を弁護士が受任するインセンティブが働かない、という問題も指摘されている[344]。

　ハラスメントについて、不法行為が成立する範囲の狭さも問題である。故意責任を追及する場合には、同僚労働者や部下によるハラスメントを訴えることが困難であるし、上司によるハラスメントについても、「雇用の範囲」外の行為であるとして、使用者による積極的抗弁が容易に認められてしまう。過失責任を追及する場合でも、精神的損害のみの賠償を求めることができないという限界があり、被用者の選任・使用・監督についての使用者の責任が、さほど認められやすいわけでもない。

　総じて、コモンロー上の不法行為は、ハラスメント規制の「受け皿」としての機能を果たせていない。ハラスメントを規制する制定法規がない場合の最後の砦としては、あまりにも救済が脆弱と評価せざるを得ないからである。

# 5 ｜ おわりに

　以上、アメリカにおいては、ハラスメントに対し差別規制中心アプローチが採られていることを確認したうえで、個別の法令の内容を検討してきた。アメリカ法の規律が断片的であるために、記述がかなり細分化され、全体像をつかみにくい憾みが残る。そこで最後に、法令ごとにではなく個別のトピック（①ハラスメントの定義、②規制内容、③保護対象の範囲、④紛争解決手続、⑤対応の実績・救済、⑥法的課題、⑦備考事項）に着目して、全体の内容をまとめておこう。

## 1　ハラスメントの定義

　アメリカ法は、包括的なハラスメントの定義を持たない。一部の法令が、特定の言動をハラスメントと定義して、規制対象としているにすぎない。

---

[344] Lola, *supra* note 22 at 244.

　差別的ハラスメントの領域において中心となるのは、セクハラである。セクハラの定義の中心的要素は、「歓迎されない性的言動」であり、かつ、当該言動が、①雇用条件そのもの、あるいは雇用条件に影響を与えること（対価型）、または②敵対的就労環境を創出すること（環境型）、のいずれかを満たす必要がある。その他の差別的ハラスメントも、同様である。ただし、出身国を理由とするハラスメントの場合、定義の焦点は、敵対的就労環境の創出（その他、労務履行の妨害や雇用機会への悪影響）に当てられている。

　これに対し非差別的ハラスメントの領域においては、一部の州が包括的な定義を設けている。ハラスメント（虐待的行為）の定義の中心的要素は、①使用者や上司・同僚等が、②悪意に基づき、③原則として継続的に行う（ただし極めて悪質な言動は１度で該当する）、④敵対的・不愉快な言動、である。具体例として、悪口や侮辱、恫喝、恥をかかせることなどが挙げられている。ハラスメントが「使用者の業務上正当な利益」と無関係であることを要求する州もある（カリフォルニア州）が、要求しない州もある（ユタ州、テネシー州）。

## 2　規制内容

　アメリカ法は、包括的なハラスメント規制を持たない。複数の断片的な法令が、ハラスメントとなる行為の一部を、個別に規律するに留まる。

　差別的ハラスメントの領域においては、公民権法第７編（人種、肌の色、性、宗教、出身国）や、ADEA（年齢）、ADA（障害）、GINA（遺伝子情報）などが、保護属性を理由とするハラスメントを「差別」として禁じている。また、各種制定法は、法定の手続等の利用を理由とする使用者の報復的ハラスメントも禁じている。使用者は一定の要件下において、ハラスメントについての損害賠償責任を負うが、ハラスメント解決手続を整備すること等による免責の余地も認められている。具体的な禁止規定の要件や、証明責任の分配等は、法令ごとに異なる。

　非差別的ハラスメントの領域においては、連邦法及び州法がモザイク状に規制を及ぼしている。①連邦の安全衛生法規は、使用者に、危険のない雇用及び雇用場所を被用者に提供することを義務付けている。また、②州の労災

補償法規の一部は、ハラスメントによる身体的不調について、被用者への労災補償の対象としている。さらに、③一部の州が制定した特別法は、使用者に対し、ハラスメント防止のための研修実施を義務付けたり、ハラスメント防止規定を盛り込んだモデルポリシーの採用を推奨している。くわえて、④不法行為法は、厳しい要件のもとにではあるが、使用者が就労者の精神的苦痛を意図的に惹起した場合などに、使用者の不法行為責任を認めている。

## 3　保護対象の範囲

　保護対象の範囲も、法令ごとに異なる。アメリカ法のハラスメント規制が、個別の制定法によるモザイク状の規制であることの反映である。

　差別的ハラスメントの領域においては、①被用者に対する保護が中心であり、②労働契約が終了した者も被用者として保護される。③求職者や、訓練中の者も、明文で差別禁止の対象となっている。他方で、労働法による保護は「被用者」にしか及ばないことから、④独立契約者や、⑤純粋なボランティアは保護の対象から外れる。ただし、④・⑤の者であっても、就労の実態や、得ている報酬の性質に照らし、被用者と判断される場合には保護の対象となる。また、公民権法第 7 編、ADA、GINA は被用者数 15 名以上の企業、ADEA は被用者数 20 名以上の企業を対象としているため、各数値に満たない小規模使用者は適用除外となり、その下で働く就労者には保護が及ばない。さらに使用者は、被用者に対する第三者からの加害についても、損害賠償責任を負うことがある。

　非差別的ハラスメントの領域においても、「被用者」を中心的な保護対象とする点、及び独立契約者やボランティアは被用者とみなされる限りで保護される点において、差別的ハラスメントと同様である。被用者数 5 名以下の小規模使用者は、OSHA の適用こそ除外されないが、一部の州における労災補償法規や、州の特別制定法の適用を除外されることがある。さらに使用者は、不法行為法上、被用者に対する第三者からの加害についても、損害賠償責任を負う可能性がある。

## 4　紛争解決手続

　アメリカ法においては、ハラスメントについての紛争解決手続も、制定法ごとに異なっている。

　差別的ハラスメントの領域においては、全体として類似した手続が設けられている。すなわち、まず①行政機関（EEOC）が、ハラスメントの調査・調整を行う。②調整が不調に終わった場合には、行政機関自ら、または被害者が、使用者に対して民事訴訟を提起する。③仲裁付託条項がある場合には、裁判ではなく仲裁が利用されることもある。ただし仲裁は、ハラスメント加害者が、自身に対する懲戒に苦情を申し立てる場面で主として利用されており、また約半分の事案で懲戒処分が減免されている。

　非差別的ハラスメントの領域においては、手続が多様に分かれる。①行政にかかわるものとして、安全衛生法規に基づく連邦行政機関（OSHA）の臨検や、州の特別制定法に基づく州行政機関による調査等、あるいは労災補償法規に基づく給付などがある。また②司法にかかわるものとして、行政機関が使用者に研修を実施するよう訴訟を提起することや、ハラスメント被害者が不法行為に基づく損害賠償請求訴訟を提起することが挙げられる。

## 5　対応の実績・救済

　アメリカにおいて、職場でのハラスメント経験者は、約 4,860 万人と推計されている。ただし、経験者のうち、公式にハラスメントを報告する者は約2 割にとどまり、暗数が多いことが予想される。ハラスメント関連訴訟を提起した就労者の勝訴率は 1 割前後にとどまり、必ずしも十分な救済が得られていない。

　差別的ハラスメントの領域においては、2015 年の統計実績が参考になる。EEOC に申告されたハラスメントの申告数は 27,893 件であり、解決した申告数は 28,642 件である。被害者への支払総額は 1 億 2,550 万ドルとされる。民事救済としては、填補的損害賠償・懲罰的損害賠償（定額損害賠償）や弁護士費用の支払いに加え、ハラスメント行為の差止や現職復帰などが認められている。救済の内容は、比較的充実しているといえる。

　これに対して非差別的ハラスメントの領域においては、参考となる対応実績が見当たらない。救済のメニューも、差別的ハラスメントと比べると見劣りする。①安全衛生法規（OSHA）や、州の特別制定法は、ハラスメント被害者に私訴権を付与しておらず、民事的救済が排除されている。②各州の労災補償法規においても、排他的救済原則により、損害額を完全に回復するだけの給付を望むことはできない（州によっては、ハラスメントによる損害が労災補償の対象から外れることもある）。③不法行為に基づく民事救済においても、使用者の過失責任が問題となる場合、精神的苦痛のみの損害賠償を得られないほか、現職復帰の命令が原則として得られない、などの制約がある。

## 6　法的課題

　アメリカ法におけるハラスメント規制の最大の課題は、断片的な法令の寄せ集めにすぎず、ハラスメント抑止の実効性を欠いていることである。ハラスメントに対する差別規制中心アプローチの欠点が如実に表れており、包括的なハラスメント規制立法の制定が望まれる。

　差別的ハラスメントの領域においては、次のような課題がある。学説の批判によれば、①セクハラについて、使用者による積極的抗弁の免責があまりに広く認められている。使用者の実施するハラスメント防止研修の実効性は実証されておらず、形式的な研修の実施により使用者を免責することは、法の実質的潜脱につながりかねない。また、②差別的ハラスメントによる救済の範囲には、一定の限界がある。ハラスメントが「差別」に該当しない場合や、被害者が保護属性を持たない場合には、救済対象から外れてしまう。非差別的ハラスメントに対する救済が脆弱であることに照らすと、ハラスメントに対する事実上の泣き寝入りが生じている。

　非差別的ハラスメントの領域においても、次のような課題がある。①先述の通り、ハラスメントに対する救済が脆弱である。行政的監督を中心とする法令は、被用者に私訴権を認めていない。しかし、人員や予算規模に照らし、行政的監督によってハラスメントを防止・是正することはおよそ非現実的である。また、②労災補償給付は、ハラスメントにより生じた損害を完全

に回復するものではない。にもかかわらず、労災給付を受けた被害者は、排他的救済原則のもとで、さらなる民事訴訟を使用者に提起することができない。さらに、③不法行為に基づく損害賠償は成立要件が厳しい。特に頻繁に利用される「精神的苦痛の意図的惹起」において、ハラスメントが「極悪」な行為であること、ハラスメントの損害が「重大」であること、との要件を満たすことは困難である。また、故意責任を追及する場合には、ハラスメント全体の約4割を占める、同僚労働者や部下によるハラスメントを訴えることが困難であるとか、過失責任を追及する場合にも、精神的損害についての賠償を求めることができない、といった限界がある。

## 7　備　考

　以上にみた、ハラスメント規制におけるアメリカ法の不備は、随意雇用原則のために、いっそう増幅されている。ハラスメント被害者の約3割は、自身の配転や解雇により、ようやくハラスメントから解放されている。任意退職者も含めれば、5割超の就労者が、失職を余儀なくされている。

　また、アメリカ法においては、ILO190号条約において禁止対象に含まれたジェンダーハラスメントを、セクハラに包摂して対処している点が注目される。アメリカ法で主として利用されるのは民事法・差別禁止法であり、刑事法による規律は、ほとんど及んでいない。

**参考文献**

【邦語文献】
相澤美智子『雇用差別への法的挑戦──アメリカの経験・日本への示唆』（創文社、2012年）
秋葉丈志「Bostock v. Clayton County, 590 U.S. ＿＿, 140 S. Ct. 1731（2020）──性別による雇用差別を禁止する公民権法 Title VII は性的指向による差別も禁止対象とする」アメリカ法 2021－1号（2022年）138頁
浅香吉幹『アメリカ民事手続法〔第2版〕』（弘文堂、2008年）
荒木尚志「労働法の実効性と紛争解決システムの機能──集団的合意による法定基準の柔軟化とアメリカにおける雇用仲裁の機能の比較法的検討」金融研究36巻3号（2017年）
植田達「アメリカ・雇用法リステイトメントにおける労働者の忠実義務と在職中の競業・兼業に対する制限（一）・（二・完）」法学研究93巻2号（2020年）55頁、同3号

（2020 年）75 頁

大野友也「性的指向やトランスジェンダーであることに基づく差別が、公民権法第 7 編の禁止する『性別に基づく差別』とされた事例」鹿児島大学法学論集 55 巻 2 号（2021 年）57 頁

大和田敢太『職場のいじめと法規制』（日本評論社、2014 年）

國武英生『労働契約の基礎と法構造——労働契約と労働者概念をめぐる日英米比較法研究』（日本評論社、2019 年）

河野奈月「労働関係における個人情報の利用と保護（四）——米仏における採用をめぐる情報収集規制を中心に」法学協会雑誌 134 巻 3 号（2017 年）341 頁

品田充儀「『職場のいじめ』の定義と被害者救済——北米における労働安全衛生法と救済立法からの示唆」季刊労働法 233 号（2011 年）90 頁

地神亮佑「アメリカ法」『労災補償保険制度の比較法的研究——ドイツ・フランス・アメリカ・イギリス法の現状からみた日本法の位置と課題〔労働政策研究報告書 No. 205〕』（労働政策研究・研修機構、2020 年）

ジリアン・トーマス著・中窪裕也訳『雇用差別と闘うアメリカの女性たち——最高裁を動かした 10 の物語』（日本評論社、2020 年）

ヨシュア・ドレスラー著・星周一郎訳『アメリカ刑法』（レクシスネクシス・ジャパン、2008 年）

内藤忍「職場のハラスメントに関する法政策の実効性確保」季刊労働法 260 号（2018 年）42 頁

内藤忍「パワーハラスメント」土田道夫・山川隆一編『労働法の争点』（有斐閣、2014 年）

中窪裕也「『解雇の自由』雑感——アメリカ法からの眺め」中嶋士元也先生還暦記念論集『労働関係法の現代的展開』（信山社、2004 年）

中窪裕也『アメリカ労働法〔第 2 版〕』（弘文堂、2010 年）

中窪裕也「妊娠した女性労働者に対する業務転換措置の拒否と差別立証の枠組み」労働法律旬報 1852 号（2015 年）29 頁

中窪裕也「ハラスメント法制の歩みと課題」ジュリスト 1546 号（2020 年）26 頁

中窪裕也「タイトル・セブンにおける『性』差別の禁止と LGBT」ジュリスト 1551 号（2020 年）90 頁

長谷川珠子『障害者雇用と合理的配慮——日米の比較法研究』（日本評論社、2018 年）

樋口範雄『アメリカ不法行為法〔第 2 版〕』（弘文堂、2014 年）

日原雪恵「職場における『パワー・ハラスメント』に関する比較法的考察——カナダ法のハラスメント規制を素材に」東京大学法科大学院ローレビュー14 巻（2019 年）98 頁

藤木英雄訳『アメリカ法律協会　模範刑法典（1962 年）』（法務省刑事局、1964 年）

松岡千紘「セクシュアル・ハラスメント法理における『歓迎されないこと』概念の考察（一）（二・完）」阪大法学 68 巻 6 号（2019 年）1287 頁、同 69 巻 1 号（2019 年）41 頁

松岡千紘「性的指向及び性自認に基づく解雇が公民権法第 7 編で禁止される雇用における性差別であると判断された合衆国連邦最高裁判決」阪大法学 70 巻 5 号（2021 年）499 頁

柳澤武『雇用における年齢差別の法理』（成文堂、2006 年）

山﨑文夫『改訂版セクシュアル・ハラスメントの法理』（労働法令、2004 年）

山﨑文夫「各国ハラスメント法制と我が国の現状」日本労働研究雑誌 712 号（2019 年）64 頁

※本稿は、Bostock 事件連邦最高裁判決に関する文献を増補したほかは、2022 年 3 月 31 日刊行（2021 年 3 月脱稿）の『諸外国におけるハラスメントに係る法制』の原稿を原則としてそのまま踏襲している。前掲書脱稿・刊行後に公表された関連邦語文献として、以下のものがある。

・日原雪恵「諸外国におけるハラスメントへの法的アプローチ——セクシュアル・ハラスメント、『差別的ハラスメント』と『いじめ・精神的ハラスメント』の横断的検討（一）（二・完）」季刊労働法 278 号 103 頁、同 279 号 95 頁（2022 年）
・松岡千紘「アメリカ公民権法におけるセクシュアル・ハラスメントの男性被害者と性差別概念——具体的個人と「性別」の関係に関する一考察（一）（二・完）」阪大法学 70 巻 6 号 1431 頁、同 71 巻 1 号 67 頁（2021 年）
・松岡千紘「環境型セクシュアル・ハラスメント規制と表現の自由の関係に関する一考察——合衆国における判例・学説を素材として」阪大法学 73 巻 1 号（2023 年）176 頁
・馮雪「職場でのセクハラの判断基準及び使用者責任について——中・日・米の裁判例と比較して」北大法政ジャーナル 28 号（2021 年）117 頁

【外国語文献】

AMERICAN LAW INSTITUTE, RESTATEMENT OF EMPLOYMENT LAW（2015）

BLACK'S LAW DICTIONARY（10th ed., 2014）

Marina Sorkina Amendola, *Intentional Infliction of Emotional Distress: A Workplace Perspective*, 43 VT. L. REV. 93（2018）

Jason R. Bent, *Searching for Common Law Amid the Statutes: A Report on the Restatement of Employment Law, Chapter 4（Section 4.03, 4.04, and 4.05）*, 21 EMP. RTS. & EMP. POL'Y J. 459（2017）

Benedetta Faedi Duramy, *#Me Too and the Pursuit of Women's International Human Rights*, 54 U. S. F. L. REV. 215, 216（2020）．

CHAI R. FELDBLUM & VICTORIA A. LIPNIC, EEOC, REPORT OF THE CO-CHAIRS OF THE SELECT TASK FORCE ON THE STUDY OF HARASSMENT IN THE WORKPLACE（June 2016）, https://www.eeoc.gov/select-task-force-study-harassment-workplace（last visited on Feb. 16, 2021）

Avlana K. Eisenberg, *Criminal Infliction of Emotional Distress*, 113 MICH. L. REV. 60（2015）

Stacy A. Hickox & Michelle Kaminski, *Measuring Arbitration's Effectiveness in Addressing Workplace Harassment*, 36 HOFSTRA LAB. & EMP. L. J. 293（2019）

E. Christine Reyes Lola, *Low-Wage Workers and Bullying in the Workplace: How Current Workplace Harassment Law Makes the Most Vulnerable Invisible*, 14 HASTINGS RACE & POVERTY L. J. 231（2017）

Pamela Lutgen-Sandvik, et al., *Burned by Bullying in the American Workplace: Prevalence, Perception, Degree and Impact*, 44 J. MGMT. STUD. 837（2007）

William Marty Martin, et al., *What Legal Protections Do Victims of Bullies in the Workplace Have?*, 14 J. WORKPLACE RTS., 143（2009）

Ricky E. Richardson, et al., *Workplace Bullying in the United States: An Analysis of State Courts Cases*, 3 COGENT BUS. & MGMT.,（2016）https://doi.org/10.1080/23311975.2016.1256594（last visited on Mar. 1, 2021）

Mitchell H. Rubinstein, *Our Nation's Forgotten Workers: The Unprotected Volunteers*, 9 U. PA. J. LAB. & EMP. L. 147（2006）

Kindaka J. Sanders, *Defending the Spirit: The Right to Self-Defense against Psychological Assault*,

19 Nev. L. J. 227（2018）

JoAnna Suriani, *"Reasonable Care to Prevent and Correct": Examining the Role of Training in Workplace Harassment Law*, 21 N. Y. U. J. Legis. & Pub. Pol'y 801（2018）

Kanami TSUNO, et al., *Measuring Workplace Bullying: Reliability and Validity of Japanese Version of the Negative Acts Questionnaire*, 52 J. Occpu. Health, 216（2010）

Workplace Bullying Institute, 2017 Wbi U.s. Workplace Bullying Survey（2017）, https://workplacebullying.org/download/2017-wbi/（last visited on Feb. 17, 2021）

Workplace Bullying Institute, 2021 Wbi U.s. Workplace Bullying Survey（2021）, https://workplacebullying.org/wp-content/uploads/2021/04/2021-Full-Report.pdf（last visited on May. 18, 2021）

David Yamada, *Workplace Bullying and the Law: A Report from the United States, in* Jil-pt, Jilpt Report No. 12, Workplace Bullying and Harasment（2013）https://www.jil.go.jp/english/reports/documents/jilpt-reports/no.12.pdf（last visited on Feb. 16, 2021）

David Yamada, *Workplace Bullying and the Law: U.S. Legislative Developments 2013-2015*, 19 Emp. Rts. & Emp. Pol'y J. 49（2015）.

# 3 章　ドイツ

原　俊之

# 1 | はじめに

　本章はセクハラおよびパワハラを中心に、ドイツにおけるハラスメント対策のための法状況の沿革と概要を素描する。

　2012 年、ドイツのニュース週刊誌「Der Spiegel」において「MOBBING/Der Feind in meinem Büro」（いじめ／私のオフィスの中の敵）と銘打った特集記事が組まれ、各職場での深刻な実態が紹介されている[1]。これによると、ドイツの職場で Mobbing の被害に遭った人の数は 180 万人におよび、自殺原因の 20％は Mobbing であるとされている。また、Mobbing によって生じたドイツ企業が被る損失は、23 億ユーロに達するという。同記事では、職場のいじめは「心理テロ（Psychoterror）」や従業員間の「戦争（Krieg）」などという言葉で表現され、単なる個人的なトラブルにとどまらず、国を挙げて取り組まなければならない社会病理であることがうかがわれる。同国におけるモビングの深刻な受け止め方は、今日もなお変わっていない。

　ドイツ語でパワハラないしいじめを意味するモビング（Mobbing）という言葉は、その語源（後述）からすると複数の人間による粗暴で騒々しい印象を与えるものであるが、実際にドイツがその対象として取り組んだのは、人間の精神を静かに確実に蝕んでゆく遠回しな嫌がらせ行為の総体であった。それゆえにこれまでの法規範では的確な対処をするのが容易ではなく、検証するほどにドイツの専門家らの忸怩たる思いが伝ってくる。本当に深刻な問題は目に映りづらく、それゆえ従来型の法規範とは別途の視点を以って対処する必要性が示唆される。他方、セクハラについてはモビングに先んじて立

---

[1] Der Spiegel,16/2012.

法化がなされ、男女の尊厳の保護や差別禁止の文脈の中で、比較的分かり易い法制度が整備されている。とはいえ、セクハラに関しても裁判規範のみならず、現場や当事者による取り組みの重要性を看過してはならないと思われる。

## 2 | 職場におけるいじめ・嫌がらせ ——モビング（Mobbing）

### 1 概 念

#### （1）語源と沿革

ア ハインツ・レイマン（Heinz Leymann）による定義

　ドイツ語で「パワハラ」ないし「いじめ」を意味するモビング（Mobbing）という単語は、ドイツ語古来の言葉ではなく、英語の "to mob"、すなわち「野卑な言葉を吐く」、「襲う」、「攻撃する」などといった意味の動詞から借用したものである。さらにその起源を遡ると、"mobile vulgus"、すなわち「移り気な大衆」あるいは「扇動された群衆」という意味のラテン語にたどり着く。当初モビングは、動物行動学において、力の劣る弱い生物が、群れを成して強敵を撃退する際の集団行動を表す用語としても用いられ、またスウェーデンの医師・ハイネマン（Peter-Paul Heinemann）は、学校における子供同士のいじめを表す際に用いている。そして、スウェーデンの労働科学の分野において、心理学者であり産業医でもあるレイマン（Heinz Leymann）が、職場における成人同士の関係においても同様の現象が見出されると指摘した。レイマンによると、労働者の精神的な不快感は、個人の性格的な原因ではなく、職場環境そのものにその原因が見出されることがしばしばであるとされ、その研究成果の一つとして 1993 年にドイツで出版されたのが「Mobbing. Psychoterror am Arbeitsplatz und wie man sich dagegen wehren kann」（モビング——職場における精神テロにどう立ち向かえるか）であり、これ

---

[2] Vgl.Wolmerath, Mobbing: Rechtshandbuch für die Praxis, 3. Auf. S.21.

がドイツにおいてモビングが認識される契機となったものである[2]。

　レイマンはモビングを以下のように捉えている。すなわち、「モビングとは、職場における同僚同士または上司と部下との間の、軋轢による負担を生じさせるコミュニケーションであり、その際に被害者は劣位に置かれ、(1)一人または複数の人間によってシステマティック(systematisch)に行われ、(2)しばしば長期間におよび、(3)労働関係からの排除という効果または目的を伴い、(4)直接的または間接的に行われ、なおかつ差別的であると感じられるものをいう」[3]。前述のように、ラテン語や動物行動学における用法においては、集団的な攻撃・行動というニュアンスが含まれていたが、レイマンは必ずしもこれにこだわらず、むしろ「システマティック」と「長期間」に比重を置いている。後述のように，このスタンスが後のドイツ判例の解釈に重大な影響をもたらし、またドイツにおけるモビング論争を複雑化させる要因となっている。

イ　ドイツ労働法における議論の契機

　モビングを法的議論の俎上にのせる契機となったのは、労働法学者であるドイブラー(Wolfgang Däubler)の論文「Mobbing und Arbeitsrecht」(モビングと労働法)である[4]。ドイブラーは同論文のなかで、この問題がそれまで省みられることのなかった理由について、モビングという現象を研究対象として確定し、その合法・違法の線引きをすることの難しさにあったと指摘する。すなわち、法というものは伝統的に、例えば交通事故であれ売買契約であれ、一度きりの個々の行動を検討対象とし、それ以前のいきさつはあまり問題とはされず、また長期間にわたる社会的関係を評価するのは困難であるということであった。しかしながら、かかる困難ゆえに法的検討がなおざりにされるべきではないとするドイブラーは、以下のような架空の事例を設定して検証を試みる。

---

[3] Leymann [Hrsg.], Der neue Mobbing-Bericht, 1995, S.18.

[4] Däubler, Mobbing und Arbeitsrecht BB 1995, S.1347.

　ある職場において、従業員Xにつき、地区裁判所にてわいせつ行為に
よって処罰されたという噂が広まった。同じ部署に配属された6名の同
僚らは、Xをまるで空気のように扱って無視した。彼の上司は「無理難
題」を頻繁に押し付けるようになり、Xがこれを上手くこなせないと、
ただ首を横に振って応えるばかりだった。Xが社員食堂に向かうと、誰
も彼の隣に座ろうとせず、Xが他の席に移動すれば彼らもまた別な席に
離れて座ろうとした。6ヶ月を経たとき、Xは抑うつ状態及び精神障害
の診断を受けた。医者のすすめに従って、Xは労働関係を解約し辞職し
た。「加害者」および使用者に対して、彼はどのような法的措置がとれ
るだろうか？

　このような事案に適用され得る法規定として、ドイブラーは以下の3点を
挙げる。第一に、上司及び同僚らの加害責任につき、不法行為に基づく賠償
責任を規定したドイツ民法（Bürgerliches Gesetzbuch、以下「BGB」）823条
1項である。同条項は、「故意又は過失によって他人の生命、身体、健康、
自由、財産またはその他の権利を違法に侵害した者は、これによって生じた
損害を補償する義務を負う」と定め、わが国の民法709条に相当する規定で
ある。第二に、モビングに対する使用者の不作為責任を問責するBGB280
条（債務不履行責任）である。使用者は労働契約上労働者に対し、賃金支払
義務のほか様々な付随義務を負っており、ドイブラーは事業所組織法
（Betriebsverfassungsgesetz、以下「BetrVG」）75条2項に規定された原則もま
た、この付随義務の中に数えられるとする。これによると使用者は、「当該
事業所で就労する労働者の自由な人格発展を保護し促進」しなければなら
ず、これに反して改善が可能であるにもかかわらず、非人間的な労働環境を
放置した場合、使用者には損害賠償義務が生じるとする。第三にBGB278
条に基づく履行補助者の過失に関する債務者の責任である。同条は「債務者
は、その代理人及び自己の債務の履行のために使用する者の過失につき、自
己の過失の場合と同様の範囲でその責を負う」と規定しているが、ここでい
う債務者とは前述の労働契約上の付随義務を負う使用者を指す。この条文に
よって、例えばモビングを放置するなどした所属長の不作為等につき会社

（使用者）を問責することが可能となる。

　このように、ドイブラーは民法の規定を用いて加害者の加害責任および使
用者・履行補助者の不作為責任を追及する可能性を提唱し、後の判例に相応
の影響を及ぼした。他方、特に不法行為責任については、行為と損害との因
果関係の立証が困難であるとの問題点を指摘しているが、実はこれがモビン
グの概念・定義の特徴と相まって、ドイツの困難な現状の主たる要因の一つ
となる（後述）。

## (2) 学説による定義

　モビングとは何かについて、多様な分野の論者がそれぞれの立場から定義
付けを試みているが、ここではドイツ労働法学におけるモビング研究の第一
人者であるヴォルメラート（Martin Wolmerath）の定義を挙げる。ヴォルメ
ラートによると、

> 「*Mobbing とは、労働の世界（Arbeitswelt）におけるプロセスとしての*
> *出来事（Geschehensprozess）であり、様々な態様による破壊的な行動が*
> *繰り返され、個々人に対して長期間にわたって行われ、被害者がこれを*
> *人格の毀損や侵害であると感じるもの。*
> *および、*
> *原則として被害者に対して絶え間なく継続し、その結果精神状態や健康*
> *が次第に侵害され、職場における孤立化や排除が進み、これに対して納*
> *得のゆく解決のチャンスがなくなり、通常はそれまでの職業上の活動範*
> *囲を喪失する結末に終わるもの。」*

とされている[5]。ポイントは、(1) プロセスとしての出来事（Geschehensprozess）、
(2) 数多くの様々な行動（Vielzahl unterschiedlicher Handlungen）、(3) 長期
間にわたる行動（Hadlungen über einen längeren Zeitraum）、(4) 行動の破壊的
性質（Destruktivität der Handlungen）、(5) 標的となる者の被害者的立場

---

[5] Esser/Wolmerath, Mobbing und psychische Gewalt, 9. Auf., 2015, S.27.

（Betroffenheit des Adressaten)、(6) 被害者の排除 − 職業上の活動範囲の喪失
（Ausgrenzung des Betroffenen − Verlust des beruflichen Wirkbereichs）であり、特
に（1)～(3）の特徴を総合すると、一個一個の行動というよりも、長期間に
わたる複数の行動の総体を一つのモビングと捉える視点が窺われ、前述のレ
イマンの定義やドイブラーの提言からの影響を見て取ることができる。

## （3）判例・明文規定における定義
ア　判例
　（ア）連邦労働裁判所 1997 年判決
（以下「BAG97 年判決」と略称。なお、連邦労働裁判所（Bundesarbeitsgericht)
は BAG と略称する)⁶

【概要】　申請人労働組合Ｘが被申請人Ｙ社を相手取り、Ｙ社の事業場の従
業員代表委員会が、Ｘ主催のモビングに関する研修会に参加した際の費用を
弁済するよう請求。ドイツの事業所組織法（Betriebsvervassungsgesetz) 40 条
1 項は、従業員代表委員会の活動に必要な知識を提供する研修であるかぎ
り、その費用は使用者が負担する旨規定しているところ、組合主催のモビン
グに関する啓発のための研修会が、同委員会の活動に必要なものであったか
否かが争点となった。ここでは判旨のうちモビングの定義付けに関する部分
のみ取り上げる。

　　　　「*Mobbing* とは「*労働者相互のまたは上司による、システマティック*
　　　　*（systematisch）な敵対行為、嫌がらせまたは差別*」*であり、その原因は*
　　　　*個々の労働者または労働者集団の過大ないし過小な要求（Über − oder*
　　　　*Unterforderung）もしくは労働組織や上司の行動にある。*」

　この事件はモビングの被害者が加害行為を問責した事案ではなく、モビン
グの定義も判決中の傍論に過ぎない。しかし、レイマンがこだわりを見せた
「システマティック（systematisch)」という特徴を含むものであり、この特

---

⁶ BAG 15.1.1997-7 ABR 14/96 BAGE85, 56.

徴の意義は後の判例で明らかとなる。

（イ）テューリンゲン州労働裁判所 2001 年判決
（以下「410 判決」と略称）[7]

【概要】　80 名以上の部下を統率する貯蓄銀行の支店部門長として勤務していた従業員 X が、担保差押を統括する部署の担当官（賃金等級にして従来のポストよりも 6 段階低い）への配置転換を命じられたところ、仮処分申請によってその効力を争った事案である。X は 1991 年に貯蓄銀行である Y 社に入社して以来、同社の組織構築に対し相応の貢献を果たし、1999 年までの間、Y 社における X の功績は「模範的」であると評されてきた。2000 年初頭、Y 社の組織改革に伴う役員の交代があってのち、人事担当役員が一部匿名の情報に基づき、X に対して同僚や顧客から苦情が寄せられ、そのため X には指導的地位はふさわしくなく、現在よりも下位のポストでの就労が求められる旨非難し、職務の変更を要請した。X がこれを拒否すると、人事担当役員は即時に X の役職を解任し、顧客や同僚との会話を禁止した。その後、Y 社は X に対し、意味のない職務あるいは解決不能な職務を割り当て、同僚たちの笑いものにし、しまいには 1 日に複数回の警告処分を発するなど、過剰な処分を行い、その結果 X は睡眠障害、腹痛、うつなどを理由とする就労不能により、精神科の診察を受けることを余儀なくされたとする。

モビングの概念について、判旨は以下のように指摘する（※番号は筆者による）。

①「労働法的な見地におけるモビングの概念に含まれるのは、敵視、嫌がらせ、あるいは差別を目的とした、支配的地位を利用した継続した積極的な行為であって、通常その態様・経過からして法的に正当性のない目的を増進させ、少なくとも全体として被害者の一般的人格権その他名誉、健康といった保護法益を侵害するものである。」

②「モビングという概念が特徴付ける事実関係の法的な意義は、一つ一

---

[7] LAG Thüringen 10.4.2001-5 Sa 403/00 AuR 2001, 274.

*つの行為を個別に検討した場合に各種請求権等の要件をまったく充た*
*さず、あるいは当該事案において不十分な範囲でしか充たさないよう*
*な一連の行動に、法の適用を可能ならしめるところにある。（中略）*
*労働法的見地からモビングの存在を肯定するのに必要なシステマ*
*ティック（systematisch）な敵対行為、嫌がらせ、差別が存在するか*
*否かは、常に個々の事案における諸般の事情を検討して判断しなけれ*
*ばならない。（中略）システマティックな行動とは、被害者の権利を*
*侵害する諸々の行動の間に関連性が存在しなくてはならないというこ*
*とを意味している。このような関連性の存在は、時間的な経過から推*
*定されるだけではなく、通常は（加害者の）一貫した目的意識もその*
*必要条件とされる。」*

　この判決によってモビングの定義における「システマティック」の意味が
明らかにされたと言える。職場のいじめ・嫌がらせの態様は千差万別であ
り、暴力行為に及ぶようなすさまじいものもある一方、挨拶の無視、通りす
がりに顔をそむける、あるいは社員食堂などにおいて当人をあからさまに避
けるといった、ある意味より陰湿な態様となることもある。特に後者の場合
については、それら一つ一つの行動は、例えば不法行為のような「請求権等
の要件をまったく充たさず、あるいは……不十分な範囲でしか充たさない」。
ところが、そういった一連の行動が、例えば当人を職場から追放する目的
で、あるいは正当な権利主張や要求に対する報復目的など、「加害者の一貫
した目的意識」のもとになされたような場合には、「被害者の権利を侵害す
る諸々の行動の間に関連性」が見出されることになり、そのように考えれば
それら全体を一個のシステマティックな行動として、「法の適用を可能なら
しめる」ということである。よって、「継続した」行為が「全体として」被
害者の法益を害するケースを不法行為その他の法規定の俎上にのせるべく、
モビングの概念が必要となってくるわけである[8]。

---

[8] LAG Thüringen 10.6.2004-1 Sa 148/01. は、「systematisch」こそがその本質的な要素である
　として、継続したシステマティックな行為という実質を欠く行為はモビングではないと
　評価する。

（ウ）連邦労働裁判所 2007 年 10 月 25 日判決

（以下「BAG07 年判決」と略称）[9]

【概要】　Xは 1987 年 8 月以降、Yが経営する病院において神経外科医として勤務し、1990 年末に医長に、また 1992 年には神経外科の総医長に昇進した。2001 年に、当時の病院長であったT医師が退職した後、Xは病院長のポストに志願したもののこれを果たすことはできず、外部から病院長職に応募したH医師がそのポストに就任することとなった。2002 年 5 月ころからXは、H医師から様々な嫌がらせを受けていると感じるようになった。Xの申立てに基づき、Yの病院の事務局長がX・H両名と話し合いを持ち、また他の医師や職員らにも事情聴取をしたほか、外部機関による紛争解決手続も利用されたが、両者が和解するには至らなかった。2003 年 11 月、Xは精神疾患のため就労不能となり、翌 2004 年 7 月に就労を再開したものの、同年 10 月には再び疾患のため就労ができなくなった。XはYに対し、慰謝料の支払いなどを求めて提訴した。

　モビングの概念につき、判旨は以下のように指摘した。

　　「原審が「モビング」は法概念ではなく、使用者、上司および他の同僚に対する労働者の請求権の根拠となるものではない、と解したことは相当である。「モビング」は一法規範のような独自の法的根拠として問題になるものではないため、労働者が具体的な請求をなす際には、結局のところ「モビング」なる概念の一般的な定義は不要となる。そして、その都度検討されなくてはならないのは、請求の相手方が、原告主張の行為によって、労働法上の義務、BGB823 条 1 項にいう労働者の権利、同条 2 項にいう保護法規を侵害しているか否か、また 826 条にいう故意による良俗違反の損害を生じさせたか否か、ということである。このような関連で考慮されるのは、労働者によって立証された同僚、上司または使用者の個別の行動それ自体を一つ一つ別個に検討しても違法にはならないが、それぞれの行為を全体的な観点から検討すれば、その根底にあ

---

[9] BAG 25.10.2007-8 AZR 593/06.

*るシステマティック性および目的によって、全体として保護さるべき労*
*働者の権利の侵害に及ぶがゆえに、契約違反または権利侵害になるよう*
*な事実が存在するということである。」*

　この判決の特徴は、モビングは法概念ではなく、したがって何らかの法的
請求権の根拠にもならないことを明確にしつつ、BAG97 年判決および 410
判決がこだわったシステマティックの意味を BAG が初めて明らかにした点
にある。すなわち、一つ一つ別個に検討した場合、法的に何らの効果も生じ
ない一連の行為を、全体的に被害者の法益を侵害する一個のシステマティッ
クな行為ととらえ、一定の法的効果を生じさせることに主眼を置くというも
のである。言い換えれば、複数の行為を全体として一個の行為として法的検
討の俎上にのせ、本来なら法の適用対象から漏れる行為を可視化する作業を
可能ならしめるための概念といえる。


イ　明文規定
　ドイツの現行法にはモビングに関する定義規定は存在しない。関連規定と
しては、一般的平等取扱法（Allgemeines Gleichbehandlungsgesetz、以下
「AGG」）が挙げられる。
　4 つの EU 指針の国内法化により、2006 年 8 月 18 日に施行された AGG は、
人種（Rasse）、民族的背景（Ethnische Herkunft）、性別（Geschlecht）、宗教
（Religion）、世界観（Weltanschauung）、障害（Behinderung）、年齢（Alter）、
性的指向（Sexuelle Identität）を理由とする不利益取扱いの防止・排除を目
的とし（1 条。これら 8 つの差別禁止事由を「1 条事由」と総称）、その適用
範囲は雇用の分野を中心に、社会保障、社会福祉、教育および住宅を含む公
共サービスなど広範囲におよぶ（2 条 1 項）。3 条には「不利益取扱い」の定
義規定が置かれ、これによると、いわゆる「直接差別」（1 項）だけではな
く「間接差別」（2 項）も含まれ、さらには 1 条事由と関連した嫌がらせ
（Belästigung）（3 項）やセクシュアル・ハラスメント（Sexuelle Belästigung）
（4 項）も不利益取扱いとして評価される。12 条では 1 条事由に基づく不利
益取扱いからの保護のために必要な措置を講じる義務などが使用者に課され

（予防措置も含む）、不利益取扱い禁止規定に反した場合、使用者はこれによって生じた損害を賠償する義務を負い（15 条 1 項）、これには非財産的損害も含まれる（同 2 項）。加害者（不利益取扱いを行った者）を名宛人として損害賠償請求を認める条文もあり（21 条 2 項）、これに加えて不利益取扱いの排除を求めることもできる（21 条 1 項）。また、被用者は雇用関係に関連して使用者、上司、他の被用者または第三者によって第 1 条事由に基づく不利益取扱いを受けたと認識した場合、勤務場所などの担当部署に苦情を申し立てる権利が認められるほか（13 条 1 項）、使用者が職場での嫌がらせやセクシュアル・ハラスメントを防止する措置を行わない（あるいは不適切にしか行わない）場合、被用者には保護に必要な範囲で賃金請求権を喪失することなく労務提供を拒絶する権利が認められている（14 条）。そして、訴訟となった場合、一方当事者が 1 条事由による不利益取扱いを推定させる間接証拠を立証した場合、相手方は違反の不存在について証明責任を負うとして、立証責任の配分も図られている（22 条）。

　AGG3 条 3 項は「嫌がらせ」について、以下のように定義する。

　　*3 条 3 項　嫌がらせは、1 条事由に関連する望まれない行為態様が、当事者の尊厳を害し、威圧、敵視、恥辱、侮蔑または侮辱によって特徴付けられる環境を生み出すことを目的とし、またはそのような結果をもたらす場合には、（本法にいう）不利益取扱いに該当する。*

　BAG07 年判決は、この定義とモビングの関連性について以下のように指定している。

　　*「この「嫌がらせ」という概念定義によって、立法者は結局のところ、嫌がらせの原因が人種、民族的背景、性別、宗教、世界観、障害、年齢、性的指向にある限りにおいて、「モビング」の概念をも定めたものといえる。（中略）AGG3 条 3 項に規定された「モビング」の概念は、1 条事由に基づく不利益取扱いに関連するに過ぎないものであるが、いかなる理由に基づくものであれ、労働者の不利益取扱いの事案に準用する*

*ことができる。この規定は特に、「モビング」が存在するか否かを評価
するために、個々の「望まれない」行為の全体が原則として問題となっ
ていることを示している。*

*（中略）*

*環境は、通常一回きりではなく、継続的な行為によって生み出され
る。これによって、一定の環境をシステマティックに生み出してゆくプ
ロセスに類する、全ての行動や行為態様が検討の対象となる。（中略）
労働者の権利侵害のうち「モビング」と称される形態の本質的なメルク
マールは、数多くの個別的行為から構成されるシステマティックな侵害
行為であって、その際に一つ一つの行為を別個に検討した場合、法的に
は何らの意味もないことがしばしばである。AGG3条3項の法規定は、
内容的にも当裁判所が用いた「モビング」の概念に実質上合致する。」*

　前述のヴォルメラートはこの判決に肯定的な評価を加え、Mobbing 対策と
しての AGG の活用を提唱する。ヴォルメラートは同判決の解釈をもって、
全てのモビングの事案に対し、AGG の規定全体の適用を可能ならしめる途
を開いたとする。すなわち、あるモビングが少なくとも 1 条事由のいずれか
を理由とするものである場合には AGG の規定が当然に直接適用され、そう
でない場合であっても、AGG の規定を類推適用することが可能である[10]。
あらゆるモビングが AGG にいう「不利益取扱い」に該当して直接ないし類
推適用ができるのであれば、特に同法のうち、不利益取扱いから保護すべく
予防措置も含む必要な措置を講じる使用者の義務を定めた 12 条 1 項が重要
な機能を発揮するほか、労働者が不利益取扱いを受けたと認識した場合の苦
情申立の権利に関する 13 条 1 項もまた、事業場内でモビングほか様々な精
神的負担に対する対策を講じさせる契機を提供しうるとする[11]。

---

[10] Esser/Wolmerath, Mobbing und psychische Gewalt, 8. Auf., 2011, S.208ff.

[11] Wolmerath, Mobbing und Allgemeines Gleichbehandlungsgesetz, in: Wolmerath/Esser[Hrsg.],
Werkbuch Mobbing – Offensive Methoden gegen psychische Gewalt am Arbeitsplatz, 2012,
S.301.

## 2　実体法による規制（主に民事裁判で争点となる労働関係上の措置と法的根拠）

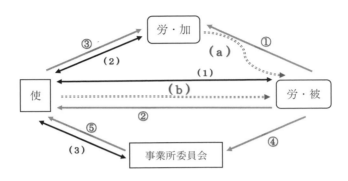

## （1）前提となる法律関係

　モビングの当事者・関係者の法的関係は上図のようになる。まず、（1）被害者たる労働者と使用者の間に労働契約関係が、また（2）上司や同僚など加害者たる労働者と使用者の関係も同様である。そして、（3）使用者と事業所委員会（Betriebsrat）との間に事業所協定および共同決定等の関係が存在する。ドイツでは事業所組織法（Betriebsverfassungsgesetz、以下「BetrVG」）に基づき、従業員代表選挙資格を有する労働者が常時 5 人以上雇用されている場合、労働者数に応じた数の従業員代表委員が、当該事業所の労働者らよって選出され、事業所委員会を構成する。使用者と事業所委員会は、少なくとも毎月 1 回定期的に協議し、当事者間で争いのある事項に関しては合意形成の誠意をもって交渉し、意見の対立を解決するために積極的な提案を行わなければならないとされている（BetrVG 74 条 1 項）。この他、労働組合の結成・加入関係および労災保険関係等は割愛する。このような法的関係において、（a）は他の労働者からの、（b）は使用者からの加害行為が行われたことを示す。これに対して、被害者たる労働者が加害者または使用者を名宛人として損害賠償請求ほか種々の権利を行使することができ（図中①・②の矢印）、使用者は被害者保護のため加害者に対して警告、配転、解雇など労働契約上の措置を講ずる場合もある（矢印③）。また、被害者は事業所委

員会に苦情申立て等を行うこともでき（矢印④）、事業所委員会は使用者に対して法所定の請求を行うことができる（矢印⑤）。

## （2）加害行為に対して可能な法的措置

### ア　加害者に対する措置

　市民社会における加害行為と同様、加害者に対して不法行為に基づく損害賠償（BGB823 条 1 項）、故意による良俗違反（sittenwidrig）行為に基づく損害賠償（BGB826 条）などの規定を援用することができる。BGB においては、非物質的損害に対する慰謝料請求が可能である（BGB253 条）。また、物権的請求権（妨害排除請求権）に関する規定である BGB1004 条を援用し、モビングの不作為請求または名誉棄損的表現の撤回を請求できる可能性もある[12]。

　以上のほか、前述のとおり AGG21 条は加害者に対する損害賠償請求に関する規定を設け、これによると、加害者（不利益取扱いを行った者）は違反につき帰責性がないことを証明できない限り、被害者に対して非財産的損害も含め損害賠償責任を負う（21 条 2 項）。また、同条は 1 項において不利益取扱いの排除を請求する被害者の権利を定めている。

### イ　使用者に対する措置 1：損害賠償請求

　使用者自身による加害行為の場合は、不法行為に基づく損害賠償請求等（ア）で示したのと同様である。同時に、他の労働者の加害行為による場合であっても、使用者が民事上の責任を問われる場合がある。労働契約は労務提供と賃金の支払を基本的義務とする一方、当事者は状況や事柄に応じて種々の付随義務を負う。使用者が負うべき付随義務のうち、安全配慮義務のように明文化されているものもあるが[13]、多くは信義則（BGB242 条）から

---

[12] 数こそ少ないが、ArbG Bamberg, Kammer Coburg 16.6.1999 3 Ca 1312/98 C. のように、「名誉毀損的な価値判断の表明や真実に反する主張によって将来も脅かされる危険性がある場合には、それが繰り返される危険がある場合に限って、民法 1004 条 1 項 2 文を類推適用し、被害者は不作為請求することができる」として、被害者に対する非難を全同僚に対して撤回すること、および一定行為の不作為を、違反に対する罰則付きで加害者に宣告した事案がある。

抽出され事案に応じてその内容が具体化される。そして、付随義務も労働契約上の義務である以上、かかる義務を怠ったことによって生じた損害につき債務不履行責任（BGB280 条）に基づく賠償責任を負う。

　モビングに対する使用者の義務に関しては、早くからニーダーザクセン州労働裁判所の 2000 年 5 月 3 日判決[14]が「使用者は、配慮義務の範囲内において、労働者の福祉（健康）その他正当な利益に配慮しなければならず、精神的な健康被害からも労働者を保護しなければならないところ、同僚または上司による意図的な敵対行為および嫌がらせや差別的言動からの保護もまたこれに含まれる」として、モビングからの労働者保護も使用者の配慮義務の一環であると位置付けたほか、410 判決がほぼ同時期に以下のように指摘している。

　　　　*「使用者は、自己の企業で就労する労働者の一般的人格権（das allgemeine
　　　　Persönlichkeit）につき、自ら労働者の人格や自由に介入してこれを侵害
　　　　してはならないことはもとより、労働者に対して影響力を有する同僚や
　　　　第三者による嫌がらせからも労働者を保護する義務を負う。使用者は人
　　　　間らしい職場を提供しなければならず、労働者の人格発展を促進しなけ
　　　　ればならない。かかる義務の遵守をはかるべく、使用者は自ら侵害行為
　　　　を行い、あるいはこれを指示した場合だけでなく、労働者の人格権侵害
　　　　を除去する措置を講じることなく、またそのような事業所の編成を怠っ
　　　　た場合においても、加害者として提訴されると解するのを相当とする。」*

　一般論として使用者が労働者の人格権を保護する義務を負うことについては BAG も是認し[15]、BAG2007 年 5 月 16 日判決もこれを踏襲する。同事件は、機械工学の専門家で実験技師として勤務していた原告が、上司から無

---

[13] BGB 618 条 1 項は「労務指揮権者は、労務遂行のために必要な空間、設備ないし機材を設置・維持し、またその指示命令のもとになされる労務給付を規制するに際し、当該労務提供の性質上許容される限りにおいて、労務提供義務者が生命及び健康の危険から保護されるようにしなければならない」と規定している。

[14] LAG Niedersachsen v.3.5.2000 – 16a Sa 1391/99.

[15] BAG 14.12.2006-8 AZR 628/05 など。

視、脅し、職務と関係のない仕事の割り振りなどを受けたことが原因で精神疾患を発症したとして、使用者（会社）を相手取って慰謝料などを請求した事案である。判旨は以下のように述べる。

「使用者は配慮義務の範囲内で労働者の健康その他正当な利益に配慮しなければならない。配慮義務は、民法 242 条に規定された信義誠実の原則の帰結であるところ、かかる義務が個々のケースにおいていかなる行為を要請するかについては、特に基本法において明記されている憲法上の価値判断が斟酌される。基本法 1 条および 2 条によって保障される一般的人格権は、私法関係および労働関係においても顧慮され、使用者が正当な理由なく労働者の人格権を侵害した場合、労働契約上の義務違反となる。一般的人格権は、個々人がその人格を尊重され発展させてゆく権利であり、虚偽の主張や侮辱的言動からの保護および社会的存在価値の維持を目的とした名誉の保護もまた、一般的人格権の保護範囲に含まれる。これとともに、他者による侮辱や蔑視をさせない権利をも包括する。」[16]

同事件はまた、「使用者は、労働者に対し、民法 278 条に基づき、当該使用者の履行補助者として配属された他の労働者および上司によって行われた人格権侵害・健康被害の過失責任を負う。これにより、使用者はその履行補助者に委ねた労働契約上の保護義務（例えば一般的人格権または健康保護義務）違反の過失に対して責任を負う」として、BGB278 条による問責の可能性も認めている。

以上のような BGB の一般規定によるもののほか、前述の AGG15 条も援用可能である。同条によると、使用者は不利益取扱い禁止規定違反によって生じた損害を賠償する義務を負うとされ（第 1 項、ただし帰責性がない場合は免責される）、非財産的損害であっても適切な額の金銭補償を請求できるとされる（第 2 項）。また BGB を含めた他の法令に基づく請求権は同条に

---

[16] もっとも、判旨は同時に「使用者側の保護義務違反の過失が成立するためには、使用者が他の労働者による当該労働者に対する権利・法益侵害を認識している」ことを要件と位置付けているため、常に使用者の債務不履行を問責できるとは限らない。

よって排除されることなく、併用することが可能である（第 5 項）。

ウ　使用者に対する措置 2 ：労務提供の拒絶（就労拒否）

　モビングの被害者がとり得る法的措置として、被害を避けるために就労を拒否するという手段も理論上は可能である。BGB273 条に Zurückbehaltungsrecht に関する規定が設けられている。これは「留置権」ないし「給付拒絶権」と訳される権利であるが、同条 1 項いわく、「債務者が、債権者に対して双務契約に基づく請求権を有する場合、当該債権関係から特段の事情（合意）が生じない限り、反対給付が履行されるまでの間、自己の債務の履行を拒絶することができる」。これをモビングに即して当てはめると、「債務者」が労働者、「債権者」が使用者となる。そして、モビングに対する適切な措置を、前述のように使用者の労働契約上の配慮義務であると構成すれば、「反対給付」、すなわち配慮義務が履行されるまでの間、債務者たる労働者は「自己の債務」すなわち労務提供義務の履行を拒絶できるというわけである。言わばモビングに対する適切な措置を使用者がとるまでは就労を拒絶する権利であり、273 条 1 項の規定がその可能性をもたらしている。これは特に労災事故等による健康被害のような事案において、従来の判例がその適用を認めてきたものである[17]。

　もっとも、その実効性にはしばしば疑念が呈されている。すなわち、労務給付拒絶権の存在を立証する責任は労働者にあり、これはとりもなおさず使用者の配慮義務違反についての立証責任を負うことを意味している。その立証が不十分であった場合、労働者の労務提供拒否は単なる無断欠勤すなわち労働契約上の義務違反となるため、使用者による解雇権の行使を正当化する可能性がある。そのため、この権利行使については、労働者が「意図せぬブーメラン効果」を被る可能性が指摘されるほか[18]、「無謀な企て（heikles Unterfangen）」となりかねない危険性も存在するということである[19]。

---

[17] Kollmer, Mobbing im Arbeitsverhältnis, 4 Auf. 65ff.

[18] マルティン・ボルメラート（訳：根本到）「職場におけるいじめ—ドイツ労働世界における深刻な問題」（季刊労働法 218 号 85 頁）96 頁。

[19] Kollmer, Mobbing im Arbeitsverhältnis, 4 Auf. 66.

　実際に、労務給付拒絶権を主張することの難しさを示唆する判例がある。フランクフルト州労働裁判所の 1997 年判決[20] では、無断欠勤を理由とする解雇の効力が争われたところ、原告は BGB273 条を援用し当該欠勤をモビングを理由とする労務給付拒絶権の行使であると主張した。これに対して判決は、就労拒否が適法とされるための要件について、①使用者の配慮義務違反の具体的な立証、②使用者に（配慮義務違反によってもたらされた危険などの）弊害を除去する時間的機会の付与という 2 要件を充足する必要があると指摘した。言い換えれば、一定期間使用者が労働者に対する何らかの危険・被害を除去する機会があったにもかかわらず、なお何らかの効果的な措置を講じなかった場合に限り、労務給付拒絶の権利が認められるということである。同事件では、原告の請求が棄却されているが、その原因は立証の不十分さにあった[21]。また、BAG の 2007 年 1 月 23 日判決[22] では、原告が所属長や同僚らのモビングに対し、労務給付拒絶権が存在することの確認を求めて提訴した。判決は労務給付拒絶権存在確認の訴えには、民訴法（Zivilprozessordnung、ZPO）上の訴えの利益があるとしながらも、原告の訴えは同法 253 条 2 項 2 文にいうところの、訴え内容の確定性が不十分であると判断している。すなわち、原告がモビングの被害を受けている限り労務提供をしない権利があることを確認する判決によっては、どのくらいの期間、いかなる要件の下にこうした労務給付拒絶権が存するのか明確にならない。そして「モビング」という概念は不確定なため、被告会社は原告に対するモビングがいつ終わり、労務給付拒絶権がいつ消滅したのか判別することもできない。原告が確認判決を求めるのであれば、モビングに関する事実関係、すなわち原告のいかなる就労状況が、あるいは上司や同僚のいかなる言動が「モビング」と考えられるのか提示しなければならない、と判示したものである。

　このように、労務給付拒絶権を主張する際には、立証責任とともに、請求

---

[20] LAG Frankfurt v.26.8.1997, 5 Sa 535/97.
[21] X は同僚らによる悪口や悪巧みを主張しているものの、どの同僚がどのような言葉で悪口をいい、またいかなる悪巧みが就労を耐え難いものにしているのか、詳細さに欠け、これだけでは Y 社の配慮義務は何ら生じるものではないと判断された。
[22] BAG U. v.23.1.2007, 9 AZR 557/06.

内容の確定性の問題をクリアしなければならない。後者の判決が述べているように、確認の訴えにおいては、権利の内容と範囲が明確でなければ、相手方（使用者）に過剰な負担を強いることになるからである。

　以上のような BGB に基づくもの以外に、前述のとおり 2006 年施行の AGG 第 14 条に履行拒絶権の規定が設けられた。同条は、「使用者が職場における嫌がらせ（Belästigung）またはセクシュアル・ハラスメント（sexuelle Belästigung）を防止するための措置を講じない場合、または不適切であることが明らかな措置しか講じない場合、就労者は自己を保護するに必要な限りにおいて、賃金を喪失することなくその就労を停止する権利を有する」と定め、「BGB273 条はその適用を排除されない」として両者の併存を認めている。

## 3　紛争解決手段

　現行の紛争解決手段としては、労働裁判所における前述のような実体法を援用した民事訴訟以外に、事業所組織法（BetrVG）に基づく事業所委員会を通じた方法のほか、裁判外紛争処理制度として比較的新しく制定されたメディエーション法が挙げられる。

### （1）事業所委員会

ア　制度の概要

　ドイツには企業横断的に組織される労働組合のほか、労働者の利益代表組織として、事業所組織法（BetrVG）に基づく事業所委員会（Betriebsrat）を中心とする企業内（事業所内）の従業員代表制度が設けられている[23]。

　ドイツの民間企業の事業所においては、従業員代表選挙資格を有する労働者が常時 5 人以上雇用されている場合、労働者数に応じた数の従業員代表委員が、当該事業所の労働者らよって選出され、事業所委員会を構成する。使用者と事業所委員会は、少なくとも毎月 1 回定期的に協議し、当事者間で争いのある事項に関しては合意形成の誠意をもって交渉し、意見の対立を解決

---

[23] ドイツの従業員代表制の沿革、制度趣旨とその詳細および実態については、藤内和公『ドイツの従業員代表制と法』（法律文化社、2009 年）参照。

するために積極的な提案を行わなければならない（BetrVG 74 条 1 項）。また使用者は、事業所委員会の活動により生じる費用を負担しなければならず、会議や日常業務遂行のために、必要な範囲で部屋、物品、情報・通信機器、事務担当者を提供する義務を負う（BetrVG 40 条）。

　BetrVG 80 条 1 項によると、事業所委員会の一般的な任務は、労働者のための法律、命令、災害防止規程、労働協約および事業所協定が実施されていることを監督する（1 号）、事業所および労働者に資する措置を使用者に提案する（2 号）、男女の実質的均等待遇の実現、特に採用、就労、専門・継続教育訓練および昇進に関してこれを促進する（2 a 号）、家庭と職業活動の調和を促進する（2 b 号）、労働者および年少者・職業訓練生代表の提案を受け付け、これが正当と思われる場合には使用者との協議により解決を目指す（3 号）、重度身障者その他特別の保護を要する人の適合を促進する（4 号）、年少者・職業訓練生代表の選挙を準備し実施し、60 条 1 項に列挙された労働者の利益を促進すべく緊密に協力する（5 号）、事業所における中高年労働者の雇用を促進する（6 号）、事業所における外国人労働者の統合および彼らとドイツ人労働者の意思疎通を促進し、事業所における人種差別主義・外国人排斥主義を克服するための措置を提案する（7 号）、事業所における就業を促進し保障する（8 号）、労働保護および事業所内の環境保護措置を促進する（9 号）、となっている。また、事業所委員会と使用者は、事業所で活動するすべての人が法と公正の原則に基づいて処遇され、特に血統、宗教、国籍、出自、政治活動、組合活動、政治的・組合的立場、性別、性的指向を理由にいかなる差別的処遇も受けないよう監督しなければならず、また労働者が特定の年齢を理由に不利益取扱いされることのないよう留意するものとされ（BetrVG 75 条 1 項）、事業所の労働者の自由な人格の発展を保護・促進しなければならない（同 2 項）。

イ　従業員代表制度によるモビングへの対処
　このような制度につき、モビングに対しては以下のような活用の可能性が提唱されている。

（ア）労働者の苦情申立ての権利

　BetrVG 84 条 1 項によると、使用者や他の労働者から不利益な取り扱いを受け、または不公正な取り扱いを受けたと認識した場合、労働者は事業所内の管轄機関に苦情を申し立てる権利があり、同条 2 項は、使用者に労働者に対して苦情の取り扱いに関して通知する義務および（苦情申立てが正当であると判断する場合には）対策を講じる義務を課している。また、BetrVG 85 条 1 項により、事業所委員会は労働者からの苦情を受理する義務および苦情が正当であると判断する場合には、使用者に対策を講じるよう働きかけをする義務を負う。事業所委員会と使用者との間で苦情の当否をめぐって意見の相違がある場合には、事業所委員会は仲裁委員会（Einigungsstelle）を招集することができる（BetrVG 85 条 2 項）。仲裁委員会は、使用者と事業所委員会の意見の相違を解決するために必要に応じて設置される機関であり（BetrVG 76 条 1 項。事業所協定により常設することも可能）、使用者および事業所委員会が任命する同数の陪席者と、双方が合意した中立の立場の議長によって構成され、議長の選出につき合意が成立しない場合、労働裁判所がこれを任命する（同 2 項）。そして、口頭による協議の後に多数決による決定をすることとされている（同 3 項）。

　以上の諸規定の活用によって、モビングの被害を受けた（と感じた）労働者の苦情申立てに対して、使用者と事業所委員会に課せられた法定の義務は、当人の意図した通りに事が運ぶか否かは別として、少なくとも現場を熟知した事業所内の当事者で適切な解決策を模索する重要な契機となる。何よりも、最悪の結果に陥るのを防ぐための、迅速な対処方法であるという点にその存在意義があるといえる。


（イ）事業所を乱す労働者の排除

　事業所委員会は、労働者の苦情を受理しこれに対処するというソフトな一面だけを有するのではなく、ときには強権を発動することもできる。BetrVG 104 条によると、「労働者が違法な行為により、また 75 条 1 項列挙の諸原則に著しく反して、特に人種差別主義的または外国人排斥主義的行為によって事業所の平穏を再三にわたって紊乱する場合には、事業所委員会は使用者に

対してその者の解雇または配置転換を求めることができる」。さらに同条後段では、事業所委員会の申立てに基づく労働裁判所による強制力を担保する。ここでいう「労働者」とは、違法行為と評価されるモビングの継続によって事業所の秩序を乱す加害者のことである。このように、モビングが同条の要件を満たすほどに甚だしい場合には、事業所委員会は加害者の強制的な排除を求めることができるのである。この要件は特に、前述した BetrVG 75 条 1 項に規定されている公正な処遇や差別禁止の原則について、繰り返し非難に値する態様で著しく違反し、これによって事業所の秩序の乱れが明白となる場合などに充足されると解されている[24]。

（ウ）使用者に対する作為・不作為の請求

BetrVG 23 条 3 項によると、使用者が同法に基づく義務に著しく違反した場合、事業所委員会（または当該事業所で代表制を有する労働組合）は、使用者に対し一定の行為についての不作為または作為の義務付けを労働裁判所に申し立てることができる。これらの申立てに基づき使用者に一定の不作為または作為を義務付ける労働裁判所の決定があった場合、秩序金（Ordnungsgeld）によってその履行を間接的に強制される。例えば、使用者自身が重大なモビングを行っていたような場合、前述の BetrVG 75 条に規定された義務に違反するとして、かかる行為を行わないよう事業所委員会が申し立てることができ、また使用者自身がモビングを行っていないとしても、事業所内のモビングその他深刻な労働者間の紛争に対し、何らの措置も講じていない場合には、一定の措置（作為）を行うよう申立てができると解される[25]。

（エ）罰則規定および事業所委員の解任

モビングの被害者が事業所委員会の構成員である場合、また彼らが逆に加害者としてモビングに関与する場合、あるいはこれを不当に放置するようなケースについては、以下の規定の適用が可能であるとされる。

---

[24] Esser/Wolmerath, Mobbing und psychische Gewalt, 8. Auf., 2011, S.203.
[25] Esser/Wolmerath, Mobbing und psychische Gewalt, 8. Auf., 2011, S.204.

　BetrVG 119 条 1 項によると、事業所委員会など労働者代表組織の選挙妨
害などの行為（1 号）、同じくその活動の妨害行為（2 号）、また事業所委員
会ほか労働者代表組織の構成員または情報提供者をその活動ゆえに不利益取
扱いや優遇するなどした場合（3 号）、1 年以下の自由刑または罰金刑に処せ
られる。そのため、例えば事業所委員会の委員長に対し、職場からの追放と
同時に委員長の職から放逐するために嫌がらせがなされた場合、同条 1 項 3
号の適用が可能となるわけである[26]。

　BetrVG 23 条 1 項によると、選挙権を有する労働者の少なくとも 4 分の 1、
使用者もしくは事業所内で代表制を有する労働組合は、法律上の義務に対す
る重大な違反を理由に事業所委員会構成員の解任または事業所委員会の解散
を労働裁判所に申し立てることができる。事業所委員会やその構成員の一人
が、法律上課せられた職務上の義務（特に前述の 85 条 1 項など）に従わず、
あるいは 75 条 1 項に定められた原則に自ら意図的に違反した場合など、23
条 1 項にいう重大な義務違反の要件を満たす可能性があるとされる[27]。

## （2）メディエーション法

　「メディエーション（Mediation）」とは調停ないし仲介を意味する言葉で
あるところ、民事・商事事件の調停に関する 2008 年 5 月 21 日の EU 枠組指
令（2008/52/EG）の国内法化政策として、2012 年に成立したのがメディ
エーション法（Mediationsgesetz, vom 21.7.2012 BGBl. I .S.1577.）である[28]。
同法は、EU 指令の適用範囲を超え、民事・商事事件の紛争に限らず労働
法・社会法に関する紛争もその適用対象となった。当然、モビングに関連す
る民事紛争もその対象となる。

　同法によると、メディエーションは非公開かつ構造化された手続であり、
当事者が一または複数の仲介によって任意かつ自己責任のもと合意による紛
争解決を目指す手続であると位置付けられている。この手続きへの参与・離
脱は当事者の任意であり、労働裁判所は訴訟当事者に対し、調停または裁判

---

[26] Esser/Wolmerath, Mobbing und psychische Gewalt, 8. Auf., 2011, S.173.
[27] Esser/Wolmerath, Mobbing und psychische Gewalt, 8. Auf., 2011, S.187ff.
[28] Vgl. Däubler/Hjort/Schubert/Wolmerath [Hrsg.], Arbeitsrecht, 4. Auf., 2017, S.2506ff.

外紛争仲裁手続を提案することができるものの（労働裁判所法（ArbGG）54条 a 第 1 項）、当事者は参加を強制されず、参加後も合意する義務はなく、いつでも手続を終了させ、または手続から離脱することができる。仲裁人は決定権限を有しない。また、仲裁人は政令の要件を充たす教育訓練を修了する必要があり、いずれの当事者に対しても平等に対処する義務および守秘義務を負い、自己責任に基づくコミュニケーションや当事者の合意達成が期待できないとの見解に至った場合には、手続を終了させることもできる。

## 4　立法の動向

　ドイツにはモビングに特化した現行法は存在せず、民事裁判においては BGB のような一般法規を援用して解決が図られている。AGG は均等待遇と差別禁止を目的とした法律であり、一部の規定がモビングの紛争に類推適用しうる可能性が示唆されているに過ぎない。このような状況下、一部の政党によるモビング立法の試みがなされたものの、いずれも廃案に終わっている。ここでは、比較的新しい法案とモビングに関する立法の意義に関する専門家の所見を紹介する。

## （1）同盟 90/ 緑の党による法案提出

　ドイツの環境政党である「同盟 90/ 緑の党（Bündnis 90/Die Grünen）」は、2017 年 4 月 26 日に、職場におけるモビングからの保護を目的とした法案を提出した [29]。結局それは 2017 年 6 月 28 日に否決されたものの [30]、ドイツのモビング対策を象徴する一面を有している。概要は以下のとおりである。

　　*「職場におけるモビングからの保護のための法案を提出する。これは、モビングを一般的人格権侵害の一態様と定義付け、私法的労働関係と公法上の任用関係における AGG に準じた当事者の保護と権利を定め、労働安全衛生法を具体化するものである。*

　　*1.　安衛法において就労者をモビングから保護する使用者の責任を明*

---

[29] Bundestag-Drucksache 18/12097.
[30] Bundestag-Drucksache 18/12990.

確にする。

　　a）使用者の基本的義務を以下のように具体化する。すなわち、就
　　　労者の一般的人格権を適切に斟酌し、その配慮義務はモビングに
　　　も適用される。

　　b）モビングに関連する職場の紛争、特に健康に対する危険可能性
　　　に至ることを明らかにする。それゆえ使用者と上司は、モビング
　　　から保護するための予防措置を講じる義務および負担可能な範囲
　　　内で具体的なモビング事件に介入する義務を負う。

2.　職場におけるモビングからの保護のための法律によって、労働裁
　判所および行政裁判所は、AGG の類推としてモビングに対処するた
　めの法的根拠を有する。この法的根拠の中には、少なくとも以下の
　ポイントを含むべきである。

　　a）AGG3 条 3 項に基づき法概念としてモビングが定義される。同
　　　条同項は、被害者の尊厳を傷つけ、委縮、敵意、軽蔑、侮辱、侮
　　　蔑によって特徴付けられる環境が創出されることを目的とし、ま
　　　たこれに影響を及ぼすような行為を目的とする、としている。

　　b）使用者は、就労者がモビングの被害にあっていることを認識し
　　　た場合にはただちに、たとえば警告、配置転換、解雇などのよう
　　　に、モビングを阻止するための必要かつ適切な措置を講じる義務
　　　を負う。

　　c）モビングの被害にあった就労者は、モビングに関して権限を有
　　　する事業所、企業、官庁に不利益取扱を受けることなく異議申
　　　立を行う権利を有する（異議申立権）。

　　d）使用者が職場におけるモビングを阻止するための措置を講じ
　　　ず、または不適切な措置しか講じていない場合、当該就労者はそ
　　　の保護に必要な限りにおいて、賃金を喪失することなく就労を停
　　　止する権利を有する（労務給付拒絶権）。

　　e）モビングの被害者を支援し、または証人として証言する就労者
　　　は不利益取扱を受けてはならない（処分の禁止）。

　　f）職場におけるモビングを阻止する義務に反した場合、使用者は

　　*物質的・非物質的なものとを問わず損害を賠償する義務を負う。*
　　*被害者の請求権を実現するため、裁判手続き上の立証責任を軽減*
　　*しなければならない。」*

## (2) ドイツにおけるモビング立法の意義

　前述のように、他の多くのヨーロッパ諸国と異なり、ドイツにはパワハラ対策を銘打った固有の立法ないし明文規定が存在しない。すなわち、パワハラの定義にはじまり、これを明文によって禁止し、抑止効果をはかり、違反に対しては民事上・刑事上の制裁や損害賠償などを定めた法律が施行されていない。これについて、1998 年発足のシュレーダー政権下において法務大臣を務めたヘルタ・ドイブラー＝グメリン（Herta Däubler-Gmelin）は、その論稿「なぜドイツにはこれまで包括的かつ固有の Mobbing 対策法が存在しなかったのか？」[31] において、立法不在の要因に加え、立法の存在意義について以下のように提言している。

　すなわち、ドイツ基本法 1 条 1 項において人間の尊厳の不可侵性が定められ（Die Würde des Menschen ist unantastbar.）、同 2 条 1 項では自由な人格発展の権利（das Recht auf die freie Entfaltung seiner Persönlichkeit）が、また同 2 項では生命・身体の不可侵性の権利（das Recht auf Leben und körperliche Unversehrtheit）および人格の自由の不可侵性（die Freiheit der Person）が何人に対しても保障されている。かかる憲法秩序のもと、判例は民事法規を活用して、主として非物質的損害も含む損害賠償という形で加害者の責任を追及し、また 2006 年施行の AGG もモビングに適用可能である。さらに、事業所組織法によって使用者と事業所委員会にモビングの予防や支援措置の義務が課せられ、現に数多くの事業所協定が存在しているという。また、これら以外に補足的に活用可能な労働保護規定および社会法規定は数多く、さらに重大な事案については、刑事法の適用（脅迫罪、侮辱罪、傷害罪など）すら

---

[31] Däubler-Gmelin, Warum hat Deutschland（bisher）kein eigenstandiges und umfassendes Anti-Mobbing-Gesetz?, in: Wolmerath/Esser [Hrsg.], Werkbuch Mobbing – Offensive Methoden gegen psychische Gewalt am Arbeitsplatz, 2012., S.38. その概要と意義については、原俊之「職場における「いじめ・嫌がらせ」対策としての立法の意義」比較法制研究（国士舘大学）第 35 号（2012 年）79 頁参照。

不可能ではない。このような、多くの現行法規および判例法の援用によって
被害の予防や被害者の救済が可能であり、さらにはドイツ国内の情報提供団
体や自助グループの支援活動も少なからぬ役割を果たしている。こうした状
況の中、あえてモビング対策法を制定・施行したとしても、別段目新しい効
果を生むものではなく、「単なる象徴的意味」にしかならないだろうという
批判が見受けられるが、ドイブラー＝グメリンもこれを否定しない。しか
し、同氏はその象徴的意味の創設こそにモビング対策立法の重要な意義があ
る旨指摘している。

　とはいえ、ドイブラー＝グメリンが提言する立法は、決して語の本来の意
味での「象徴的な」ものではない。ドイブラー＝グメリンは、モビングが重
大な人権侵害であり社会悪であることを明確化したうえで、総則規定のほか
サイバー・モビングなどの固有の各則規定を置き、また従来の刑罰規定には
抵触しない人権侵害行為を処罰しうる規定のほか、被害者側の挙証責任の軽
減を明記し、被害者の救済を拡大し、あわせて加害者に対する抑止効果を狙
おうとするものである。象徴的意味を超えて、むしろ極めて実利的な意味の
ある立法提言であるといえる。いずれにせよドイブラー＝グメリンは、現行
の各制度の欠陥部分を補充しうる補足的な有用性を、モビング対策立法が有
する「象徴的意味の創設」の中に読み取っているといえる。

## 5　小括――ドイツにおけるモビング問題の複雑さ

　以上に述べたモビングをめぐるドイツの法状況について、前出のヴォルメ
ラートは、特に民事裁判を通じた解決について以下のように指摘する[32]。

　　「このような訴訟の成果は常に乏しいものであり、これまでに満足の行
　く判決を得られた訴えはごくわずかに過ぎなかった。その実質的な理由
　は、裁判所が当初からいじめの存在を否定している場合は別として、加
　害者の行為に関する立証可能性と帰責性という問題であったし、今もそ

---

[32] Wolmerath, Workplace Bullying and Harassment in Germany, in: Workplace Bullying and Harassment -2013 JILPT Seminar on Workplace Bullying and Harassment-, JILPT REPORT No. 12（2013）, pp. 77-90.

うである。」

　その要因は、当初からのモビングの定義に象徴されるドイツ法学のスタンスにあると言える。レイマンは当初からモビングを長期間におよぶ「システマティック」な行為と捉え、これに対する労働法学的な対処を提唱したドイブラーも、専ら個々の行動のみを検討対象としてきた従来の法学のあり方から脱却し、長期間にわたる社会的関係をも検討の俎上にのせるべきと主張した。これを受けた判例は当初から、モビングを定義することの意味を、個々の行為を個別に検討した場合には違法の要件を充たさないような一連の行動に、法の適用を可能ならしめることを意識していた（前掲410判決）。新たに明文化されたAGG3条3項の「嫌がらせ」の定義についても、そこに含まれる環境という文言に着目し、1回限りで終わらない継続的な行為であると解しモビングの定義と帳尻を合わせることとなった（BAG07年判決）。その結果、モビングの被害者が使用者や加害者を問責する場合、個別には法に触れない複数の行為がシステマティックになされ、なおかつ帰責性が存在することを立証しなければならない。このようなモビングの捉え方が、法的救済のハードルになっていることは想像に難くない。

　わが国でもこのような特徴をもった嫌がらせは、以下のように現場のルポなどを通じてその一端をうかがい知ることができる。

　　*「最近では、「民事的殺人」と呼ぶべき相談事例が増えている。*

　　*これは、職場でのいじめや過重労働によって極度の鬱病などを発症し、思い出すだけでパニックになる、過呼吸になるなどして、自分自身では相談することすらできない、というケースだ。（中略）*

　　*また最近では、「ソフトな退職強要」と私が名づけたような事例も増えている。*

　　*これは、直接、退職勧奨や解雇を行うのではなく、職場で「なんとなくいられない」ように圧力をかけていく、という方法だ。*

　　*法的に争えるレベルの嫌がらせ、たとえば人格を否定するような暴言を吐いたり、しつこく「辞めろ」と迫ったり、暴力をふるったりするこ*

とはけっしてしない。ただひたすら、挨拶をしないとか、つまらない仕
事ばかりやらせるとか、職場のなかで「特別な人」のように扱うことを
続ける。
　職場でこのような扱いを受けると、とても人間はもろい。あっという
まに精神が破壊されてしまう。」[33]

　ドイツは当初から、明確に認識しづらく、それでいて被害者の精神を蝕む
このような行為を従来型の法規制の対象にすべく、90 年代半ばから学説の
みならず裁判所や立法府も巻き込んだ取り組みを始めたところ、2019 年に
公刊された著書の中で、ヴォルメラートは以下のように指摘する（※下線引
用者）。

　　「本書は、モビングという現象の法的側面をお伝えすることを目的とし
　　ている。このため、具体的な事案においてモビングに法的手段をもって
　　対処するために、ドイツ法がいかなる可能性をもたらすかを述べていく
　　が、同時にそれは必然的に法の限界を明らかにすることとなる。」[34]

　ドイツのモビング対策は、目に映りづらい労働者の精神的被害を可視化
し、そこに切り込もうとするものであり、レイマンが火をつけ、ドイブラー
が呼びかけたチャレンジングな試みであったが、四半世紀余りに及ぶ紆余曲
折を経てヴォルメラートの諦念で締めくくられた[35]。廃案になった法案の中

---

[33] 今野晴貴『日本の「労働」はなぜ違法がまかり通るのか？』（星海社、2013 年）85 頁。
　この他、溝上憲文『マタニティハラスメント』（宝島社、2013 年）97 頁においても、
　「上司からの伝言を彼女にだけ伝えないとか、外部の取引先との重要な情報を伝えない」
　といったマタハラが原因で知らず知らずのうちに辞めていくにもかかわらず、表面化し
　ない限り、人事部としても手を打つことができないとの現場の声が描写されている。
[34] Wolmerath, Mobbing. Rechtshandbuch für die Praxis, 5. Auf., 2019, S.8.
[35] とはいえ、ここでいう「諦念」とは民事訴訟を通じての法的対処という側面に限ったも
　のであり、ヴォルメラートはすべてに悲観しているわけではない。彼は、人口減少社会
　が進むにつれ労働力の希少価値が高まり、それにつれて労働環境の改善が図られること
　を期待し、すでにその兆しを見出している。また、EU 指令のような外圧も職場環境改
　善の一助となるものと期待している。詳細は Wolmerath, Workplace Bullying and Harassment
　in Germany, in: Workplace Bullying and Harassment -2013 JILPT Seminar on Workplace

にも、この難点を克服しようという視点はあまり見受けられない。この問題への有効な対処として期待しうるものがあるとすれば、裁判による証拠に基づいた権利義務関係の確定よりも、現場の労働者の目線を重視した事業所委員会を通じた解決か、あるいは当事者の合意を主軸とした裁判外紛争処理制度であると言えようか。

# 3 | セクシュアル・ハラスメント

　ドイツにおけるセクシュアル・ハラスメント（以下「セクハラ」とする）に対する法規制については、これを男女の尊厳の保護と捉えたうえでモビングよりも早期に立法がなされ[36]、21 世紀には AGG がセクハラを差別（不利益取扱い）の一環として労働者（被害者）の保護を図るに至っている。さらには、2016 年の刑法改正により、セクハラ固有の刑罰規定が設けられている。

## 1　1994 年就業者保護法（セクハラ防止法）

### (1) 制定の経緯

　ドイツの本格的なセクハラ対策の契機は、職場における女性及び男性の尊厳保護に関する 1991 年 EC 委員会勧告であった[37]。同勧告第 1 条は、「職場における男女の尊厳を侵害する性的な意味を持った行為」を想定し、当初か

---

Bullying and Harassment-, JILPT REPORT No. 12（2013）, p. 90. 参照。このような意味で、「仕事の世界における暴力及びハラスメントの撤廃に関する条約」（ILO 条約第 190 号、詳細は「第 5 章　欧州連合（EU）」参照）がドイツ国内で発効した後の動向が注目されるところである。

[36] 本節の検討に当たっては、山﨑文夫「わが国から見たドイツのセクシュアル・ハラスメント法制」平成法政研究（平成国際大学）25 巻 1 号（2020 年）201 頁に依拠した。同論文によると、1980 年代の西ドイツでは、「セクシュアル・ハラスメントに関する労働裁判所への訴訟は少なく、そのほとんどが和解で終わり」、セクハラに「拒絶又は抗議した女性が解雇され又は辞職を余儀なくされて補償を求めた」事案がすべてであったという。また、「行為者の懲戒処分も稀で、それは大した問題ではないと考えられていた」（同 202 頁）ということで、セクハラが尊厳への侵害ないし均等待遇上の問題であるという認識が醸成されるのは、後に述べるように、EC（EU）の勧告や指針のような国外からの影響を待たねばならなかった。

[37] Empfehlung der Kommission vom 27.11.1991 zum Schutz der Würde von Frauen und Männern am Arbeitsplatz, 92/131/EWG.

ら女性のみならず男性も保護対象に含めていた。そして、その類型としてわが国でいう対価型・環境型双方のセクハラを定義付け[38]、これらが「当該行為が当事者にとって望まれないものであり、不適切かつ不快である場合」には許容し得ないものであるとして、被害者の感じ方に重点を置いたものであった。

　これに基づいて制定された1994年男女同権の実現に関する法律（第二次同権法）[39] の一部をなすのが「職場におけるセクシュアル・ハラスメントからの就業者の保護に関する法律」（就業者保護法）であり、その実質はドイツ初の職場におけるセクハラ防止のための成文法であった[40]。そして後述のように、2006年の一般的平等取扱法（AGG）の制定・施行により廃止され、セクハラ対策は AGG に発展的に承継されることとなった。

## （2）概要

　就業者保護法は職場におけるセクハラからの保護によって男女の尊厳を守ることを目的とし（1条1項）、民間だけでなく公法人の事業所に雇用された被用者や行政機関の職員、また経済的従属性ゆえに労働者に類似した立場にある者、家内労働従事者などを「就業者」としてその適用範囲に含めている（1条2項）。セクハラの定義規定は2条2項に設けられている。これによると、「職場において就業者の尊厳を侵害する性的な意味を持つ故意に基づくあらゆる行為」をいい、「刑罰法規によって処罰される性的行為・行動様式」（同項1号）および「その他の性的行為・性的要求、性的意味での身

---

[38] 対価型としては、「当事者が使用者または他の労働者（上司・同僚を含む）からのかかる行為に対し拒絶または許容したという事実が、明示的または黙示のうちに、当人の教育訓練、就労、継続的就労、昇進または賃金支払に関して影響を及ぼす決定の根拠とされ、また労働関係に関するその他の決定の際の根拠とされる場合」と定義した第1条 a）が、環境型としては「かかる行為が当事者にとって威圧的、敵対的ないし屈辱的な労働環境を生じさせる場合（以下略）」とした第1条 b）がそれぞれ相当する。

[39] Gesetz zur Durchsetzung der Gleichberechtigung von Frauen und Männern（Zweites Gleichberechtigungsgesetz - 2. GleiBG）

[40] 正式には "Gesetz zum Schutz der Beschäftigten vor sexueller Belästigung am Arbeitsplatz (Beschäftigtenschutzgesetz)"、すなわち「職場におけるセクシュアル・ハラスメントからの就業者の保護に関する法律」であり、邦語文献では「就業者保護法」と訳されることが多い。

体的接触、性的内容の発言、ポルノグラフィーの提示・目につくような掲示
であって、なおかつ当事者が明確にこれを拒絶するもの」(同項2号)を含
むとする。

　法は使用者と所属長(Dienstvorgesetzte)に、予防措置を含めセクハラか
ら就業者を保護する義務を課すとともに(2条1項)、セクハラ行為を労働
契約上の義務違反ないし服務規律違反と位置付ける(2条3項)。また、セ
クハラを受けたと感じた場合、当事者は事業所の担当部署に苦情を申し立て
る権利が認められ(3条1項。同項2文によると、前述したBetrVG 84条1
項に基づく苦情申立ての権利は、この規定によって排除されないとされる)、
これを受けた使用者・所属長は当該苦情を検討し、セクハラが確認された場
合にはこれを阻止するために適切な措置を講じる義務を負う(3条2項)。
さらに、4条が具体的に生じたセクハラに対する当事者及び関係者の権利義
務を定めている。これによると、使用者は警告、異動、配転、解雇など個別
の事案に即した労働法上の措置を講じる義務を負い(1項1号)、所属長は
必要な人事管理上の措置を講じる義務を負う(1項2号)。使用者・所属長
がこれら適切な措置を講じない(あるいは明らかに不適切な措置しか講じな
い)場合には、就業者は自らを保護するに必要な限りにおいて、賃金を喪失
することなく労務給付を停止する権利を行使できる(2項)。

　このように、当初からセクハラに関しては、これを法概念として定義付け
たうえで、民事上効力のある権利義務規定を設けていた。ただ、就業保護法
には、セクハラ被害に対する損害賠償請求権ないし義務の根拠となる規定が
設けられていない。そのため、損害賠償については民法典(BGB)823条1
項(不法行為に基づく損害賠償)および253条1項(非物質的損害に対する
慰謝料)を援用することになる[41]。

---

[41] なお、旧BGB847条(2002年改正前)には、「①身体または健康への侵害並びに自由を
はく奪した場合、被害者は、非財産的損害についても金銭による衡平な賠償を請求する
ことができる。②女性に対し良俗に反する重罪若しくは軽罪を犯し、又は詐欺、強迫若
しくは従属関係を利用した婚姻外の関係を承諾させたときは、当該女性は同一の請求権
を有する。」との規定があった。とはいえ、訴訟件数自体はモビングに比して僅少であ
る。

## 2　2006 年一般平等取扱法（AGG）

### （1）AGG におけるセクハラの定義

　前述のように就業者保護法の発展的解消の帰結である AGG は、EU 指針
の国内法化によって 2006 年 8 月 18 日に施行され、1 条事由を理由とする不
利益取扱いが禁止され、被害者の法的保護が図られることとなった。不利益
取扱いの定義と類型は AGG3 条に列挙され、「直接差別」（1 項）、「間接差
別」（2 項）、嫌がらせ（Belästigung）（3 項）およびセクシュアル・ハラスメ
ント（4 項）などが不利益取扱いとして評価され、同法上の法的効果を生じ
させる。
　3 条 4 項のセクハラの定義は以下のとおりになる。

　　　セクシュアル・ハラスメント（Sexuelle Belästigung）は、望まれない
　　性的行動及びその要求、性的意味を有する身体的接触、性的内容の発言
　　並びにポルノ表現の意に反した掲示及び見えるような表示を含む、望ま
　　れない性的意味を有する行為が、当事者の尊厳を傷つけることを目的と
　　し、又はこのような状況をもたらす場合、特に威圧的、敵対的、侮辱
　　的、屈辱的若しくは不快感を及ぼすような環境が生み出される場合に
　　は、第 2 条第 1 項第 1 号ないし第 4 号まで（※筆者注：採用条件等、賃
　　金・解雇を含む労働条件、職業教育等、労使の団体加入等）に関して不
　　利益取扱いに該当する。

　この定義に関して指摘すべき留意点は以下のとおりである。第一に、旧法
である就業者保護法 2 条 2 項の定義における加害者の「故意」は AGG では
要件とされず、むしろ「（被害者に）望まれない（unerwünscht）」といった
ように、被害者側の感じ方に重点を置いている[42]。これに該当するか否か
は、被害者がその行為を拒絶していることが客観的に認識可能か否かによっ
て判断され、その際には性的行為の態様や被害者の意思表示の態様など諸般

---

[42] Schaub, Arbeitsrechts-Handbuch 19. Aufl., 2021, §36 Rn. 46.

の事情が斟酌される[43]。状況次第では、特に上司のような威圧的で影響力を持った加害者に対して、ためらいがちで控えめなやり過ごしという形で消極的行為をとったに過ぎない場合でも、拒絶的姿勢が認識可能であるとするに十分な場合もある[44]。これと関連して第二に、AGG の定義では、当該性的行為が「当事者の尊厳を傷つけることを目的と」する場合はむろんのこと、そのような意図や目的がなかったとしても、「このような状況をもたらす（bewirken）」場合であってもセクハラに該当する。この要件は単にセクハラ行為が開始されるだけで充足されると考えられ、その結果について問責される加害者が正反対の意図や想像を抱いていたとしても判断に影響を与えない[45]。第三に、モビングや AGG3 条 3 項の嫌がらせの定義と異なり、セクハラは長期にわたって継続する行為である必要はなく、個々の 1 回だけの行為のみで要件を充足し、反復継続の危険性までは求められない[46]。3 条 3 項の定義における「環境が生み出される場合」という長期的な反復性はセクハラの一例にすぎず、「当事者の尊厳を傷つける」か否かが重点となる。

## （2）法的効果

　AGG においては、セクハラは同法が禁止し克服対象とする「不利益取扱い」に該当するとされ、前述の AGG における嫌がらせ（Belästigung、3 条 3 項）の場合と同様の法的効果が生じる。このほか、セクハラそれ自体が BGB626 条 1 項にいう重大な解雇事由となり得る[47]。

## 3　2016 年刑法典セクシュアル・ハラスメント罪

　2016 年の刑法典改正により、184 条 i にセクシュアル・ハラスメント罪が創設された[48]。同条は 1 項において「性的と認められる方法により人の身体

---

[43] BAG 9.6.2011-2 AZR 323/10.

[44] BAG 25.03.2004-2 AZR 341/03.

[45] Schaub, Arbeitsrechts-Handbuch, 19. Aufl., 2021, §36 Rn. 46.

[46] Däubler/Bertzbach [Hrsg.], Allgemeines Gleichbehandlungsgesetz, 4. Auf., 2018, S.303, BAG 20.11.2014-2 AZR 651/13, BAG 9.6.2011-2 AZR 323/10.

[47] BAG 20.11.2014-2 AZR 651/13, BAG 9.6.2011-2 AZR 323/10.

[48] 厳密には、2016 年 11 月 4 日の性的自己決定保護の改善に関する法律（BGB l. I, S.2460）による。詳細は深町晋也「ドイツにおける二〇一六年性刑法改正について――我が国の

に触れ、それによりハラスメントをする者」を 2 年以下の自由刑ないし罰金刑に処するとして、AGG と異なり身体的接触のみを処罰対象としたうえで、「特に重大な場合」すなわち「当該行為が複数人により集団的に犯される場合」に量刑を加重し（3 カ月以上 5 年以下、2 項）、なおかつ親告罪であると定めている（3 項）。連邦通常裁判所は、同条 1 項にいう「性的と認められる方法」につき、行為の外観から性的関連性が明白な場合にはそれだけで該当し、明白でない場合には加害者の目的や意図を含めた諸般の事情を考慮して判断すべきとしている[49]。

## 4　小　括

　セクハラは立法化が早く、尊厳の保護ないし均等待遇といったように、法規制の根底にある思想が明確かつ支持を受けやすい、モビングよりも違法性の判断が容易であるうえに（そもそも性的な行為や環境を甘受する労働者の義務は想定しがたいがゆえに、当該セクハラが業務上正当な行為であったと免責される可能性は極めて低い）、1 回だけの行為であっても法規制の対象となる。このため労働裁判手続きによる対処はモビングの場合よりも容易であろうし、刑罰規定を設けることさえ可能であった。とはいえ、同時に保護義務や就業者の権利の実現と問題解決のためには、産業民主主義の下、労働組合や事業所委員会の果たす役割の大きさを評価し、実定法の援用以外の手段で紛争処理を図る方途も意識されているところであり[50]、この点はモビングの場合と同様である。

**参考文献**

【邦語文献】
井上久美枝「ILO 条約第 190 号「仕事の世界における暴力とハラスメントの根絶に関する条約」の意義」季刊労働法 268 号（2020 年）28 頁
大和田敢太「包括的で実効的なハラスメント規制の原点とは」季刊労働法 268 号（2020

---

性犯罪規定における暴行・脅迫要件の未来」法律時報 89 巻 9 号 97 頁、井田良「ドイツにおけるセクシャル・ハラスメント罪の新設について」比較法雑誌 53 巻 1 号 1 頁など。
[49] BGH, Beschluss vom 13.3.2018-4 StR 570/17.
[50] 山﨑・前掲注 36）216 頁。

年）2 頁

根本到「「職場におけるいじめ」問題の法的考察——いじめ概念と違法性の判断枠組」季刊労働法 218 号（2007 年）26 頁

原俊之「職場のいじめに関する法的論争——ドイツ法学における論争からの示唆」横浜商大論集 43 巻 2 号（2010 年）122 頁

原俊之「職場における「いじめ」概念の意義——ドイツ法における議論を素材に」『労働者人格権の研究（下巻）・角田邦重先生古稀記念』（信山社、2011 年）293 頁

原俊之「職場における「いじめ・嫌がらせ」対策としての立法の意義」比較法制研究（国士舘大学）35 号（2012 年）79 頁

原俊之「ハラスメント対抗措置としての「労務給付拒絶権」」『労働法理論変革への模索・毛塚勝利先生古稀記念』（信山社、2015 年）625 頁

藤原稔弘「ドイツにおける「職場のいじめ」と職場保持権の法理」『労働者人格権の研究（下巻）・角田邦重先生古稀記念』（信山社、2011 年）315 頁

マルティナ・ベネッケ（原俊之訳）「いじめ——人格保護と使用者の責任」日本労働研究雑誌 590 号（2009 年）104 頁

マルティン・ヴォルメラート（根本到訳）「職場におけるいじめ——ドイツ労働世界における深刻な問題」季刊労働法 218 号（2007 年）85 頁

水谷英夫『予防・解決・職場のパワハラ　セクハラ　メンタルヘルス〔第 4 版〕』（日本加除出版、2020 年）

山﨑文夫「わが国から見たドイツのセクシュアル・ハラスメント法制」平成法政研究（平成国際大学）25 巻 1 号（2020 年）201 頁


【外国語文献】

Benecke, Mobbing Arbeits- und Haftungsrecht, 2005.

Bieszk, Schadensersatzansprüche gegen Arbeitskollegen bei Mobbing, 2007.

BMAS, Übersicht über das Arbeitsrecht / Arbeitsschutzrecht – Ausgabe 2019/2020.

Esser/Wolmerath, Mobbing und psychische Gewalt, 8. Auf., 2011.

Esser/Wolmerath, Mobbing und psychische Gewalt, 9. Auf., 2015.

Däubler, Mobbing und Arbeitsrecht BB 1995, S.1347.

Däubler/Bertzbach [Hrsg.], Allgemeines Gleichbehandlungsgesetz, 4. Auf., 2018.

Däubler/Hjort/Schubert/Wolmerath [Hrsg.], Arbeitsrecht, 4. Auf., 2017.

Kollmer, Mobbing im Arbeitsverhältnis, 4. Auf., 2007.

Leymann, Mobbing-Psychoterror am Arbeitsplatz und wie man sich dagegen wehrenkann, 1993.

Leymann [Hrsg.], Der neue Mobbing-Bericht, 1995, S.18.

Schaub, Arbeitsrechts-Handbuch, 16. Aufl., 2015.

Wolmerath, Mobbing und Allgemeines Gleichbehandlungsgesetz, 『労働者人格権の研究（下巻）・角田邦重先生古稀記念』（信山社、2011 年）271 頁

Wolmerath/Esser [Hrsg.], Werkbuch Mobbing – Offensive Methoden gegen psychische Gewalt am Arbeitsplatz, 2012.

Wolmerath, Workplace Bullying and Harassment in Germany, in: Workplace Bullying and Harassment -2013 JILPT Seminar on Workplace Bullying and Harassment-, JILPT REPORT No. 12, 2013.

Wolmerath, Mobbing. Rechtshandbuch für die Praxis, 4. Auf., 2013.

Wolmerath, Mobbing. Rechtshandbuch für die Praxis, 5. Auf., 2019.

# 4章 フランス[1]

細川　良

# 1 | はじめに

### 1　本章の目的

　本書の目的は、諸外国におけるハラスメントに関する法制およびその運用実態を明らかにすることである。しかるに、本章の目的は、フランスにおけるハラスメント（セクシュアル・ハラスメントおよび（モラル）ハラスメント）に関する法制およびその運用実態[2]に関する現状を明らかにすることとなる。

　もっとも、フランスにおけるセクシュアル・ハラスメントに関しては、すでに多くの研究の蓄積[3]が存在している。また、後述するように、現行のフ

---

[1] 本章の記述は、労働政策研究・研修機構編『諸外国におけるハラスメントに係る法制（労働政策研究・研修機構、2022年）所収の「第4章フランス」について、必要最低限の修正を施し、再録したものである。なお、上記報告書公刊後における、フランスにおけるハラスメントに関する主な研究として、日原雪恵「諸外国におけるハラスメントへの法的アプローチ——セクシュアル・ハラスメント、「差別的ハラスメント」と「いじめ・精神的ハラスメント」の横断的検討（2・完）」季刊労働法279号（2022年）95頁以下（特に、97頁〜100頁）、同「労働におけるハラスメントの法的規律——セクシュアル・ハラスメント、差別的ハラスメント及び「パワー・ハラスメント」に関する日仏カナダ比較法研究（1）〜（3）」法学協会雑誌140巻1号1頁以下、3号347頁以下、5号547頁以下がある。あわせて参照されたい。

[2] もっとも、フランスにおけるハラスメントおよびこれに対する規制の実態を明らかにするためには、現地における調査が必須となるところ、新型コロナウイルスの世界的な流行により、現地調査を実施することは不可能となった。このため、本章においても、ハラスメントに関する実態及び実務については、文献等で収集が可能な情報に基づく、限定的な分析にとどまっていることをご了承いただきたい。

[3] 主なものとして、山﨑文夫『セクシュアル・ハラスメント法理の諸展開』（信山社、2013年）、同『セクシュアル・ハラスメントの法理』（総合労働研究所、2000年）、同「フランスのセクシュアル・ハラスメントにかかる法制度2018」国士舘法学51号（2018

214

ランス労働法典におけるハラスメントに関する規制は、（モラル）ハラスメントおよびセクシュアル・ハラスメントに関する規定が同一の編（第1部第1巻第5編「ハラスメント」）の中に定められ、類似する法構造となっている。また、近年のセクシャル・ハラスメントにかかる法理を見ると、2012年にセクシュアル・ハラスメント罪に関して憲法院による違憲判決が示され、これを受けた法改正がなされているものの、これを別とすれば、（モラル）ハラスメントに比べると、相対的に、目立った法理の発展や判例の蓄積がみられない状況にある。

　そこで、本章においては、まず（セクシュアル・ハラスメントとも共通する総論的な内容も含め）フランス労働法典による法規制を中心に、フランスのハラスメントに関する法規制および実態に関する検討を行い、セクシュアル・ハラスメントに関する規制等については、若干の補足的な検討を行うにとどめることとする。

## 2　本章の構成

　一般に、欧州諸国において、いわゆる「職場のいじめ・嫌がらせ」についての関心が集まるようになったのは、1990年代以降とされている。とりわけ、心理学者の Heinz Leymann による業績[4]が重要な端緒とされることが多い。フランスにおいても、職場のいじめ・嫌がらせに相当する行為・事実の存在は古くから認識されてはいたが、この問題についての社会的関心が広がり、法的な（政策的な）問題として議論されるようになったのは1990年代後半以降のことである[5]。

---

年）291頁以下、同「フランス2012年法による新版セクシュアルハラスメント罪の論点」平成法政研究21巻1号（2016年）187頁以下、同「フランス憲法院セクシュアル・ハラスメント罪違憲判決——憲法院2012.5.4の合憲性優先問題判決」労働法律旬報1786号（2013年）35頁以下、ヴァレリー・ブルボン著＝松本英実訳「フランスにおけるセクシャル・ハラスメントへの立法上・司法上の対応」法政理論32巻3・4号（2000年）314頁以下などがある。

[4] Leymann, Mobbing. Psychoterror am Arbeitsplatz und wie man sich dagegen wehren, Reinbek bei Hamburg, 1993.

[5] たとえば、フランスで最もポピュラーな法律用語辞典の1つである Dalloz 社の《LEXIQUE DES TERMES JURIDIQUES》に職場のいじめ・嫌がらせを意味する《harcèlement moral》の語が初めて登場したのは、2001年に刊行された第13版である。

　その後の動向について、国際比較という観点からみた場合のフランスの特徴といえるのは、2002 年のいわゆる労使関係現代化法（Loi de modernisation social）[6] によって「精神的嫌がらせ」（モラル・ハラスメント：Harcèlement moral）[7] を射程とする法律上の明文規定が導入されたことであろう。このような職場のいじめ・嫌がらせに関する立法規定は、フランス以外の国、例えばスウェーデン、ベルギー、カナダのケベック州等にも存在している[8]。とはいえ、2023 年現在において、（労働施策総合推進法の 2020 年改正により、

[6] LOI n° 2002-73 du 17 janvier 2002 de modernisation sociale：労使関係の現代化に関する 2002 年 1 月 17 日の法律 2002-73 号。社会現代化法、社会の近代化に関する法律等といった訳語もしばしば見られるが、本稿では「労使関係現代化法」という訳語を用いる。なお、同法は職場のいじめ・嫌がらせのみを射程とする法律ではなく、経済的理由による解雇に関する規制、有期雇用等の不安定雇用に関する措置、労働裁判所裁判官の選挙規定など、雇用・労働に関わる各種の改正をはじめ、労働・社会保障分野に関する広範な内容を含んだ法律である（同法の全体像および成立過程等については、大和田敢太「『社会的近代化法』による大規模な労働改革」労働法律旬報 1526 号（2002 年）34 頁以下、林雅彦「フランス「労使関係近代化法」の成立の経緯とその概要——雇用関連部分を中心に」世界の労働 52 巻 6 号（2002 年）18 頁以下等を参照）。以下では、便宜上、「2002 年法」と記す場合、2002 年労使関係現代化法におけるハラスメントに関する規定を指す。

[7] 《harcèlement moral》の訳語には、カタカナ語の「モラル・ハラスメント」、あるいは「精神的ハラスメント」などを充てる例もみられる。本稿では、セクシュアル・ハラスメントとは異なり、「モラル・ハラスメント」という語が、現状の日本では普及がそれほど進んでいないこと、仏語における « moral » は、「道徳的・倫理的」の意味のほかに、「精神的」という意味も存在し、ここではその意味で用いられているのに対し、日本語における「モラル」は、主に「道徳的・倫理的」の意味で用いられていることから誤解を招く恐れがあること等を考慮し、以下、労働に関わるいじめ・嫌がらせを一般的に示す語としては、便宜上、「職場のいじめ・嫌がらせ」等の表現を、他方、《harcèlement moral》に対応する訳語としては、「精神的嫌がらせ」という日本語への翻訳表現を用いることとする。

[8] ベルギーの法状況については、大和田敢太「ベルギーにおける『職場のいじめ』規制法」季刊労働法 238 号（2012 年）13 頁以下、および末道康之「フランス・ベルギーにおけるハラスメントの法規制」刑事法ジャーナル 60 巻（2019 年）38 頁以下等を参照。またスウェーデンの法状況については、西和江「予防に重点を置く、スウェーデンの職場いじめに対する法制度」同 32 頁以下に制度紹介があるほか、ストランドマーク・マルガレータ「スウェーデンにおける職場のいじめ・嫌がらせ——いじめに立ち向かう結束」ビジネス・レーバー・トレンド 2013 年 6 月号 6 頁以下も参照。カナダのハラスメント法制については、石井保雄「カナダにおける職場いじめ・暴力に対する法規制——ケベック州における心理的ハラスメント法制とオンタリオ州の職場の暴力とハラスメント禁止法」独協法学 96 号（2015 年）515 頁以下を参照。加えて、前掲注 1 の日原教授による業績においても、ベルギー、スウェーデン、カナダにおけるハラスメント法制について紹介・検討がなされている。併せて参照されたい。

同法の第 9 章に「職場における優越的な関係を背景とした言動に起因する問題に関して事業主の講ずべき措置等」として、使用者が講ずべき雇用管理上の措置義務に関する規定等が置かれたとはいえ）ハラスメントに特化した形の包括的な立法規定は、なおも存在しない日本の状況からすれば、フランスにおける立法の経緯、規制内容、およびその後の展開については注目すべきところであろう。

　そこで、本章においては、フランスにおける職場のいじめ・嫌がらせに関する法規制および実態について、包括的に検討することを目的とするところではあるが、上記のようなフランスの特徴に鑑み、フランスにおける職場のいじめ・嫌がらせに関する立法を中心に検討することとしたい[9]。すなわち、まず 2002 年労使関係現代化法によりフランスにおいて職場のいじめ・嫌がらせに関する法規定が導入されるに至った背景を確認する（第 2 節）。その上で、同法にもとづく「精神的嫌がらせ」に関する法理をめぐる諸問題について、検討を行う（第 3 節）。

　なお、フランスにおいては、2010 年 3 月 26 日に労使の代表によって「労働におけるハラスメントおよび暴力についての全国職際協定（accord national interprofessionnel du 26 mars 2010 sur le harcèlement et la violence au travail)」が署名された[10]。そこで、同協定の内容を含めた集団的労使関係の枠組におけ

---

[9] なお、フランスにおける職場のいじめ・嫌がらせに関する法状況についても、すでに石井保雄教授、大和田敢太教授、山﨑文夫教授らによってすでに詳細な検討・紹介がなされている。本章の記述は、これらの先行研究にその多くを負っている（主なものとして、石井保雄「フランス法における『精神的ハラスメント』とは何か──その概念理解について」季刊労働法 218 号（2007 年）74 頁以下、同「フランスにおける精神的ハラスメントの法理」季刊労働法 208 号（2005 年）113 頁以下、同「職場いじめ・嫌がらせの法理──フランス法と比較した素描的考察」水野勝先生古稀記念『労働保護法の再生』（信山社、2005 年）413 頁以下、大和田敢太『職場いじめと法規制』（日本評論社、2014 年）、同「労働関係における「精神的ハラスメント」の法理──その比較法的検討」彦根論叢 360 号（2006 年）69 頁以下、山﨑文夫「各国ハラスメント法制とわが国の現状」日本労働研究雑誌 712 号（2019 年）64 頁以下、同「フランス破毀院のモラル・ハラスメント概念立直し──ブルダン夫人対セルカ社メディカルバイオセンター事件　フランス破毀院社会部 2008 年 9 月 24 日判決」労働法律旬報 1700 号（2009 年）28 頁以下等を参照）。なお、前掲注 1 の日原教授による研究も、併せて参照されたい。

[10] 本協定は、労働における嫌がらせおよび暴力について、その概念を定義し、その識別、予防、および管理のための枠組を提案するものである。もっとも、同協定は「ほとんど革新をもたらすものではなく、あまり強制的なものではない」と評されている（v.

る対応についても若干の検討をおこない（第4節）、最後に、フランスのセクシュアル・ハラスメントに関する法規制についての最近の動向について簡単に紹介したうえで（第5節）、フランスのハラスメントに関する法規制およびその適用の実態について、小括をおこなう（第6節）。

# 2 | 2002年法の制定過程

## 1　フランスにおける職場のいじめ・嫌がらせをめぐる社会状況

　前述の通り、職場におけるいじめ・嫌がらせに相当する行為・事実の存在は、フランスでも古くから認識されてはいたようである。しかし、この問題についての社会的関心が広がり、法的な（政策的な）問題として議論されるようになったのは、1990年代以降であるとされる。とりわけ、欧州におけるハラスメントに関する世論や政策に大きな影響を与えた Leymann の著書が、1996年にフランスでも翻訳・紹介された[11]ことに加え、1998年に精神分析医の Marie-France Hirigoyen による『モラル・ハラスメント』[12]が大ベストセラーとなったことなども大きな契機となった。結果として、それまで労働者が表立って口にすることができなかった職場のいじめ・嫌がらせの問題について、公然と議論されることとなったと言われている[13][14][15]。

---

　　P. Adam, Une lecture de l'accord du 26 mars 2010 sur le harcèlement et la violence au travail, RDT 2010. 428. Adde, R. Colson et J.-M. Poittevin, La prpcédure interne, nouveau remède au harcèlement?, RDT 2012. 80.）

[11] Leymann・前掲注4。仏訳版は MOBBING: La persécution au travail, traduit par Edmond Jacquemot, Ed. Seuil, 1996.

[12] Le harcèlement moral au travail. La violence perverse au quotidien, Éditions La Découverte et Syros, Coll. Pocket, 1998. 邦訳は『モラル・ハラスメント――人を傷つけずにはいられない』（高野優訳、紀伊國屋書店、1999年）。なお、Hirigoyen によるハラスメントに関する著作は、2014年に刊行された《Le Harcèlement moral au travail》, PUF も邦訳されており（マリー＝フランス・イルゴイエンヌ＝大和田敢太訳『モラル・ハラスメント――職場における見えない暴力』（白水社、2017年））あわせて参考にされたい。

[13] ロイック・ルルージュ「フランス法におけるモラルハラスメント」ビジネス・レーバー・トレンド459号（2013年）5頁。

[14] 石井（2005）・前掲注9。115頁。

[15] Philippe Ravisy, Le halcèlement moral au travail, 2e éd., Dalloz, 2002, p. 12.

　むろん、こうした著作の影響だけでなく、現に職場のいじめ・嫌がらせ行為が蔓延し、それによってもたらされる深刻な影響を無視できない状況になってきていたことも、議論が広がった要因であろう[16]。当時は、ハラスメントに関する統計資料があまり多くは存在していなかった[17]ものの、たとえば、1997 年に DARES（労働省統計情報部）が発表した統計によれば、労働者の約 30％が職階上の上下関係とのかかわりで[18]緊張を強いられていると感じた旨を回答している。同調査では、とりわけ、流通業、ホテル・レストラン業、公共部門、病院において、こうした数値が高いことが示されている。また、2000 年 6 月に Rebondir 誌が実施した、職場のいじめ・嫌がらせの状況についてのアンケート調査によれば、30％の労働者が職場でいじめ・嫌がらせを受けたと回答している。加えて、その大半が、こうしたいじめ・嫌がらせがたびたび繰り返し、あるいは恒常的になされているとしている。さらに、12％が罵倒（insulter）を受けたと回答し、22％が侮辱（humilier）を受けたと回答している。また、37％が、同僚がいじめ・嫌がらせの対象となっていることを目撃したと回答している。

　職場におけるいじめ・嫌がらせの態様について、より具体的にみると、①侮辱的な対応（会話の拒否、狡猾なまた明らかに侮辱的な指示・注意、相手を傷つける言葉・悪口、相手を愚弄する意思表示・嘲笑）、②濫用的制裁（存在しないあるいは虚偽の事実に基づく不当な制裁）、③指揮権の濫用（仕

---

[16] 石井（2005）・前掲注 9）115 頁。Sandy LICARI, De la nécessité d'une législation spécifique au harcèlement moral au travail, Dr. Soc., n° 5 Mai 2000, p. 492 は、この問題について報じる新聞・雑誌等の多くの特集を引きつつ、職場のいじめ・嫌がらせに特化した立法の必要性を説く。

[17] ルルージュ・前掲注 13）15 頁。

[18] ここに示されるように、フランスにおける職場のいじめ・嫌がらせ行為については、当初、職業上の上下関係を背景とする行為（上司から部下に対する典型的な嫌がらせ）が念頭に置かれていたようであり、前掲した法律用語辞典『LEXIQUE DES TERMES JURIDIQUES』（前掲注 5）における《harcèlement moral》の解説文においても、初期においては「職業上の権限を背景に」した行為であることが明記されていた。後述のように、現在では職業上の上下関係に関わらずこうした問題は発生しうることが認識されているようであり、『LEXIQUE DES TERMES JURIDIQUES』においても、「精神的嫌がらせはいかなる権力関係または上下関係ともかかわりなく生じうることに留意すべきである」との説明が加えられている（中村紘一他監訳『フランス法律用語辞典（第 3版））』（三省堂、2012 年）参照）。

事を与えない、過重な労働、実現不可能な目標設定、無益な労働、隔離）、
④組織の権限の濫用（重要な労働条件の恣意的な改訂）などが存在するとい
う[19]。

　いじめ・嫌がらせ行為の目的・背景については、以下のように整理され
る。第一に、相手を傷つけることそれ自体が目的である、典型的な「いじ
め」であり、第二に、特定の労働者を企業ないし事業所外へ放逐することを
目的とする嫌がらせである。具体的には、疾病休暇明けの労働者、障害を抱
える労働者、組合活動家などのように、解雇に対して法的に保護されている
者[20]について、辞職・自主退職に追い込むことを目的とするものである。
第三に、管理者が（成果がうまく上がらないときに）、部下に対して生産性
を上げるように要求し、あるいは従業員間の競争意識を煽ることを通じて生
産性を向上することを目的としたハラスメントが存在するとの指摘[21]があ
る。このほか、上記の要素（あるいはそれ以外の要素も）混在したタイプの
いじめ・嫌がらせも存在しうるであろう。

　いじめ・嫌がらせが生じる場に着目すると、産業別では、前記のように、
流通業、ホテル・レストラン業、病院などで多くみられることが指摘されて
いた。また、私企業のみならず公務員・公共部門においても多く見られると
されている[22]。加えて、景気の低迷による企業の再構築（リストラ：
restructuration）の広がりを背景に、再建状態にある産業部門および企業にお
いては、50歳以上の者についてこうした傾向が広がっていることが指摘さ
れている[23]。

---

[19] Paul Bouaziz, Harcèlement moral dans les relations de travail: Essai d'aproche juridique, Dr. ouvr., Mai 2000, p. 206.

[20] フランスにおいては、不当な解雇（解雇権の濫用に相当する「濫用的解雇」）について
も違法解雇補償金の支払いが生じるのみであって、いわゆる原職復帰が課されないの
が原則である。これに対し、これらの「保護される労働者」に対する違法な解雇に対
しては、労働者は原職復帰の選択をすることが可能である。このため、リスクの高い
「解雇」という方法ではなく、嫌がらせによって退職に追い込む行為が生じるという。

[21] ルルージュ・前掲注13）15頁。Michel Scheidt et Laurent Milet, Le harcelement moral devant les tribunaux, RPDS, n° 663 Huillet 2000, p. 201.

[22] P. Ravisy, op.cit, p. 16-17.

[23] Jean-Claude Valette, Le harcelement moral au travail: L'action collective pour la sante mentale, Dr. Ouvr., Mai 2000, p. 218.

　いじめ・嫌がらせの対象についてみると、年齢的には平均が約 48 歳、年代別でも 46 歳～55 歳が全体の 62％を占めているとの調査があり、この背景には、加齢が進むにつれ、新たな技術への対応ができない、あるいは加齢による体力・能率の低下が生じ、それが疎まれていじめ・嫌がらせの要因となりうる可能性が指摘されている [24]。また、職場のいじめ・嫌がらせの被害者について、性別でみると女性が 70％、男性が 30％と、女性が被害者となる割合が高く、フランスは現在でも男性優位の考え方が残っていることが背景にあるとの指摘がある [25]。次に、職場のいじめ・嫌がらせの当事者間の関係についてであるが、Leymann や Hirigoyen によれば、ヨーロッパにおける職場のいじめ・嫌がらせは、「垂直的（下向型）」のものだけではなく、「水平的」なものもあるという。すなわち、前者は、使用者・職場の上司等が、従業員・部下に対して行うものがその典型であり、後者は、昇進等をめぐってライバル関係にある同僚に対してなされるのが典型である [26]。また、こうした典型的な職場のいじめ・嫌がらせのほか、全体に占める割合は少ないとはいえ、サービス業においては、顧客やユーザーにより、これらの業務に従事する労働者に対して、いじめ・嫌がらせに相当する行為がなされることがあること、部下から上司に向けられた「垂直上向型」のケースもみられることが指摘され、職場のいじめ・嫌がらせについて、職階・階層的な区別・相違はそれほど重要ではないとの見解も示されている [27]。もっとも、職場のいじめ・嫌がらせ行為を誰から受けたかという問いに対し、上司から：58％、上司と同僚から受けた：29％、同僚から受けた：12％、部下から受けた：1％とする調査もあり [28]、フランスにおける職場のいじめ・嫌がらせについては、使用者や管理職らにより、その従業員や部下に対してなされる「垂直下向型」が数の上では多いと考えられている [29]。

---

[24] M.-F. Hirigoyen, Maladie dans le travail, p. 77.

[25] Ibid. ただし、被害者のうち女性が 43.5％、男性が 56.5％であるとする調査も存在する（石井（2005）・前掲注 9）117 頁）ようであり、注意が必要である。

[26] M.-F. Hirigoyen, Maladie dans le travail, op. cit., p. 91.

[27] M.-F. Hirigoyen, Maladie dans le travail, op. cit., p. 91.

[28] M.-F. Hirigoyen, Maladie dans le travail, op. cit., p. 91.

[29] 石井（2005）・前掲注 9）117 頁。また、フランスにおいては、サービス業における顧客・ユーザーからのいじめ・嫌がらせ的行為については、背景に人種問題・移民に対

## 2　2002 年法の制定

　以上に示したような社会状況に加え、EU における 2000 年 6 月 29 日の人種・民族均等指令、同年 11 月 27 日の雇用労働平等取扱一般枠組指令も背景として、フランスでは職場のいじめ・嫌がらせに関する立法が進んでいくこととなる。まず、1999 年 12 月 22 日、フランス共産党（Parti communiste français：PCF）の Georges Hage らを中心とする議員団が、国民議会（Assemblée national）に対して「精神的嫌がらせ」に関する議員提出法律案（Proposition de loi）[30] を提出した。2000 年には同じくフランス共産党の Roland Muzeau らが元老院（Sénat）に同様の法律案を提出した。その後、Michel Debout 報告に基づく経済社会評議会（conseil économique et social）[31] での審議を経て、前述の労使関係現代化法により「精神的嫌がらせ」に関する立法が導入されることとなった。

　労使関係現代化法による「精神的嫌がらせ」に関する立法の過程では、こうした立法の要否についても議論があった。すなわち、一方では、職場のいじめ・嫌がらせの被害者については、既存の法規定を利用して法的救済および加害者に対する責任追及を図ることが可能であり、新たな立法は必要ないとする見解[32] も根強く存在した。他方では、既存の法規定は、救済を求める側からすれば明確性を欠き、救済手段として不十分であるとする見解[33]

---

する差別的な感情が存在するケースも少なくないと考えられる。実際、筆者がフランスにおけるプラットフォームワークに関する現地調査を行った際、移民系の若者がプラットフォーム就労を選択する大きな理由の一つとして、（教育機会の問題から雇用の機会を得ることが難しいことに加え）就労中に対面する機会が少ない結果として、差別的感情に基づく敵意を向けられるおそれが少ないことを挙げることがしばしばあった。このように、日本における顧客からのハラスメントとは、発生状況が必ずしも一致するわけではないと思われる点には注意が必要であろう。

[30] フランスにおける法案は議員提出法案と政府提出法案（projet de loi）に分けられるが、日本に比べ、議員提出法案の数および成立率が非常に高い。

[31] 国の主要な経済的・社会的活動部門の代表者（231 名）によって構成される純粋に諮問的な会議体。政府の諮問は義務的な場合（計画案）と任意的な場合（経済的社会的性格を有する法文または問題）がある。この評議会は、その権限に含まれる問題について自ら審議を開始することができる（参照：中村他監訳・前掲注 18）。

[32] Jean-Emanuel Ray, Le harcèlement moral sous l'oeil des juges, Liasons sociales/Magazine, Mai 2000, p. 8.

も存在した。そして、最終的には、フランスでは、職場のいじめ・嫌がらせについて特別な立法に基づく解決を図るという道が選択されることとなった。

# 3 フランスにおける「職場のいじめ・嫌がらせ」をめぐる法理

　第2節で示したように、フランスでは2002年法により「精神的嫌がらせ」に関する立法が確立し、以後、同法に基づいて職場のいじめ・嫌がらせにかかる法理が形成されてきた。他方では、2002年法制定以前から、民法に基づく法理も形成されてきており、これらが折り重なる形で、職場のいじめ・嫌がらせにかかる法理が形成されてきている。そこで、本節では、2002年法を踏まえつつ、フランスにおける「精神的嫌がらせ」に関する法理について、整理を行う。

　すなわち、最初に、フランスにおける「精神的嫌がらせ」の概念について整理を行う（1）。続いて、2002年法を踏まえつつ、フランスにおいて、職場のいじめ・嫌がらせに関してどのような問題状況・議論状況があるのかについて、概括的に検討を行う。具体的には、職場のいじめ・嫌がらせに関する法的な紛争類型と、訴訟における立証をめぐる問題について、検討を行い（2）、職場のいじめ・嫌がらせに関する使用者の安全配慮義務および予防措置についての議論状況（3）、職場のいじめ・嫌がらせにかかる被害者等に対する不利益取扱いからの保護について、検討する（4）。

## 1　フランス労働法典における「精神的嫌がらせ」の概念

### （1）2002年労使関係現代化法による「精神的嫌がらせ」概念の規定

　2002年労使関係現代化法は、その168条〜180条を通じて、「精神的嫌がらせ」（モラル・ハラスメント：Harcèlement moral）の概念を導入した。すなわち、同法は、従前（1992年11月2日の法律）から刑法典に存在したセクシュアル・ハラスメント罪（délit de Harcèlement sexuel）の規定を改正[34]

---

[33] Corinne Daburon, Loi relative au harcèlement moral, RJS, 8-9/2002, p. 719.
[34] 刑法典222-33条「人が性的行為を得ることを目的として他人に嫌がらせをする行為は、

するとともに、刑法典 222-33-2 条を新設し、「精神的嫌がらせ」罪（délit de Harcèlement moral）を規定した[35]。同条は、「他人の権利若しくは尊厳を侵害し、肉体的若しくは精神的健康を害し、または職業上の将来性を損なうおそれのある労働条件の屈辱化を目的とし、またはそのような結果をもたらすような、反復行為による、他人に対する嫌がらせ行為は、1 年の拘禁（emprisonnement）および 15,000€ の罰金に処する」と規定している。同時に、労働法典においてもセクシュアル・ハラスメントと同様に、「精神的嫌がらせ」から労働者[36]を保護する規定および精神的嫌がらせの予防に関する規定が定められた[37]。

## (2) 労働法典における「精神的嫌がらせ」に関する規制の規範的根拠

　2002 年 1 月 17 日の労使関係現代化法により労働法典に導入された、精神的嫌がらせに関する規制は、労働者の肉体的および精神的健康を保護するための重要な規制と一般的には理解されている。したがって、その規範的根拠は、通常は「安全衛生（労働者の肉体的・制止的健康の保護）」と理解されている。もっとも、嫌がらせに関するこれらの規定は、労働における健康および安全に関する規定が置かれている労働法典の第 4 巻には存在しない。嫌

---

　1 年の拘禁および 15,000€ の罰金に処する」

[35] なお、フランスにおける刑事犯罪は、重罪（crime）、軽罪（délit）、違警罪（contravantion）の 3 つに区分されており、重罪に対しては無期もしくは有期の懲役または禁固、または罰金が、軽罪に対しては（上限を 10 年とする）拘禁刑、3,750€ 以上の罰金刑、市民意識啓発研修、公益奉仕労働、権利剥奪刑または権利制限刑、損害賠償制裁が科される。違警罪は主として道路交通法違反であり、3,000€ を上限とする罰金刑、一定の権利剥奪刑または権利制限刑、損害賠償制裁が科される。なお、法人については罰金の上限が 5 倍となる。セクシュアル・ハラスメント罪およびモラル・ハラスメント罪はいずれも軽罪に該当する。

[36] なお、労働法典 L.1151 条以下に定める精神的嫌がらせに関する規定は、私企業の使用者および労働者に適用され、公務員については公務員規定における規則が適用されることとなる。ただし、公共部門にあっても、私法上の契約関係によって公法人に雇用される者については労働法典 L.1151 条以下の規定が適用される（CE 11 juill. 2011, nᵒ 321225: RDT 2011. 576）。

[37] なお、フランスにおいては、こうしたハラスメント行為を「差別」とみなすような規定は置かれておらず、EU 指令におけるハラスメント概念の捉え方との間に乖離があるとの指摘もある（山﨑文夫「職場のハラスメントに関する労働法上の課題」労働法律旬報 1658 号（2007 年）9 頁）。

がらせに関する規定は、労働法典の基本的な原理を定める第1巻（序則）に
規定されている（L.1151条以下）[38]。これは、嫌がらせに関する労働法典の
規制が、単に労働者の安全衛生にのみにかかわるのではなく、労働者の基本
的人権にかかわる、いわば公序としての性質をも有する[39]ことを意味して
いると思われる。

## （3）労働法典により規制（禁止）される「嫌がらせ」の意義

　労働の現場における緊張関係は、職階の上下関係に起因するものや同僚間
での人間関係に基づくものを含め、それらが全ていじめ・嫌がらせとの評価
を受けるわけではない。それらを法的な議論の俎上に乗せるには、法的に
「いじめ・嫌がらせ」との評価を受けるものは何か、という概念を示すこと
が必要となる[40]。もっとも、「いじめ・嫌がらせ」が、本質的に主観的要
素・心理的要素を含むことから、その概念を確定する作業は困難であろうと
いうことは、従前からフランスの法学者の間で指摘されてきた[41]。2002年
法制定以前、フランスにおける職場のいじめ・嫌がらせに関する紛争が法的
に争われる場合、大きく、いじめ・嫌がらせに起因する労働契約の破棄

---

[38] 私法上の使用者及び労働者に適用される、これらの規定は、同様に私法上の条件にお
いて雇用されている公法人の従業員にも適用される（L.1151-1条）。v. CE 11 juill. 2011,
n° 321225, RDT 2011. 576, note P. Adam.

[39] 石井（2005）・前掲注9）120頁以下は、2002年法による精神的嫌がらせの保護につき、
「人間の尊厳」に対する侵害からの保護という側面があることの重要性を指摘するとと
もに、その背景に、1990年代以降における（労働分野以外も含めた）「人間の尊厳」の
保護を憲法的原則として確立してきた動きがあることを指摘する（S. Licari, op. cit.,
p. 493-494; P. Bauaziz, op. cit., p. 208も参照）。なお、フランスの労働法における憲法規
範の影響については、細川良「フランス労働法における立法政策と人権・基本権論」
日本労働法学会誌129号（2017年）45頁以下も参照。また、フランスにおける「人間
の尊厳」をめぐる議論については、さしあたり小林真紀「フランス公法における『人
間の尊厳』の原理（1）（2）」上智大学法学論集42巻3＝4号（1999年）167頁以下、
同43巻1号（1999年）55頁以下、同「フランス司法裁判所の判例に見る「人間の尊
厳」の原理（1）（2）」愛知大学法経論集162号（2003年）1頁以下、同163号（2003
年）38頁以下を参照。

[40] 石井（2005）・前掲注9）117頁、Corinne Daburon, Loi relative au harcelement moral, RJS
8-9/2002, p. 719.

[41] 石井（2005）・前掲注9）118頁、Beatrice Laperou – Scheneider, Les mesures de lutte contre
le harcelement moral, Dr. soc., n° 3 Mars 2002, p. 314.

（rupture du contrat de travail）が問題となるものと、いじめ・嫌がらせ行為そ
れ自体が不法行為となるか否かが問題となるものとに分けられるが、これら
の紛争において、職場のいじめ・嫌がらせとして問題とされた行為が法的に
非難される性質のものであるか否かは、専らそれを評価する裁判官の裁量に
委ねられていた。

　これに対し、2002 年労使関係現代化法は、その 169 条により、従来から
存在したセクシュアル・ハラスメントに関する条文に加え、「精神的嫌がら
せ」を定義し、それを禁止・規制する条文を労働法典の中に入れ込んだ[42]。
すなわち、労働法典 L.1152-1 条[43] は、精神的嫌がらせについて、「いかなる
労働者も、その権利および尊厳を侵害し、肉体的若しくは精神的健康を害
し、またはその職業上の将来性を損なう可能性のある労働条件の屈辱化
（dégradation）[44] を目的とし、またはそのような結果をもたらす、精神的嫌が
らせの反復行為を受けることがあってはならない」と規定している[45]。その
文言からすると、L.1152-1 条は、精神的嫌がらせについて、その原因となっ
た非難されるべき行為というよりも、そのもたらされた結果に着目した定義
を与えているように見える。すなわち、（精神的嫌がらせに該当するとして）
してはならない行為態様を違法として定めるというよりは、労働者が被るべ
きではない結果をもたらすような行為一般を、包括的に違法としていると評
価できる。

　このように、2002 年法によって、「精神的嫌がらせ」の定義が明文で示さ
れるに至った。もっとも、その定義はなおも抽象的な性質を残しており、そ
の解釈については、その後の破毀院[46] 社会部の判例によって - とりわけ、

---

[42] なお、2002 年法当時において、職場の精神的嫌がらせに関する条文は、L.122-49 条で
あったが、その後、労働法典は再法典化により条文番号が大幅に変更されている。本
稿では、原則として条文番号は現行法のものを記す。

[43] 2002 年法当時は、労働法典 L.122-49 条 1 項。

[44] 単に労働条件の「悪化」と訳される例が多いが、原文で用いられている dégradation と
いう文言は、単なる悪化を通り越して、より破壊的・破滅的なニュアンスを有する語
である点に留意する必要がある。

[45] 上記の通り、刑法典 222-33-2 条の規定と同様の表現である。

[46] フランスにおける司法系統の民事および刑事裁判所について、階層構造の頂点に位置
する裁判所（中村他監訳・前掲注 18）128 頁参照）。

精神的嫌がらせに関する認定は事実審（下級審）裁判官の絶対的評価に委ねるとの立場を示した判例[47]を変更し、破毀院がその性質決定（qualification）を統制するとの立場を示して[48]以降 – 精緻化がなされていくこととなった。ここでは、以下、「精神的嫌がらせ」行為の当事者（ア）、態様（イ）、保護の内容（ウ）について、判例および学説の議論を踏まえつつ、検討する。

ア　「精神的嫌がらせ」行為の当事者

　精神的嫌がらせ行為からの保護を定める労働法典 L.1152-1 条および L.1152-2 条は、「精神的嫌がらせ」の主体について、明文では言及していない。もっとも、前述の通り、フランスにおいては、精神的嫌がらせの多くは、職務上の上下関係によって生じると考えられている。すなわち、その主体については、企業長（Chef d'entreprise）、取締役等使用者の委任を受けて行動する者、管理職（coche）等、一定の職業上の地位に基づいて従業員に対して一定の指揮・命令を行う権限を有する者がこれに含まれるのは当然であろう。他方で、職場のいじめ・嫌がらせは、上下関係によってのみ生じるものではない。すなわち、同僚間による嫌がらせ[49]や、顧客等による嫌がらせも存在することが指摘されるところ、労働法典による精神的嫌がらせからの保護は、これらの職務上の上下関係にはなく、さらには労働契約関係にない者まで広く適用されうると解する[50]のが通説である。判例も、2011 年 12 月 6 日の破毀院刑事部判決で、ハラスメントに関する規制の適用に際しては、職務上の権限関係は前提としないとする判断を示している[51]。

　他方、法による保護の対象となる、「精神的嫌がらせ」の客体について、

---

[47] Soc. 27 oct. 2004, n° 04-41.008: Bull. civ. V, n° 2670.

[48] Soc. 24 sept. 2008, RDT 2008, 744. 同判決については、山﨑（2009）・前掲注 9）28 頁以下に詳しい。

[49] フランスにおける同僚間の精神的嫌がらせについて考察するものとして、Antoine Mazeaud, Harcèlement entre salariés: apport de la loi de modernization, Dr. soc., n° 3, 2002, p. 321-324 など。

[50] Antoine Mazeaud, op.cit., p. 321.

[51] これに対し、労働契約関係のないところ（顧客との関係等）については、本条を適用することは疑問であるとする見解も存在する（B. Laperou – Scheneider, op. cit., p. 314 など）。

労働法典 L.1152-1 条および L.1152-2 条は「いかなる労働者（salarié）も」と
規定している[52]。すなわち、その職務上の地位に関わらず、労働者であれば
保護の対象となる。

　L.1152-2 条の文言によれば、より具体的には、精神的嫌がらせから保護さ
れる労働者は、以下の3つの類型に整理することができるとされる[53]。すな
わち、第一に、精神的嫌がらせの被害者となった者、第二に、精神的嫌がら
せ行為を拒絶した者、第三に、精神的嫌がらせに該当する行為を告発した者
である。

イ　「精神的嫌がらせ」行為の態様
　「精神的嫌がらせ」の態様については、条文の規定からおおよそ以下のよ
うな点が指摘できる。

（ア）反復性
　まず、L.1152-1 条は、「反復行為（agissements répétés）（傍点筆者）」とい
う要件を定めており、1 回の行為それ自体では、精神的嫌がらせを特徴付け
るには足りないとされる[54]。フランスにおいては、従前から、職場のいじ
め・嫌がらせは、単に労働者に不快感を与え、またその尊厳を傷つける性格
を有するだけではなく、それが繰り返されることに本質的な特徴があると理
解されてきたようである[55]。ただし、精神的嫌がらせを構成しうる行為の反
復は、異なる性質の反復行為が認定されることまでは要せず、同様の行為が
反復されることによっても、精神的嫌がらせは構成されうる[56]。また、行為

---

[52] L.1152-1 条により保護される精神的嫌がらせ行為の「客体」については、Fréderic Jérome
Pansier et Cyrille Charbonneau, Commentaire de la loi de modernization sociale du 17 janvier
2002, Petites affiches, nº 26, 5 février, 2002. P. 12 も参照。

[53] 石井（2005）・前掲注9）119 頁。

[54] Soc. 9 déc. 2009, nº 07-45.521, Bull. civ V, nº 280.

[55] この点、セクシュアル・ハラスメントについて規定する L.1153-1 条では、反復性を示
す文言が盛り込まれていないが、2007 年 9 月 14 日破毀院社会部判決によれば、判例は
「ハラスメントは 1 回の行為のみではそのような性格付けをすることはできない」とし
て、同様にその成立に反復性を要求しているようである。

[56] Crim. 26 janv. 2016, nº 14-80.455, Lexbase Hendo, éd. Sociale nº 643, note S. Tournaux.

の反復は長期にわたって継続されることは必ずしも要さず、短期間で展開された行為の反復が精神的嫌がらせを構成することもありうる[57][58]。他方で、短期間のうちに繰り広げられることが要件であるわけでもなく、長期間にわたって継続された行為を一括りにして精神的嫌がらせ行為と評価されることもあり得る[59]。さらに、一時になされた行為に過ぎない場合であっても、それが被害者に重大な結果（例えば、労働者が耐えかねて辞職し、あるいは退職を申し出るなど）をもたらした場合には、精神的嫌がらせの問題が生じる余地はあるとされる[60]。

### （イ）行為者の主観（故意）

次に、「精神的嫌がらせ」行為者の主観的な意思についてである。この点、L.1151-1条は、「精神的嫌がらせ」行為者が被害者に対して精神的・心理的な害を与えることを意図しているとき、すなわち積極的加害意思を有する場合（「〜目的とし」）は、もちろん規制の対象としている。加えて、「そのような結果をもたらす」という文言から、積極的な加害意思を必ずしも要さず、無意識に被害を及ぼす行為についても、規制の対象としていると解される。すなわち、「精神的嫌がらせ」行為者の悪意（mauvaise foi）ないし害意（intention nuire）といった主観的要素は、「精神的嫌がらせ」の成否それ自体の判断に関わっては、それほど重要ではないと解されている[61][62]。

---

[57] Soc. 26 mai 2010, n° 08-43.152, JCP S 2010. 1330, note C. Leborgne-Ingelaere.

[58] 短期間における精神的嫌がらせ行為の成立が認められた例として Soc. 22 sept. 2010, n° 09-41.495, JCP S 2010. 1441, note C. Puigelier; 23 juin 2010, n° 09-41.175, ibid. 1432; 14 sept. 2010, n° 09-66.762, ibid. 1484; 27 oct. 2004, Bull. civ. V, n° 267.

[59] Soc. 26 mai 2010, n° 08-43. 152, JCP S 2010. 1330; Soc. 22 sepr. 2010, n° 09-41. 495, JCP S 2010. 1441; 23 juin 2010, n° 09-41. 175. JCP S 2010. 1432; 14 sept. 2010, n° 09-66. 762, JCP S 2010. 1484; 27 oct. 2004, Bull. civ. V, n° 267.

[60] 石井（2005）・前掲注9）119頁。

[61] Paul Bouaziz, Harcèlement moral dans les relation de travail: Essai d'approche juridique, Dr. ouvr., Mai 2000, p. 208.

[62] こうした見解を批判するものとして、M. Ledoux et J. El Berry, Un harcèlement moral <<génétiquement modifié>>?, Sem. soc. Lamy 2011, n1482, p. 12. なお、石井（2005）・前掲注9）119頁によれば、1999年12月14日に George Hage 議員が提出した法案では、「労働条件の意図的な悪化（dégradation délibérée des conditions de travail）」という要件が用いられ、主観的要素が重視されていたようである。

　この点、破毀院は、2009 年 10 月 10 日に 2 つの重要な判決を示している。第一に、破毀院は、精神的嫌がらせはその行為者の故意（intension）とは独立して構成されうるとした[63]。そして、「上位の職位にある者によって実施された管理手法は、それが一定の労働者にとって、当該労働者の権利および尊厳に対する侵害をもたらしうるような労働条件の屈辱化、労働者の肉体的または精神的健康の悪化、あるいは労働者の職業上の将来性を損なうこと、を目的とし、またはそのような効果を有するものであって、それが反復して行われたとき」には、精神的嫌がらせとしての性質を帯びることがある旨を判示した[64]。すなわち、嫌がらせの行為者にその対象となった労働者を傷つける意図がなかったとしても、客観的にそのような効果をもたらしうる行為であれば、労働法典が規律する「嫌がらせ」に該当するとしたのである。第二に、破毀院は、嫌がらせ行為は特定の個人による行為に限られるわけではなく、（複数人による、さらにはすべての労働者がその実行に関与する）「集団的（collectif）」嫌がらせがありうることも確認している[65][66]。

　この 2 つの判決の帰結として、嫌がらせの意図（故意）がなかったとしても、労働者を傷つけるような効果をもたらすマネジメントの手法は、ハラスメントが認定されうることとなる。ただし、精神的嫌がらせに関する故意の概念が、今日では完全に放棄されたと結論づけられているわけではない[67]。すなわち、ハラスメントの成立に、積極的な害意が必要でないことは判例により確認されているが、そのことは、行為者に「嫌がらせ」に当たる行為を行うという認識が必要ないことを意味するわけではない[68]。積極的な害意で

---

[63] Soc. 10 nov. 2009, n° 497, Dr. soc. 2010, 110.

[64] Soc. 10 nov. 2009, n° 07-45.321, Dr. soc. 2010, 109. ルルージュ・前掲注 13）6 頁も参照。

[65] Gilles Auzero et Emmanuel Dockes, Droit du travail, 28e éd., précis dalloz, 2013, p. 904.

[66] ただし、最終的にその影響が特定の 1 または複数の労働者に対して生じる行為であることが必要である。単なる集団的な労働条件の悪化といった事実は、それ自体は、直ちに特定の労働者が個別の被害者とはなるわけではないため、原則として精神的嫌がらせを構成することはない（Soc. 20 oct. 2010, n° 08-19. 748, Dr. soc. 2011. 97）。

[67] なお、労働法典上の「精神的嫌がらせ」の成否とは異なり、（刑事上の）精神的嫌がらせの罪に関しては、そもそもその成立に故意が要求されると解されている（E. Fortis, Harcèlement moral en droit pénal et en droit du travail, unité ou dualité?, Sem. soc. Lamy 2011, n° 1482, p. 8.）。

[68] この点につき、「嫌がらせをする」意図は、客観的に屈辱的、抑圧的、品位に欠く、あ

は求められないとしても、自らの行為により、相手が傷つくことへの認識は必要となる。この点、階層的な権限の存在が、自らの行為が「嫌がらせ」に該当しうるとの認識を認定することを容易にする面があるとの指摘もあるが、判例は、あくまでも精神的嫌がらせの認識は、階層的な権限とは独立して認定されるとしている[69]。

　（ウ）被行為者の「被害」との因果関係

　最後に、L.1151-1 条に「精神的嫌がらせ」の影響として列挙されている「権利および尊厳の侵害」、「肉体的若しくは精神的健康の侵害」、「職業上の将来性を損なう可能性のある労働条件の屈辱化」と、「加害者」の行為との因果関係が問題となり得る。すなわち、結果として、これらの事由のいずれかが存在すれば「精神的嫌がらせ」の成立の余地があるのか、職場におけるいじめ・嫌がらせ行為と、これらの影響との間に因果関係（relation de cause à effet）が存在しなければならないのか、そもそも「精神的嫌がらせ」の成立にこういった具体的な影響（実損害）が生じることが要求されるのかという点について、学説上は多くの議論が存在するようである[70]。この点について、実務上は、事実審裁判官の裁量に委ねられていると考えられる。

## 2　「精神的嫌がらせ」をめぐる紛争

### （1）「精神的嫌がらせ」をめぐる紛争類型

　フランスにおける職場のいじめ・嫌がらせに関する紛争は、大きく分けていじめ・嫌がらせに起因する労働契約の破棄（rupture du contrat de travail）が問題となるもの（ア）と、いじめ・嫌がらせ行為それ自体が不法行為となるか否かが問題となるもの（イ）とに分けられる。ここでは、上記 2 つの紛争類型に加え、「精神的嫌がらせ」による自殺と労災に関する問題（ウ）について検討する。

---

るいは心理的に不安定にさせるような行為を故意によって行うことと解されるべきとする見解もある（P. Adam, La «figure» juridique du harcèlement moral managérial, Sem. soc. Lamy 2011, n° 1482, p. 4）。

[69] Crim. 6 déc. 2011, n° 10-82. 266, Bull. civ. V, n° 249.

[70] 石井（2005）・前掲注 9）119 頁；F.-J. Panisier et C. Charbonneau op.cit., p. 12.

ア　労働契約の破棄

（ア）「精神的嫌がらせ」による解雇の「無効」

　フランスでは、使用者が労働者を解雇するには、「現実的かつ重大な理由（cause réelle et serieuse）」[71] がなければならない [72] とされている（労働法典 L.1232-1 条 2 項）。これに対し、単に「現実的かつ重大な理由」のみならず、労働者に重い非行（faute[73] grave）が存在する場合には、（労働協約（convention collective）ないし集団協定（accord collective）[74] に特別な規定がない限り）解雇が適法なものとされ、使用者は解雇予告期間を置かず、解雇補償金を支払うことなく労働者を解雇することができる [75]。その意味で、重大な非行を理由とする解雇は、労働者にとって非常に重い制裁となる。

　この点、重い非行について、法律による定義はないが、一般には、当該労働者を、予告期間を置かずに、企業内にとどめておくことができないような非行とされている。そして、持ち場の放棄は、労働契約上の義務を意図的に履行しない行為であるとして、重い非行を構成するとされている。そこで、2002 年法以前から、こうした持ち場の放棄が、職場におけるいじめ・嫌がらせに起因して発生した場合に、問題が生じていた。これに対し裁判例は、使用者の傲慢かつ過度のいじめを構成するような、労働者の業務の質への非難によって生じた持ち場の放棄は、現実的かつ重大な理由にあたらないとして、持ち場放棄を理由とする解雇を違法なものとする、あるいは「要求され

---

[71] 必ずしも労働者が非難されるべき事由に限られず、疾病による長期の欠勤や、経済的な理由も含まれる。さしあたり、日本の労働契約法 16 条にいう合理的な理由および社会的相当性とおおよそ同じようなニュアンスと理解してよいと思われる。

[72] これを欠く解雇については、解雇補償金（indemnité de licenciement）に加え、濫用的破棄補償金（indemnité de rupture abusive）を支払わなければならない。

[73] 民法理論にいう「フォート」とは異なる概念であることに注意が必要である（後掲注 89 参照）。

[74] フランスにおける集団的な労働条件決定のツールは、労働協約と集団協定の 2 つに法文上分類されるが、これはそこで規定する内容による区分であり、法的な効果は同じである。文献においては、これら 2 つをまとめて「労働協約」と称する場合もある点に留意が必要である。

[75] 参考までに、より重大な非行である、特別に重い非行（faute lourde）がある場合には、重い非行による解雇の効果に加え、有給休暇相殺補償金（indemnité compensatrice de congés payés）の権利が奪われ、場合によっては労働者に損害賠償責任義務が生じる。特別に重い非行とは、使用者を害する労働者の意思を示す非行であるとされる。

る最小限の役割を果たしていた労働者に対し、使用者がいびり、嫌がらせ及び不当な拘束を繰り返し、その結果として労働契約の履行が不可能となったとき、労働契約の破棄の責任は使用者に帰せられ、労働契約の不履行は現実的かつ重大な理由を欠くというほかない」とする、などの判断を示してきた[76]。このように、2002年労使関係現代化法による「精神的嫌がらせ」規制の創設以前から、職場のいじめ・嫌がらせに起因する雇用終了については、使用者の解雇を適法化するものではないとの法理が裁判所によって形成されてきていた。ただし、フランスにおいては、現実かつ重大な理由を欠く不当解雇は、その無効を導くものではない点に留意する必要がある。こうした紛争において、従来は濫用的解雇補償金ないし解雇補償金等の支払いを求めることができるのみであった[77]。

　これに対し、2002年法による精神的嫌がらせに関する立法は、労働法典L.1152-3条が、「L.1152-1条およびL.1152-2条に反して生じたあらゆる労働契約の破棄、規定または行為は無効（nul）である」（傍点筆者）と規定している。従来、このような解雇の「無効」に基づく復職は、特別に保護されるべき労働者[78]について認められてきた。また、一般の労働者についても、「出身、性別、信条、家族状況、民族、国籍もしくは人種、政治的意見、組合活動若しくは共済活動、宗教的信念…障害を理由」とする解雇（労働法典L.1132-1条）、「ストライキ権の通常の行使を理由」とする解雇（労働法典

---

[76] 石井（2005）・前掲注9）126頁。

[77] 実際には、雇用終了に関する紛争が労働裁判所（Conseil de prud'hommes）に持ち込まれた場合、判決部における手続に義務的に先行する合意形成手続である勧解（conciliation）において、復職（réintégration）が提案されることがあり、それによって復職による解決が図られることもあるようである。また、裁判官は、従業員数11名以上の企業に対しては、違法な解雇につき労働者の復職を提案することができるとされる（労働法典L.1235-1）もっとも、当事者の一方または双方が拒否されれば実現しないとされているため、勧解が不調に終わって審判に入った段階でこうした提案がなされることは、実務上ほとんどないようである（フランスにおける解雇紛争の解説システムについては、細川良「解雇ルールと紛争解決──フランス」菅野和夫・荒木尚志編『解雇ルールと紛争解決──10ヵ国の国際比較』（労働政策研究・研修機構、2017年）263頁以下、細川良『フランスにおける解雇にかかる法システムの現状（労働政策研究報告書No. 173）』（労働政策研究・研修機構、2015年）も参照)。

[78] 具体的には、従業員代表や組合代表など。

L.1132-2 条）に加え、「セクシュアル・ハラスメントを被ったこと、拒否したこと、さらにそれについて証言したこと、または供述したことを理由」とする解雇（労働法典 L.1153-4 条）についても、解雇の無効が認められてきた[79]。2002 年法は、上記の通り、精神的嫌がらせに起因する解雇についても、セクシュアル・ハラスメントにかかる解雇と同様に、これを無効とし、復職の可能性まで救済範囲を拡大したのである。すなわち、精神的嫌がらせに起因して解雇された労働者は、裁判所において、使用者に対し復職および解雇期間中に被った損害の賠償（中間収入については控除される）を請求するか、復職を希望しない場合には、解雇補償金、濫用的解雇補償金等の請求のいずれかを選択することができる[80]。

　もっとも、日本においても同様の問題が生じうるものと考えられるところではあるが、フランスにおいても、中小零細企業等においては、（とりわけ「精神的嫌がらせ」の主体が使用者自身である場合に）職場復帰が実際上は困難であることが指摘されている。規模の大きい企業・事業所であり、異動に関する条項が労働契約（ないし労働協約）に含まれているような場合であれば、被害者ないし加害者の異動による対応が可能であるが、多くの事案においては、結局、復職ではなく、違法な解雇期間中の未払い賃金および現実かつ重大な理由のない解雇に基づく補償金の支払いで決着することが多いようである[81]。

　（イ）「精神的嫌がらせ」を理由とする、労働者からの労働契約の解除

　使用者が職場のいじめ・嫌がらせに対して十分な対応をしない場合、労働者は、使用者の債務不履行を理由として、裁判所に労働契約の「裁判上の解除（résolution juridique）」を求めることも可能であるとされている[82]。民法

---

[79] 前述のとおり、フランスにおける職場のいじめ・嫌がらせは、法的に保護されている労働者を企業外に放逐することが目的でなされるケースが少なくなく、こうした場合においては、従前から違法な解雇であれば無効とされ、復職も可能であった点には留意しておく必要がある。

[80] Laurant Millet, Le harcèlement moral au travail, RPDS, n° 701, p. 284-285.

[81] C. Daburon, op. cit., p. 725.

[82] P. Bouaziz, op. cit., p. 212.

典 1184 条は、双務契約の相手方が債務を履行しないとき、債権者はその履行請求、損害賠償請求とともに、契約の解除をすることも可能である。ただし、（日本とは異なり）債務不履行を理由とする契約の解除は、原則として当事者間のみではなしえず、裁判上の解除を請求しなければならない。こうした方法は、2002 年法以前から、使用者が職場のいじめ・嫌がらせを予防する義務を負っていることを根拠として用いられてきたようである。2002年法は、「労働契約は誠実に履行されなければならない」との規定を明記することによって、こうした請求に明文上の根拠を与えたと評価することもできよう。なお、これによって生じた労働契約の解除は、使用者の債務不履行が原因であるので、現実かつ重大な事由のない解雇に準じ、不当解雇に係る補償金その他の諸手当の請求を行うことができるとされる[83]。

（ウ）「精神的嫌がらせ」に起因する「辞職」の救済

　職場のいじめ・嫌がらせに直面した労働者が、使用者による十分な対応が得られない場合、イで述べた労働契約の裁判上の解除という手法を用いることが可能である。もっとも、現実的には労働者は自ら企業から離脱することによって、その状況から逃れようとするのが、より一般的であろう[84]。

　このような場合、フランスにおいては、労働者は、自ら労働契約を破棄するとともに、その原因が使用者側の態度・対応にあり、労働契約の破棄の責任は使用者にあるとして、解雇に準じた取扱をすることを裁判所に訴えるという対応をとることができる[85]。

　フランスにおいて辞職（démission）とは、「労働者が期間の定めのない労働契約を一方的に終了させる意思を表明する行為」とされ、その帰結として、それが労働者の「自由で、真実かつ明確な意思」によってなされたものでなければならないとされる。その帰結として、労働者の辞職の意思表示が、その自由な意思によらずになされたと認めるとき、裁判所は「使用者の非行から生じた、労働者の提案による労働契約の解消は、現実かつ重大な理

---

[83] 石井（2005）・前掲注 9）127 頁、L. Millet, op. cit., p. 285.
[84] C. Daburon, op. cit., p. 725.
[85] 石井（2005）・前掲注 9）127 頁、P. Bouaziz, op. cit., p. 212.

由のない解雇の効果を生む」としてきた[86]。この場合、労働者は、使用者に
対し解雇補償金、不当解雇補償金の請求を行うことができるものとされる。
こうした法理は、従来は使用者ないし職階上の上司による圧力によって生じ
た辞職の意思表示の場合に典型的に用いられてきた[87]が、職場のいじめ・
嫌がらせに関する事案についても、「労働者に対し、純粋かつ単純な敵意に
近い、合理的な意味のない屈辱的な振舞いをし……当該労働者を、同僚およ
び顧客からみて信用の失墜を引き起こしたとは思われない事由に基づき降格
（retorogradation）させた……（ことにより）、当該労働者に精神的被害をも
たらした」ものであり、その結果生じた労働者の辞職は、現実かつ重大な理
由のない解雇として取り扱う旨が示されている。

　なお、前述の通り、現行の労働法典 L.1152-3 条により、「精神的嫌がら
せ」によって生じた解雇は、法的に「無効」として処理される。したがっ
て、「精神的嫌がらせ」によって生じた辞職についても、同様に L.1152-3 条
が適用され、労働者は、元の職場に復帰するか、若しくは現実かつ重大な理
由のない解雇に基づく諸手当の支給を受けるかのいずれかを選択することに
なる

イ　精神的嫌がらせに対する不法行為責任の追及
　2002 年法以降の精神的嫌がらせにかかる規制は、労働者が精神的嫌がら
せを受けることがあってはならない旨を規定する（L.1152-1 条および
L.1152-2 条）とともに、精神的嫌がらせに起因する各種の行為（解雇・懲戒
処分・差別的取扱 etc.）が無効である旨を明文で規定している（L.1152-3
条）。その一方で、精神的嫌がらせに対する民事責任の追及については、特
に規定を設けているわけではない。したがって、「精神的嫌がらせ」に対す
る民事責任の追及にあたっては、従来からの不法行為の理論が適用されるこ
とになる。
　職場のいじめ・嫌がらせは、そもそも 2002 年法による立法以前から、民
法 1134 条に反する労働契約の不誠実な（mauvaise foi）履行と評価される余

---

[86] 石井（2005）・前掲注9）128 頁。
[87] Cass. soc., 4 janv. 2000. Gaz. Pal., 24-25 mars 2000, resumes, p. 24.

地があるとされてきた[88]。そこで、被害者である労働者からは、（1）で述べた労働契約の解消という方法を用いるほかに、使用者に対して不法行為責任（responsabilité délictuelle）を追及することが行われてきた。

　すなわち、民法典 1382 条は「人の、他人に損害を生じさせる行為は、いかなるものであっても、フォートによってそれをもたらした者に、それを賠償する義務を負わせる」と規定しており、①損害の発生事実、②加害者にフォートがあること、③損害とフォートとの間の因果関係を立証すれば、損害賠償が認められることとなる[89]。

　実際[90]、自動車部品販売を担当するセールスエンジニア（agent technico-commercial）が、会社から「営業成績不振」を理由とする処分のための事前面接をする旨の呼び出し状をうけたしばらくのちに自殺したという事案につき、遺族が民法典 1382 条等に基づき、その自殺は会社指揮者（dirigeant）によるいじめ・嫌がらせによるものであるとして損害賠償請求をした事案につき、会社はベテラン社員である当該労働者への対応を誤り、処分とその危惧をめぐる心理的な悪循環を生じさせたのであって、そうした事実は「それまでは安定し、心身ともに健康な人物であったであることに疑いがないと考えられていたものとの間に、直接的な因果関係が認められる」として、損害賠償の支払いを命じた事案がある。

　また、病気休職から復帰した銀行員が、階段下で照明設備のない部屋に配置され、昼食を取りに町の中心に出かけるための社用車の利用を拒否され、副支店長という地位を考慮しない異動の対象とされ、顧客の面前で嫌疑をかけられる等の嫌がらせを受けた結果、抑うつ状態に至り、職務遂行が不可能となった事案[91]においては、使用者のいわゆる安全配慮義務を定めた、当時の労働法典 L.230 条の 2 を参照しつつ、不法行為にかかる民法典 1134 条

---

[88] 2002 年法以前における理論状況については、石井（2005）・前掲注 9）123 頁以下に詳しい。

[89] 石井（2005）・前掲注 9）129 頁。フォートとは、賠償義務を発生させる、故意または過失に基づく作為・不作為のことをいう。

[90] 以下の裁判例の紹介は、石井（2005）・前掲注 9）129 頁にもとづく。

[91] フランス商業銀行事件（エクス・アン・プロヴァンス控訴院 2001 年 12 月 28 日判決）。同事件については、石井保雄「精神的ハラスメント（職場いじめ）と使用者の民事責任」労働法律旬報 1563 号（2003 年）12 頁以下に詳しい。

および不法行為にかかる使用者責任を定めた民法典 1384 条 5 項の適用が認められている。

　いじめ・嫌がらせが同僚ないし上司によってなされた場合、日本においては、加害者自身に対する民法 709 条に基づく直接的な不法行為責任の追及に加え、使用者に対して民法 715 条に基づく使用者責任の追及が行われることがしばしばある。フランスでも同様に、民法典 1384 条 5 項に基づいて使用者責任が追及することが考えられるが、その場合に、使用者責任がどのような基準で認められるかが問題となる。この点、問題となった行為がいじめ・嫌がらせ行為者の単なる私的な悪意・悪感情の発露・表明であれば、それは職務との関連性がなく、使用者責任は発生しない一方、使用者の与えた権限に基づき、企業の利益のために行われた行為であると判断されれば、使用者責任が肯定されるとする。実際には、職場の上司がその権限を濫用したいじめ・嫌がらせを行った場合には、当該行為は使用者の与えた権限に基づくものである場合に準じ、使用者責任が肯定されるようである[92]。

ウ「精神的嫌がらせ」による自殺と労災

　労働者が職場のいじめ・嫌がらせを受け、精神疾患に陥ることは一般的に想定しうることである。そして、最悪の場合、自殺という結果が生じることも否定できない。その場合、当該自殺が労働災害に該当するのかという問題は、日本と同様に、フランスでも生じるところである[93]。

　フランスでは、労働災害（accident du travail）については、社会保障法典 L.411-1 条において、「いかなる原因であれ、労働者またはその資格、場所のいかんによらず、一もしくは複数の使用者または企業長のために働く者すべてについて、労働することにより、または労働の場において生じた事故は、労働災害とみなす」と規定している。すなわち、フランス法における労働災害の定義は、いかなる原因にせよ、労務の遂行それ自体または労働の現場において生じた（身体的・精神的損害をもたらす）事故とされる。労働災害による補償給付を受ける被災労働者（またはその遺族）は、当該事故が労働時

---

[92] 石井（2005）・前掲注 9）130 頁。S. Licari, op. cit., p. 501-502.
[93] 石井（2005）・前掲注 9）131 頁。P. Bouaziz, op. cit., p. 214.

間中または職場内で生じた事故であれば、労働災害であるとの推定が受けられ、保障給付を行う社会保障金庫（caisses de Sécurité sociale）が、当該事故の業務性を争うのであれば、当該労働および職場が、事故の発生に寄与しなかったことを証明しなければならないとされる。

　他方で、自殺は形式的には被災労働者の故意によって生じていることから、日本においても、労働者の故意による自傷行為として労働災害から除外される（労災保険法12条の2の2第1項）のではないかという問題がある[94]。フランスにおいても同様の問題があり、社会保障法典 L.453-1 条 1 項は、「被災者の故意（faute intentionnelle）による災害については、いかなる手当及び補償も支払われない」と規定している。労働者の故意の自傷行為は労働災害から除外され、その帰結として、労働者の自殺についても、原則としては労働災害とは認められないということになる。

　もっとも、職場におけるいじめ・嫌がらせに起因する自殺について労働災害に該当すると判断されたケースも存在する。たとえば、労働者が工場内の倉庫で自殺した事案について、当該労働者が自殺した当日に特に異常はなかったとして労働災害には当たらないとした原審の判断に対し、「労働それ自体または労働の場において生じた災害は、労働が死亡事故の発生に何らの寄与もしなかったことが厳格に証明されない限り…使用者の責任に帰する」とした上で、当該労働者が責任ある地位に昇格したばかりであり、人員不足が原因で生じた事故の責任を問われており、医師から抗うつ剤の処方を受けていた状況の中で、使用者から懲戒ないし解雇の事前手続きとしてたびたび呼び出しを受けていたことが証言されており、これらの事実から生じる「労働者の心理状態の変化から、本件自殺行為が意図的であり熟慮の結果であるとの性質は、取り除かれるか、少なくとも弱められる」として、結論として本件自殺は労働災害にあたるとの判断を示した事案[95]がある。また、この

---

[94] もっとも、現在では業務に起因する精神疾患、およびその結果としての自殺については、業務と疾患との因果関係が認められれば、労働災害と認められているのはよく知られている通りである。

[95] Mme Brucker c./ S. A. Diamantine et CPAM de l'Allier, 22 Fev. 2000, Dr. soc. n° 7/8, p. 805; Gaz. Pal., 25 juillet 2000, p. 21; RPDS, n° 663, juillet 2000, p. 213. 同事件については、石井

ほかにも、当該労働者の自殺は、過重な労働条件、職場における孤立化、上司からの過酷な圧力が原因であり、自殺したのが上司からの圧力行為があった翌日であったことから、当該自殺は上司による精神的嫌がらせに関わるものであって、すなわち労働に関連するものであるとして、自殺未遂を労働災害にあたるとした事例もある[96]。裁判例では、前記した、「労働することにより、または労働の場において生じた事故は、労働災害とみなす」旨を定める社会保障法典 L.411-1 条に基づき、精神的嫌がらせに基づき労働者が自殺するに至った（精神的嫌がらせの有無を含めた）経緯及び背景を検討したうえで、上記推定を覆す程度の「労働」との因果関係の否定を社会保障金庫及び使用者が立証するという原則が尊重されているようである[97]。

## (2) 立証をめぐる問題

「精神的嫌がらせ」に起因する紛争が発生した場合、他の手段によってその解決が図られなければ、最終的には司法による決着が図られることになる。この点、2002 年労使関係現代化法は、「精神的嫌がらせ」に係る訴訟手続についての規定を労働法典旧 L.122-52 条以下に設けた。なお、その規定内容は、セクシュアル・ハラスメントに係る紛争について設けられていた規定内容と同様のものであり、現在ではこれらが統合され、精神的嫌がらせおよびセクシュアル・ハラスメントに共通する規定として、L.1154-1 条に定められている。すなわち、精神的嫌がらせ（ないしセクシュアル・ハラスメントに関する）「規定の適用について争いがある場合、当該労働者は、ハラスメントの存在を推定せしめる事実を証明する（établit des faits qui permettent de presume l'existence d'un harcèlement）」（同条第 1 項）こと、「このような要素に鑑み、これらの行為がハラスメントを構成しないこと、および使用者の決定があらゆるハラスメントとは無関係の客観的要素により正当化されることの証明責任は被告側（使用者側）に属する」（同条第 2 項）こととしてい

保雄「使用者の職場いじめによる労働者の会社内における自殺は『労働災害』にあたるか」労働法律旬報 1514 号（2001 年）18 頁以下に詳しい。
[96] 石井（2005）・前掲注 9）132 頁。
[97] 石井（2005）・前掲注 9）133 頁、F. Bocquillon, op. cit., pp. 553-554.

る[98]。第一の点に関して、事実審裁判官は、労働者によって援用された各要素から離れて評価手続きをしてはならず、裁判官は、全体として、立証された事実要素が精神的嫌がらせの存在を推定するものであるか否かを決定する[99]。これらの事実審裁判官の権限は、結果として、破毀院の権限の行使を、証明された事実が精神的嫌がらせを推定する性質を有しないか否かの判断に限定する。そして、「裁判官は、必要な場合、有用と考えるあらゆる措置を命じた後、その心証を形成するものとする」（同条第3項）。この規定は、被害者側が「精神的嫌がらせ」を推定する事実要素を提出した場合、加害者とされた側が積極的に反証することが求められるとしたものである。

この結果、「精神的嫌がらせ」に関する事実の立証は、おおよそ以下のような流れに沿って行われることにある。すなわち、第一段階として、「精神的嫌がらせ」を被ったと主張する労働者が、「嫌がらせの存在を推定させる事実要素を示す」ことが必要かつ十分であり、これを受けて第二段階として、加害者とされた者は、当該行為がハラスメントに該当せず、それに関わる決定が「嫌がらせとは全く関係ない客観的要素によって正当化される」ことを証明する必要がある。そして、これを受けて、第三段階として、裁判官が「必要な場合、有用と考えるあらゆる措置を命じた後、心証を形成」し、判断することとなる。なお、この点については、裁判官の裁量が大きすぎ、結局のところ「精神的嫌がらせ」の成否が裁判官の胸先三寸になる危険があるのではないとの指摘も存在する[100]。

## (3) 特別な紛争処理手続き

### ア 組合訴権

労働法典は、「精神的嫌がらせ」に関する労働組合の訴訟参加権を規定し

---

[98] 破毀院によると、この条文の結果、労働者が明確かつハラスメントを構成する事実を証明するときであっても、これらの要素が、全体として、ハラスメントの存在を推定しうるか否かを評価するのは、あくまでも裁判官である。もしそうであれば、これらの行為がハラスメントを構成しないこと、および使用者の決定があらゆるハラスメントとは無関係の客観的要素により正当化されることの証明責任は被告側（使用者側）に属する（Soc. 25 janv. 2011, n° 09-42.766, JCP S 2011. 1152.）。

[99] Soc. 6 juin 2012, n° 10-27.76, Lexbase Hebdo, éd. Sociale n° 490.

[100] F.-J. Pansier et C. Charbonneau, op. cit., p. 13.

ている。すなわち、「企業における代表的組合は、法が定める条件において、当該企業の労働者のために、当事者の書面による同意があれば、精神的嫌がらせに由来するあらゆる訴訟を提起することができる。当事者たる労働者は、労働組合が提起した訴訟に参加することができ、いつでもそれを終了させることができる。」と規定しており、これはセクシュアル・ハラスメントに関する訴訟等で認められていた[101]ものを「精神的嫌がらせ」に関する訴訟にも適用したものである。より具体的な手続としては、組合が訴訟を提起するという意思が、書留郵便によって提訴の内容および目的が労働者に通知され、これに対して15日以内に当該労働者が明示的に反対の意思表示を示さないこと[102]が必要となる。

イ　調停手続[103]

　2002年労使関係現代化法による「精神的嫌がらせ」の立法は、労働法典旧L.122-54条（現L.1152-6条）に、新たな企業外紛争処理制度を設けた。すなわち、「精神的嫌がらせの被害者であると自らが考える、企業で働くすべての者は、調停手続（procédure de médiation）を利用することができる」（同条第1項）とされている。そして、「調停人[104]は、両当事者間の関係を調査した上で、精神的嫌がらせを終了させるために、調停を試み、書面に記載した提案を行う」（同条第3項）。さらに、「調停人が失敗したとき、調停人は両当事者に、受ける可能性のある制裁及び被害者のための手続的保障を通知する」（同条4項）とされている。

　この種の調停制度は、従前から存在した、労働裁判所における個別的労使紛争の手続において前置されている、勧解部による勧解手続をモデルとしたものであるとされている。調停人は、この手続において、①当事者間の和解

---

[101] 諸外国の男女機会均等の進展状況に関する調査研究会監修『欧米における男女機会均等法制』（1989年）161頁（石井保雄執筆）、山﨑・前掲注37）33頁参照。

[102] 労働者が何らの意思表示もしないまま15日間が経過した場合、当該労働者は黙示の同意をしたものとみなされる（Milet, op. cit., p. 283）。

[103] 本制度については、石井（2005）・前掲注9）135〜137頁に詳しい。

[104] なお、調停人の選任については、当初、その選任方法に規定がなかったことが問題視されていたが、2003年1月3日の法律による改正で、当事者の合意により調停人が選任される旨が規定されている（労働法典L.1152－6条第2項）。

の実現、②（和解が実現しない場合）それによって生じうる結果の通知という2つの任務を果たすことになる。

　もっとも、同制度についてはあまり活用されていないのが実態のようである[105]。ただし、この調停制度がフランスにおいて活用されていない背景には、伝統的に裁判外紛争解決手続（ADR）がフランスではあまり活用されてこなかったという実態がある点に留意しておく必要があろう。

## 3 「職場のいじめ・嫌がらせ」に関する使用者の権限および義務

### (1) 「職場のいじめ・嫌がらせ」と使用者の義務

ア　安全配慮義務

　精神的嫌がらせに関する条文は、労働法典において、企業内における労働者の権利および自由（第2編・L.1121-1条）、差別（第3編・L.1131-1条〜L.1134-5条）、男女間の職業上の平等（第4編 L.1141-1条〜L.1146-3条）などと並んで、総則を定める第1部に収録されている。

　もっとも、労使関係現代化法は、労働法典に精神的健康（santé mentale）という法的概念を導入し、ストレスその他、労働における一定の精神的リスクに対する保護を図ることを目的の1つとしていた。そして、「精神的嫌がらせ」概念についても、その一環として規定されたと理解されている。したがって、精神的嫌がらせの概念は、（労働安全衛生に関する規定が収録されている第4部に置かれてはいないものの）労働者の肉体的・精神的健康を保護することを目的とする規制の重要な一部分を構成するものと理解されている[106]。労働法典旧 L.230-2条のⅠは、使用者が労働者の健康を保護する義務がある旨を定めている。そして、L.230-2条のⅡは、使用者が取るべき措置の内容を列挙している。2002年法以前も、使用者が保護すべき労働者の健康には、精神的健康が含まれたと解釈する余地はあったと考えられるが、2002年法以降は、具体的に、職場におけるいじめ・嫌がらせにより労働者の心理的ないし精神的健康が害されないように予防する義務が生じていると解されるであろう[107]。

---

[105] ルルージュ・前掲注 13）6頁。
[106] Gilles Auzero et Emmanuel Dockes, Droit du travail, 28e éd., précis dalloz, 2013, p. 903.

イ　使用者の誠実義務（労働法典旧 L.120-4 条）

　2002 年労使関係現代化法において「精神的嫌がらせ」について定める第 4
章「労働における精神的嫌がらせに対する闘い（Lutte contre le harcèlement
moral au travail）」の最初の条文である 168 条は、「労働契約は誠実に履行さ
れなければならない」とする新たな規定（労働法典旧 L.120-4 条）を設け
た。

　フランスにおいて、使用者は、経営者（gestionnaire）として、企業を経営
する権限（経営権）、一般的な規則によりすべての従業員を監督する権限、
労働者に対して企業における規律を課して遵守させる権限を有するとされ
る。他方で、企業長はすべての労働者に対して、正常な労働条件を確保すべ
き義務が課されていると一般的に理解されてきた [108]。この点で、2002 年労
使関係現代化法 168 条による旧 L.120-4 条の新設は、それ自体には具体的な
効果はないが、使用者がハラスメントの問題について誠実に対応すべきこと
を特に確認する趣旨であったと考えられる。

　なお、労働法典 L.4121-1~L.4121-5 条に基づき、使用者には労働者の安全
を確保し、健康を保護すべき義務があり、これが 2002 年労使関係現代化法
以前から使用者に対する民事上の責任追及の根拠の 1 つとされてきたことは
前述のとおりである。すなわち、2002 年労使関係現代化法により、「精神的
嫌がらせ」に基づく精神的健康の被害を防止する義務が、改めて確認された
といえよう。

ウ　「精神的嫌がらせ」行為者に対する懲戒

　2002 年法は、精神的嫌がらせにかかる使用者の義務として、懲戒に関す
る規定を新たに設けている。すなわち、旧 L.122-50 条（現 L.1152-5 条）は、
「精神的嫌がらせ行為を行ったあらゆる労働者は、懲戒処分（sanction
diciplinaire）が科されるべきである」とする。

　フランスにおいても、使用者は、労働者が果たすべき職務を適切に履行し
ない場合、就業規則ないし安全衛生規則に違反したとき等において、当該労

---

[107] 石井（2005）・前掲注 9）125 頁。

[108] B. Laperou, La notion de harcèlement moral dans les relations de travail, RJS 6/2000, p. 429.

働者に懲戒処分を付すことができるとされてきた。したがって、2002 年法以前においても、従業員によってその部下ないし同僚に対して精神的嫌がらせがなされた場合には、使用者はそのような行為を止めさせるために、懲戒権を行使する権限および義務を有していたと解しうる。その意味で、アで述べた旧 L.120-4 条と同様、旧 L.122-50 条（現 L.1152-5 条）の新設も、従来からの使用者の権限および義務について確認したにとどまるともいえる。問題となるのは、同条が「懲戒処分が科されるべき（passible）」とする意味である。すなわち、「精神的嫌がらせ」を行った労働者に対し、使用者がそのような行為を確認した場合には、当該労働者を懲戒処分に付すことを義務付けるものなのかが問題となりうる。この点、通説は、同条はあくまでも「精神的嫌がらせ」行為者に対する使用者の懲戒処分の権能を示しているにすぎず[109]、刑法典の規定とあわせ、抑止効果を期待するものにすぎないと解しているようである[110][111]。

## （2）「精神的嫌がらせ」に関する予防措置

### ア　使用者による「精神的嫌がらせ」防止措置

　職場のいじめ・嫌がらせについては、これを事前に予防することが重要であることは言うまでもない。そこで、労働法典 L.1152-4 条は、「使用者は精神的嫌がらせ行為を防ぐために必要なあらゆる措置をとるものとする」と規定している[112]。もっとも、同条は、使用者がとるべき措置を具体的に規定

---

[109] A. Mazeaud, op. cit., p. 323. なお、そもそも懲戒権は本質的に使用者の指揮権（pouvoir de direction）に関わるものであり、立法によって使用者に懲戒を義務付けることは、理論的には、法が使用者の権限（経営の自由）に介入するという問題を生じさせる。そのような立法が直ちに不可能とされるわけではないが、経営の自由との抵触を考慮しつつ、その要件等を明確に定めなければならないと考えられる（F.-J. Pansier et Cyrille Charbonneau, op. cit., p. 13 参照）。労働立法と使用者の経営の自由の抵触については、細川（2017）・前掲注 39）52 頁以下参照。

[110] 石井（2005）・前掲注 9）124 頁。

[111] なお、同様の規定はセクシュアル・ハラスメントに関する規定にも設けられており（労働法典現 L.1153-6 条）、制定時に同様の議論が生じていたようである（山﨑（2000）・前掲注 3）43 頁以下参照）。

[112] 同様の規定は、セクシュアル・ハラスメントに関しても存在する（労働法典 L.1153-4 条）。

することはしていない。実務上は、管理職（cadres）を含む全従業員に対する「精神的嫌がらせ」に関する法の周知徹底、「精神的嫌がらせ」への対応を検討し、また実際にこれに対応する部署の設置、従業員の教育の推進、「精神的嫌がらせ」に対して毅然として対処する姿勢を内外に示すことといった手法がとられているようである[113]。

### イ　安全衛生労働条件委員会

アで述べた、使用者による「精神的嫌がらせ」防止措置に加え、労働者の安全衛生に関して設けられている諸制度も、職場のいじめ・嫌がらせの予防に寄与するものと考えられている。

すなわち、フランスにおいては、労働法典 L.4121-1 条において、「企業長は、派遣労働者を含む、事業所の労働者の安全を確保し、健康を保障するために必要な措置をとらなければならない」と定めた上で、労働者の健康を保護するための制度として、安全衛生労働条件委員会（Comité d'hygiène de sécurité et des conditions de travail：CHSCT）[114] を設けてきた。これは 1982 年オルー法によって安全衛生委員会と労働条件改善委員会を統合してできた制度であり、労働災害を予防し、労働安全に関する規定の適用を監視し、労働条件の改善に貢献することを任務としてきた。具体的には、就業規則中の安全衛生に関する事項の作成および変更[115] について使用者から諮問を受けること、事業場における安全監視員としての任務を果たすことがその中心であった。また、必要に応じて鑑定人（expert）[116] に援助を求めることができ、さらに「使用者が鑑定の必要性、鑑定人の選定、費用、鑑定の範囲・期間について異議を示すときは、そのような異議申し立ては大審裁判所長に提出され、緊急に処理される」とされてきた。安全衛生労働条件委員会は、2017

---

[113] 石井（2005）・前掲注 9）133 頁、B. Laperou-Scheneider, op. cit., p. 316-317 参照。

[114] 同制度の詳細については、加藤・後掲注 117 も参照。

[115] 日本とは異なり、フランスにおいては、就業規則には原則として安全衛生に関する事項および懲戒に関する事項しか規定することができない。

[116] 裁判官により、専門的な知識および複雑な調査を必要とする事実について意見を述べることを要求される専門家であり、裁判官が鑑定人について情報を得るために、裁判所（破毀院および控訴院）によってその名簿が作成されている。

年9月のいわゆるマクロン改革の一環として行われた、従業員代表機関に関する制度の整理に伴い、社会経済委員会（comité social et économique）内に設置される、一つの小委員会に位置づけることとなった。これにより、CHSCTの権限と機能がどのように変化するのかについては不透明な面があるものの、精神的嫌がらせの予防に引き続き一定の寄与を果たすことが期待される。

ウ　労働医

　フランスには、日本における産業医に相当する、労働医（médecin du travail）の制度が設けられている[117]。フランスの労働医は、労働者の健康診断等に加え、労働者の健康状態に応じた配置等に関する提案等を行う権限を有している。したがって、労働者が精神的嫌がらせにより、精神的な疾患等を被る、あるいは具体的な疾患が生じていない場合においても、労働者の状態に応じて、使用者に対し、当該労働者の配置に関する提案、ないし職場環境の改善にかかる提案を行うことで、精神的嫌がらせの被害を受けた労働者に対する事後的な支援、および精神的嫌がらせを防止するための措置を実現することが考えられる。

エ　従業員代表の警報権

　フランスにおいては、従業員11名以上を使用する事業場においては、従業員代表（délégué du personnel）が選出され、当該事業場に適用される労働法典その他の法律、労働協約、労働契約に基づく、労働者の個人的・集団的要求を使用者に提出し、労働監督官に申告することを任務の1つとしてきた。

　そして、この従業員代表には、「警報権（droit d'alerte）」と称される権能が付与されてきた。これは、「企業内で達成すべき任務の性格によっても、目的によっても正当化されない、従業員の権利または自由に対する侵害が存

---

[117] フランスの労働医制度については、さしあたり保原喜志夫編『産業医の研究』、加藤智章「フランスにおける産業医制度」日本労働法学会誌86号（1995年）49頁以下、鈴木俊晴『労働者の傷病と産業医の関与についての法政策』（早稲田大学出版部、2015年）等を参照。

在することを確認したとき」は、直ちにそれを使用者に通知しなければならず、この通知を受けた使用者は、従業員代表とともに調査を行い、適切な対応をしなければならないとされる。

　従業員代表についても、イで言及したマクロン改革による従業員代表機関の整理により、社会経済委員会にその機能が統合されることになった。また、警報権について、「精神的嫌がらせ」の事案についてどの程度活用されているかについては必ずしも明確ではないが、職場のいじめ・嫌がらせの予防にかかる労使共同の取組みとして、一定の機能をはたしている可能性があるものと考えられる[118]。

## 4 「精神的嫌がらせ」行為にかかる使用者による不利益取扱いからの保護

　労働法典 L.1152−2 条は、「いかなる労働者も、精神的嫌がらせを被ったこと、若しくはそれを拒否したこと、またはこうした行為を証言、若しくは供述したことを理由として、懲戒され、解雇され、またとりわけ、報酬、職業訓練、復職、配置、等級付け、昇進、配置転換若しくは契約更新について、間接的または直接的な差別的取扱の対象とされてはならない」と規定している。すなわち、フランスの労働法典は、「精神的嫌がらせ」について、①「精神的嫌がらせ」行為そのものを規制し（L.1152-1 条）、②こうした行為から労働者を保護するのはもちろんのこと、③「精神的嫌がらせ」を拒否した労働者、さらには④「精神的嫌がらせ」に該当すると考えられる行為を告発等した労働者をも、明文で保護することを規定している（以上、②〜④について、L.1152-2 条）。いわば、「精神的嫌がらせ」に「遭遇」したすべての労働者を保護しようとしていると理解されている[119]。

　具体的には、L.1152-2 条は、①「精神的嫌がらせ」行為それ自体、②「精神的嫌がらせ」に起因する解雇および懲戒処分、③「精神的嫌がらせ」に起因する各種の差別的取扱（mesures discriminatoires）[120] からの保護を図っている。

---

[118] C. Daburon. op. cit., p. 723.

[119] 石井（2005）・前掲注 9）119 頁。

[120] この点、L.1152-2 条に挙げられている事由は、限定列挙ではなく例示列挙であると解すべきとされる（石井（2005）・前掲注 9）119 頁、B. Laperou – Schneider. op. cit., p. 314; C. Daburon, op. cit., p. 720.）。

# 4 「精神的嫌がらせ」に対する労使の対応

　フランスにおける「精神的嫌がらせ」の規定については、以上に述べてきた法的な規制を中心としたものに加え、2010年3月26日に「労働におけるハラスメントおよび暴力についての全国職際協定（accord national interprofessionnel du 26 mars 2010 sur le harcèlement et la violence au travail）」が署名された。この協定では、これら2つ（労働におけるハラスメントおよび暴力）の定義およびそれらを区別し、予防し、管理するための一般的な枠組みが提示されており、第1条：協定の目的、第2条：労働におけるハラスメントおよび暴力の定義、素描および区分、第3条：使用者及び労働者の責務、第4条：労働におけるハラスメントおよび暴力の問題についての予防、区別および管理、第5条：労働におけるハラスメントおよび暴力の行為者に対する制裁及びその被害を受けた労働者に対する支援措置、第6条：改善、フォローアップおよび評価といった条文からなっている。

　そこでは、第3条の定義において、「労働におけるハラスメントおよび暴力とは、1人または複数の個人にとって受け入れ難い行為であり、さまざまな態様（肉体的、精神的、性的）であって、そのいくつかは容易に認識可能である。労働環境はハラスメントおよび暴力にさらされることによって影響を受ける」（第1項）とし、「ハラスメントは、1または複数の賃金労働者が濫用、脅迫、および／または、労働に関連した状況において反復された故意の侮辱が、その労働において、あるいはその労働に関連する場において存在するとき、成立する。」（第2項）とし、「労働におけるハラスメントおよび暴力は1または複数の賃金労働者または第三者によってなされうるものであり、賃金労働者の尊厳を侵害する目的および効果を有するものであって、その健康および安全に悪影響を及ぼし、敵対的な労働環境を生み出すものである」（第5項）としている。また、「敬意を欠く行為は、とりわけそれが公衆の面前で日常的に行われるとき、労働条件の屈辱化（degradation）を構成する一因となり、共同での（職業）生活を困難にする。敬意を欠く行為を放置する企業は、これらの行為を日常化し、より深刻な暴力およびハラスメント行為を出現させることとなる」（第4条）としている。そして、「ストレスを

受ける現象は、それが労働の系統、労働の環境または企業におけるコミュニ
ケーションのまずさに結びついた要素に由来するときは、認識することがよ
り難しいものではあるが、労働におけるハラスメントおよび暴力となりう
る」などと定義している。

　こうした全国職際協定の締結を受け、その後、各産業レベル、あるいは企
業レベルにおいても、同協定をベースとした、職場におけるハラスメントの
防止に関する協定の締結が進められている。また、労働省の統計等によれ
ば、近年、団体交渉において、（賃金等の、従来から重要な位置を占めてい
たテーマに比べ、相対的にはなおも低い地位にあるとはいえ）'penibilité' と
呼ばれる、労働に伴うさまざまな肉体的・精神的ストレスに関してが交渉議
題となる、あるいは協定が締結されるケースが増加していることが明らかと
なっている。ここには、むろん災害型の労働災害の予防、あるいは過重労働
や精神的ストレスの防止といった事項も含まれているが、「職場における精
神的嫌がらせ」の予防に関する交渉・協定も含まれており、フランスの労使
においても、職場の精神的嫌がらせの予防に関する取り組みが進みつつある
ようである。

# 5　性的嫌がらせについて

　本章の冒頭で述べたように、フランスにおける性的嫌がらせ（セクシュア
ル・ハラスメント）に関する法理の展開に関しては、すでに多くの邦語文献
の蓄積により説明しつくされている。また、法律上の規制についても、基本
的な構造については、これまで述べてきた精神的嫌がらせに関する規制の共
通するものとなっている。

　そこで、ここでは、フランスにおける性的嫌がらせ（セクシュアル・ハラ
スメント）に関する近年の法理の展開として、2点を確認しておくにとどめ
る。

　第一は、セクシュアル・ハラスメントの概念（定義）についてである。
すなわち、フランスにおけるセクシュアル・ハラスメントについては、精神
的嫌がらせと同様、労働法典による規制だけでなく、刑法典による刑罰規制

も存在していたところ、当該規定が定める内容が、憲法院による事後的違憲審査[121]の結果、罪刑法定主義に反するとして、違憲の評価を受けた[122]。その結果、性的嫌がらせについては定義が改められることとなった。すなわち、2012年8月6日のにより[123]、セクシュアル・ハラスメントに関する労働法典（L.1153-1条）および刑法典（222-33条）は「その下品なあるいは侮辱的な性質を理由としてその尊厳の侵害をもたらしうる、または威嚇的、敵対的、あるいは侮辱的な状況を作り出す、性的な含意を有する反復的な発言または行為によって構成される」とされている。もっとも、こうした改正法の条文にもかかわらず、破毀院は、セクシュアル・ハラスメントの成否に関して「単一の事実は性的嫌がらせを特徴づけるに十分なものとなりうる」と判決している[124]。すなわち、「反復されなかったとしても[125]、行為の実行者または第三者のためにその行為が求められたものであろうと、性的な性質の行為を得ることを現実のまたは明らかな目的として実行されたあらゆる重大な圧力の形態を構成する」事実を性的嫌がらせとしている[126]。

　第二は、労働法典におけるセクシュアル・ハラスメントに関する直接の動向ではないが、2018年にハラスメントに関する刑法上の規制について改正が行われた点についてである。

　フランスでは、2018年に、刑法典の一部改正を主な内容とした、「性的暴力および性差別的暴力との戦いを強化するための2018年8月3日の法律[127]が制定されている。同法は、第一に、未成年者等の性犯罪からの保護を目的

---

[121] Cons. const. 4 mai 2012, n 2012-240 QPC, D. 2012. 1372, note S. Détraz.

[122] なお、この判決以後、精神的嫌がらせについても同様に、違憲審査の申し立てがなされているが、破毀院は、精神的嫌がらせに関しては、優先的憲法問題（QPC）としての憲法院への移送（憲法判断）を却下し続けている（Soc. 11 juill. 2012, n° 12-40.051 QPC; Crim. 4 sept. 2012, n° 12-80.222 QPC, JCP S 2012. 1495, note C. Leborgne-Inglaere; Soc. 1er mars 2013, n° 12-40.103 QPC, Bull. civ. V, n° 68.)。

[123] 2012年8月6日の法律については C. Leborgne-Ingelaere, 'Le harcèlement sexuel dans le Code du travail depuis la loi du 6 aout 2012: entre avancées et imperfections' JCP S 2012. 1403.

[124] Soc. 17 mai 2017, n° 15-19.300, Lexbase Hebdo, éd. Sociale, n° 704, note S. Tournaux ; JCP S 2017, 1223, note C. Leborgne-Ingelaere.

[125] したがって単一の事実は法律それ自体の適用には十分であるとする。

[126] 時には、その行為に関して、「性的な恐喝」の状態とされ、性的嫌がらせと区別することもある。

[127] LOI n° 2018-703 du 3 août 2018 renforçant la lutte contre les violences sexuelles et sexistes

とした罰則の強化、事項の延長、被害者支援、第二に、ハラスメント（セクシュアル・ハラスメントおよびモラル・ハラスメント）の対策の強化、第三に、いわゆる「ストリート・ハラスメント（harcèlement de rue）」[128] への対策を目的とした性差別的侮辱罪の創設を内容とするものである。

　ここでは、本稿の趣旨に即して、第二の「ハラスメント対策の強化」にかかる内容について、その概要を紹介しておく。

　改正の第一は、複数の加害者によるハラスメントを、ハラスメント罪の対象としたことである。本稿において述べてきたように、フランスにおいては、ハラスメントの成立要件として、反復性が挙げられている。すなわち、複数の加害者によって同一の被害者に対する加害行為（ハラスメント）が行われた場合、ハラスメント行為を反復しなかった（1度行ったのみの）加害者は、ハラスメント罪を構成しないこととされていた。この点について、刑法典第 222-33-1 条及び第 222-33-2-2 条を改正し、セクシュアル・ハラスメントないしモラル・ハラスメントについて、「複数の者によって協議されまたはそのうちの 1 人のあおり行為により、それが繰り返されなかったとしても、同一の被害者に対し言動が押し付けられた場合」および「協議がなされていないとしても、それが繰り返されると知る複数の者により、同一の被害者に対し、言動が継続して押し付けられた場合」について、ハラスメント罪を構成することが明記された。

　改正の第 2 は、インターネット等の通信媒体ないし電子媒体によるハラスメント行為に対する罰則の創設である。すなわち、刑法典第 222-22 条のⅢおよび 222-22-2-2 条に、「インターネット上で一般に公開されている通信サービスの使用またはデジタル媒体若しくは電子媒体」によるハラスメント行為が、ハラスメント罪を構成することが明記された。

---

[128] いわゆる「ストリート・ハラスメント」の内容についてはさまざまな解釈が存在するが、2018 年法の制定経緯においてフランスで問題とされていたのは、路上で侮辱的な言葉を投げつける行為、あるいはいわゆる痴漢行為、およびそれに暴力を伴う行為等である（安藤英梨香「フランスにおける性犯罪防止対策強化」外国の立法 279 号 7 頁）。

# 6 | 小 括

　最初に述べたように、職場のいじめ・嫌がらせに関する法政策的な対応について、フランスにおける大きな特徴は、2002年法によって法律上の規定が導入されたことであろう。2002年法制定以前においては職場の精神的嫌がらせに関する裁判例はそれほど多くみられなかったのに対し、2002年法制定以降、とりわけ同法に関する破毀院判決が示されて以降、2002年法に基づいた訴訟が急増していること[129]、またこうした裁判例の蓄積にともなって、さまざまな職場の精神的嫌がらせの態様が認識されるようになってきている[130]ことが指摘されており、職場のいじめ・嫌がらせに関する具体的な立法の効果として、この問題に関する社会的な認知を広げる効果がありうることが指摘できよう[131]。

　次に、2002年法に関するフランスでの議論から、職場のいじめ・嫌がらせに関する立法等を検討するにあたっては、以下のような問題点が生じうるということについて、留意すべきであろう。

　第一に、すでに日本においても広く指摘されていることではあるが、職場のいじめ・嫌がらせに関連する行為は非常に多様であり、これについていかなる範囲で、法律上規制されるべき行為として規定するかというのが大きな問題となりうるという点である。フランスにおいては、禁止されるべき行為態様そのものではなく、もたらされてはならない結果に着目した立法規定を採用したが、こうした「行為」そのものに着目した立法規定とすべきか、それとも「結果」に着目した立法規定にすべきか、という点については、立法の影響を考えるにあたって、非常に重要な問題であるといえよう。

　第二に、フランスにおける裁判例の蓄積から、職場のいじめ・嫌がらせに

---

[129] ルルージュ・前掲注13）16頁によれば、破毀院に持ち込まれた精神的嫌がらせに関する事件数は、2008年末までで計92件、さらに2009年から2012年の4年間で計259件と急増しているという。

[130] ルルージュ・前掲注13）16頁は、管理職によるさまざまな行為が精神的嫌がらせであるとして認識されるようになったと指摘する。

[131] ただし、個別労働紛争に関し、裁判という方法を用いることについてのハードル、また裁判紛争の労使紛争処理としての位置づけが日本とフランスとでは異なる点については留意しておかなければならないであろう。

関する裁判紛争は、いじめ・嫌がらせに起因する労働者の解雇・退職に関する問題と、いじめ・嫌がらせ行為それ自体の違法性を争う（不法行為に基づく損害賠償請求）問題と、大きく分けて 2 つの問題があることが指摘できる。後者については、日本においても、職場のいじめ・嫌がらせに限らない、さまざまな職場における精神的苦痛に関する裁判例の蓄積があり、次に述べる立証責任の問題を別にすれば、日本における議論の蓄積の延長上で検討することが可能といえよう。これに対し、前者の問題については、労働者の解雇・退職に関する法的処理の違いに留意しつつ、いじめ・嫌がらせに起因する労働者の退職について、どのような法的な手当が妥当であるか、さらなる検討が必要であるといえるのではないだろうか。

　第三に、職場のいじめ・嫌がらせに関する裁判紛争においては、その立証の問題が大きな議論となることが、フランスの経験から指摘できる。前記したように、職場のいじめ・嫌がらせに関する何らかの立法がなされた場合、これにかんする裁判紛争が増加する可能性が指摘できるところ、その限界をいかに画するかについては、前記した法的に非難されるべき「いじめ・嫌がらせ」の定義の確定とともに、実務上は、その立証の責任を誰にどの範囲で負わせるのかという点が大きな問題となりうることに留意しておく必要があろう。

　第四に、職場のいじめ・嫌がらせの防止について、フランスにおいては職場における労働者の安全・健康の保護という観点から論じられてきたことを指摘した。日本においても、職場のいじめ・嫌がらせに関する使用者の責任を論じるに際しては、使用者の安全配慮義務の観点から論じられるが、フランスにおいては、職場のいじめ・嫌がらせの予防について、安全衛生に関する制度の利用に関する議論が進んでいる。日本においては、職場のいじめ・嫌がらせの予防に関して、安全衛生に関する制度の活用については、いまなお十分に議論をされているとは言いがたい状況にあり、この点についてフランスにおける制度の在り方が参考となる余地があるのではないだろうか。

　第五に、職場のいじめ・嫌がらせに関する紛争処理について、2002 年法は新たな企業外紛争処理手続としての調停手続を導入している。もっとも、同制度についてはあまり活用されていないのが実態のようであり[132]、この

点については、フランスの経験から示唆を得ることは困難といえよう。もっとも、調停手続がフランスにおいて活用されていない背景には、伝統的に裁判外紛争解決手続（ADR）がフランスではあまり活用されてこなかったという実態があり、一般論として職場のいじめ・嫌がらせに関して裁判外紛争解決手続が有用ではない、ということを意味するわけではない点に留意しておく必要がある。

　最後に、集団的労使関係の枠組における対応については、フランスにおいては 2010 年にはじめて包括的な労使協定が締結されたが、産業別労働組合、企業別労働組合の具体的な取り組みについては、コロナ禍の影響により現地調査が実施できなかったという研究上の制約もあり、十分に解明することはできなかった。この点に関連して、労働協約および集団協定の対象事項についてみると、安全衛生に関する事項についての協定数は割合的に非常に少ない[133] ものの、そのなかでも労働に伴う苦痛（pénibilité）に関する交渉・協定については増加傾向にあることが指摘されている。その中で、精神的嫌がらせの問題についてもテーマとして検討されている可能性があり、今後、その動向について注視していく必要があるだろう。

## 参考文献

【邦語文献】

安藤英梨香「フランスにおける性犯罪防止対策強化」外国の立法 279 号（2019 年）7 頁
石井保雄「使用者の職場いじめによる労働者の会社内における自殺は『労働災害』にあたるか」労働法律旬報 1514 号（2001 年）18 頁以下
石井保雄「精神的ハラスメント（職場いじめ）と使用者の民事責任」労働法律旬報 1563 号（2003 年）12 頁以下
石井保雄「フランスにおける精神的ハラスメントの法理」季刊労働法 208 号（2005 年）113 頁以下
石井保雄「職場いじめ・嫌がらせの法理——フランス法と比較した素描的考察」水野勝先生古稀記念『労働保護法の再生』（2005 年）413 頁以下
石井保雄「フランス法における『精神的ハラスメント』とは何か——その概念理解について」季刊労働法 218 号（2007 年）74 頁以下

---

[132] ルルージュ・前掲注 13）6 頁。

[133] 労働政策研究・研修機構編『現代先進諸国の労働協約システム——ドイツ・フランスの産業別協約（第 2 巻フランス編）（労働政策研究報告書 No. 157-2）』74 頁。

石井保雄「カナダにおける職場いじめ・暴力に対する法規制——ケベック州における心理的ハラスメント法制とオンタリオ州の職場の暴力とハラスメント禁止法」独協法学 96 号（2015 年）515 頁以下

ヴァレリー・ブルボン著＝松本英実訳「フランスにおけるセクシャル・ハラスメントへの立法上・司法上の対応」法政理論 32 巻 3・4 号（2000 年）314 頁以下

大和田敢太「『社会的近代化法』による大規模な労働改革」労働法律旬報 1526 号（2002 年）34 頁以下

大和田敢太「労働関係における「精神的ハラスメント」の法理——その比較法的検討」彦根論叢 360 号（2006 年）69 頁以下

大和田敢太「労働環境リスクとモラルハラスメント規制の動向と課題」彦根論叢 387 号（2011 年）136 頁以下

大和田敢太「ベルギーにおける『職場のいじめ』規制法」季刊労働法 238 号（2012 年）13 頁以下

大和田敢太「EU における職場のいじめ規制の現状と課題」滋賀大学環境総合研究センター研究年報 第 9 巻第 1 号（2012 年）25 頁以下

大和田敢太『職場いじめと法規制』（日本評論社、2014 年）

大和田敢太『職場のハラスメント——なぜ起こり、どう対処すべきか』（中央公論新社、2018 年）

大和田敢太「ILO 条約とハラスメント規制の原点」労働法律旬報 1947 号（2019 年）6 頁以下

大和田敢太「包括的で実効的なハラスメント規制の原点とは」季刊労働法 268 号（2020 年）2 頁以下

加藤智章「フランスにおける産業医制度」日本労働法学会誌 86 号（1995 年）49 頁以下

小林真紀「フランス公法における『人間の尊厳』の原理（1）（2）」上智大学法学論集 42 巻 3＝4 号（1999 年）167 頁以下、同 43 巻 1 号（1999 年）55 頁以下

小林真紀「フランス司法裁判所の判例に見る「人間の尊厳」の原理（1）（2）」愛知大学法経論集 162 号（2003 年）1 頁以下、同 163 号（2003 年）38 頁以下

末道康之「フランス・ベルギーにおけるハラスメントの法規制」刑事法ジャーナル 60 巻（2019 年）38 頁以下

鈴木俊晴『労働者の傷病と産業医の関与についての法政策』（早稲田大学出版部、2015 年）

ストランドマーク・マルガレータ「スウェーデンにおける職場のいじめ・嫌がらせ——いじめに立ち向かう結束」ビジネス・レーバー・トレンド 2013 年 6 月号 6 頁以下

中村紘一他監訳『フランス法律用語辞典（第 3 版）)』（三省堂、2012 年）

西和江「予防に重点を置く、スウェーデンの職場いじめに対する法制度」季刊労働法 238 号（2012 年）32 頁以下

林雅彦「フランス「労使関係近代化法」の成立の経緯とその概要——雇用関連部分を中心に」世界の労働 52 巻 6 号（2002 年）18 頁以下

日原雪恵「諸外国におけるハラスメントへの法的アプローチ——セクシュアル・ハラスメント、「差別的ハラスメント」と「いじめ・精神的ハラスメント」の横断的検討（2・完）」季刊労働法 279 号（2022 年）95 頁以下

日原雪恵「労働におけるハラスメントの法的規律——セクシュアル・ハラスメント、差別的ハラスメント及び「パワー・ハラスメント」に関する日仏カナダ比較法研究（1）〜（3）」法学協会雑誌 140 巻 1 号 1 頁以下、3 号 347 頁以下、5 号 547 頁以下

細川良『現代先進諸国の労働協約システム——ドイツ・フランスの産業別協約（第 2 巻フランス編）（労働政策研究報告書 No. 157-2)』（労働政策研究・研修機構、2013 年）

細川良『フランスにおける解雇にかかる法システムの現状（労働政策研究報告書No. 173）』（労働政策研究・研修機構、2015年）

細川良「フランス労働法における立法政策と人権・基本権論」日本労働法学会誌129号（2017年）45頁以下

細川良「解雇ルールと紛争解決——フランス」菅野和夫・荒木尚志編『解雇ルールと紛争解決——10ヵ国の国際比較』（労働政策研究・研修機構、2017年）263頁以下

保原喜志夫編著『産業医制度の研究』（北海道大学出版会、1998年）

マリー＝フランス・イルゴイエンヌ（高野優訳）『モラル・ハラスメント——人を傷つけずにはいられない』（紀伊國屋書店、1999年）

マリー＝フランス・イルゴイエンヌ（大和田敢太訳）『モラル・ハラスメント——職場における見えない暴力』（白水社、2017年）

山﨑文夫『セクシュアル・ハラスメントの法理』（総合労働研究所、2000年）

山﨑文夫「職場のハラスメントに関する労働法上の課題」労働法律旬報1658号（2007年）9頁以下

山﨑文夫「フランス破毀院のモラル・ハラスメント概念立直し——ブルダン夫人対セルカ社メディカルバイオセンター事件　フランス破毀院社会部2008年9月24日判決」労働法律旬報1700号（2009年）28頁以下

山﨑文夫『セクシュアル・ハラスメント法理の諸展開』（信山社、2013年）

山﨑文夫「フランス憲法院セクシュアル・ハラスメント罪違憲判決——憲法院2012.5.4の合憲性優先問題判決」労働法律旬報1786号（2013年）35頁以下

山﨑文夫「フランス2012年法による新版セクシュアルハラスメント罪の論点」平成法政研究21巻1号（2016年）187頁以下

山﨑文夫「フランスのセクシュアル・ハラスメントにかかる法制度2018」国士舘法学51号（2018年）291頁以下

山﨑文夫「各国ハラスメント法制とわが国の現状」日本労働研究雑誌712号（2019年）64頁以下

ロイック・ルルージュ「フランス法におけるモラルハラスメント」ビジネス・レーバー・トレンド459号（2013年）5頁以下

労働政策研究・研修機構編『諸外国におけるハラスメントに係る法制（労働政策研究報告書No. 216）』「第4章　フランス」（執筆担当：細川良）（労働政策研究・研修機構、2022年）

【外国語文献】

P. Adam, Une lecture de l'accord du 26 mars 2010 sur le harcèlement et la violence au travail, RDT 2010. 428.

P. Adam, La <<figure>> juridique du harcèlement moral managérial, Sem. soc. Lamy 2011, n° 1482, p.4

G. Auzero et E. Dockes, Droit du travail, 28e éd., précis dalloz, 2013.

G. Auzero, D. Baugard et E. Dockes, Droit du travail, 35e éd., précis dalloz, 2022.

P. Bouaziz, Harcèlement moral dans les relations de travail: Essai d'aproche juridique, Dr. ouvr., Mai 2000, p. 206.

R. Colson et J.-M. Poittevin, La prpcédure interne, nouveau remède au harcèlement?, RDT 2012. 80.

C. Daburon, Loi relative au harcèlement moral, RJS, 8-9/2002, p. 719.

E. Fortis, Harcèlement moral en droit pénal et en droit du travail, unité ou dualité ?, Sem. soc. Lamy

2011, n° 1482, p. 8.

M.-F. Hirigoyen , Le harcèlement moral au travail. La violence perverse au quotidien, Éditions La Découverte et Syros, Coll. Pocket, 1998.

M.-F. Hirigoyen, Malaise dans le travail: Harcèlement moral, démêler le vrai du faux Broché, Éditions La Découverte et Syros, 2001.

B. Laperou, La notion de harcèlement moral dans les relations de travail, RJS 6/2000, p. 429.

B. Laperou - Scheneider, Les mesures de lutte contre le harcelement moral, Dr. soc., n° 3 Mars 2002, p. 314.

C. Leborgne-Ingelaere, 'Le harcèlement sexuel dans le Code du travail depuis la loi du 6 aout 2012: entre avancées et imperfections' JCP S 2012. 1403.

M. Ledoux et J. El Berry, Un harcèlement moral <<génétiquement modifié>>?, Sem. soc. Lamy 2011, n1482, p. 12.

H. Leymann, Mobbing. Psychoterror am Arbeitsplatz und wie man sich dagegen wehren, Reinbek bei Hamburg, 1993.

S. Licari, De la nécessité d'une législation spécifique au harcèlement moral au travail, Dr. Soc., n° 5 Mai 2000, p. 492.

A. Mazeaud, Harcèlement entre salariés: apport de la loi de modernization, Dr. soc., n° 3, 2002, p. 321-324.

L. Millet, Le harcèlement moral au travail, RPDS, n° 701, p. 284-285.

F.- J. Pansier et C. Charbonneau, Commentaire de la loi de modernization sociale du 17 janvier 2002, Petites affiches, n° 26, 5 février, 2002. P. 12

P. Ravisy, Le halcèlement moral au travail, 2e éd., Dalloz, 2002, p. 12.

J.-E. Ray, Le harcèlement moral sous l'oeil des juges, Liasons sociales/Magazine, Mai 2000, p. 8.

M. Scheidt et L. Milet, Le harcelement moral devant les tribunaux, RPDS, n° 663 Huillet 2000, p. 201.

J.-C. Valette, Le harcelement moral au travail: L'action collective pour la sante mentale, Dr. Ouvr., Mai 2000, p. 218.

# 5章　欧州連合（EU）

濱口　桂一郎

## 1 ┃ EU の法的機構

　本書の他の章で取り上げる諸国と異なり、欧州連合（以下「EU」と表記する。）は国家ではなく、条約に基づいて設立された国際機構である。それゆえ、他の章とは異なる記述方法にならざるを得ない。とりわけ本書の主題であるハラスメントに関してはそうである。本項ではまず、記述方法が異なる所以である EU の法的機構について略述する。

### 1　EU の法的機構概論

　EU は上述したように条約に基づいて設立された国際機構であるが、同時にそれ自体の立法、行政及び司法の機構を有する一個の超国家機構でもある。この点で純粋の国際機関である国際労働機構（ILO）とは異なる。

　EU が条約を根拠に制定する法令には、規則と指令がある。規則は一般的に適用され、それ自体が拘束力を持ち、全ての加盟国に直接適用される。言い換えれば、指令と異なり、加盟国による国内法への転換を要せず、直ちに国内の私人にも適用される。これに対し、指令は達成されるべき結果についてのみ、命じられた加盟国に対して拘束力を持つが、その形式及び方法については加盟国の権限ある機関に委ねられる。つまり、加盟国は国内法制定等の義務を負う。言い換えれば、EU 指令は EU 法令ではあるが、その施行は全面的に加盟国に委ねられており、EU の行政府たる欧州委員会はその施行には一切関与しない。ここが EU 規則と異なる点である。

　ただし、EU 指令が組み込まれた加盟国の国内法について国内裁判所に訴訟が提起され、そこで EU 法の適用、解釈が争点となった場合、国内裁判所の最終審は審理を停止して、欧州司法裁判所に対して、EU 法に関する争点

の判断を求めなければならない。これを先決訴訟といい、EU 法の適用、解釈が各国によってまちまちになるのを防ぎ、その統一的適用、解釈を確保することを目的としている。欧州司法裁判所は付託を受けた EU 法に関する争点についての判断のみを行うのであり、訴訟自体の解決はこの判断を受けた国内裁判所が行う。

　労働法分野における EU 法令はほとんどすべて指令である。従って、立法と司法の 2 領域においてのみ権限があり、法令の施行には権限がない。この点が他の章における記述と異なる第一の理由である。

## 2　EU における労働立法の特殊性

　しかしながら、本書の対象であるハラスメント規制に関しては、これは話の半分でしかない。すなわち、セクシュアルハラスメント及び他の差別理由に関わるハラスメントに関しては、EU 指令が採択され、これが加盟国の国内法に転換され、国内で提起された訴訟が欧州司法裁判所に付託され、指令の解釈が明確化するという上述の通常の法令のサイクルが作動しており、他の労働法分野の多くと同様、指令の制定経緯とその規定内容を記述すると共に、欧州司法裁判所の判決を分析することにより、当該法令を解説することが可能である。

　これに対し、日本でいういわゆるパワーハラスメントに関しては、EU 運営条約に規定する法令、つまり EU 指令は存在しないので、指令を転換した加盟国の国内法令も存在せず、それゆえ欧州司法裁判所の判決も存在しない。とすれば、本章において当該分野に関して記述されるべきことはないかの如く見えるが、必ずしもそうではない。EU レベルの自律的労働協約という、EU 法上の位置付けがなお必ずしも明確とは言い難い性格の文書として、「職場のハラスメントと暴力に関する欧州枠組協約」が存在しており、これが加盟国の労使団体間の協約等の様々な形式で「実施」されているからである。これは、EU 運営条約第 155 条に基づくものである。

> 第 155 条
>
> 1　経営者側と労働者側がそう望むならば、欧州連合レベルの経営者側
> 　と労働者側の間の対話は、労働協約を含む契約関係になることがで
> 　きる。
> 2　欧州連合レベルで締結された労働協約は，経営者側と労働者側及び
> 　加盟国の手続及び慣行に従い、又は第 153 条に含まれる事項につい
> 　ては、締結当事者の共同要請により、欧州委員会からの提案に基づ
> 　く閣僚理事会決定により実施されるものとする。欧州議会は情報提
> 　供を受けるものとする。
> 　　当該労働協約が第 153 条第 2 項に従い全会一致を必要とする分野
> 　の一に関係する一又はそれ以上の規定を含んでいる場合には、閣僚
> 　理事会は全会一致で行動するものとする。

　EU レベル労働協約が労使の共同要請によって欧州委員会の提案に基づく指令となれば、これは加盟国の国内法に転換され、訴訟が提起されれば欧州司法裁判所の審理に服することとなる。パートタイム指令や有期労働指令等はこれに該当する。ところがその経路をとらず、「経営者側と労働者側及び加盟国の手続及び慣行に従い」実施されることを選択した EU レベル労働協約がいくつか存在し、テレワーク協約と並んで、この暴力とハラスメント協約は、この自律的労働協約の典型例とされている。

　この EU レベル自律的労働協約には、EU の立法、行政、司法のいずれの機関も権限を有するわけではないが、しかしながら一種の EU 法令（に準じるもの）としての性格も有することから、その特殊性に意を配りつつ、その締結に至る経緯とその各加盟国における実施の状況について解説することとしたい。

# 2 ｜ 職場の暴力とハラスメント

## 1　欧州生活労働条件改善財団の調査結果

　EU 諸機関が職場のハラスメント問題に取り組んでいくのは 2001 年以降

であるが、それに先だって 2000 年 12 月 11 日、欧州委員会の外郭団体である欧州生活労働条件改善財団が、第 3 回欧州労働条件調査の結果の中から職場の暴力・ハラスメントに関わる部分を抜き出して「職場の暴力」として発表した。これは欧州全域で 21,500 人との面接調査によるもので、EU の労働政策立案の素材として用いられてきているものである。

　これによると、全労働者の 2%（300 万人）が職場に属する者からの物理的暴力を受けており、4%（600 万人）が職場に属しない者からの物理的暴力を受けており、2%（300 万人）がセクシュアル・ハラスメントを受けており、9%（1,300 万人）がおどしやいじめを受けているということであった。

　女性（10%）が男性（8%）よりも多くいじめを受けているとか、いじめを受けた労働者の 47%がストレスを感じているといったデータも示されている。また、過去 12 カ月間にいじめを受けて欠勤した労働者は 34%に上っている。これらデータは、EU 諸機関が対策に乗り出す上で重要な根拠となった。

## 2　欧州議会の決議

　EU 諸機関のうち、職場のハラスメント問題を初めて公式に取り上げたのは欧州議会であった。2001 年 2 月 28 日、欧州議会本会議は雇用社会問題委員会に対して職場のハラスメントに関する自主的報告を起草するよう求め、女性の権利と機会均等委員会にも意見を提出するよう求めた。雇用社会問題委員会はヤン・アンデルソン議員を報告者に指名し、6 月から 7 月の委員会で審議され、7 月 16 日全会一致で採択されて本会議に送られ、9 月 20 日に議決された。この決議は、職場のハラスメントとストレスの明確な関連を指摘し、欧州委員会や加盟国、労使団体等に対して次のように求めている。

　この決議の内容を見る前に、この審議のために欧州議会調査局の社会法制課が作成した「職場のいじめ」（Bullying at Work）と題する調査報告書に触れておく。同報告は各国や国際機関の職場のいじめに関する定義を概観した上で、上記欧州生活労働条件改善財団の調査結果を引用し、加盟諸国の法制の状況を詳説している。その上で、EU の法制状況として、明示的に職場の

いじめの問題に言及した規定は存在しないが、この問題をカバーしうるいくつかの規定は存在すると述べている。

　第 1 は安全衛生枠組指令（89/391/EEC）第 5 条で、使用者に「労働に関係するあらゆる側面において労働者の安全と衛生を確保する」ことを求めている。これに基づいて多くの安全衛生個別指令が採択されているが、いずれも物理的安全衛生に係るもので、心理社会的衛生に係るものは現在までのところ存在しない。

　第 2 に一般雇用均等指令（2000/78/EC）と人種・民族均等指令（2000/43/EC）である。前者は思想・信条、障害、年齢、性的指向に基づく雇用差別を、後者は人種・民族に基づく雇用その他の社会的差別を禁止するものであり、両指令とも差別とともにハラスメントを禁止している。もっとも、これはこれら指令の対象となる差別根拠に限られる。

　同報告書は、職場のいじめの問題が安全衛生枠組指令によってカバーされないという明確な理由はないとし、同指令第 16 条第 1 項に基づく新たな個別指令として、職場のいじめからの労働者の保護に関する指令を採択することは可能だとする。また、既存の個別指令を改正して心理社会的衛生を追加することも考えられるとする。

　最後に、差別問題のようにいじめられた側ではなくいじめた側に挙証責任を転換することについては、いじめだと糾弾すること自体がいじめになる危険性もあることから慎重な姿勢を示している。

　これを踏まえて最終的に採択された決議「職場のハラスメント」（harassment at the workplace）は、まず欧州委員会に対しては、EU 労働安全衛生戦略や仕事の質、企業の社会的責任に関するコミュニケーションにおいて、職場のいじめを防ぐ目的で労働環境における精神的、心理社会的ないし社会的要因を考慮に入れること（第 8 項）、安全衛生枠組指令の適用範囲を明確化ないし拡大するか、あるいはいじめに取り組む法的措置として労働者の人間的尊厳、プライバシー及び人格の統合の尊重を確保する手段として、新たな枠組指令案を起草すること（第 13 項）、職場のいじめに関する調査研究を行うこと（第 14 項）、さらに具体的には、2003 年 3 月までに職場のいじめ問題に関する加盟国の状況を詳細に分析したグリーンペーパーを提出す

るとともに、2002年10月までにこの分析をもとにEUレベルにおける職場のいじめ対策の行動計画を日程表とともに提出すること（第24項）を求めている。

それとともに、加盟国に対しては、現行法制を見直し、いじめの定義をおくこと（第10項）、企業や省庁、労使団体に対しいじめ対策を取るよう求めること（第12項）、職場のいじめ問題を国内法制において考慮に入れること（第16項）を求めている。

さらに、EU労使団体間で協議を行うことが職場のいじめ問題に取り組む上でどの程度有効かを検討することを求め（第19項）、EU労使団体に対して職場のいじめや暴力と取り組む自発的なアプローチを発展させること（第20項）を求めている。

決議はEUレベルの職場のいじめ対策立法に強い意欲を示しているが、その手段としては安全衛生枠組指令の拡大と新たな立法措置の両論を提示している。EUの安全衛生枠組指令についてはかなり広い解釈がされている。これは、保守党政権時代のイギリスの反対をすり抜けるために、労働時間指令案を特定多数決が可能な安全衛生案件として採択したことについて、当時のイギリス政府が欧州司法裁判所に訴えた事件の判決で述べられていることであるが、指令に言う安全衛生とは物理的化学的要因の影響に対する労働者保護のみではなく、労働時間、精神的要素、労働の遂行方法等々を含む非常に広義のものだとしている。ただ、決議の文言からすると、欧州議会は安全衛生にかぎられない独立の指令を望んでいるようである。

興味深いのはEUレベルの労使団体に対してこの問題で協議を行うことを求めていることである。後述するように、実際の政策過程はその道をたどった。

## 3 労働安全衛生諮問委員会の意見

2001年11月29日、EUの三者構成諮問機関である労働安全衛生諮問委員会が「職場の暴力」と題する意見を取りまとめた。

同意見は、いじめやハラスメントを含む職場の暴力を安全衛生枠組指令に基づき使用者が予防義務を負う危険因子であるとし、欧州委員会に対してあ

らゆる形態のかかる現象の定義に基づく指針を策定するよう求めている。指針は予防的アプローチに立脚し、労働条件、労働組織、良い職場雰囲気の促進、労使の協調に焦点を当てるべきであるとし、使用者と労働者に対する訓練プログラムが、問題に注意を向け、被害者に適切な行動をとらせるために有益であるとしている。また同時に、被害者への精神的その他の援助の必要性にも言及し、当時のスウェーデンの立法やフランス、ベルギー等の立法への動きを参考にしながら、指針を策定するよう慫慂している。

## 4　欧州委員会の新安全衛生戦略

　欧州委員会は欧州議会から求められたグリーンペーパーや行動計画には踏み出さなかったが、職場のいじめ問題を何らかの形で政策課題として取り上げなければならないという意識は持っていたのであろう。2002 年 3 月 11 日に「仕事と社会の変化に適応する：新 EU 労働安全衛生戦略 2002 − 2006」（COM（2002）118）と題するコミュニケーションを発出したときに、その中でこの問題に触れた。

　新戦略は社会構造や就業形態の変化の中で、ストレス、抑鬱、心配、暴力、ハラスメント、いじめといった新たな不健康要因が登場してきていることを指摘し、「仕事の質」という観点からこれらの問題に取り組んでいく必要を強調している。

　そして、特に職場における心理的ハラスメントや暴力について今や深刻な問題となっており、立法行動を必要としているとした上で、欧州委員会としては職場における心理的ハラスメント及び暴力に関する EU 措置が適当であるかどうかとその適用範囲を検討する予定であることを明らかにした。そして、革新的な方法を適用するには労使間の対話は理想的な手段であるとして、この問題に関する労使間の自発的な労働協約の締結を期待する意図を示した。

　これにさっそく反応したのは使用者団体の欧州経団連で、5 月 27 日の声明で、モラルハラスメントの問題はあまりにも複雑で多面的であり、評価や認識が難しく、特別の指令といったような法制的手段で取り組むことが効率的かどうか疑問だとし、そのような指令は機能しない危険性が高いと防御に

回った。

　最初にボールを投げた欧州議会は、2002年10月23日の上記新戦略に関する決議の中で、ストレス、ハラスメント、いじめ及び暴力といったあらゆる種類のリスクを含む職場の厚生への全体的なアプローチを歓迎しつつ、職場のいじめに関する立法を提案することによりもっと具体的に示すべきであったと注文を付けた。

## 5　職場のハラスメント・暴力に関する自律労働協約

　職場のストレス協約が締結された翌年の2005年1月17日には、欧州委員会がいじめを含む職場の暴力に関する労使への第1次協議を開始した。その中で欧州委員会は、労使が2003－2005作業計画の中で職場のハラスメントについて自律労働協約の締結を目指してセミナーを開催するとしていることを十分認識しているとしつつ、この協議はその討議と意見交換に若干の追加的要素を提供しようとするものだと断っている。実際、この協議文書は上述のようなこれまでの経緯を詳しく記述した部分がほとんどである。

　そして、最後のところで、EU加盟国間の職場の暴力に関する立法の不均衡な状況に対しEUレベルの行動が有効であるとし、条約旧第138条第2項に基づき、あらゆる形態の職場の暴力に関して労使団体に対して第1次協議を行うと述べている。そして、上記作業計画で示された職場のハラスメントに関する自律協約に向けた討議において、労使がどのような立場をとるのか、その適用範囲や実施手続についても知りたいとしている。

　その後、この問題についてあまり動きはなかったが、翌2006年2月7日欧州労連、欧州経団連・欧州中小企業協会、欧州公共企業体センターの間で、2月7日に職場のハラスメントと暴力に関する自律労働協約の締結に向けた交渉が開始された。交渉は約1年近く続けられ、同年12月15日に終結した。各組織による正式の署名は2007年4月26日に行われ、3年間の猶予期間の後、2010年4月26日から加盟国の労使団体によって施行された。

　以下、「職場のハラスメントと暴力に関する欧州枠組み協約」の内容を条項に沿ってみていく。

## （1）職場のハラスメント・暴力の例示（第1条）

　職場のハラスメント・暴力の例として、第1条第3項は「身体的、心理的または性的」「単発的または体系的行動パターン」「同僚間、上司と部下の間または顧客、患者、生徒など第三者によるもの」「軽視のような軽い事案から公権力の介入を要する犯罪行為のような重大事案まで」を列挙している。このうち労使交渉でもめたのは第三者によるハラスメント・暴力であり、経営側が嫌がったが、欧州労連の主張が通った形である。また、同条第4項には「企業規模、産業分野または雇用形態にかかわらず」という記述がある。中小企業であろうがどんな業種であろうが、対象になるということである。

　もっとも、第5項は「本協約は労使の権限の範囲内でありかつ後述の第3条の記述に対応する形式のハラスメント・暴力を取り扱う」と述べており、第4条第7項を見ると「適当であれば、本条の規定は外部による暴力の場合にも適用されうる」と規定しているので、第三者によるハラスメント・暴力はあくまでも副次的な位置づけとされている。これは、経営側としてそこまですべて使用者の責任にされたのではたまらないという意図が示されているところであろう。

## （2）協約の目的（第2条）

　第2条は本協約の目的を「使用者、労働者およびその代表の職場のハラスメント・暴力に対する認識と理解の向上」と、「あらゆるレベルの使用者、労働者およびその代表に、職場のハラスメント・暴力を予防し、確認しかつ処理するための行為志向的な枠組みの提供」においている。労使が協調してこの問題に取り組むことが必要であるという趣旨が明確にうたわれている。欧州労連のガイダンスでは、「本項は、職場のハラスメント・暴力が集団的な問題として捉えられなければならず、個人のあるいは個人間の問題としてのみ捉えられてはならないということを示している」と述べている。

## （3）記述（第3条）

　第3条では、「ハラスメントは1またはそれ以上の労働者または管理職が職場に関わる環境の中で繰り返しかつ意図的に虐待され、脅迫されまたは屈

辱を受ける場合に生ずる」（第2項）、「暴力は1またはそれ以上の労働者または管理職が職場に関わる環境の中で暴行を受ける場合に生ずる」（第3項）と定義し、「ハラスメント・暴力は、管理職や労働者の尊厳を犯し、その健康を害し、または敵対的な職場環境を創り出すことを目的または結果として、1またはそれ以上の管理職または労働者によって遂行されうる」（第4項）と述べている。

欧州労連のガイダンスでは、「誰かを侮辱したり、適切な情報を得ることを妨げたり、同僚や上司との通常の社会的関係を享受できないようにすることは暴力行為である」と述べている。

## （4）予防、確認および処理（第4条）

第4条が本協約の中心である。「意識啓発と管理職および労働者への適切な研修が職場のいじめ・暴力の可能性を引き下げうる」（第1項）と述べた上で、「企業はハラスメント・暴力が許されないことを明確に宣言する必要がある。この宣言は、事案が生じたときにとられるべき手続を明示すること。手続には労使双方の信頼のある人による非公式段階も含まれる。事前手続はこの問題を扱うのに適当である」（第2項）と述べている。

第3項は企業レベルでとられるべき手続のリストである。「関係者の尊厳とプライバシーを守るために必要な裁量でもって手続を進めることが全関係者の利益になる」、「事案に関係しない者には情報を開示すべきでない」、「苦情は遅滞なく調査され、処理されるべきである」、「全関係者が公平な聴聞と取扱いを受けるべきである」、「苦情は詳細な情報により裏付けられるべきである」「虚偽の訴えは許されるべきではなく、懲戒処分の対象とすべきである」、「外部の援助は有益である」。

続いて加害者と被害者に対する措置が述べられる。「ハラスメント・暴力が生じたことが確認された場合は、加害者に対して適切な措置がとられる。それには解雇を含む懲戒処分が含まれる」（第4項）「被害者は援助を受けるとともに、必要に応じ職場復帰への支援を受ける」（第5項）。

第6項は手続を労使協議で定めるべきことを規定している。経営側は嫌がったが、結局「使用者は労働者またはその代表と協議して、これら手続が

問題を予防し事案を処理する上で有効であるように制定、改正、監視する」
となった。

　交渉でもっとも対立したのは第三者によるハラスメント・暴力であるが、
第 7 項は「適当であれば、本条の規定は外部による暴力の場合にも適用され
うる」と規定し、一応の折り合いをつけている。

## （5）施行規定

　以下は施行規定であり、EU 労使団体の加盟組織である国レベル労使団体
が本協約を施行し、その状況を報告すべきことを規定している。施行期日は
協定締結 3 年後の 2010 年 4 月 26 日であり、それまで毎年労使対話委員会が
各国労使の施行状況を報告することになっている。

## （6）施行状況報告

　施行までの 3 年間、労使団体は共同で 2008, 2009, 2010 年版の報告を公表
した。これらは各国の状況を簡易な表にまとめたものである。また 2011 年
10 月 27 日にはやや詳細な実施状況報告書もとりまとめている。

　さらに 2015 年 6 月には欧州委員会による実施状況報告もとりまとめられ
た。

## 6　職場のハラスメント・暴力に関する自律労働協約の実施状況

　この 2015 年 6 月の欧州委員会による実施状況報告により、本自律労働協
約の実施状況を概観しておく。

　労使の行為を経ることなく国内法に転換したのはスロベニア 1 国である。
2007 年と 2013 年に労働安全衛生法と雇用関係法が改正され、EU 協約に
沿ったハラスメントと暴力に係る規定が盛り込まれた。

　ナショナルセンター間の全国労働協約によって実施したのは 5 カ国ある
が、そのうち、それを拡張適用しているのはフランスとルクセンブルクの 2
カ国であり、フランスは 2010 年に全国協約が締結され、同年の政令（デク
レ）で拡張された。ルクセンブルクは 2009 年に全国協約が、翌 2010 年に大
公国規則に盛り込まれた。これらはいずれも法的拘束力を有する。スペイン

は 2008 年に全国協約を締結し、法的拘束力はないが加盟団体に遵守義務がある。デンマーク、キプロスも同様である。

　共同ガイダンス、勧告、宣言等、協約以外の共同文書を作成したのは、オーストリア、フィンランド、アイルランド、ラトビア、オランダ、ノルウェー、ポーランド、スウェーデン、イギリス（脱退前）の 9 カ国である。このうちオランダでは、複数の労使ナショナルセンターで構成される労働協会において、共同勧告が採択された。

　労使団体の行為が翻訳や普及活動にとどまるのは、チェコ、ドイツ、エストニア、ハンガリー、アイスランド、ポルトガルの 6 カ国である。ドイツの労使団体は既存の法制が協約の要請を満たすに十分であると考えたからである。

　それ以外の 10 カ国では労使団体間で特段の行為は行われていない。このうちベルギーでは、既に最も発達した職場のハラスメント規制を有するという理由であったが、そもそも国内レベル労使団体の弱さによる国も少なくない。EU 運営条約第 155 条第 2 項にいう「経営者側と労働者側及び加盟国の手続及び慣行」が希薄ないし欠如している加盟国も、とりわけこの規定がもともと作られた 1991 年時点では未加盟だった中東欧諸国を中心に、少なからず存在しているという現実が露呈していると言えるかもしれない。

## 7　職場における第三者による暴力とハラスメントに取り組むガイドライン

　2007 年の EU レベル産業横断的労使団体による自律労働協約は、形式的には「顧客、患者、生徒など第三者によるもの」も対象に含めているが、一方で「労使の権限の範囲内」のハラスメント・暴力を取り扱うとも述べており、実際には副次的な扱いとされている。しかしながらとりわけサービス業、医療機関、学校など第三者による暴力やハラスメントが問題となる業種（広義のサービス関係業種）では、独自にこの問題への取り組みが進められた。

　リーダーシップをとったのは、EU レベルのサービス産業労組である UNI ヨーロッパ（欧州サービス・通信労働組合連合会）と、公共サービス関係労組の EPSU（欧州公共サービス労働組合連合会）である。両労組は、対応す

る EU レベル使用者団体、すなわちユーロコマース（卸売・小売業の事業者団体）、CoESS（欧州警備サービス連盟）、CEMR（欧州地方自治体協議会）、HOSPEEM（欧州病院・医療機関連盟）に呼びかけ、職場の第三者暴力に対する対応策の検討を開始した。教育関係の労使として、ETUCE（欧州教育労組委員会）と EFEE（欧州教育使用者連盟）も加わった。

　欧州委員会の支援も得て議論が進められるとともに、傘下の各国レベル団体からの情報収集も進められ、その結果が 2009 年 8 月に報告書としてまとめられた。さらに、2010 年 9 月 30 日には、これら 8 団体の連名で「職場における第三者による暴力とハラスメントに取り組む多業種ガイドライン」が正式に採択された。

　多業種ガイドラインは職場の第三者暴力・ハラスメントとして、次のような広範な事例を挙げている。

a）身体的、心理的、言語的、性的

b）個人または集団による、一回きりの事件またはより体系的な行動パターン

c）顧客、患者、サービス利用者、生徒や親、公衆またはサービス提供者の行為や行動から生ずる

d）軽侮からより深刻な脅威や身体的侵襲に至るまで

e）メンタルヘルス問題から生ずる、または感情的理由、個人的嫌悪、性別、人種・民族、信条、障害、年齢、性的指向、身体イメージに基づく偏見が動機となる

f）労働者及びその評判、使用者の財産、顧客を狙った刑事犯罪を構成し、公的機関の介入を要請するもの

g）被害者の人格、尊厳及び統合性を深く損なう

h）職場、公共スペースまたは私的な環境で発生するが職場に関係する

i）広範な情報通信技術を通じてサイバーいじめ、サイバーハラスメントとしても生じる

　そして、使用者のための政策枠組みとして次のような要素を例示している。

a）全段階における経営者と労働者及びその代表／組合との情報交換と協

議

b）第三者による暴力とハラスメントの明確な定義とその例示

c）利用者、顧客、サービス利用者、一般公衆、生徒、親、患者への、被用者に対する暴力やハラスメントは許容されず場合によっては法的措置もとられる旨の適切な情報

d）さまざまな職業、地域、労働慣行を考慮したリスク評価に基づく政策が潜在的な問題の明確化につながる（警察等の当局との連携も）。

e）紛争を回避・管理する技術を含む労使への適切な研修

f）第三者による暴力／ハラスメントの訴えを監視、調査する手続

g）第三者による暴力／ハラスメントに晒される被用者への医療的（心理的を含む）、法的、金銭的支援

h）被用者に対する事件の報告の明確な要請とありうべき報復からの保護、そして警察等他の当局への対処依頼

i）他の使用者や当局と、保秘義務等を尊重しつつ、苦情を訴え、犯罪を報告し、情報を共有する

j）事実の記録と経過の監視の透明で有効な手続

k）政策枠組みが経営者、労働者、第三者によく知られるようにすること

なお、ガイドラインの採択後、これら8労使団体は引き続き傘下各国団体からの情報収集に努め、その結果を2013年11月21日の合同報告書で公開した。

## 8　学校における第三者暴力・ハラスメント

上記ガイドラインに署名した8労使団体のうち、学校教育に関わるETUCE（欧州教育労組委員会）とEFEE（欧州教育使用者連盟）は共同で、「学校における暴力に関わる教育労使：いかにして学校における暴力とハラスメントを予防し緩和するか」というプロジェクトを立ち上げ、2012年10月「いかにして学校における暴力とハラスメントを予防し緩和するか：職場における第三者による暴力とハラスメントに取り組む多業種ガイドラインの教育分野における実施ガイド」を公表した。

この中で、教育分野における第三者暴力・ハラスメントを他分野と区別す

る特徴として次のようなことが挙げられている。

- ・教育スタッフの役割：その人が教師、教員または教育分野の就労者であり、それゆえ権威ある地位にあると見なされるというただそれだけの理由で教育スタッフに対する暴力やハラスメントが行われること
- ・教育プロバイダーであると同時に生徒のパフォーマンスの評価者としての教育スタッフの緊張
- ・（生徒やその親、家族との）長期的関係
- ・公共財または法的義務としての教育：顧客が来店を禁止されるようにはたやすく生徒に登校を禁止することができない

　このガイドを受けた実施状況報告では、生徒や親を含めた関係者に学校の基本的価値（相互尊重や民主的市民権）を早期に強化する取り組みが必要であると訴えている。

## 9　中央政府における第三者暴力・ハラスメント

　2018 年 12 月には、上記 2010 年の「職場における第三者による暴力とハラスメントに取り組む多業種ガイドライン」に、加盟国中央政府の労使団体が加わった。EUPAE（欧州公行政経営者協会）と TUNED（労働組合行政代表）の 2 団体である。そのきっかけは、近年刑務所、職業安定所、労働監督署、税務署において、職員に対し言語的及び物理的な暴力が増えているという調査結果であった。

　なお、この 2 団体は 2012 年 12 月に「中央政府行政の良質サービスのための欧州枠組協約」を自律的交渉によって締結し、自律的協約として実施している。しかしその後、2015 年 4 月の労使団体への協議を受けて、同年 12 月に両団体が締結した「中央政府公務員の情報提供・協議枠組一般協約」について、これを指令に転換するよう求める両団体の要請を欧州委員会が拒否したため、EPSU（欧州公共サービス労働組合連合会）が欧州委員会を相手取って訴えるという事態に至っている。この事案（T–310/18）については 2019 年 10 月に EU 司法裁の一般法廷が訴えを棄却する判決を下しているが、EU の労使関係政策に微妙な影を落としている。

## 10 ILO 暴力とハラスメント条約の批准促進

国際労働機関（ILO）は 2019 年 6 月 21 日に「仕事の世界における暴力及びハラスメントの撤廃に関する条約」（第 190 号）を採択したが、欧州委員会は 2020 年 1 月 22 日付で同条約の批准を促進する理事会決定案（COM（2020）24）を提案した。

決定案自体は実質 2 か条のみの短いものであり、「加盟国は、EU 運営条約第 153 条第 2 項、第 153 条第 1 項第（a）号及び第（i）号並びに第 157 条第 3 項において EU に付与された権限に含まれる部分について、ILO の暴力とハラスメント条約（第 190 号）を批准することを認められる（authorised）」（第 1 条）、「加盟国はできるだけ早く、できれば 2022 年 12 月 31 日までに、ILO 事務総局に同条約の批准受託書を寄託するために必要な措置をとるものとする」（第 2 条）と、事実上同条約の批准を促進している。

提案理由説明書には、EU の既存法令には同条約の批准の妨げになるものはないと書かれている。EU 運営条約上の EU 権限のどれと関わるかを確認すると、第 153 条第 1 項第（a）号は労働安全衛生であり、第（i）号は男女均等機会・待遇であり、第 157 条第 3 項は男女同一価値労働同一賃金である。いわゆるパワハラは労働安全衛生問題であるとの整理がされていることが分かる。

理事会ではいくつかの加盟国から保留意見が出されたが、2023 年後半期に入って合意に向けて動き出し、同年 9 月 18 日、一般的アプローチと称する政治的合意に達した。

## 11 欧州議会の最近の若干の決議におけるハラスメントへの言及

欧州議会は最近のいくつかの決議において職場の暴力とハラスメントに言及している。2022 年 3 月 10 日の新安全衛生戦略に関する決議及び同年 7 月 5 日の「デジタル世界におけるメンタルヘルス」決議では、欧州委員会と加盟国に対して、労働世界における暴力、差別及びハラスメント（顧客、訪問者、患者等による）の根絶を目指す予防的かつ保護的な措置を確保するよう求めている。

# 3 | セクシュアルハラスメント

　上述のように、日本でいわゆるパワーハラスメントについては、EU 運営条約に規定する法令としての EU 指令は存在せず、法的位置づけの曖昧な「職場のハラスメントと暴力に関する欧州枠組協約」が存在しているだけであるが、セクシュアルハラスメントについては、性別に基づくハラスメントとともに、「雇用及び職業の分野における男女の機会均等及び均等待遇の原則の実施に関する欧州議会と理事会の指令」（2006/54/EC）に規定されている。セクシュアルハラスメントも、欧州議会の決議から始まり、法的拘束力のない弱い法令としての勧告を経て、強い法令である指令に盛り込まれるまでに紆余曲折を経ているので、その概略を解説する。

## 1　理事会決議までの前史

　1986 年 6 月 11 日、欧州議会は「女性に対する暴力に関する決議」を採択した。この決議は、性的暴力、私的空間における暴力、児童の性的虐待、少数民族の女性、女性難民、女性売買、売春、児童売春、ポルノグラフィー等と並んでセクシュアルハラスメントを取り上げ、EC 委員会にこの問題の研究を求めるとともに、理事会に職場における性的脅迫に関する各国法の調和のための立法を検討するよう求めている。

　これを受けて 1987 年 10 月、欧州委員会は「職場における女性の尊厳：EC 各国におけるセクシュアルハラスメント問題の報告」と題するルーベンシュタインの報告書を発行した。この報告書は、各国の現行法はこの問題に対処するのに適当ではなく、EC レベルで職場におけるセクシュアルハラスメントの予防に係る指令を設けることを勧告している。もとよりこれは EC 委員会としての見解を示したものではないが、その中の意見を反映したものとは言えよう。

　1988 年 6 月 20 日、男女機会均等諮問委員会は、男女両性をカバーするセクシュアルハラスメントに関する勧告と行為規範を設けるよう勧告した。

## 2　理事会決議

1990 年 5 月 29 日、理事会は「職場における女性と男性の尊厳の保護に関する理事会決議」を採択した。

### （1）定義

この決議は、セクシュアルハラスメントの概念を次のように定式化しており、これは後述の委員会勧告でもおおむね踏襲されている。

すなわち、上司や同僚の行為を含め、性的な性質の行為又は職場における男女の尊厳に影響する性に基づいた行為は、労働者や訓練生の尊厳の耐え難い侵犯を構成するものであり、次に該当するときは許容できないものである。

（ⅰ）そのような行為が受け手にとって求められざるものであり、不合理で攻撃的であるか、

（ⅱ）使用者又は労働者（上司や同僚を含む）のそのような行為に対する拒絶又は服従が、明示的又は黙示的に、当該労働者の職業訓練、雇い入れ、雇用の継続、昇進、俸給又は他の雇用上の意思決定の基礎として用いられるか、

（ⅲ）そのような行為が受け手にとって脅迫的、敵対的又は屈辱的な職場環境を作り出すとき。

### （2）各国の責務

本決議は、各国政府に対し、この問題に関して情報や意識喚起のキャンペーンを行うことを求めるとともに、ある状況下ではこのような行為が EC の均等待遇指令の第 3、4、5 条に違反すること、使用者にはこのような行為から自由な職場環境を確保する責任があることを強調している。そして、公的部門において積極的な手段を執ること、労使双方がこの問題を団体交渉で取り上げ、労働協約中に含めることを慫慂している。

## （3）EC 委員会の責務

　また、EC 委員会に対して、労使、法律家、裁判所等にこの問題の重要性を認識させる努力を続けるとともに、1991 年 7 月 1 日までに、労使及び各国と協議の上、女性と男性が互いの人間性を尊重しあえるような職場環境を作り上げるための積極的な手段を示す行為規範を起草するよう求めた。

## 3　EC 委員会勧告と行為規範

### （1）勧告と行為規範の採択

　翌 1991 年 7 月 3 日、EC 委員会は「職場における女性と男性の尊厳の保護に関する勧告」及び「行為規範」の草案を公表した。これに対する欧州議会、経済社会評議会や労使団体の意見を踏まえ、同年 11 月 27 日、EC 委員会は「職場における女性と男性の尊厳の保護に関する勧告」（92/131/EEC）及びこれに附属する「セクシュアルハラスメントと闘う手段に関する行為規範」を採択した。

### （2）勧告の内容

　勧告の第 1 条は上記理事会決議の定義の言い回しをそのまま用いて、各国政府がそのような行為が許容できないものであり、ある状況下では EC の均等待遇指令違反になることの認識の促進のために行動をとることを勧告している。

　第 2 条は各国政府が公的部門において EC 委員会の行為規範を実践することを勧告し、これを民間部門の実例とすることを慫慂している。

　第 3 条は各国政府が使用者及び労働者代表に EC 委員会の行為規範を実践する手段を発展させるよう奨励することを勧告している。

　第 4 条は各国政府がこれを実効あらしめるために執られた措置を EC 委員会に 3 年以内に報告するよう求めている。

### （3）行為規範

ア　定義

　上記理事会決議の言い回しをさらに敷衍して、セクシュアルハラスメント

には物理的、言語的及び非言語的行為が含まれるとし、その本質的特徴は
「求められざるもの」であるという点にあるとしている。セクシュアルハラ
スメントと親密な行為を区別するのはこの性質である。性的関心も受け手に
より攻撃的だとみなされていることが一旦明らかになったら繰り返されれば
セクシュアルハラスメントになる。もとより十分深刻なものであれば一回だ
けでもセクシュアルハラスメントを構成する。

イ　使用者への勧告
　（ア）予防
　第1歩として使用者は、セクシュアルハラスメントは許されず、もしあれ
ば従業員は苦情を申し立てる権利があるという政策宣言を発するべきであ
る。次に全従業員にこの旨を効果的に周知することが重要である。この上で
管理職の責任は大きく、このためにセクシュアルハラスメント防止のための
管理職訓練が効果的である。

　（イ）処理手続
　一旦セクシュアルハラスメントが起こったときの処理手続を明確詳細にし
ておくことは極めて重要である。
　受け手の多くは単にセクシュアルハラスメントが止むことを求めているの
で、第1段階では非公式に解決するよう助言されるべきである。
　それでも行為が止まない場合や非公式に解決するのが適切でない場合には
公式な苦情処理手続に載せられるべきである。
　使用者はセクシュアルハラスメントを被っている従業員に助言と援助を行
う担当者を指名することが望ましい。この担当者はできれば労働組合か労働
者代表の承認を受ければ受け入れられやすいであろう。また、この担当者は
この問題に関する適切な訓練を受けることが望ましい。
　セクシュアルハラスメントは性質上通常の苦情処理チャネルを用いること
は困難であるので、誰に苦情を持っていくのかを特定しておくべきである。
その際、受け手と同一の性に属する者にしておくことが望ましい。
　内部調査は受け手とハラスしたとされる者の双方の権利を尊重して注意深

く行うことが重要である。双方が労働組合又は労働者代表によって代表される
ようにすることが望ましい。調査の記録は全て保存すべきである。

　上記政策宣言に違反する行為は懲戒処分の対象として取り扱われるべきで
ある。どのような行為がそれに該当するか、段階に応じていかなる処分がな
されるかを明確にしておくべきである。セクシュアルハラスメントを訴えた
ことに対するいじめや仕返しも懲戒処分の対象とすべきである。セクシュア
ルハラスメントの存在が確認され、一方を異動させることになった場合、受
け手の方がそのポストの残るか他の部局に異動するかを選択できるようにす
べきである。セクシュアルハラスメントの存在が確認できなかった場合で
あっても、異動できるよう配慮すべきである。


ウ　労働組合への勧告

　セクシュアルハラスメントは使用者だけでなく労働組合の問題でもある。
労働組合も明確な政策宣言を発し、組合員の意識を喚起するように努めるべ
きである。また、組合員がセクシュアルハラスメントを受けたときに何をす
べきか明確な助言をすべきである。このため、特に訓練された職員（女性の
受け手のために女性であることが望ましい）を指名することが望まれる。受
け手とハラスしたとされる者の両方を組合が代表することになる場合、同一
者が両方を代表すべきでない。


エ　従業員の責務（略）


## （4）理事会の宣言

　これを受けて、同年 12 月 19 日、理事会は「職場における女性と男性の尊
厳の保護に関する委員会勧告（セクシュアルハラスメントと闘う手段に関す
る行為規範を含む）の実施に関する宣言」を採択した。

　この宣言は、勧告の目的を是認し、各国に実施を促すとともに、EC 委員
会に対して、十分な情報交換を促進し、各国で採られた措置の有効性を評価
する基準を吟味し、勧告第 4 条の報告を起草する際に基準の実施に努力し、
宣言の 3 年以内にその報告を提出するように求めている。

## 4　労使団体への協議

その後、欧州議会は 1994 年 2 月 14 日、セクシュアルハラスメントに関する罰則を伴う立法を求めた。また、1995 年 7 月 19 日、欧州委員会は第 4 次男女機会均等中期行動計画の中で、セクシュアルハラスメントに関する拘束力ある EU 措置の提案を提出する予定であることを明らかにした。

### (1) 第 1 次協議

1996 年 7 月 24 日、欧州委員会は職場におけるセクシュアルハラスメントに対して更なる措置を講じることについて、労使団体に対して第 1 次協議を開始した。

欧州委員会は労使団体に対して、1991 年の委員会勧告及び行為規範の評価報告を併せ送付しているが、この中で欧州委員会は、上記勧告及び行為規範によってはセクシュアルハラスメントを効果的に予防し戦う職場環境が確保できていないとしている。

協議文書の中で、欧州委員会は包括的アプローチを示唆し、中小企業の特殊な状況を考慮に入れつつ職場におけるセクシュアルハラスメントと戦う効果的な方法の具体的な検討を労使に求めている。また、各国の状況にあわせつつ共通の計画を樹立する拘束力ある措置が望ましいとしている。

### (2) 第 2 次協議

さらに、1997 年 3 月 19 日、欧州委員会は、労使団体への第 2 次協議を開始した。欧州委員会は労使団体に対してこの問題に関する労働協約を締結することを強く慫慂する一方で、もしそのような合意が成り立たないならば、欧州委員会自身がさらに前進する（自ら指令案を策定し、提出するということ）用意があるとしている。この欧州委員会の決意は、過去の欧州委員会勧告、行為規範等で繰り返されているにも関わらず、この領域において加盟各国ではほとんどなにも達成されていないという事実から発生していると、強い調子で各国を批判している（満足すべき法制を有しているのはオランダとベルギーだけだとしている）。

労使団体に対して、セクシュアルハラスメントの定義、予防、禁止、秘密カウンセリングの制度について合意に達するよう求めている。

これに対して、欧州経団連は結局、7 月 22 日、セクシュアルハラスメントについては既に各国レベルで対応されており、それが不十分だという根拠はなく、EU レベルでの拘束力ある措置を採る必要があるとは考えられないという回答を行い、協議を事実上拒否した。

これを受けて、すぐにも欧州委員会がセクシュアルハラスメントに関する指令案を提案するかと思われたが、その後 3 年間、欧州委員会から何らの立法アクションは行われなかった。

## 5　1998 年の報告書

その後、1998 年に「EU における職場のセクシュアルハラスメント」と題する報告書が公表された。EU レベルの報告書としてはルーベンシュタイン報告書以来である。これは 240 ページを超える大部の報告書で、大きく北方ヨーロッパと南方ヨーロッパに分けて、各国の状況が詳細に紹介されている。

これによると、1991 年の EC 委員会勧告によるセクシュアルハラスメントの定義は EU 各国に定着していない。男女間でも、男性はセクシュアルハラスメントを身体的な攻撃のような深刻なものだけに限定しがちである。セクシュアルハラスメントは言語的なもの（性的冗談、容姿や性行動に関する発言、性交渉の依頼、文書又は電話による進出）、非言語的なもの（凝視、口笛、ピンナップやヌードカレンダー、それらしいジェスチャー）、身体的（physical）なもの（お節介な身体的接触、胸部や生殖器官への接触、強制的なキスや抱擁、性的暴行／強姦）の 3 つに分けられる。普遍的なセクシュアルハラスメントの定義がないため、これを客観的に計測したり定量化することは困難である。しかし、セクシュアルハラスメントはほとんど全ての職場で発生しているようで、意に反する性的プロポーザルを受けた女性は 40％から 50％に達する。言語的なセクシュアルハラスメントがもっとも一般的で、女性労働者の 3 分の 2 が経験しているが、もっとも極端な性的暴行／強姦も 5％弱の女性によって報告されている。

　ハラスされやすいのは、女性労働者で30歳から40歳の間、独身か離別、低い教育レベルに多い。ハラスするのは圧倒的に男性で、主として同僚や上司であるが、中には患者、顧客、部下というのもある。

　セクシュアルハラスメントについては、北方諸国と南方諸国で大きな違いが見られた。セクシュアルハラスメントは南北いずれでも一般的であるが、フランスとイタリアを除くと南欧ではセクシュアルハラスメントは大した問題だと思われておらず、これまでまともな調査もされていない。南欧の女性労働者は、セクシュアルハラスメントは女性であることの一部であり、我慢すべきものと捉える傾向がある。

## 6　男女均等待遇指令改正案

　3年間動きがなかったセクシュアルハラスメント問題が動き出すきっかけは、後述の一般雇用均等指令と人種・民族均等指令であった。この両指令において、「脅迫的、敵対的、攻撃的又は妨害的な環境を作り出す目的又は効果を有するような人への嫌がらせは差別と見なされる」という規定が設けられたのである。セクシュアルハラスメントの指令化が遅々として進まない間に、それ以外のハラスメントの規制がEUレベルで成立してしまったわけである。

　おそらくは、この動きが男女均等担当者の尻に火をつけたのであろう。2000年6月7日、セクシュアルハラスメントを対象にした予防や救済まで含めた包括的な立法をめざすという目標はとりあえず脇に置いて、とにかくセクシュアルハラスメントを男女差別であるとするだけの指令案が提案された。「雇用、職業訓練及び昇進へのアクセス並びに労働条件に関しての男女均等待遇原則の実施に関する理事会指令を改正する欧州議会と理事会の指令案」（COM（2000）334）である。

　この改正案は、セクシュアルハラスメントを性差別に含めることを始め、間接差別の定義、適用除外の制限、ポジティブ・アクションに関する報告、さらにいくつかの権利の保護の強化（出産後の原職復帰の権利、職業組織への参加の権利、雇用関係終了後の保護、賠償額上限設定の禁止）、独立機関の設置義務など広範囲にわたっているが、第1条の次にセクシュアルハラス

メントに関する第 1a 条を新設する形をとっている。すなわち、「セクシュア
ルハラスメントは、性に関連した求められざる行為が人の尊厳に影響を与え
るか又は脅迫的、敵対的若しくは妨害的な職場環境を作り出す目的で又は結
果として行われるとき、特にもしそのような行為への拒絶又は服従が当該個
人に影響する決定の根拠として用いられる場合には、職場における性別を理
由とした差別と見なされる」と規定している。

　これは全体としては人種・民族均等指令案や一般雇用均等指令案の規定ぶ
りに倣ってハラスメントを差別と規定しつつ、セクシュアルハラスメントの
内容については 1991 年の行為規範の規定を持ってきた形となっている。

## 7　理事会における議論

　本指令案については、理事会の下部機関であるコレペールの社会問題作業
部会の資料が全て公開されているので、どのような経緯で欧州委員会の原案
が修正されていったかがよく分かる。ここでは各項目ごとにやや詳しくその
経緯を見ていく。ここで発言しているのは、各国 EU 代表部の労働担当官た
ちである。

　2000 年 12 月 11 日の部会で、イギリスなど 8 カ国はハラスメントの定義
は人種・民族均等指令及び一般雇用均等指令に合わせるべきだと主張した
が、ドイツなど 4 カ国は行為のタイプをきちんと検討すべきだとし、職場の
いじめとセクシュアルハラスメントは異なると指摘した。

　実際、上記 2 指令におけるハラスメントとはこれら指令が禁止する差別理
由（人種、障害、年齢等）に基づくハラスメントであるが、それをそのまま
男女均等待遇指令に持ってくると、性別に基づくハラスメントということに
なり、今まで問題になってきたセクシュアルハラスメントの「セクシュア
ル」という部分が抜け落ちてしまう。

　2001 年 1 月 15 日の作業部会で、上記 8 カ国のうちフランスなど 4 カ国
は、性別に基づくハラスメントと並んで、第 2 項としてセクシュアルハラス
メントに関する規定を設けることを提案した。

　2 月 6 日の作業部会で、オランダはセクシュアルな性質の行為と性別に関
係した行為の両方を含んだ具体的な規定を提案した。

　2月27日の作業部会で、フランスはハラスメントとセクシュアルハラスメントをそれぞれ定義し、そのような行為への拒絶又は服従が当該個人に影響する決定の根拠として用いられてはならないという規定を置く具体的な提案を行った。ベルギーなど3カ国がこれを支持し、これがその後各国の同意を得ていくことになる。

　4月30日の案ではハラスメントとセクシュアルハラスメントが直接差別及び間接差別と並んで第2条第1項に規定されており、拒絶や服従の規定、さらに差別の指示の禁止も規定され、ほぼ完成に近づいた。

## 8　欧州議会の第1読修正意見

　一方、共同決定手続の下で理事会と同等の権限を有することになった欧州議会においては、女性の権利と機会均等委員会が取りまとめ委員会となり、雇用社会問題委員会及び産業貿易委員会の意見も踏まえて、2001年5月31日に第1読会における修正意見を採択した。

　ここでは、第1a条に直接差別、間接差別、ハラスメント及びセクシュアルハラスメントの定義規定を置き、次の第1b条でセクシュアルハラスメントが性別に基づく差別であること、加盟国は男女の尊厳を尊重するための措置を導入すべきこと、かかる行為への拒絶又は服従が当該個人に影響する決定の根拠として用いられてはならないこと、そして加盟国は職場における秘密カウンセラー制度を含めセクシュアルハラスメントを防止するための措置を導入すべきことを規定している。

## 9　欧州委員会の改正案修正案と理事会の共通の立場

　欧州委員会は欧州議会の修正案を受けて、2001年6月6日、改正案の修正案（COM（2001）321）を提出した。ここでは定義は欧州議会のそれに倣っている。理事会はこれを受けて6月11日に全会一致で共通の立場への政治的合意を行い、7月23日に共通の立場を採択した。

　共通の立場では、直接差別と間接差別の定義（2指令に合わせた形）の次に、「ハラスメントは、人の性別に関連した求められざる行為が、人の尊厳を侵犯するとともに脅迫的、敵対的、冒涜的、屈辱的若しくは攻撃的な環境

を作り出す目的により又は結果として発生する場合に、差別と見なされる。セクシュアルハラスメントは、身体的、言語的又は非言語的に表現されたセクシュアルな性質の求められざる行為であるが、ハラスメントの特別な形態を構成する」という 1 文が設けられ、さらに拒絶や服従の規定と差別の指示の禁止も規定されている。

　これに対して 8 月 10 日、欧州委員会は共通の立場に関するコミュニケーション（SEC（2001）1332）において、概ね満足の意を表した。

## 10　欧州議会の第 2 読修正意見と理事会との調停

　その後 2001 年 10 月 24 日に、欧州議会はその第 2 読会において、理事会の共通の立場に対するさらなる修正意見を採択した。欧州委員会は 11 月 27 日にこれに対する意見（COM（2001）689）を明らかにした。定義とセクシュアルハラスメントについては第 1 読の修正意見の線を維持しており、「職場のハラスメントとセクシュアルハラスメントを防止する措置を国内法制に導入」する等加盟国への義務づけを求めている。

　理事会側はこれらをいずれも受け容れられないとし、2002 年 1 月 21 日、調停委員会を招集した。調停委員会に先立ち、1 月 22 日欧州委員会が妥協案を示し、これを受けて理事会は 4 月 9 日、欧州議会の規定案に近づいて、加盟国は使用者等が性に基づく差別特にハラスメントやセクシュアルハラスメントを防止する措置をとるよう奨励するという規定を示した。結局、4 月 17 日の調停委員会で両者は合意に達し、欧州議会は 6 月 12 日に、理事会は 6 月 13 日にそれぞれ合意案を承認した。

　そして、9 月 23 日に両者が署名して、ようやく「雇用、職業訓練及び昇進へのアクセス並びに労働条件に関しての男女均等待遇原則の実施に関する理事会指令を改正する欧州議会と理事会の指令」（2002/73/EC）が成立した。

## 11　2002 年改正指令におけるハラスメントとセクシュアルハラスメント

　改正指令の第 2 条第 2 項にはハラスメントとセクシュアルハラスメントの定義がおかれた。

　ハラスメントとは、「人の性別に関連した求められざる行為が、人の尊厳

を侵犯するとともに脅迫的、敵対的、冒涜的、屈辱的若しくは攻撃的な環境を作り出す目的により又は結果として発生する状況」をいい、セクシュアルハラスメントとは、「いかなる形態であれ言語的、非言語的又は身体的なセクシュアルな性質の行為が、人の尊厳を侵犯するとともに脅迫的、敵対的、冒涜的、屈辱的若しくは攻撃的な環境を作り出す目的により又は結果として発生する状況」をいう。

　こうして、性別に基づくハラスメントとセクシュアルな性質のハラスメントが明確に区別されて指令上に定義されるに至ったわけである。ちなみに、欧州議会の議論の中では前者について「ジェンダーハラスメント」という表現を求める意見もあった。この方が「セクシュアル」との対比がはっきりするようにも思われるが、条約や諸指令など法体系全体で「ジェンダー」という用語法を用いていない以上、これは法制局的に困難であるということであろう。

　本指令にいうハラスメント及びセクシュアルハラスメントは性別に基づく差別と見なされ、それゆえ禁止される。人がかかる行為を拒否するか又は受け入れるかがその人に影響を与える意思決定の基礎として用いられてはならない（同第3項）。

　性別を理由に人を差別するように指示することは本指令にいう差別と見なされる（同第4項）。

　加盟国は、国内法、労働協約又は慣行に従い、使用者及び職業訓練へのアクセスに責任を有する者が、性別に基づくあらゆる形態の差別、とりわけ職場におけるハラスメント及びセクシュアルハラスメントを防止する措置をとるよう促進するものとする（同第5項）。

## 12　男女機会均等・均等待遇総合指令

　現在の「雇用及び職業の分野における男女の機会均等及び均等待遇の原則の実施に関する欧州議会と理事会の指令」（2006/54/EC）は、上記2002年改正指令に加え、既存の男女同一賃金指令、男女均等待遇指令、職域社会保障男女均等待遇指令及び挙証責任指令を再制定により一本化したものである。（性別による）ハラスメント及びセクシュアルハラスメントに関する規定に

変更はない。

## 13　雇用・職業以外の分野における男女均等待遇指令

　2004 年 12 月 13 日に採択された「財及びサービスへのアクセスとその供給における男女均等待遇原則を実施する理事会指令」（2004/113/EC）は、雇用・職業以外の分野における性別を理由とする直接差別、間接差別と並んで、ハラスメント及びセクシュアルハラスメントを禁止している。指令案提案時の説明メモには、家主による借家人に対するハラスメントや、企業のバイヤーがセールスピープルに対して、契約の見返りに性的な行為を要求するといった例が挙げられており、後者は労働者への第三者セクシュアルハラスメントとも言える。

## 14　女性に対する暴力と闘う指令案

　2022 年 3 月 8 日、欧州委員会は「女性に対する暴力と家庭内暴力と闘う指令案」（COM（2022）105）を提案した。その中には、同意なき強姦の定義（第 5 条）、女性器切除（第 6 条）、同意なき写真やビデオの公開（第 7 条）、サイバーストーキング（第 8 条）、サイバーハラスメント（第 9 条）等の興味深い規定と並んで、労働法に関わる規定として、職場のセクシュアルハラスメントについて、職場から加害者を除去する等の法的救済についての外部助言者の設置等の規定（第 30 条）も含まれている。

　現時点で同指令案は成立に至っていないが、2023 年 6 月 9 日の雇用社会相理事会は同指令案に一定の修正を加えた「一般的アプローチ」に合意した。一方欧州議会の女性の権利と男女平等委員会も、2023 年 6 月 28 日に同指令案の修正案を採択した。今後両立法機関間の協議を経て成立することとなろう。

# 4 ┃ 差別的ハラスメント

　上記男女機会均等・均等待遇総合指令に定める二つのハラスメントのうち、性別を理由とするハラスメントは差別的ハラスメントの一種として、他

の差別理由によるハラスメントと同様の性格を有する。上述のように、そもそも男女均等待遇指令にハラスメント関係規定が盛り込まれるきっかけが、むしろ他の差別理由によるハラスメント規制が先行しようとしたことにあった。ここでは、ハラスメント規制に焦点を当てて、性別以外の差別禁止指令の法政策の経緯を概観する。

## 1　一般雇用均等指令案

1999 年 11 月 25 日、欧州委員会はかねて予告していた新たな立法提案を行った。これは一般雇用均等指令案と人種・民族均等指令案の 2 つの指令案からなる。

第 1 の「雇用及び職業における均等待遇の一般的枠組みを設定する指令案」（COM（1999）565）は、男女差別だけでなく、人種、民族、宗教、信条、障害、年齢、性的指向といった理由による雇用差別（ハラスメントを含む）を禁止する画期的な内容を有している。

### （1）禁止される差別

本指令案の目的は、人種的若しくは民族的出身、宗教若しくは信条、障害、年齢又は性的指向に関わりなく全ての者に、雇用及び職業へのアクセス、職業訓練、雇用条件並びに特定組織への加入についての均等待遇の原則が確保されることである（第 1 条）。

また、ハラスメントについては、脅迫的、敵対的、攻撃的又は妨害的な環境を作り出す目的・効果を有する第 1 条にいう差別の理由に関係したハラスメントは差別と見なす旨を明記している（同第 3 項）。この時点ではセクシュアルハラスメントに関する指令案はまだ提案されていなかったので、ハラスメントに関する法制の基本パターンをこちらが作る形となった。もともと、セクシュアルハラスメントに関する EU 政策は、セクシュアルハラスメントを差別と見なすというよりも、その予防から救済に至る措置に重点を置こうとするものであったが、労使団体への協議終了後なかなか進展を見なかった。ハラスメントを差別と見なすというのは、1998 年のアイルランドの雇用均等法及び 1999 年のスウェーデンの差別禁止法の例に倣ったものだ

と説明メモは述べている。

## 2　使用者団体の意見

　指令案が提案されてから、翌 2000 年 2 月 11 日、EU レベル使用者団体の
欧州経団連がポジションペーパーを公表した。欧州経団連は、労働者の尊厳
は尊重され、保護されるべきという点に異存はないが、ハラスメントの概念
は差別とは明確に異なるものであり、ハラスメントと差別をごっちゃにしよ
うとする指令案には反対であるとしている。

## 3　理事会における議論

　本指令案については、理事会の下部機関であるコレペールの社会問題作業
部会の資料が全て公開されているので、どのような経緯で欧州委員会の原案
が修正されていったかがよく分かる。ここで発言しているのは、各国 EU 代
表部の労働担当官たちである。

　ハラスメントについては、1 月 31 日の部会で早速、各国から既存のセク
シュアルハラスメントの概念よりも広くなっており、挙証責任の転換の関係
で実施が困難ではないかとの意見が出された。この段階ではまだ男女雇用均
等待遇指令の改正案は出されておらず、セクシュアルハラスメントに関する
法的文書は理事会決議や EC 委員会勧告等であり、労使団体への 2 段階への
協議が行われたままであった。

　議長国ポルトガルは 4 月 19 日の部会で、「第 1 条にいう差別の理由に関係
する求められざる行為が人の尊厳に影響し及び脅迫的、敵対的、攻撃的又は
妨害的な環境を作り出す目的又は効果を有する場合」という一句を挿入する
ことを提案し、セクシュアルハラスメントに関するこれまでの規定ぶりと表
現を合わせようとした。またフィンランドは「ハラスメントの概念は加盟国
の国内法及び慣行に従って定義されうる」という一文を挿入することを求め
た。

## 4　採択に至る過程

　一方、欧州議会は 2000 年 10 月 5 日、修正意見を採択した。もっとも、本

指令案の根拠である条約旧第13条は共同決定手続ではなく協議手続となっているので、欧州議会の意見は理事会を拘束せず、単なる意見に過ぎない。

これを受けて欧州委員会は同年10月12日、指令案の修正案（COM（2000）652）を出した。欧州議会が提起して欧州委員会が受け入れ、理事会の案にも盛り込まれたのは、差別のそそのかしの規定である。欧州議会修正案では「差別するようそそのかしたり、指示したり、圧力をかける行動は、差別の被害者が確定しうるか否かにかかわらず、……差別に該当する」となっていた。

理事会は同年10月17日に、基本的には上述の線に沿って政治的合意に達し、11月27日に正式に「雇用及び職業における均等待遇の一般的枠組みを設定する指令」（2000/78/EC）を採択した。

## 5　一般雇用均等指令の内容

本指令の目的は、宗教若しくは信条、障害、年齢又は性的指向に関わりなく全ての者に、雇用・職業へのアクセスについての均等待遇の原則が確保されることである（第1条）。見てわかるように、これは条約旧第13条の差別リストから性別と人種的・民族的出身を除いたものである。性別による差別は既に累次のEU指令によってカバーされているからであり、人種的・民族的出身は一足先に成立した人種・民族均等指令でカバーされているからである。

第2条第2項が直接差別と間接差別の定義を規定したのちに、同条第3項はハラスメントが第1項にいう差別の一形態であると見なされる旨を規定し、それを「第1条に規定する事由に関係する求められざる行為が、人の尊厳を侵犯するとともに脅迫的、敵対的、冒涜的、屈辱的若しくは攻撃的な環境を作り出す目的により又は結果として発生する場合」と定義している。ただし、「ハラスメントの概念は国内法と慣行に従って定義することができる」。第1条に規定する事由について人を差別するように指示することも本指令にいう差別と見なされる（同第4項）。

本指令の適用範囲は雇用労働分野の全てにわたっているが、自営業も含まれる。具体的には、

a）活動の分野又は部門に関わらず、かつ職業的階梯のすべての段階（昇進を含む）において、雇用、自営業及び職業へのアクセスの条件（選抜基準及び採用条件を含む）

b）全ての形態及び全ての水準の職業指導、職業訓練、高等職業訓練及び再訓練（就労体験を含む）へのアクセス

c）雇用条件及び労働条件（解雇及び賃金を含む）

d）労働者組織若しくは使用者組織又はその成員が特定の職業を実行する他のいかなる組織への成員権及び関与並びにそのような組織によって提供される便宜が対象であり、公的機関も含め、公共部門にも適用される（第 3 条第 1 項）。

ただし、国籍の違いによる取り扱いの相違は本指令の関知しないところである。第 3 国国民や無国籍者の入国、居住に関する条件、彼らの法的地位について生じる問題は本指令は及ばない（第 3 条第 2 項）。

## 6　人種・民族均等指令案

1999 年 11 月 25 日に欧州委員会が提案した第 2 の指令案は、「人種的又は民族的出身に関わらない個人の間の均等待遇原則の実施に関する理事会指令案」（COM（1999）566）である。

本指令案の特徴は、人的適用範囲を人種的又は民族的出身に基づく差別に限りつつ、物的適用範囲を雇用・職業を大きく超える広範な分野に広げていることである。指令案第 3 条は適用範囲を 8 号にわたって列記している。このうち初めの 4 号は一般雇用均等指令案と同じであり、これ以下が人種・民族を理由とする差別にのみ適用される分野ということになる。それは「社会保護及び社会保障」、「社会的便益」、「補助金や奨学金を含む教育」（education, including grants and scholarships）、「財及びサービスへのアクセス並びにその供給」（access to and supply of goods and services）の 4 つである。その他の規定は、基本的に同時に提案された一般雇用均等指令案と同様であり、第 2 条は直接差別、間接差別及びハラスメントの定義を設けている。

理事会は 2000 年 6 月 6 日に政治的合意に達し、6 月 29 日に正式に「人種的又は民族的出身に関わらない個人の間の均等待遇原則の実施に関する理事

会指令」（2000/43/EC）を採択した。

## 7　人種・民族均等指令の内容

　本指令の目的は、加盟国において均等待遇原則を効力あるものとする観点
で、人種的又は民族的出身に基づく差別と戦うための枠組みを規定すること
である（第1条）。

　第2条第2項が直接差別と間接差別を定義したのち、同条第3項はハラス
メントが第1項にいう差別の一形態であると見なされる旨を規定し、それを
「人種的又は民族的出身に関係する求められざる行為が、人の尊厳を侵犯す
るとともに脅迫的、敵対的、冒涜的、屈辱的若しくは攻撃的な環境を作り出
す目的により又は結果として発生する場合」と定義している。ただし、「ハ
ラスメントの概念は国内法と慣行に従って定義することができる」。この規
定ぶりも一般雇用均等指令で踏襲された。

　人種的又は民族的出身について人を差別するように指示することは本指令
にいう差別と見なされる（同第4項）。

　本指令の適用範囲は、

　　a）活動の分野又は部門に関わらず、かつ職業的階梯のすべての段階（昇
　　　進を含む）において、雇用、自営業及び職業へのアクセスの条件（選抜
　　　基準及び採用条件を含む）

　　b）全ての形態及び全ての水準の職業指導、職業訓練、高等職業訓練及び
　　　再訓練（就労体験を含む）へのアクセス

　　c）雇用条件及び労働条件（解雇及び賃金を含む）

　　d）労働者組織若しくは使用者組織又はその成員が特定の職業を実行する
　　　他のいかなる組織への成員権及び関与並びにそのような組織によって提
　　　供される便宜

　　e）社会保護（社会保障及び医療を含む）

　　f）社会的便益

　　g）教育

　　h）公衆に利用可能な財及びサービスへのアクセス並びにその供給（住宅
　　　を含む）

が対象であり、公的機関も含め、公共部門にも適用される（第3条第1項）。

　ただし、国籍の違いによる取り扱いの相違は本指令の関知しないところである。第3国国民や無国籍者の入国、居住に関する条件、彼らの法的地位について生じる問題は本指令は及ばない（第3条第2項）。

## 8　障害者家族へのハラスメント事案

　現在までのところ、上述の諸指令のハラスメント条項に関わる欧州司法裁判所の判決はただ1件しかない。障害者の家族に対するハラスメントが問題になった2008年7月17日のコールマン事件判決（Coleman、C-303/06）である。

　イギリスで法務秘書として勤務していたコールマン氏（女性）は男児を出産したが、その子は無呼吸発作、先天性喉頭軟化症、気管支軟化症であって、特別の介助が必要であり、主たる介助者は彼女であった。産休終了後、彼女は原職復帰を拒否され、短時間勤務やタイムオフの取得も拒まれて「怠惰」だといわれ、社内の苦情手続きもまともに扱われず、この過程において口汚く侮辱的な言動をされ、子供の世話で遅刻すると解雇だと脅され、2005年3月4日、彼女は自主退職を受け入れたが、8月30日雇用審判所に対して、これは不公正な準解雇（constructive dismissal）であり、彼女が障害児の主たる介助者であることを理由とする不利益取り扱いであると訴えた。

　これを受けて、ロンドン南雇用審判所は以下の問いを欧州司法裁判所に付託した。

(1) 障害を理由とする差別禁止において、指令2000/78は自身が障害者である者への直接の差別とハラスメントのみを保護するのか？

(2) (1) への回答が否であるなら、指令2000/78は自身は障害者ではないが障害者である者との関連性を理由として不利益に取り扱われまたはハラスメントを受ける者を保護するのか？

(3) 使用者がある労働者を他の労働者よりも不利益に取り扱い、かかる取扱いの理由がその労働者が介助すべき障害児を有していることである場合、かかる取扱いは指令2000/78の均等待遇原則に違反する直接差別であるか？

（4）使用者がある労働者にハラスメントを行い、かかる取扱いの理由がその労働者が介助すべき障害児を有していることである場合、かかる取扱いは指令 2000/78 の均等待遇原則に違反するハラスメントであるか？

これに対する欧州司法裁判所の判決は以下の通りである。同裁判所はあくまでも法解釈を行うのみであるので、この解釈に基づく事実認定は国内裁判所に委ねられる。

1. 指令 2000/78 の特に第 1 条並びに第 2 条第 1 項及び第 2 項第（a）文は、これら規定に定める直接差別の禁止は自身が障害者である者のみに限定されるものではないと解釈しなければならない。使用者が自身が障害者ではない者を他の労働者が同様の状況にあれば取り扱ったであろうよりも不利益に取り扱い、その労働者の不利益取扱いの理由が当該労働者が主たる介助者であるその子の障害であることが明らかである場合には、かかる不利益取扱いは第 2 条第 2 項第（a）文に定める直接差別の禁止に反するものである。

2. 指令 2000/78 の特に第 1 条並びに第 2 条第 1 項及び第 3 項は、これら規定に定めるハラスメントの禁止は自身が障害者である者のみに限定されるものではないと解釈しなければならない。自身が障害者ではない労働者が被るハラスメントに至る求められざる行為が、当該労働者が主たる介助者であるその子の障害に関連していることが明らかである場合には、かかる行為は第 2 条第 3 項に定めるハラスメントの禁止に反するものである。

このように、本判決はハラスメント独自の法理を示したものではなく、差別とハラスメントに共通に、家族の障害を理由とした差別とハラスメントを指令に反するものと下した判決である。

# 5 ┃ EU 機関におけるハラスメント事案

EU 労働法領域においてハラスメントに関する事項はほぼ以上に尽きている。ただ、EU はそれ自体膨大な人員を擁する組織であり、その中には当然のことながら様々なハラスメント事案が発生している。欧州司法裁判所の下

級審に当たる第一審裁判所はかかる諸事案を取り扱い、その一部は控訴審た
る欧州司法裁判所に持ち込まれることがある。近年の諸事案からいくつか
拾ってみると、以下のような事案が目につく。

○ HF 事件（2020 年 6 月 25 日、C-570/18P）：欧州議会広報総局 AV 課に臨
　時職員として勤務する HF は、課長からハラスメントを受けていると上
　層部に訴えた。HF は内部手続きにおける援助を求めたが拒否されたの
　で、第一審裁判所に訴えた。第一審裁判所は HF の訴えを退けたが、欧
　州司法裁判所は HF の控訴を認め、欧州議会人事総局の HF に援助しな
　いとの決定を取り消した。

○ KF 事件（2020 年 6 月 25 日、C-14/19P）：EU のサテライトセンターに
　総務課長として勤務する KF（女性）は、副センター長から組織内の人
　間関係に欠点があると指摘され、低評価を受けた。同センター勤務の多
　くの職員がアンケートで KF の行動に問題があると苦情を述べており、
　同センターは KF が心理的ハラスメントを行ったと結論した。KF はこ
　れを自らに対するハラスメントであると訴えたが、懲戒委員会は KF を
　管理職から降格することを決定した。KF は当該処分の取り消しを求め
　て第一審裁判所に訴え、第一審裁判所は事前に十分な時間的余裕を持っ
　て KF が聴聞を受けることなく決定がなされたとして KF の主張を認め
　たので、サテライトセンターが控訴したが、欧州司法裁判所は控訴を棄
　却した。

| 終 章 | おわりに |
|---|---|

滝原　啓允

　本章では、イギリス・アメリカ・ドイツ・フランス（以下では本書が比較対象とした当該4カ国を「各国」と略する場合がある）におけるハラスメントに係る法制の内容等につき、総括する。ところで、EUについては、第5章でも述べられているように、各国とは相当程度異なった枠組みとなっており、各国との比較が困難であることから、本章では比較の対象として取り上げない。

　なお、本章における「パワハラ」の語は、日本法の文脈における「パワーハラスメント」の略語として用いる。また、「セクハラ」の語は、「セクシュアル・ハラスメント」の略語として用いる（各章でそれぞれ論じられているように「セクハラ」の定義内容は各国において必ずしも同一ではない）。

# 1 ハラスメントに係る法制の国際比較

### 1　規制内容

　ハラスメントに係る規制内容についての各国におけるおおよその状況は以下の通りである。

　イギリスでは、1997年ハラスメントからの保護法（PHA: Protection from Harassment Act 1997）と2010年平等法（EA2010: Equality Act 2010）の2つの制定法がハラスメントにつき主として機能しており、それぞれが規定し禁止する「ハラスメント」概念に、問題となるハラスメントが該当する場合、その被害者は救済を受けることができる。PHAは、ありとあらゆる類型のハラスメントをその射程に収めるが、従来の差別禁止法の系譜に連なるEA2010は、特定の保護特性（年齢・障害・性同一性障害・人種・宗教また

は信条・性・性的指向）に関連するハラスメントのみを射程下に置くにとどまる。また、コモン・ローも、ハラスメントにつき一定の役割を担うところとなっている（本章では主として制定法につき論じるため、コモン・ローについて詳細は第1章第2節を参照）。なお、職場におけるハラスメント対策に特化した「職場における dignity[1] 法案（DWB: Dignity at Work Bill)」が、2度イギリス議会に上程されたものの、2度とも廃案となっている（現在「職場いじめ及び職場における配慮法案（BRWB: Bullying and Respect at Work Bill)」をイギリス議会で審議中である（2024年1月時点))。

アメリカでは、包括的なハラスメント規制は存在しない。しかし、差別的ハラスメントについては、①公民権法（CRA: Civil Rights Act）第7編が保護する「人種・肌の色・性・宗教・出身国」、②雇用における年齢差別禁止法（ADEA: Age Discrimination in Employment Act）が保護する「年齢」、③障害をもつアメリカ人法（ADA: Americans with Disability Act）が保護する「障害」、④遺伝子情報差別禁止法（GINA: Genetic Information Nondiscrimination Act）が保護する「遺伝子情報」等の保護属性が存在し、特定の保護属性を持つことを理由としてなされる言動が禁止され、⑤各種制定法利用を理由とする報復的ハラスメントの禁止もなされている。また、非差別的ハラスメントについては、①職業安全衛生法（OSHA: Occupational Safety & Health Act）による使用者による安全な職場・雇用の提供義務、②一部の州におけるハラスメント被害者への労災補償（身体的傷害の場合）、③一部の州における使用者によるハラスメント防止研修実施義務、また、使用者によるハラスメント防止ポリシーの採用の推奨、④使用者による不法行為（精神的苦痛の意図的惹起等）の禁止といった規制等が存在する。

ドイツでは、日本のパワハラとほぼ同様の概念である「モビング（Mobbing)」を規制するための制定法は存在しない。しかし、基本法1条・2条から抽出される一般的人格権を民法典（BGB: Bürgerliches Gesetzbuch）における不法行為または債務不履行の解釈の際に斟酌し、労働者の人格権侵害や使用者の保護義務の不履行を民事上問責することが可能となっている。

---

[1] dignity を「尊厳」とせず、原語のまま表記することにつき、第1章の脚注2参照。

　また、一般的平等取扱法（AGG: Allgemeines Gleichbehandlungsgesetz）は、人種・民族的背景・性・宗教・世界観・障害・年齢・性的指向（以下「1条事由」）を理由とする嫌がらせ及びセクハラにつき同法が禁止する不利益取扱いに該当するとして、使用者に保護義務を課すとともに、使用者・加害者に対する損害賠償請求権、苦情申立権、労務給付拒絶権などを設けている。セクハラは刑法上犯罪に該当し（184条 i）、原則として 2 年以下の自由刑ないし罰金刑に処される。

　フランスでは、行為の禁止（労働法典 L.1152-1 条、L.1153-1 条）が明定され（刑罰規定あり（刑法典 222-33-2 条、222 - 33 条））ている。また、使用者の予防措置（労働法典 L.1152-4 条、L.1153-5 条）、「被害者」等の保護・不利益取扱禁止（労働法典 L.1152-2 条、L.1153-3 条）、加害者に対する制裁義務（労働法典 L.1152-5 条、L.1153-6 条）といった規定も存在する。

　以上からすれば、各国では、ハラスメントに関し何らかの規制を有するところとなっているが、おおよそのところ、以下のような状況となっている。すなわち、各国の概観としては、労働法分野において明確かつ詳細な規定を有するのがフランス、一般法としての制定法を有するのがイギリス、特定の事由を理由とするものについて制定法を有するのがドイツ、差別的ハラスメントについて規定を有するのがアメリカといったところとなる（とはいえ、当該整理はハラスメントに係る制定法を中心とした概括的な整理にとどまる）。このようにしてみると、職場におけるハラスメントに係る規制が整っているのはフランスといえそうではあるものの、各国とも一般法や各種法理を有するところ、単純比較は困難であり、最も厳格な規制を有している国などとしていずれかの国を挙げることは難しい。

　ところで、一定の保護特性ないし保護属性といった事由を予め定めておき、それに係るハラスメントを規制するというような法的方法が、イギリスの EA2010、アメリカにおける諸法、ドイツの AGG で採られている。イギリスの EA2010 では年齢・障害・性同一性障害・人種・宗教または信条・性・性的指向が、アメリカにおける諸法では人種・肌の色・性・宗教・出身国・年齢・障害・遺伝子情報等が、ドイツの AGG では人種・民族的背景・性・宗教・世界観・障害・年齢・性的指向が、保護特性ないしそれに類する

ものとしてそれぞれ挙げられている。

## 2　ハラスメントの定義

　ハラスメントの定義についての各国におけるおおよその状況は以下の通りである。

　イギリスでは、PHA と EA2010 にそれぞれ規定がある。まず、PHA の 1 条 2 項は「一般人が、その一連の行為は他人へのハラスメントにあたる……と認識する場合、加害行為者は、その一連の行為がハラスメントにあたる……と認識すべきであったとする」とし、7 条 2 項は「ハラスメントには、他人を不安にさせること、困惑を引き起こすことを含む」とし、同 3 項（a）は「一連の行為」とは「2 回以上の行為でなければならない」と定め、同 4 項は「『行為（conduct）』は言論を含む」としている。よって、作為・不作為を問わず、2 回以上の行為（7 条 3 項（a））であって、それが他人に不安や困惑を引き起こすもの（7 条 2 項）である限り、PHA 上の包括的かつ広範な「ハラスメント」概念に抵触する可能性がある。次に、EA2010 の 26 条 1 項は、「ハラスメント」に関し、「（a）保護特性に関連し、（b）（ⅰ）被害者の dignity を侵害する、または（ⅱ）被害者にとって脅迫的、敵対的、侮蔑的、屈辱的、若しくは攻撃的な環境を創出する、目的または効果の存在」と規定している。ここでいう保護特性とは、先述の通り、年齢・障害・性同一性障害・人種・宗教または信条・性・性的指向を指している。

　アメリカでは、包括的なハラスメント定義が存在しないが、差別的ハラスメントについては、セクハラにつき、大要、歓迎されない性的言動であって、当該言動が①雇用条件の対価となっている場合、または②敵対的な就労環境を創出する場合、と定義されている。その他の差別的ハラスメントも同様（出身国差別の場合には、敵対的就労環境の創出や労務提供の妨害に焦点）となっている。また、非差別的ハラスメントについて、一部の州は、大要、使用者や上司・同僚等が悪意に基づき（原則として継続的に）行う、敵対的・不愉快な言動、と定義しており、定義において使用者の正当な利益に言及する州としない州がある。

　ドイツでは、モビングにつき判例は、「敵視、嫌がらせ、あるいは差別を

目的とした、支配的地位を利用した継続した積極的な行為であって、通常その態様・経過からして法的に正当性のない目的を増進させ、少なくとも全体として被害者の一般的人格権その他名誉、健康といった保護法益を侵害するもの」としている。また、AGG の 3 条 3 項によれば、「嫌がらせ」につき、「1 条事由に関連する望まれない行為態様が、当事者の尊厳を害し、威圧、敵視、恥辱、侮蔑または侮辱によって特徴付けられる環境を生み出すことを目的とし、またはそのような結果をもたらす場合」とされており、ここでいう 1 条事由とは、先述の通り、人種・民族的背景・性・宗教・世界観・障害・年齢・性的指向を指している。さらに、AGG の 3 条 4 項によれば、「セクハラ」につき、「望まれない性的行動及びその要求、性的意味を有する身体的接触、性的内容の発言並びにポルノ表現の意に反した掲示及び見えるような表示を含む、望まれない性的意味を有する行為が、当事者の尊厳を傷つけることを目的とし、又はこのような状況をもたらす場合、特に威圧的、敵対的、侮辱的、屈辱的若しくは不快感を及ぼすような環境が生み出される場合」とされている。

　フランスでは、労働法典 L.1152-1 条において、「精神的嫌がらせ」は、「他人の権利若しくは尊厳を侵害し、肉体的若しくは精神的健康を害し、または職業上の将来性を損なうおそれのある労働条件の屈辱化を目的としまたはそのような結果をもたらすような反復行為による、他人に対する」行為とされている。また、労働法典 L.1153-1 条によれば、「性的嫌がらせ」とは、「下品なあるいは侮辱的な性質を理由としてその尊厳の侵害をもたらしうる、または威嚇的、敵対的、あるいは侮辱的な状況を作り出す、性的な含意を有する反復的な発言または行為」とされている。

　以上からすれば、ハラスメントの定義、あるいはその概念について、最も包括的かつ広範なものとして指摘できるのがイギリスにおける PHA 上のそれである。その背景には、ハラスメントに関し、「広範な行為を定義づけることはできない」、あるいは、「容易に要件づけることはできない」といった考慮があったとされている。一方、イギリスの EA2010 の 26 条 1 項における定義は、年齢・障害・性同一性障害・人種・宗教または信条・性・性的指向といった保護特性を核とするものであるところ、かかるような発想は、ド

イツの AGG の 3 条 3 項と類似するものと指摘し得る（そもそも規定本体の文言も類似している）。いずれも欧州指令を背景としつつ立法がなされているために、そうした類似が生じているものと言い得る。

ところで、各国におけるハラスメントの定義ないし概念において、一定程度共通していることとして、以下の 3 点を指摘できる。

第一に、一定の継続性ないし反復性を要するとしている点であり、イギリスの PHA の 7 条 3 項（a）における「2 回以上の行為」、アメリカの非差別的ハラスメントにおける「原則として継続的に」、ドイツのモビングにおける「継続した」、フランスの精神的嫌がらせにおける「反復行為」及び性的嫌がらせにおける「反復的」といった文言が、それにあたる。

第二に、被害者にとっての職場環境の悪化といった状況の創出等も、各国に一定程度共通している点といえる。イギリスの EA2010 の 26 条 1 項における「被害者にとって脅迫的、敵対的、侮蔑的、屈辱的、若しくは攻撃的な環境を創出する、目的または効果の存在」、アメリカの差別的ハラスメントにおける「敵対的就労環境」の創出、ドイツの AGG の 3 条 3 項に定義される「嫌がらせ」における「威圧、敵視、恥辱、侮蔑または侮辱によって特徴付けられる環境を生み出すことを目的とし、またはそのような結果をもたらす場合」、同じくドイツの AGG の 3 条 4 項に定義される「セクハラ」における「威圧的、敵対的、侮辱的、屈辱的若しくは不快感を及ぼすような環境が生み出される場合」、フランスの労働法典 L.1153-1 条に定義される「性的嫌がらせ」における「威嚇的、敵対的、あるいは侮辱的な状況を作り出す」といった文言が、それにあたる。

第三に、尊厳を侵害するといった点も、ハラスメントの定義に関し、各国に一定程度共通するところとなっている。イギリスの EA2010 の 26 条 1 項における「被害者の dignity を侵害する」、ドイツの AGG の 3 条 3 項に定義される「嫌がらせ」における「当事者の尊厳を害し」、同じくドイツの AGG の 3 条 4 項に定義される「セクハラ」における「当事者の尊厳を傷つける」、フランスの労働法典 L.1152-1 条に定義される「精神的嫌がらせ」における「尊厳を侵害し」、同じくフランスの労働法典 L.1153-1 条に定義される「性的嫌がらせ」における「尊厳の侵害をもたらしうる」といった文言が、それ

にあたる。また、ドイツのモビングにおける「被害者の一般的人格権その他名誉、健康といった保護法益を侵害する」との文言もこれらに類するものとして分類可能であろう。

## 3　保護対象・加害者の範囲

　ハラスメントに係る保護対象・加害者の範囲についての各国におけるおおよその状況は以下の通りである。

　イギリスでは、制定法上、必ずしも制限があるわけではない。しかし、使用者が法的責任を負うのは、代位責任などが認められた場合に限定される。なお、EA2010 の 40 条には、使用者による被用者または求職者へのハラスメントを禁止する規定が置かれている。ところで、同条の 2 項以下には第三者からのハラスメント[2] についての規定（当該被害者が第三者から少なくとも 2 回のハラスメントを受けていることを使用者が知っており、そうした行為を防止するための合理的に実施可能な措置を講ぜずに、3 回目のハラスメントが生じた場合に係る規定）が存在していたが現在は削除されている。当該規定削除の理由としては、PHA や EA2010 の 26 条が存在しており保護に欠けることはないこと、企業における負担の大きさ、第三者からのハラスメント規定導入からの 4 年間で当該規定に基づく提訴とそれに続く審理は 1 件に過ぎなかったことなどが挙げられている。第三者からのハラスメント規定については、何らかの形でこれを再度設けようという議論も存在したが、結局、現在に至るまでそれは実現されるに至っていない。

　アメリカでは、法令ごとに多様なものとなっている。差別的ハラスメントについては、①被用者（雇用が終了した者含む）、②求職者、③訓練中の者が保護対象となっており、④独立契約者や⑤純粋なボランティアは保護対象外（被用者と判断される者を除く）となっている。ただ、小規模使用者への適用除外がある。また、一定の場合、第三者からの被用者に対する加害についても、使用者は損害賠償責任を負う。非差別的ハラスメントについても、保護対象の中心が被用者であるという意味で、差別的ハラスメントとほぼ同

---

[2] イギリスにおける第三者からのハラスメントに関し、第 1 章脚注 113 参照。

様の状況となっている。

　ドイツでは、BGB における不法行為及び債務不履行規定は、一般法規定ゆえに理論上加害者・被害者関係にある当事者間、信義則上の保護義務が妥当する契約関係すべてに適用される。また、AGG は、労働者、職業訓練生、経済的従属性ゆえに労働者に類似した立場にある者、家内労働従事者、求職者を「就業者」としてその適用対象に含めている（第 6 条）。

　フランスでは、保護対象は、すべての労働者（インターンなどの採用候補者やいわゆる見習い労働者を含む）となっている。また、加害者の範囲は、企業長、取締役等、一定の職業上の地位に基づいて指揮・命令を行う権限を有する者、同僚に加え、顧客等にまで広く適用されうる（学説上は異論あり）。

　以上からすれば、各国においては、被用者や労働者のみならず、求職者や採用予定者等についても、一定の枠組みで保護が図られている。

　第三者からのハラスメントに関しては、イギリスにおいて以前規定があったところ現在は削除されている（何らかの形でこれを再度設けようという議論も存在したが、結局、現在に至るまでそれは実現されるに至っていない）。一方、アメリカにおいては、一定の場合、使用者に損害賠償責任がある。また、フランスにおいては加害者に顧客も含まれ得るとされているところ、第三者ないし顧客からのハラスメントについての各国の対応はまちまちである。

## 4　紛争解決手続・履行確保手段

　ハラスメントに係る紛争解決手続・履行確保手段についての各国におけるおおよその状況は以下の通りである。

　イギリスでは、PHA については、EA2010 が念頭に置く保護特性に縛られることがなく、いかなる事由によっても、加害者による行為が PHA 上の「ハラスメント」にあたると被害者が考えるのであれば、提訴可能である。救済を求めるべき機関は裁判所となる。被告適格については、制限なく、加害者を直接被告とすることも可能である。一方、EA2010 については、保護特性、すなわち、年齢・障害・性同一性障害・人種・宗教または信条・性・

性的指向に関連するハラスメントでなければ、争えない。救済を求めるべき
機関は雇用審判所となる。被告適格については、使用者のみである。また、
雇用審判所のみならず、助言斡旋仲裁局（ACAS: Advisory, Conciliation and
Arbitration Service）も紛争解決の役割を担っている。

　アメリカでは、差別的ハラスメントについては、①行政機関（EEOC: U.S.
Equal Employment Opportunity Commission）による調査・調整、②民事訴訟、
③仲裁付託条項がある場合には仲裁（ただしハラスメント加害者に対する懲
戒で主に利用され、原懲戒を減免する割合大）となり、非差別的ハラスメン
トについては、①連邦行政機関や州の行政機関による調査・行政的監督等、
②民事訴訟となっている。

　ドイツでは、労働裁判手続きのほか、当事者の合意に基づいて紛争解決の
仲介手続を行うメディエーション法、事業所組織法に基づいて設置される事
業所委員会における所定の手続による解決手段がある。AGG は、反差別団
体に一定の要件の下不利益取扱いを受けた者の法的問題を処理することを認
めるほか（23 条 3 項）、連邦家庭高齢者女性青年省に、1 条事由により不利
益取扱いを受けた者を保護するための連邦反差別局を設置（25 条）してい
る。1 条事由による不利益取扱いを受けた者は、同局に相談することができ
き、同局は相談者が権利行使する際にこれを援助するものとされている（25
条）。

　フランスでは、紛争解決の大半は裁判となっている。また、当事者が選任
した調停人による、企業外での調停手続制度が存在する（労働法典 L.1152-6
条）。調停人が書面による調整を試みる制度であり、裁判所における裁判
（審判）前の和解手続きのイメージに近い。もっとも、ほとんど利用されて
いない模様である。「法違反が明らかな場合に、国が是正させ、法規制を履
行させるための手段」に該当するものとしては、刑法典による刑罰を挙げる
ことができる。その他、労働監督官の一般的な権限として、指導、勧告等が
存在する（ハラスメントに特化した規定・制度があるわけではない）。なお、
法務省管轄の人権擁護機関が存在するが、法務省等のインフォメーションを
見る限り、労働におけるハラスメントも救済手続きの対象となっているよう
であるが、実態は不明である。

　以上からすれば、各国において、基本的には裁判所の利用が、紛争解決・履行確保のための主な手段となっているものといえる。また、各国においては、行政機関も紛争解決・履行確保につき様々な形で役割を担うところとなっている。

## 5　規制の効果・対応の実績

　ハラスメントに係る規制の効果・対応の実績についての各国におけるおおよその状況は以下の通りである。

　イギリスでは、判例誌に、PHA や EA2010 により争われたハラスメント事案が時折掲載されている。それによれば、被害者側の勝訴事案も見られるところとなっている。とはいえ、裁判に係る確実な数的データは必ずしも明らかでない。

　アメリカでは、ハラスメント被害経験者は推計 4,860 万人となっている。ただし、公式にハラスメントを報告する者は約 2 割にとどまる。ハラスメントを訴えた者の勝訴率は 1 割前後である。差別的ハラスメントについて、行政機関への申告は、約 28,000 件（2015 年）となっている。解決した申告は、28,642 件（2015 年）で、被害者への支払総額は 1 億 2,550 万ドルである。民事救済として、填補的損害賠償・懲罰的損害賠償（定額損害賠償）に加え、ハラスメント行為の差止命令や原職復帰命令などが可能である。非差別的ハラスメントについては、数的データは不明である。一部法令は民事救済がなく、労災補償法規においても完全な損害の回復は見込めない。不法行為訴訟においては、過失事案において精神的苦痛のみの損害賠償は原則不可となっており、また、現職復帰命令も原則不可となっている。

　ドイツでは、モビングについて、事実関係や帰責性の立証の困難さゆえ、訴訟による被害者救済の実効性に疑問が呈されている。

　フランスについては、確実な根拠資料がなく状況は不明である。

　以上からすれば、各国における規制の効果・対応の実績については、直接的なデータが不足しており、状況を確実に捉えることは難しい。各国、それぞれ様々な方法で規制を試みているところとなるが、その効果のほどについては必ずしも明らかでない。

## 6　課題

　ハラスメントに係る課題についての各国におけるおおよその状況は以下の通りである。

　イギリスでは、職場におけるハラスメント対策に特化した法案（DWB）が2回廃案となっており、職場に特化した形の制定法は存在しない。そのため、労組等各種団体がその実現を求めるなどしている（なお、現在、職場いじめ及び職場における配慮法案（BRWB）をイギリス議会で審議中である（2024年1月時点））。

　アメリカでは、断片的法令の寄せ集めで、規制の実効性を欠いている点が課題となっている。また、差別的ハラスメント、非差別的ハラスメントに関し、それぞれ以下のような諸点が課題となっている。すなわち、差別的ハラスメントについては、以下のような2点が課題となっている。まず、セクハラにつき、使用者による積極的抗弁の免責を広く認め過ぎている、との批判が存在する。次に、ハラスメントが「差別」に該当しない場合や、被害者が保護属性を持たない場合、救済はない。非差別的ハラスメントについては、以下のような3点が課題となっている。まず、私訴権のない法令について、行政的監督による防止・是正は非現実的なものとなっている。次に、労災補償給付による損害回復は限定的である。さらに、ハラスメント関連の不法行為は成立要件が厳格であり、同僚・部下からのハラスメントの救済は困難なものとなっている。

　ドイツでは、裁判によるモビングの救済が困難である状況下、裁判外紛争解決手続や事業所委員会のより一層の活用とその実効性の検証が求められている。

　フランスでは、条文化がなされた結果、その解釈をめぐって様々な課題（議論）が存在するものの、最も大きな課題は、ハラスメントの存在を認定する権限（裁量）が、事実審裁判官にどこまで認められるか（破毀院が事実審裁判官によるハラスメントの（成否の）認定にどこまで介入できるか）との点にあるようである。すなわち、法律審たる破毀院が、事実審における認定評価にどこまで踏み込んでよいのかという点につき、大きな議論が存在し

課題となっている。

　以上からすれば、各国では、多様な課題が生じるところとなっている。イギリスでは、労働（雇用）法分野、すなわち職場におけるハラスメント対策に特化した制定法が労組等各種団体により求められているが、実現には至っていない（なお、BRWBを議会で審議中である（2024年1月時点））。アメリカでは、断片的な法令による対処がなされており、規制の実効性を欠く状況となっている。ドイツでは、裁判によるモビング救済が困難であるとの認識のもと、他の手段の活用が模索されるという状況になってしまっている。労働法分野において明確かつ詳細な条文を有するフランスにおいても、それにより事態が解決したわけではない。その解釈を巡って様々な議論が生じており、条文化はステップの一つに過ぎないことを示すところとなっている。

## 2 ｜ 国際比較を踏まえた上での示唆

　本章第1節では、各国におけるハラスメントに係る法制について国際比較をなしたが、かかる国際比較を踏まえた上で、いかなる示唆を導き出すことが可能であろうか。以下では、これにつき概観したい。

### 1　一定の保護特性ないし保護属性といった事由の設定

　一定の保護特性ないし保護属性といった事由を予め定めておき、それに係るハラスメントを規制するというような法的方法が、イギリス・アメリカ・ドイツにおける各制定法で採られている（本章第1節1参照）。各国における保護特性ないし保護属性といった事由は以下の通りである。まず、イギリスでは、年齢・障害・性同一性障害・人種・宗教または信条・性・性的指向となっており、次に、アメリカでは、人種・肌の色・性・宗教・出身国・年齢・障害・遺伝子情報等となっており、そして、ドイツでは、人種・民族的背景・性・宗教・世界観・障害・年齢・性的指向となっている。イギリス・アメリカ・ドイツで共通しているのは、年齢・障害・人種・宗教・性といったような事由となっている。これらは、当該各国において重視され、あるいは何らかの侵害を受けやすい事由であると指摘でき、さらに進んで他国でも

一定の被侵害可能性を有する事由として指摘し得るやもしれない。

　かかる法的方法は、どういった特性が保護されるべきかクリアにし、当該特性に係るハラスメントが規制されるという分かりやすさを有するものであって、一定の示唆を与え得るものと評価できる。

　とはいえ、かかる法的方法には、欠点があり得る。すなわち、一定の保護特性ないし保護属性に係るハラスメントでなければ、当該法的方法により争えない。これは当該法的方法の限界として指摘し得る。

## 2　ハラスメント概念

　上述したような法的方法、すなわち、一定の保護特性ないし保護属性といった事由を予め定め、それに係るハラスメントを規制するという法的方法が採られる場合において、ハラスメント概念は、それら①保護特性等に関連し②被害者の尊厳を侵害し③被害者にとって好ましくない一定の環境を創出するものなどとして構築されている。一定の保護特性ないし保護属性といった事由を前提とするからには、①の保護特性等との関連は、いわば当然の構成要素となろうが、②の被害者の尊厳への侵害や、③の被害者にとって好ましくない一定の環境の創出といった構成要素は、ある言動の結果に着目するものとなっている。②の尊厳への侵害は、ハラスメントそれ自体が個人の尊厳を害するものであるという理解からすれば、当然の構成要素といえ、日本法の文脈でも、人格権論ないし人格的利益論、あるいは契約責任論ないし不法行為論を想起するまでもなく自然なものといえよう。また、③の被害者にとって好ましくない一定の環境の創出という構成要素は、日本法における措置義務論における各ハラスメント概念に通じるものといえよう。たとえば、パワハラであれば、労働施策総合推進法30条の2の「その雇用する労働者の就業環境が害されること」との法文と相通じるものと指摘し得る。よって、②と③は日本法の文脈からしても、さほど目新しいものではないが、これらを①の保護特性等とセットにし、ハラスメント概念を構築するという点は、日本法にとっては示唆を含むものと指摘できる。とはいえ、先述のように、一定の保護特性ないし保護属性といった事由を予め定め、それに係るハラスメントを規制するという法的方法には一定の限界があるところとなって

いる。

　保護特性等を用いる法的方法の他にも、各国は様々な法的方法を有するところとなっているが、ハラスメント概念について特徴的なのは、一定の継続性ないし反復性を要するとしている点であり、これは各国で一定程度共通していることとして指摘することができる。たとえば、イギリスの PHA の 7 条 3 項（a）における「2 回以上の行為」、アメリカの非差別的ハラスメントにおける「原則として継続的に」、ドイツのモビングにおける「継続した」、フランスの精神的嫌がらせにおける「反復行為」及び性的嫌がらせにおける「反復的」といった文言がこれにあたるが、各国において一定の継続性ないし反復性をハラスメントの構成要素としている点は、示唆的である。日本における法文の中にあってハラスメントにつき一定の継続性ないし反復性を包含するものはないが、裁判例においては継続性が考慮要素の一つとなっているものが複数存在する[3]。1 回限りであってそれ単独では必ずしも違法性を帯びないような軽微な行為であったとしても、それが累積すれば、その総体をハラスメントとして考慮し得るというような考え方が各国あるいは日本の裁判例の底流に存在している可能性を指摘できよう。

　ところで、各国におけるハラスメント概念のうち、かなり特徴的なものとしてイギリスにおける PHA のハラスメント概念を挙げることができる。それは、包括的かつ広範なものである。というのは、作為・不作為を問わず、2 回以上の行為（7 条 3 項（a））であって、それが他人に不安や困惑を引き起こすもの（7 条 2 項）である限り、PHA 上の「ハラスメント」に該当し得るからである。このような明確な定義から相当距離のある独特の概念は、立法時における明確な意図のもと構築されるに至った。イギリス議会の議事録を参照するに、当時の内務副大臣 David Maclean は議会において「広範な行為を定義づけることはできない」とし、大法官 Mackay 卿はハラスメント概念について「容易に要件づけることはできない」としている[4]。これは、ど

---

[3] たとえば、パワハラに係る裁判例では、継続性が考慮要素となっているものも複数存在する。これにつき、滝原啓允『パワーハラスメントに関連する主な裁判例の分析（資料シリーズ No. 224）』（労働政策研究・研修機構、2020 年）19 頁以降の各裁判例の整理表参照。

[4] 第 1 章第 3 節 2 (1) イ参照。

のような行為であっても「ハラスメント」になり得る可能性があることを示唆するところとなっている。そして、そもそも禁止すべき行為をリスト化したとしても、リストに存在しないハラスメントが生じた場合、これに対応し得ない。そうした不都合を回避するため、明確な定義を避けたのであった。あまりに広漠とし明確性を欠くような概念は、日本法にはそぐわないが、PHA のハラスメント概念は、とりとめがなく定義が困難なハラスメントの本質を示したものといえる。やや極端ではあるが、ハラスメントとは何かという根源的な問いに向き合うとき、PHA のハラスメント概念は一種示唆的であるといえよう。

## 3　法的な文脈における限界

　各国では、ハラスメントにつき様々な法制が設けられているが、基本的には裁判所の利用がハラスメントに係る紛争についての主な解決手段となっており、行政機関も様々な形で役割を担うところとなっている。これは、日本における状況と相通じるところといえよう。ただ、各国における規制の効果や対応の実績については、必ずしも明らかでなく、また、各国においてはそれぞれ課題が生じている。

　具体的には、イギリスでは、職場に特化した形でのハラスメントに係る制定法が労組等各種団体により求められており（なお BRWB をイギリス議会で審議中である（2024 年 1 月時点））、アメリカでは、ハラスメントについて断片的な法令による対処がなされており規制の実効性を欠く状況となっているほか様々な課題が指摘され、差別的ハラスメントについて被害者が保護属性を持たない場合に救済はないことなどが課題とされている。また、ドイツでは、裁判によるモビング救済が困難であるとの認識のもと、他の手段の活用が模索されるという状況が生じており、フランスでは、労働法典においてハラスメントにつき明確かつ詳細な条文を有しているにも関わらず、その解釈をめぐって議論が生じている。

　こうした各国における課題の状況からすれば、ハラスメントについて、万全の状況にある国は存在しないかのようにも思われる。ハラスメントについての明確かつ詳細な条文が労働法典に存在するフランスの状況は一見かなり

整った状況にあるようにも思われるが、先述のように、条文が存在するがゆえ、その解釈をめぐり様々な議論が生じてしまっているという状況にあり、混乱が生じているようにも見受けられる。そうすると、条文を設け法制を整えることは必ずしもハラスメントの解決に直結するものではないという経験が示されているものといえ、フランスにおける状況は、法的な文脈での一定の限界を示唆しているものといえよう。

また、アメリカでは、差別的ハラスメントについて被害者が保護属性を持たない場合に救済はないことが課題とされているが、これは、一定の保護特性ないし保護属性といった事由を予め定め、それに係るハラスメントを規制するというような法的方法における限界を如実に示しているところとなっている。

よって、結局のところ、ハラスメントについては、各国における法制を参照しても、必ずしも当該問題を解決に導く明確な解は存在しないようにも思われる。とはいえ、各国が多々の模索をなし、様々な法制を設け、裁判例も積み重なる中、ハラスメント概念あるいはさらに進んで要件論的な文脈では、本節の2で若干論じたように全く示唆がないわけではない。そうしたやや細かな視点で各国の状況をみるのであれば、各国について各章で述べられたような様々な示唆が活きていくこととなろう。ともあれ、ハラスメントについて確かな対処をなし、それを根絶に近い状態にさせるのは法的な文脈のみでは困難であるように解され、他分野との協働がキーになるものと思われる。

これについては、様々な分野との協働が考えられるが、さしあたり、法学分野とも密接な修復的正義（restorative justice）論との協働が考えられる。同論は一種の正義論であり、思想でもあるが、同正義は、相互協力のもと対話を促し被害の回復を促進させ新たな価値をも創造しようとするものであり、具体的には被害者と加害者そしてコミュニティの3者が進行役（ファシリテーター）のもとで直接対話するモデルとして実践されることが多い。その実践は、修復的実践（restorative practice）と呼ばれるが、海外においては、そうした実践（時として調停と同様のものと誤解されるが両者は全く異なるものである）を通じハラスメント問題に向き合っている事例も見られる[5]。

　そのため、補章において、修復的正義論の思想・哲学、理論、そして労働法学との接点について述べることとする。

　無論のこと、修復的正義論のみならず他にも様々な協働のあり方があろうが、法的な文脈のみではなく多様なアプローチと協働しつつハラスメントとの向き合い方を模索するというのが現実的であり建設的ともいえるように思われる。

---

[5] これに関し、Susan J. Coldwell, 'Addressing Workplace Bullying and Harassment in Canada, Research, Legislation, and Stakeholder Overview: Profiling a Union Program', (2013) 12 JILPT Report 135.

| 補 章 | 修復的正義（restorative justice）とは何か──その思想・哲学、理論、そして労働法学との接点　　滝原　啓允 |

# 1 ┃ はじめに

　労働法の文脈において、修復的正義（restorative justice）を論じるというのは、唐突に映るかも知れない。なぜなら、これまで同正義は、主として刑事法学・法哲学の分野で論じられ、社会学・政治学のみならず神学とも密接な同正義と労働法学との間には一定の距離があるように解され得るからである。しかし、同正義に基づく実践論は、本章第2節の5で述べるように、諸法学分野に波及しており、それは労働法学にも及んでいる。

　たとえば、イギリスのCollinsが採るreflexive（自省／再帰／応答的）規制理論、あるいは、アメリカのEstlundの協働規制（co-regulation）理論は、それぞれ修復的正義における実践的理論であるBraithwaiteの応答的規制理論と関連し、あるいは、それを理論的基礎としており、修復的正義論は労働法理論にとって遠い存在ではない。また、日本労働法学会第131回大会におけるミニ・シンポジウム「職場のハラスメント問題への新たなアプローチ[1]」では、「新たなアプローチ」として、修復的正義に基づく実践が提案され、筆者も報告を担当した。

　しかし、Collins、Estlundによる上記各理論が日本に紹介される場合、それぞれの理論そのものに焦点が絞られるのが通常で、それら紹介において応答的規制理論への言及があったとしても修復的正義そのものに論及するものはみられない。また、上記シンポジウムにおいても、同正義そのものという

---

＊　本章は、滝原啓允「修復的正義（restorative justice）とは何か──その思想・哲学、理論、そして労働法学との接点についての素描」季労258号（2017年）107頁を基礎とし、それに加筆修正などしたものである。
[1]　当該シンポジウム全体の記録として、日本労働法学会誌128号（2016年）83-117頁。

よりかは、それによる実践論に主眼が置かれた。勿論、実践論の紹介も意義深く、場合によっては速効性を有しようが、しかし、そのおおもとである修復的正義論への洞察もまた重要ではないだろうか。すなわち、同正義論そのものが如何なる本質を有しているか探究することで、実践論への理解も深まることとなるし、そうした本質論は同正義と労働法学との関係を展望する上でキーとなろう。

よって、本章では、修復的正義を主題とし、それが如何なる本質を有するのか、そして、どのような理論（実践論）を提供しており、どういった影響を労働法学に与え、あるいは与え得るのか、それぞれ若干ではあるが論じることを目的としたい。

具体的には、まず、修復的正義という思想あるいは哲学につき、その源流や本質を探り（本章第2節）、次に、同正義論から導かれる実践的理論としての再統合的自責誘発の理論及び応答的規制理論について紹介し（同3節）、そして、とりわけ応答的規制理論と労働法学との接点について論じ（同4節）、さらに、実践論としての、または思想もしくは哲学としての修復的正義の労働法学分野における可能性について述べる（同5節）こととする。

なお、修復的正義それ自体については、コモンウェルス諸国及びアメリカを中心に、様々な論者によって広範な議論がなされているものの、本章では、その論者の中でも主導的で被引用数の多い Zehr と Braithwaite による議論を中心として紹介したい。

## 2 修復的正義という思想あるいは哲学

### 1 「修復的正義」か「修復的司法」か

修復的正義、すなわち restorative justice は、「修復的司法」とも訳される。後者のような訳がなされるのは、刑事法の文脈で犯罪や非行を対象として論じられる場合[2]、あるいは、とりわけ国家的な作用としての「司法」を所与

---

[2] 宿谷晃弘＝安成訓『修復的正義序論』（成文堂、2010年）2頁［宿谷執筆部分］。初期の紹介文献として、後に掲げるもののほか、椎橋隆幸「リストラティブ・ジャスティス

とし「応報的司法〔retributive justice〕」との対比で論じられる場合[3]である
ことが多い。かかるように訳語において「揺れ」が生じるのは、restorative
justice それ自体が、(1)思想・哲学さらにいえば正義論[4]としての restorative
justice、(2)犯罪・非行への適用を前提とし国家的作用としての「司法」を所
与とする restorative justice の 2 種を内包しているからである[5]。また、修復
的な実践ないしプログラムとしての restorative practice あるいは restorative
approach が存在するが、これは、(1)または(2)の実践論（修復的実践）とし
て、やはり restorative justice に内包され得る。

　訳語については、とりわけ(1)を強調する際には「修復的正義」が適訳とな
り、一方で、(2)を強調する場合は「修復的司法」が適訳ということとなろ
う。しかし、無論のこと、かかるように截然と訳が付されているわけではな
く、restorative justice が日本に紹介された初期は(2)としてのそれが強調され
ていたがために、(1)としてのそれについても「修復的司法」との訳がなされ
る場合が少なくない状況にあった[6]。その一方、Zehr や Braithwaite といった

---

と少年司法」現代刑事法 40 号（2002 年）41 頁、藤本哲也編著『諸外国の修復的司法』
（中央大学出版部、2004 年）、また、ニュージーランドにおける実践を紹介したものと
して、ジム・コンセディーン＝ヘレン・ボーエン（前野育三＝高橋貞彦監訳）『修復的
司法——現代的課題と実践』（関西学院大学出版会、2001 年）。

[3] 高橋則夫『対話による犯罪解決——修復的司法の展開』（成文堂、2007 年）5 頁は、応
報的司法を国家的作用による「勝ち負け」によるものとして把握し、コミュニティを
重視する restorative justice との差異を際立たせている。

[4] 高橋・前掲注3）89 頁。

[5] たとえば、宿谷＝安・序論 3 頁は、「広く、修復的正義を主張する立場」と「限定的
に、修復的司法を主張する立場」との 2 分法による認識で、「思想」・「現象の見方」・
「実践領域」において、「修復的正義」としての restorative justice と「修復的司法」とし
ての restorative justice とを対比している。また、そもそも「修復的正義」と「修復的司
法」について明快に論じるものとして、宿谷晃弘「修復的正義・修復的司法の構想と
法定刑の理論的位置について」法律時報 78 巻 3 号（2006 年）60 頁。

[6] 当初 restorative justice を「回復的司法」とするものもみられる（高橋則夫「被害者関係
的刑事司法と回復的司法」法律時報 71 巻 10 号（1999 年）10 頁、同「法益の担い手と
しての犯罪被害者——回復的司法の視座」宮澤浩稀『犯罪被害者論の新動向』（成文堂、
2000 年）151 頁）。これは、「被害者の再発見」の延長線上に restorative justice を把握
し、「被害の回復という側面」を重視する（同『修復的司法の探求』（成文堂、2003 年）
101 頁）との趣旨によるものであった。また、「紛争解決」との意味を指し示させるた
めに justice を「司法」としているが、これは本文(2)の意味内容における restorative
justice を強調するための訳と解される。

restorative justice を思想的に主導する論者を念頭とした論考の多くは、「修復的正義」との訳語を自覚的に用いるようになった[7]ものと指摘できよう。

　また、さらに遡るに、restorative を「修復」と訳すのが、果たして妥当なのかという根源的な問いも横たわっている。実は、当初日本に restorative justice が紹介された際、restorative justice は「関係修復正義」とされていた。その趣旨は、以下のようなものであった。すなわち、本来的に物質的・精神的な回復のみならず、壊れた「関係」についても着目するのが restorative justice であり、あるいはその「関係」は、そもそも「始めから壊れているか、元に戻ることはあり得ないかもしれず、正確には関係を新しく作り直すと言いたいが[8]」、用語として「くどい」ことから、「関係修復」の語が用いられることとなった[9]。かかる視点は、restorative justice の本質を理解する上で重要となるが、本章において、「関係」侵害については、とりわけ「ハーム」概念との関連で述べることとなる（本章第3節の3の（2）参照）。

　以上を要するに、「修復的正義」は、様々な領域における諸理論の根源をなす思想・哲学を示すものとして用いられる。これは、あらゆる法理論・政治理論に先立つもの[10]と解されよう。あるいは、より端的に一つの「ものの見方[11]」といい得る場合もあろう。そして、「修復的司法」は、刑事法的な文脈または応報的司法との対比において用いられ、ときとして「修復的正義」をも含むものとしても用いられている。本章においては、上記(1)としてのそれを「修復的正義」とし、(2)としてのそれを「修復的司法」として以下

---

[7] これにつき、端的に、安川文朗＝石原明子編著『現代社会と紛争解決学――学際的理論と応用』（ナカニシヤ出版、2014年）36-40頁［石原執筆部分］。

[8] 西村春夫＝細井洋子「図説・関係修復正義――被害者司法から関係修復正義への道のりは近きにありや」犯罪と非行125号（2000年）5頁、9-10頁。

[9] かかるような問題意識につき、黒澤睦「関係修復正義としての修復的司法の犯罪学・被害者学・刑事政策学的素地――犯罪・被害原因論としての関係犯罪論から犯罪・被害対応論としての関係犯罪論・親告罪論へ」細井古稀『修復的正義の諸相』（成文堂、2015年）115頁。

[10] 宿谷晃弘「共和主義政治理論・刑罰論の射程範囲――修復的正義とブレイスウェイト・ペティット」比較法学40巻3号（2007年）17頁、57頁。さらに宿谷は、Judith N. Shklar（*The Faces of Injustice*,（Yale University Press, 1990））にならい、修復的正義を「修復的な、不正義への注視の感覚ないし実践」と表現する。

[11] 高橋・前掲注3）5頁。

で述べることとする。

## 2　修復的正義の源流

### (1) Zehr と神学

　修復的正義の源流については、様々な指摘がなされており、必ずしもある一つの源流に行き着く訳ではない[12]。しかし、おそらく修復的正義が神学（キリスト教）を源流の一つとするということについての異論は少ないものと解される[13]。とりわけ、メノー派（Mennonites）との関連が指摘されており[14]、修復的正義論における相互尊重や対話の重視などといった要素と連動することとなる。そして、主要な修復的正義の論者との関係では、Zehr が聖書的正義（biblical justice）からかなりの示唆を得ている。すなわち、Zehr は、その代表的な著作である *Changing Lenses* において、同害報復のタリオ法（*lex talionis*）に対して深慮を示すとともに、聖書における「シャローム（*shalom*）」と「聖約（covenant）」を核にした立論から、聖書における真意が「修復」にあることを導出させている[15]。

　そもそも Zehr は、従来型の応報的正義への先鋭的な批判から議論をスタートさせており、とりわけ同書の初版[16]において、修復的正義と応報的正義との対立を鮮明にしていた。当該 *Changing Lenses* という書名自体も、応報的正義と修復的正義を「レンズ」に喩え、「応報レンズ」から「修復レンズ」への遷移を意図したものであった。すなわち、「レンズ」によって、

---

[12] See, Howard Zehr, *The Little Book of Restorative Justice*,（Good Books, 2002）, p. 62. また、これに関連し、西村春夫「日本における修復的司法の源流を尋ねて——比較年代史的検討」細井古稀『修復的正義の諸相』（成文堂、2015 年）1 頁。

[13] これに関連し、本間美穂「修復的司法論における諸宗教解釈——『起源神話』と『霊性的根源』プロジェクトを中心に」東京大学宗教学年報 XXXI（2014 年）101 頁など。

[14] 宿谷晃弘『人権序論——人権と修復的正義のプロジェクトの構築に向けて』（成文堂、2011 年）221 頁。

[15] Howard Zehr, *Changing Lenses: Restorative Justice for Our Times*（25 anniversary ed.）,（Herald, 2015）, pp. 129-157.

[16] Howard Zehr, *Changing Lenses: A New Focus for Crime and Justice*,（Herald, 1990）. なお、本書の第 2 版（1995 年）については、ハワード・ゼア（西村春夫＝細井洋子＝高橋則夫監訳）『修復的司法とは何か——応報から関係修復へ』（新泉社、2003 年）として訳書が刊行されている。

ものの見方は異なるであろうということを、Zehr は比喩的に表現している[17]。しかし、後に Brunk の指摘[18]を受け、Zehr は両正義において重要な共通項を見出すなどして、両者の協働を述べるに至っている[19]。修復的正義を立論する過程で聖書を用いる Zehr のような方法は、西洋を中心としたキリスト教社会への修復的正義の根付きを促進させた。キリスト教による媒介的作用ともいえるだろう。

## (2) 先史的社会における正義

　その一方で、相当に西洋的であるキリスト教神学のみではなく、その源流が広く先史的（indigenous）社会ないし先住民社会から見出されることも少なくない。そうした意味での源流は世界各国に存在することとなる。たとえば、①北アメリカ先住民であるナバホ族におけるホゾージ・ナハト（hozhooji nahat）、②マオリ族におけるワカワ（whakawa）、③ハワイにおけるホ・オポノポノ（ho'oponopono）といったそれぞれの社会におけるコンフリクト解決法と修復的正義との関連が指摘されている[20]。とりわけ①と②は修復的司法にも影響を与え[21]、それらは修復的実践のあり方にも多大な影響を与えたものといって良い。これらは、いずれも、それぞれの民族固有のコンフリクト解決法であり、調和や関係の修復に主眼が置かれ、被害者と加害者のみならず、関係者までも包含しつつ問題解決を図るものである[22]。そして、これらは、コミュニティの内部及び外部との関係において、対峙する立場にある者との敵対ではなく、「対話をベースとした相互の尊敬と自己決定による合意形成」を促進させた[23]。

[17] See, Zehr, *supra*, note 12, pp. 181-184.
[18] See, Conrad G. Brunk, 'Restorative Justice and the Philosophical Theories of Criminal Punishment', in Michael L. Hadley（ed.）, *The Spiritual Roots of Restorative Justice*,（State University of New York Press, 2001）, pp. 31-56.
[19] Zehr, *supra*, note 12, pp. 58-63.
[20] それぞれの具体的な内容については、山下英三郎『修復的アプローチとソーシャルワーク──調和的な関係構築への手がかり』（明石書店、2012 年）94-106 頁。
[21] 同 94 頁。
[22] 同 93 頁。
[23] 同 112 頁。

## （3）Van Ness らの指摘

Van Ness らは、かかるような先史的正義（indigenous justice）などが、少なくとも 3 点において修復的正義に貢献してきたとしている[24]。すなわち、①先史的正義は、同等のハームを負わせるよりも、むしろハームの修復をなすとの志向をもたらすこと、②現在の修復的実践プログラム（カンファレンスやサークル）は先住民族による実践（indigenous practices, カンファレンスはマオリ族における実践を改作したものであり、サークルはカナダの先住民における伝統から生じた）にその起源を有すること、③多くの非西洋諸国では、かかるような実践の記憶が、修復的正義の理論と実践の受け入れに貢献していることの 3 点を Van Ness らは指摘している[25]。先史的正義は、修復的正義の主要論者にも一定の影響を与えているが、たとえばマオリ族における正義ないし実践は Braithwaite の理論と連関している[26]。

メノー派が修復的正義にもたらしたことと様々な社会におけるコンフリクト解決法とは、一見無関係と解されようが、実はそうではない。両者は、ある一定のコミュニティを前提[27]に、相互尊重のもと平和的な対話を志向するものであるという点において通底する。前者は「信仰」という紐帯のもとでのコミュニティを有し、後者は「移動を主体とした暮らし[28]」であるがために移動を続ける（あるいは食料を得るための）一定のコミュニティを前提とするが、そこで生じたコンフリクトに対しては、勝敗を決するといった関係分断型の解決でなく、被害者と加害者間の今後の関係性の継続を所与のものとする解決が要請されることとなる。それによって、前者においては「信仰」の保持が、後者においては「無事な移動」が担保されることとなる。

---

[24] Daniel W. Van Ness & Karen Heetderks Strong, *Restoring Justice: An Introduction to Restorative Justice*（5th ed.），（Routledge, 2015）p. 43.

[25] See, *id.*, pp. 43–44.

[26] See, *e.g.*, John Braithwaite, *Restorative Justice and Responsive Regulation*,（Oxford University Press, 2002），pp. 24–25.

[27] 宿谷晃弘「我が国の近代刑罰思想と修復的正義・修復的正義刑罰論との接合点に関する覚書」細井古稀『修復的正義の諸相』（成文堂、2015 年）189 頁、204 頁。

[28] 山下・前掲注 20）95 頁。

## 3　修復的正義の本質

### （1）４つの要素

　これまで述べてきたように、修復的正義は、近年生じた一種の正義論ではなく、近代的意味での国家成立以前から存在する思想・哲学ないし正義に関する議論の一つとして位置付けることができよう。先史的社会における正義は正に先史すなわち有史以前から存在していたと解されるし、キリスト教（メノー派に限ったとしても数百年の積み重ねが存在する）それ自体も 2000 年の歴史を有するところ、それに呼応する修復的正義も同様の歴史を持つものといえよう。これにつき、Zehr は、端的に、修復的正義は「人類の歴史と同様の古さ[29]」を有すると指摘している。修復的正義の源流が一定程度明らかになったところで、論じるべきなのは、かかる修復的正義の本質についてである。

　しかし、修復的正義とは何かという根源的な問いについての答えは一様でなく、論者によって一定の差異があるといってよい。その一方で、大方の論者が念頭とする要素は以下の４つとされている。すなわち、(a) 紛争当事者（被害者・加害者・コミュニティ）におけるハームとニーズの重視、(b) 紛争当事者の積極的・自発的参加の尊重、(c) 対話（コミュニケーション）の重視、(d) 未来志向など[30]とされる。これらは、既に述べた修復的正義の源流からも導出可能である。これらのうち、(b) (c) (d) はまさに字義通りであるが、(a) については修復的正義を理解する上で重要であり、かつ若干の説明が必要と解されるため、以下で詳述したい。

### （2）ハームとニーズ

　すなわち、まず、「ハーム」とは法益侵害のように抽象性の高い概念でなく、紛争当事者がまさに受けているところの「生の損害」を指し、それは、物理的・精神的・経済的な損害、あるいは個体として受けた損害だけでな

---

[29] Zehr, *supra*, note 12, p. 12.
[30] 宿谷晃弘＝滝原啓允「労働法における修復的正義の展開可能性に関する一試論」東京学芸大学紀要 人文社会科学系Ⅱ 68 集（2017 年）105 頁、106 頁［宿谷執筆部分］。

く、関係性への侵害という観点が重視されるのが特徴である[31]。

　ここでいう「紛争当事者」とは、被害者のみならず、加害者、そして当該コミュニティをも含む。この点は実に示唆的である。これは、応報的正義が忘れ去った当事者を掘り起こすことを意図する修復的正義における特徴に起因する。すなわち、被害者が受けたハームのみならず、加害者自身もその個人的事情や社会的事情によって「加害」に追い込まれたのではないか（これは加害者におけるハームとして認識される）との視点を修復的正義は包含し得る。また、両者が存在する当該コミュニティそれ自体とその構成員において生じたハーム（いわば「集団的利益」への侵害ともいえよう）も認識されることとなる。それは、すなわち、コミュニティ環境の悪化についての洞察をも修復的正義は要求するということを意味する。

　かかるように、当該コミュニティを含む紛争当事者たちが受けた様々な「生の損害」が「ハーム」として実質化されていくこととなる中で、「ニーズ」は、これに呼応する。つまり、当該ハームを踏まえた上で、それぞれの紛争当事者が抱くニーズについて、修復的正義は極めて強い関心を示すこととなる。紛争当事者におけるハームとニーズは、当事者それぞれの間に存在する「関係性」への着目によっても、実質化され得る。これは、被害者と加害者間の関係性、被害者と当該コミュニティ間の関係性、加害者と当該コミュニティ間の関係性それぞれにおけるハームとニーズとが認識されることで、「関係」的な「正義」が実践されることとなる。ここでいう「関係」について端的にいってしまえば、特に被害者のニーズに応じて、それが「修復」される場合は勿論のこと、それが「創設」される場合もあり、はたまたそれを「解消」させ「独立した関係」にするという場合もまたあり得る[32]。たとえば、これをハラスメントの文脈で語るならば、とりわけ深刻なものについては、被害者と加害者の関係を解消・分離させ、それぞれ独立した道を歩ませるという方策があり得るということである。「修復的正義」という名称の「修復」との語義から、いわゆる「仲直り」といった安直な連想がなされることは、大きな誤り[33]ということとなる。

---

[31] 同 106-107 頁［同］。
[32] 高橋・前掲注3）88 頁参照。

　ハームとニーズを的確に認識し、実質化していくためには、紛争当事者の参加が強く望まれることとなるが、それは強制されるものであってはならないし、とりわけ被害者の意思は最大限尊重されるべきこととなる。これは、先述の（b）に関連する。また、紛争当事者の対話が重視されるべきという（c）の発想はハームとニーズを捉える上で不可欠であり、ニーズは過去に対するもののみならず将来的なものを多分に志向するため、そうした方向性は（d）における未来志向と連関する。

　但し、（b）（c）（d）が（a）の実現のためのみに存在しているというわけでは全くなく、いずれも重要な並立的（しかし上記のように相互関連し得る）要素であることに注意が必要である。たとえば、（d）における未来志向は、加害者における過去志向的な責任ではなく、むしろ行為に対する説明責任を果たすこと、そして謝罪・賠償などを通じてハームを修復させる責任[34]を導出させる。そして、当該コミュニティにはそれに対する積極的な支援と再発予防のための施策が強く要請されることとなる。

## （3）修復的正義の本質とその意義

　よって、修復的正義が目指すのは、それぞれの紛争当事者が抱えているハームを的確に把握し、ニーズを確実に捉え、新たな関係性（別離を含む）を探るという、相当実際的な態度ということができるだろう。これは、修復的正義の本質にも強く連関する。すなわち、被害者・加害者・コミュニティという紛争当事者の参加と対話に重要な価値を見出し、ハームとニーズを的確に認識させ、未来志向的な責任を導出させるとの修復的正義の立場は、元来において、同正義そのものが国家を前提とする実定法規範への違反に意識を向けるのではなく、各個の関係性への侵害に意識を向けるという本質を有する[35]ことから、導かれる。

　修復的正義は、所与の「正義」を語り、それに束縛されるのではなく、むしろ各人が「不正義」と解することを取り上げることによって、変革をもた

---

[33] 同。

[34] 宿谷＝滝原・前掲注30）107頁［宿谷執筆部分］。

[35] See, Zehr, *supra*, note 15, p. 183.

らすことを志向する。これは、「正義」としては逆説的であるようにも思われるが、修復的正義の最も本質的な部分であると解される。よって、権威性を有する絶対的「正義」を前提とするのではなく、弱者の語る相対的「不正義」に耳を傾け、社会的変革を目指すのが修復的正義ということになる。これは、各人の感受性をも包摂し得る。全ての「不正義」が正されるかどうかは未知であって、「修復的実践」にその結果は委ねられよう。しかし、被害者・加害者・コミュニティという紛争当事者が当該「不正義」を契機として、他律的でない自律的「正義」を希求するという態度そのものに修復的正義の意義があるのであって、その要諦があると解すべきであろう。これを端的に示すのが、Shkler の所説を参酌し「修復的正義」の核心を「不正義の感覚および疑問の意識の中に、当事者として踏みとどまろうとする意思そのもの」と理解する立場[36]であろう。かかるような議論は、修復的正義をポスト・モダンの立場と捉えるか、あるいは、モダニズムのプロジェクトと捉えるかとの論点に直結する。しかし、実はかかるような論点の設定それ自体は、モダンの諸価値との関係において修復的正義（あるいは修復的司法）をどう評価するかという要素の強調にすぎないともいえ、モダン性の否定ないし強調なしでも修復的正義（あるいは修復的司法）のインパクトと意義は主張可能である[37]ことから、不可避的な議論というわけではない（無論のこと、モダンに係る修復的正義についての議論の実益までもが否定されるわけでない[38]）。

## 4　コミュニティ概念

　ところで、ここまでにおいて、コミュニティについて具体的に論及していないが、修復的正義を論じる上でコミュニティ概念論は避けて通れない。

　これに関し、Zehr は、（当該紛争に）関心を有するコミュニティ（communities of care）またはミクロ・コミュニティ（micro-communities）を念頭としている[39]。人的なネットワークとしてのコミュニティを重視してい

---

[36] 宿谷・前掲注10）57 頁。
[37] 宿谷＝滝原・前掲注30）111 頁［宿谷執筆部分］参照。
[38] 同。

るように解される。これは、いわゆる地域コミュニティのみならず、企業や
職場といったコミュニティを射程とすることを意味する。すなわち、社会学
的な文脈でいうところの「生活のコミュニティ」と「生産のコミュニティ」
の両者[40]ともに修復的正義の対象となり得る。

　これらコミュニティは、被害者と加害者を包摂していることから修復的実
践の担い手となる。これは、コミュニティへの一定の期待に基づくものと
いってよい。コミュニティにおいて実践が行われるとして、問題となるの
は、当該実践に誰が参加するかということである。当然ながら、コミュニ
ティ自体も当事者となるが、Zehr は、参加者について、「当該コミュニティ
において当該問題に関心を有するのは誰か[41]」との問いによる考慮を促して
いる。

　しかし、この反面、コミュニティに期待しすぎることも警戒される。そし
て、それに関連し、国家の役割が論点たり得る。すなわち、どの程度の関与
を国家に許容するかとの課題が生じる。これについては、修復的正義のあり
方、いわゆるモデル論が手がかりとなる。すなわち、「純粋モデル」と「最
大化モデル」との間における論争[42]と連関することとなるが、まず「純粋
モデル」は、修復的実践の過程における紛争当事者らのコミュニケーション
を重視し、その自発的で主体性をもった参加を望む。一方、「最大化モデル」
は、ハームの修復とその結果を重視するために、半強制的または強制的な契
機を有し、必ずしも当事者間のコミュニケーションを重視しない。これらを
国家との関係でみると、国家介入を歓迎せず、あくまで当該コミュニティに
おける自発的な主体性を重視するのが「純粋モデル」であり、その一方、い

---

[39] See, Zehr, *supra*, note 12, p. 27.

[40] 広井良典＝小林正弥編著『コミュニティ──公共性・コモンズ・コミュニタリアニズム』
（勁草書房、2010 年）14 頁［広井執筆部分］。

[41] See, Zehr, *supra*, note 12, pp. 27-28. 同時に Zehr は「どのようにその人々を実践に参加さ
せることができるか」との問いも発している。これは、自発性の契機を前提とするも
のと解される。

[42] こうした「モデル」に係る対立は、主として犯罪・非行の文脈において問題となる。
これにつき、詳細は、細井洋子＝西村春夫編著『修復的司法の総合的研究』（風間書
房、2006 年）40-46 頁［細井執筆部分］、吉田敏雄『法的平和の快復──応報・威嚇刑
法から修復的正義指向の犯罪法へ』（成文堂、2005 年）306-318 頁。端的に、高橋・前
掲注 3）7-8 頁。

わゆる「最大化モデル」は、実効性確保のため、国家介入を許容することとなろう。

　ところで、論者によっては、「コミュニタリアニズム（communitarianism）」とその所論を相互浸透させる場合もみられる。ここでいうコミュニタリアニズムは、必ずしも Sandel らの現代コミュニタリアニズムとは限らないことに注意が必要ではあるが、コミュニタリアニズムとの関係を語る論者の一人として Braithwaite を挙げることができよう。具体的には、「再統合的自責誘発（reintegrative shaming）の理論」との連関で、Braithwaite はコミュニタリアン的な社会を一種の前提として用いている[43]（同理論及びコミュニタリアニズムについては本章第3節の1及び2参照）。

## 5　修復的正義論の各分野への波及

　かかるような修復的正義は、さまざまな分野に波及している。これまで述べたように刑事法分野における修復的司法が、その代表例となろうが、それ以外の分野にも様々に影響を及ぼしている。ロケーションを日本に限ったとしても、憲法学分野、教育学分野、平和構築学分野などに一定の貢献をなしつつあることを指摘できよう。すなわち、憲法学分野においては、平和主義における文脈などで、修復的正義論の主要論者である Braithwaite による応答的規制（responsive regulation）理論が紹介[44]されている。また、教育法学[45]を含む教育学分野においては、学校いじめを念頭とした研究[46]のみならず、総合的な研究[47]もなされ、そこでも Braithwaite の応答的規制理論、及び再

---

[43] See, John Braithwaite, *Crime, shame and reintegration*, (Cambridge University Press, 1989), pp. 85-89. なお、細井ら・前掲注42）36頁［細井執筆部分］、宿谷＝滝原・前掲注30）112-113頁［宿谷執筆部分］。

[44] 長谷部恭男『憲法の理性（増補新装版）』（東京大学出版会、2016年）15-17頁。なお、同「『応答的規制』と『法の支配』」法律時報70巻10号（1998年）75頁。

[45] 教育法学におけるものとして、船木正文「ゼロ・トレランス批判と代替施策の模索──学校における修復的司法」季刊教育法153号（2007年）28頁など。

[46] 竹原幸太「学校における修復的実践の展望」細井洋子＝西村春夫ら編著『修復的正義の今日・明日──後期モダニティにおける新しい人間観の可能性』（成文堂、2010年）12頁。

[47] 山辺恵理子「修復的正義から『修復的実践』へ──『修復的』であることの教育的意義の探求」東京大学大学院教育学研究科基礎教育学研究室紀要36号（2010年）73頁、

統合的自責誘発の理論が参照ないし前提として採用されることが少なくない[48]。そして、アパルトヘイト後の南アフリカ真実和解委員会（Truth and Reconciliation Commission of South Africa）に対し Villa-Vicencio が修復的正義に基づく理論的基礎を提供した[49]ことから、日本の平和構築学にも少なからぬ影響を与えている[50]。さらに、消費者法の文脈[51]、あるいは租税法の文脈[52]において、やはり応答的規制理論が紹介されている。

では、日本の労働法学分野においては、どうであろうか。これについては、Braithwaite の理論を前提とした Estlund、あるいは Collins らの研究が紹介されており、とりわけ Estlund の理論を中心とした論考において Braithwaite の応答的規制理論が端的ながら紹介[53]されている（Estlund、Collins らの議論については本章第4節を参照）。外国においては、少なからぬ労働法学者の理論が修復的正義の実践論からの影響を受け、あるいは関連するなどしており、Braithwaite の理論が参照されることが少なくない。

修復的正義の主要論者の中でも、Zehr、そして Braithwaite の各論考は、前述または後述のように引用がさかんになされ、その思想ないし理論が少なからぬ影響力を有している。本章でのこれまでの記述からも明らかなように、Zehr は修復的正義の思想的背景と実践への指針を描き出した論者といえ、「修復的正義の祖父[54]」とも称されている。一方、Braithwaite は、修復

同「感情を持ち込んだ正義の正当性について──修復的正義に潜む強制性批判と修復的実践の可能性」細井古稀『修復的正義の諸相』（成文堂、2015年）229頁、竹原幸太「修復的正義と日本文化に関する教育学的研究──再統合的恥付けをめぐる修復的実践の可能性」同247頁。

[48] 竹原・前掲注46）15頁、山辺・前掲注47）細井古稀232頁、竹原・前掲注47）同頁。

[49] これにつき、宿谷晃弘「修復的正義と真実和解委員会の理論的基礎──Villa-Vicencio の理論の検討」比較法学41巻1号（2007年）87頁。

[50] 端的に、安川＝石原編・前掲注7）36-57頁（第3章にあたるが、その表題は「修復的正義の哲学とその応用の広がり」とされている）[石原執筆部分]。

[51] ルーク・ノッテジ（新堂明子訳）「応答的規制と消費者製品の安全性」新世代法政策学研究13号（2011年）211頁。

[52] 宮崎綾望「現代税務行政の課題と理論──オーストラリアにおける応答的規制理論を中心に」同志社法学67巻2号（2015年）920頁。

[53] 竹内（奥野）寿「アメリカにおける新たな労働者参加の試みとその法理論的基礎づけ」RIETI Discussion Paper Series 13-J-026（2013年）13-14頁、石田信平「憲法28条と労働組合の政治的機能──熟議空間の形成と労働者の参加権に関するイギリス労働法学の議論を手掛かりとした一考察」季労241号（2013年）206頁、231頁。

的正義を如何に実践として活かすか、という観点から、諸種の理論を生み出している論者として位置付けることが可能であろう。ここで述べたように、Braithwaite の理論は各分野に影響を与えており、その応用可能性を示している。

# 3 | Braithwaite による 2 つの理論

では、その Braithwaite による理論[55]をここで紹介することとしたい。Braithwaite の主要理論としては、①再統合的自責誘発の理論、そして②応答的規制理論の 2 つを挙げることができる。いずれも、現実を見据えた実践的な理論といえ、とりわけ後者は戦略性の高い議論といい得る。

## 1　Braithwaite の理論における前提

本節では、Braithwaite の両理論について、その概略を述べることとするが、それに先立ち、Braithwaite の理論的前提について一定程度指摘することとしたい。すなわち、Braithwaite 自身が、①再統合的自責誘発の理論の立論においてコミュニタリアニズムとの関係について積極的に語り、また、②応答的規制理論との関係では、リパブリカニズム（republicanism, 共和主義）を一定の前提としている（とはいえ、これはかなり図式的な議論であって、両理論とコミュニタリアニズムそしてリパブリカニズムはそれぞれが有機的に相互連関していることは、これから述べることから理解されよう）ことから、両者について以下で若干論じる。

## (1) コミュニタリアニズム（communitarianism）

第一に、コミュニタリアニズムについてだが、とりわけこれが注目されたのは、リベラリズム（liberalism）への批判をなすものとして論争（リベラ

---

[54] Van Ness & Strong, *supra*, note 24, p. 54.

[55] Braithwaite の諸理論の紹介を含む刑事法文脈の論考として、加藤直隆「企業の刑事責任論をめぐって──応答的規制と修復的司法へ」國士舘法学 36 号（2004 年）37 頁、前原宏一「修復的司法序説」札幌法学 16 巻 2 号（2005 年）1 頁、吉田・前掲注 42 など。

ル・コミュニタリアン論争[56]）を巻き起こした1980年代のことであった。中でも、Rawls に対する Sandel の批判がクローズアップされることが多いようだが、Macintyre、Taylor、Walzer ら「コミュニタリアン」とされる論者らの所論が日本に紹介[57]されている。

　しかし、「コミュニタリアニズム」や「コミュニタリアン」といった用語が、「コミュニティ」という一種多義的な語を内包していることから、日本では様々な誤解が生じることとなった。すなわち、communitarianism が「共同体主義」ないし「共同体論」と日本語訳されたことが一因となり、「『前近代的・封建的思想』批判[58]」または「『保守的・右翼的思想』批判[59]」が「通俗的に」なされることとなった[60]。これらはいずれも全くの誤解であり、クリアに解き明かされている[61]ものの、日本での「共同体」との語が持つネガティブなイメージの存在を示すこととなった。これは、「コミュニタリアニズムの論者」を示す「コミュニタリアン」を「共同体主義者」などと日本語訳した場合においても、同様に生じ得る問題である。念のため、ここでも予め強調しておくが、コミュニタリアニズムが想定しているのは、かつての日本の村落「共同体」といった前近代的なコミュニティではない。少なくともコミュニタリアンと称される論者の想定するそれは、封建的なそれでは

---

[56] これにつき、宇野重規「リベラル・コミュニタリアン論争再訪」社会科学研究64巻2号（2013年）89頁、菊池理夫＝小林正弥編著『コミュニタリアニズムの世界』（勁草書房、2013年）13-110頁［小林執筆部分］など。また、関連し、桂木隆夫＝森村進編著『法哲学的思考』（平凡社、1989年）7頁（第1章「リベラリズムと共同体主義」）［森村執筆部分］、井上達夫『他者への自由――公共性の哲学としてのリベラリズム』（創文社、1999年）など。

[57] 宇野・前掲注56、小林・前掲注56はもとより、「論争」開始当時からこれに係る日本語文献は多数存在する。とりわけ端的なのは、Stephen Mulhall & Adam Swift, *Liberals and Communitarians*, (Blackwell, 1992) の日本語訳である、スティーブン・ムルホール＝アダム・スウィフト（谷澤正嗣＝飯島昇蔵訳者代表）『リベラル・コミュニタリアン論争』（勁草書房、2007年）であろう。

[58] 「サンデルは共同体を支持しているから、前近代的・封建的共同体を擁護しており、人権を軽視し、同質性を強制して異論や少数意見を封じるような、個人を抑圧する思想に加担している」との「通俗的批判」（小林・前掲注56）56頁）。

[59] 「道徳を称揚する保守的・右翼的思想家である」との「通俗的批判」（小林・前掲注56）56頁）。

[60] 小林・前掲注56）56頁。また、前掲注40）91頁［菊池理夫執筆部分］など。

[61] 小林・前掲注56）56-57頁。また、前掲注40）91-94頁［菊池執筆部分］など。

ない。

　さて、コミュニタリアニズムの内容につき具体的に述べることとしたいが、やはりこれについても論者によって一定の振幅が存在する。しかし、少なくとも重視する価値が2点あり、それらがコミュニタリアニズムを一定程度規定しているといい得るであろう。

　すなわち、まず、コミュニタリアニズムは、リベラリズムに比し個人間の共通性に注目することから、「共に」ということを重視する[62]。しかし、無論のこと、それは「個」の否定を目指すものでない。「個」と「共」の双方を重く見る[63]立場がコミュニタリアニズムである。

　次に、コミュニタリアニズムは、古代ギリシア以来の「善き生」すなわち「善」を重視する。「共」と「善」を重く見ることからコミュニタリアニズムは「共通善」を重視する立場ともされるが、ここでいう「善」には精神的な「善」と共に、環境・福祉・平和などについての物質的な「良きもの」としての「財」を含む[64]とされている。しかし、当然ながら、いわゆるコミュニタリアンの中でも「共」と「善」の内容やその2つの関係、また、そのどちらかを重視するかという点については、相違が存在する[65]。

　では、Braithwaite は、どのようにコミュニタリアニズムを把握しているのだろうか。これについて、まず Braithwaite は、コミュニタリアニズムと相互依存性（interdependency）が高度に関連する概念である[66]ことを指摘している。そして、コミュニタリアン的社会において個人は相互の援助と信頼（mutual help and trust）という特性を持つ相互依存性と密接であり、また、個人的な利益よりも集団的な「義理（loyalties）[67]」を重視する文化において相互依存性は象徴的意義を有するとしている[68]。とりわけ、相互依存性における相互的義務（mutual obligation）の必要性が強調される一方で、個人の自

---

[62] 小林・前掲注56）16頁。
[63] 同 25 頁。
[64] 同 17 頁。
[65] 同 25 頁。
[66] Braithwaite, *supra*, note 43, p. 85.
[67] 通常 loyalty は忠実・忠誠、loyalties は忠誠心などと訳されるが、ここでは前後の文脈から「義理」との訳が適切と解された。
[68] Braithwaite, *supra*, note 43, p. 100. See also, pp. 85-86.

律性（autonomy）も強調している[69]。

　このような見方は、リバタリアニズム（libertarianism）的な意味での個人主義とは「正反対[70]」であるといえ、「共」に比較的重きを置く形（勿論「個」が軽視されているわけでは全くない）でコミュニタリアニズムを規定しているものと解される。

## (2) リパブリカニズム（republicanism, 共和主義）

　第二に、リパブリカニズムについてだが、これもまた多義性を有する用語であることに注意が必要であろう。ここでいうリパブリカニズムは、主として Pettit のそれ[71] を想定している。すなわち、非支配としての自由（freedom as non-domination）を重視する立場である。そして、ここでいわれる支配は、とりわけ干渉（interfere）の可能性に対する警戒として実質化されており、労使間における使用者から労働者への支配、あるいは夫婦間における夫から妻への支配などが具体例とされている[72]。また、恣意的（arbitrary）な支配に置かれることは不自由（unfreedom）であり、恣意的な支配とは予測不可能な他者のもとに置かれることとされている[73]。

　そして、かかるような立場は、Braithwaite と Pettit の共著論文[74] によっても確認がなされている。また、両名の共著書[75] では、とりわけ dominion（公民的／市民的自由）が重視[76] され、その最大化を目指すべく（これは、非

---

[69] See, *id.*, p. 100. また、こうした議論は、Philip Selznick の影響を受けた Douglas Brodie の議論とも通じよう。

[70] 宿谷＝滝原・前掲注 30）113 頁［宿谷執筆部分］。

[71] Pettit が自らのリパブリカニズムに係る理論をまとめたものとして、Philip Pettit, *Republicanism, A Theory of Freedom and Government*,（Oxford University Press, 1997）。 また、Pettit のリパブリカニズムに係る日本語文献として、小田川大典「共和主義と自由——スキナー、ペティット、あるいはマジノ線メンタリティ」岡山大学法学会雑誌 54 巻 4 号（2005 年）665 頁、中村隆志「フィリップ・ペティットの共和主義論——政治的自律と異議申し立て」関西大学法学論集 61 巻 2 号（2011 年）580 頁など。

[72] See, Pettit, *supra*, note 71, pp. 52-58.

[73] *Id.*, p. 5.

[74] John Braithwaite & Philip Pettit, 'Republicanism and Restorative Justice: An Explanatory and Normative Connection', in Heather Strang & John Braithwaite（ed.）, *Restorative Justice: Philosophy to Practice*,（Routledge, 2000）, pp. 145-163.

[75] John Braithwaite & Philip Pettit, *Not just Deserts*,（Oxford University Press, 1990）.

支配としての自由の最大化を意味する）議論が展開されている。こうした目的の達成のために、特に重視されている前提の一つが、熟議（deliberation）である[77]。非支配としての自由の達成のために、市民の自発的で能動的な熟議に基づくチェック機能に期待されるところが少なくないからである。

## 2　再統合的自責誘発（reintegrative shaming）の理論

### (1) 理論の中核としての「自責の念（remorse）」

　再統合的自責誘発の理論における shaming を理解する際に、shame の訳語である「恥」を概念的に用いるのは好ましくないように解される。「shaming」と「恥」とには、意味的な差異あるいは振幅があり、注意が必要といえよう。すなわち、Braithwaite のいう shaming は、加害行為者自身に自責の念（remorse）を生じさせる意図または効果を有する非難を表す全ての社会的なプロセス[78] のことであって、多くの shaming は当該事象に関心を有する相互依存的なコミュニティの構成員らによってなされる[79] こととなる。つまり、Braithwaite のいう shaming の中核は、「自責の念」を生じさせ得る非難ということになる。

　これは、スティグマ（stigma）の付与とは明らかに異なる[80]。スティグマの付与という形式での非難は、「逸脱」者を当該コミュニティから排除することとなり、妥当でない[81]。重要なのは、行為者の存在そのものを否定することではなく、行為者のなした行為に非難が向けられることである。それによって行為者は「自責の念」を生じさせることとなる。そして、当該行為者が「自責の念」をもって応答をなすことで、再度「善き」構成員として、当該コミュニティに迎え入れられることが所期されているものといえよう。

---

[76] See, *id.*, pp. 61-69.
[77] See, Pettit, *supra*, note 71, pp. 187-190.
[78] Braithwaite, *supra*, note 43, p. 100.
[79] See, *id.*
[80] *Id.*, pp. 102-103.
[81] *Id.*, p. 55.

## (2) 包摂としての実践

　shaming は、行為者を再度、当該コミュニティに「包摂」するための一種の手続きであると指摘できる。そして、その shaming には、包摂的作用を有する「再統合的自責誘発」と、スティグマの付与を契機とし排除的作用を有する「非統合的」なそれ（disintegrative shaming）とが存在することとなる[82]。かかるような両面性を有する shaming ではあるものの、Braithwaite は、再統合的自責誘発を主張し、それこそに意義を見出している。

　そして、Braithwaite が強調するのは、そうした shaming は、生涯に一度しか会わないような裁判官によってなされるのではなく（あるいは、それのみでなく）、日常的ないし定期的に顔を合わせるような他者によってなされるべきということ[83]である。そして、かかるような shaming は、先述のような相互依存性を前提とするコミュニタリアン的な社会においてなされることが想定されている[84]。なぜなら、当該社会がコミュニタリアン的であればあるほど、構成員における相互依存性は密接になるため、shaming の効果が増大し得るからである。そして、そのような shaming——自責の誘発——は、包摂を前提とするところ、「再統合的」になされることとなる。

　また、Braithwaite によれば、かかるような再統合的自責誘発は、「家族モデル（family model）」に基づく修復的実践によってなされることとなる。同モデルは、家族が基本的に継続性をもって存在し続けることから「排除」を予定せず「包摂」を前提とし、家族におけるような相互の尊敬をもって行われる[85]。これは後に、家族集団会議（family group conference）という修復的実践のプログラムとして確立され、Braithwaite は、その理論的基礎を提供した者として位置付けられている[86]。同会議は、修復的実践の他のプログラム[87]と同様に、当事者による自発的で対等な立場での話し合いを通じた紛

[82] *Id.*

[83] *Id.*, pp. 86-87.

[84] *Id.*

[85] *Id.*, pp. 56-57.

[86] これにつき、宿谷＝安・前掲注 2) 18 頁［宿谷執筆部分］。

[87] 被害者・加害者の和解（victim-offender mediation）プログラム、コミュニティ平和構築サークル（community peacemaking circle）プログラムなど。前者は、被害者と加害者の話し合いに焦点を置くもので、調停役がこれを進める。後者は、とりわけコミュニ

争の転換（ハームの修復、コミュニティの再生）を目指すものであり、話し
合いにおける参加者の平等性と発言のし易さを担保するため参加者が円を
作って座る形で行われる[88]。また、ステークホルダーや弁護士らも参加し、
進行役のもと同会議は調整がなされる。かかる調整は、対等で自発的な対話
を担保するものであって、何らかの解決を強制するようなものではない[89]。

　元来、Braithwaite の再統合的自責誘発の理論は、刑事司法に係る理論とし
て出発したが、その一般性により各分野に波及したのは先述の通りである。
また、Braithwaite 自身もその一般性を十分認識をしており、その後の著作に
おいて、その汎用性を示すに至っている[90]。

## 3　応答的規制（responsive regulation）理論

### (1) 事業者規制のあり方

　応答的規制理論は、コンプライアンス（compliance）につき、被規制対象
（事業者）において自発的な取り組みを引き出すことを念頭とした理論であ
り、規制強化あるいは規制緩和のいずれでもない方途を示すものである。同
理論は、とりわけ事業者の自発性を引き出すことを念頭としている点が特徴
的であり、本章第 2 節の 3 の（1）で述べた修復的正義の要素を的確に包含
しつつ、非支配としての自由を重視するリパブリカニズムと共鳴している。

　Braithwaite は、同理論を、Ayres との共著[91]によって 1992 年に公にした。
もっとも、同理論のもととなる素描は、Braithwaite が Fisse と著した 1983 年

---

ティの再生・改善を重視する。これらにつき、宿谷＝安・前掲注 2）72-76 頁［宿谷執
　筆部分］など参照。
[88] 同 72 頁［同］。
[89] 同 74 頁［同］。
[90] その例として、Braithwaite が Ahmed らと著した Eliza Ahmed et al., *Shame Management
　Through Reintegration*,（Cambridge University Press, 2001）など。また、ハラスメントに
　関しては、やはり Ahmed との共著である Eliza Ahmed & John Braithwaite, 'Shame, Pride
　and Workplace Bullying', in Susanne Karstedt et al.（ed.）, *Emotions, Crime and Justice*,（Hart,
　2011）, pp. 55-79、あるいは、V. Braithwaite らとの共著である Valerie Braithwaite et al.,
　'Workplace Bullying and Victimization: The Influence of Organizational Context, Shame and
　Pride',（2008）2 International Journal of Organisational Behaviour 71 があるが、これらは組
　織論の立場からの実態的な調査研究となっている。
[91] Ian Ayres & John Braithwaite, *Responsive Regulation: Transcending the Deregulation Debate*
　（Oxford University Press, 1992）.

の共著[92] において既に示されて[93] おり、その点注意が必要である。同理論は、以下のような認識から定立される[94]。

　すなわち、そもそも様々な事業者が存在し、事業者の内にあっても必ずしも一様でない意思が存在するとき、画一的な法規制を押し付けるのは妥当でない。つまり、重層的な意味合いで、被規制対象としての事業者は多様である[95]。そのため、事業者によって、規制への応答は異なり得る。事業者は利潤を追求し、ときとして社会責任を全うしようとすることから、説得（persuasion）といった柔らかい規制手法も、厳格な規制手法も、好ましくない場合があり得る[96]。すなわち、説得や自己規制（self-regulation）に基づく規制は、経済的合理性に動機付けられている事業者につけいれられ得る[97]し、その一方、ほぼ罰則に基づく規制は、責任感に動機付けられている事業者の良識に悪影響を与え得る[98]。また、規制をなす側にあっても、その資源には限りがある[99]。

## （2）ピラミッド型規制

　かかるような諸点に鑑みれば、画一的な規制を用いることは得策でない。規制はピラミッド型になされる必要がある。すなわち、たとえば、図1[100] のような規制のあり方が有用であろう。これは、いわば一つの基本型となる。まずは、「説得」として、たとえば行政指導などが試みられ、それが失敗した場合には、「警告」といったように、徐々に強制性を伴った高次の手段へと遷移していくこととなる[101]。こうした手法は、労働安全衛生や環境など

---

[92] Brent Fisse & John Braithwaite, *The Impact of Publicity on Corporate Offenders*（State University of New York Press, 1983）.

[93] これを指摘するものとして、宿谷・前掲注10) 20-21 頁。

[94] 長谷部・前掲注44)『憲法の理性』16 頁は、応答的規制理論における問題意識と発想について、コンパクトに論じている。

[95] See, Ayres & Braithwaite, *supra*, note 91, pp. 19-20, pp. 30-33.

[96] *Id.*, p. 24.

[97] *Id.*, p. 19, also, p. 24.

[98] *Id.*

[99] *Id.*, pp. 19-20.

[100] *Id.*, p. 35 より筆者作成。

[101] *Id.*, pp. 35-36.

**図 1**

の規制に用いることが可能とされている[102]。規制される側（事業者）においては、如何なる規制が及ぶか、そしてそれに応じなかった場合に如何なる規制が次に及ぼされるのかについて十分な予見をなすこととなる。これは、より高次の規制が及ばぬよう、あるいは、再度違反等をなさないようにするという事業者の自発性や社会責任を全うしようとする姿勢を引き出すことに繋がり得る。また、一方において、規制をなす側（行政）も、順次の手段を用意することで、より高次の手段を用いざるを得なくなった規制対象に資源を向けることが可能となる。順次の手段を用意しなければ、低次の手段から一気に最高次などの手段へと遷移することとなり、資源的にもコスト的にも不合理な結果を生じさせ得ることから、規制を整備させる契機を行政などにもたらすこととなる[103]。

## (3) 自己規制とトライパーティズム（tripartism）

Braithwaite と Ayres は、こうしたピラミッド型の規制に、自己規制を適切に取り込むことで、さらに効果的で広大な射程を有する規制を実現し得るとする[104]。すなわち、図 2[105] のようなピラミッドがそれであるが、まず「自己

---

[102] *Id.*, p. 36.
[103] こうした帰結に係るオーストラリアにおける例につき、端的にノッテジ（新堂訳）・前掲注 51）214-216 頁。
[104] See, Ayres & Braithwaite, *supra*, note 91, p. 38.
[105] *Id.*, p. 39 より筆者作成。

338

**図2**

規制」をさせ、それについて抑制的に行政が介入し、それが成功しない場合、徐々に強制的な手段に移行するというモデルである。これに合わせ、Braithwaite と Ayres はトライパーティズム（tripartism, 3 者構成主義）を主張している[106]。

　すなわち、規制者と被規制対象のみでなく、公共利益団体（public interest group）といった第三者を監視者として参画させることで実効性を高めようとしている[107]。たとえば、消費者安全のための規制などにおいては、規制の受益者が外部に存在するために、外部の団体が監視者たるべきこととなろう。しかし、労働安全衛生に係る規制などについては、労働組合や被用者代表ら事業者における内部者に、その権限を与え得る[108]。そして、当該代表らは、監視の役割のみならず、規制実施の当事者としての役割さえも担い得る。Braithwaite は、その具体例として、当該職場において適切な規制の実施がなされていない場合、当該労働安全衛生代表が、政府の検査官として規制実施の役割を担うとの例を挙げている[109]。

　かかるような議論の前提は、リパブリカニズムであり、その非支配としての自由を重視する姿勢、すなわち支配の総量を減らすという観点にある。そ

---

[106] *Id.*, pp. 57-60.
[107] *Id.*
[108] *Id.*, p.59.
[109] *Id.*

して、そうした発想に沿う形で、トライパーティズムによって監視者の役割を果たす第三者は、規制者と被規制対象との馴れ合いや癒着をも監視することとなる。より抑制的で強制的でない手段と、多元性を有するアクターの参加によって、被規制対象における自発性を引き出しつつ、リパブリカニズム的価値を実現させるという実践に応答的規制理論の要諦があるといえるだろう。

### （4）基底としての修復的正義、基壇としての修復的実践

　そもそもコンプライアンスに係る事業者規制からスタートしたのが応答的規制理論であり、それ自体は、かなり戦略的なものであった。しかし、それは自発性の重視をはじめとして、修復的正義の諸要素（本章第2節の3の（1）参照）を適切に包含している。

　すなわち、(a) ハームとニーズの的確な把握のもと、規制ピラミッドによる順次の応答をなす点、(b) 被規制対象の自発性を積極的に引き出そうとする点、(c) 規制者から被規制対象に対する「説得」といった対話を促すのみならず、トライパーティズムによる公共利益団体（あるいは労働組合や被用者代表）との三者間対話を促進させる点、(d) 何らかの違反をなし、規制ピラミッドにおける低次の規制を受けた被規制対象において、その内部における対話、規制者との対話、公共利益団体等との対話により、未来志向的な自己規制を被規制対象に促すという点などにおいて、応答的規制理論は修復的正義論の要素を基底に含んでいるものといえる。また、様々な利害関係者たちが参加することで「熟議」を促し、彼らが状況に適合した解決を模索することで、当局などによる強制的な手段を避けようとする応答的規制理論の態度は、まさに修復的正義論の態度そのものといってよい[110]。かくして応答的規制理論は、修復的正義の実践論の一つとして、機能する。

　Braithwaite は、自身の単著[111] において、修復的実践を基壇とする規制ピラミッドを提示している。すなわち、それは図3[112] のようなピラミッドであ

---

[110] そうした意味において、あるいは、当該文脈において、応答的規制理論は「純粋モデル」論的であるといい得る。

[111] Braithwaite, *supra*, note 26.

**図3**

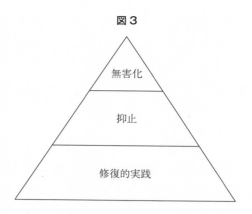

る。このピラミッドの各段階においては、それぞれに名宛人が存在している。すなわち、「修復的実践」は「善良なアクター」に対して、「抑止」は「理性的なアクター」に対して、「無害化」は「不適格または非理性的なアクター」に対してなされるものとされている[113]。そして、まず修復的実践が行われ、それが成功しない場合、抑止そしてさらに無害化が控えるという構造をとるのが、当該ピラミッドである。修復的実践は自己規制に通じ、抑止や無害化は一定の強制性を有した規制に通じる。最終的には、当該事業者への許認可の停止または取消（あるいは経営権を奪う）といった無害化手段が取られ得るが、それは最も厳しい処断であり、それを避けようとする合理的選択が事業者によってなされる（無害化に至る前に問題の解決をなそうとする）ことについては論を待たないであろう。

　かかるようなピラミッド型の規制は、修復的実践などの基壇的手段が成功しない場合において強制の契機を有する手段が採られ得ることが明白であればあるほど、効果的に作用するものとされている[114]。すなわち、熟議的な対話と、状況に応じた解決は、強制性を有する高次の規制を避けるためにも引き出され得ることとなる。かかる論理はテクニカルではあるが、一方にお

---

[112] *Id.*, p. 32 より筆者作成。なお、原著において、基壇は「restorative justice」となっているが、Braithwaite の文脈からすれば、本章における「修復的実践」が最もふさわしい訳と解されたので、そのように表記した。

[113] *Id.*

[114] See, *id.*, pp. 30-34.

いて、非支配としての自由というリパブリカニズム的な価値をも担保する。また、トライパーティズムによるモニタリングが有効に機能することによって、弱者に不利な結果が生じることは回避し得る。

## 4　Braithwaite による理論の小括

　Braithwaite の所論は、コミュニタリアニズムを一定の前提とし、リパブリカニズムにおける非支配としての自由にとりわけ留意しつつ、展開がなされているものといい得る。そして、その理論的特徴は、修復的正義の諸要素を的確に包含させながら、同正義論を戦略的実践論にまで昇華させ得た点にある。これは、実際的な諸問題に対し強い関心を有する Braithwaite 自身の研究姿勢に起因する。以上は、Braithwaite の理論の総括的な評価となるが、以下で、本章で紹介した2つの理論につき、それぞれの特徴を端的に示したい。

　まず、再統合的自責誘発の理論は、加害者に「自責の念」を生じさせ得る非難を、当該コミュニティ及びその構成員が与えることによって、加害者を再度当該コミュニティに包摂することを所期するものであり、スティグマの付与による排除を予定するものではない。その実践においては、ハームとニーズの把握が順次円環的になされ、被害者におけるそれのみならず、各個の関係性への侵害、そして当該コミュニティが受けた害についても実質化がなされることとなる。さらに、同理論による実践においては、当該コミュニティ及び構成員の自発性が重視され、対等な対話を担保するための措置が講じられ、再発防止を含む未来志向的な変革が目指されるものの、何らかの解決が強制されるわけではない。

　次に、応答的規制理論は、被規制対象である事業者における自発的な取り組みを引き出すために重層的な規制ピラミッドを用意させるものであり、さらに、効果的な自己規制を担保させるため、トライパーティズムによるモニタリング・システムの構築を促す理論であった。

　それは、そもそも、様々な事業者が存在し、事業者の内にあっても必ずしも一様でない意思が存在するということについての洞察、すなわち、重層的な意味合いで、被規制対象としての事業者は多様であるとの認識から提起さ

れる理論であった。かかる認識によれば、画一的な規制を用いることは得策でない。画一的規制への事業者からの応答は、各事業者のレベルでも、各事業所内の部署のレベルでも様々に分化し得るところ、規制者側においては、むしろ多くの資源を用意せねばならず、コストは増大化する。そのため、まずソフトで抑制的な手法をもって規制をなし、事業者の自発性や社会責任を全うしようとする姿勢を引き出すことで規制目的を達成しようとするのが、規制ピラミッドにおける主要な発想となる。

　そして、規制者側においては、規制ピラミッドにより順次の手段を用意することで、より高次の手段を用いざるを得なくなった対象に資源を集中させることが可能となる。しかし、順次の手段を用意しなかった場合、低次の柔軟かつ非強制的な手段から一気に高次の厳格かつ強制的な手段へと遷移せざるを得ず、複数の対象に対し、限られた資源を割り振らねばならない必要が生じてしまう。そのため、ソフトで抑制的な手段からハードで介入的な手段に至る段階的な規制を重層的に整備させる契機、あるいはインセンティブを規制者にもたらすこととなる。

　効率的な運用をなすためには、規制者と被規制対象の両者にとって分かりやすい制度が必要となるが、その点においても、ピラミッド型規制は複雑でなく明瞭であって優れている。何らかの違反をなし基壇の規制がなされた場合、次に違反をしたならば2段目の規制を受けることが明白だからである。これは、規制についての予測可能性を被規制対象の側に付与することとなり、低次の規制を受けるに留まるよう自己規制をなさせる契機を被規制対象に与えることとなる。また、トライパーティズムによる対話は、被規制対象自らに未来志向的な変革を促させることとなり、結果として将来的な違反の予防策を生じさせる。さらに、当該変革そして将来的な予防策は、当該被規制対象の個別事情に応じたものとなり得る点において、被規制対象における多様性にも対応することとなる。これらからすれば、被規制対象の側にとってもメリットは少なくなく、その自発性が引き出されることで、規制目的それ自体の達成が促進される。さらに、その自発性、及びトライパーティズムによる労働組合や被用者代表を含めた三者間対話により、ボトム・アップ型の社会変革さえも期待し得る。

# 4 ｜ 労働（雇用）法理論との接点

　修復的正義論における理論ということで、Braithwaite による再統合的自責誘発の理論と応答的規制理論とを、以上において紹介した。両理論は、イギリスまたはアメリカにおける労働（雇用）法理論との接点を有しており、とりわけ応答的規制理論は、イギリスの Collins の理論及びアメリカの Estlund の理論と関連しあるいは前提とされている。再統合的自責誘発の理論も、ハラスメントとの関連において、やはり一定の影響を労働（雇用）法分野に与えているが、それについては、本章第 5 節で幾分か言及することとし、ここでは、応答的規制理論と Collins または Estlund の理論との接点について、まさに若干ではあるものの論じることとしたい。

## 1　Collins の規制理論と応答的規制理論

　Collins は、reflexive（自省／再帰／応答的）規制理論を採る [115] が、Collins 自身が明らかにしているように、それは Braithwaite の応答的規制理論と関連している。すなわち、Collins は、その著書である *Regulating Contracts* において、Braithwaite の Ayres との共著 [116] を参照し、その協調性や応答性、モニタリングや自己規制の有用性などについて一定の評価をなし、自らの理論に参酌している [117]。しかし、同時に、Collins は、応答的規制理論における「応答」すなわち「responsive」の語を用いず、「reflexive」の語を採用する旨を脚注において表明している [118]。これは、Collins が、Teubner による法

---

[115] Collins の reflexive 規制理論につき論及するものとして、唐津博「イギリスにおける新たな労働法パラダイム論——H. Collins の労働法法制の目的・根拠・手法論」季労 216 号（2007 年）146 頁、石橋洋「コリンズの雇用契約論——雇用契約の意図的不完全性とデフォルトルールを中心として」労旬 1672 号（2008 年）8 頁、野田進「書評・『イギリス雇用法』」季労 221 号（2008 年）254 頁、石田眞「ブックレビュー・『イギリス雇用法』」法律時報 80 巻 12 号（2008 年）66 頁、石田信平「イギリス労働法の新たな動向を支える基礎理論と概念——システム理論、制度経済学、社会的包摂論、Capability Approach」石橋・小宮・清水還暦『イギリス労働法の新展開』（信山社、2009 年）36 頁、有田謙司「コリンズ『イギリス雇用法』」日本労働研究雑誌 669 号（2016 年）80 頁など。

[116] Ayres & Braithwaite, *supra*, note 91.

[117] See, Hugh Collins, *Regulating Contracts*, (Oxford University Press, 1999), pp. 65-69.

[118] *Id.*, p. 65.

システム論である reflexive 法理論[119] を一定の前提とすることに由来する[120]。

その後、Collins は *Employment Law* においても、Braithwaite の Ayres との共著を参照している[121] が、それは、「職場を規制する（Regulating the Workplace）」という題名が付された第 2 章においてであった。Collins は、reflexivity（自省／再帰／応答性）を、規制における非効率性や実効性の欠如を回避するために、そして、雇用関係における多様な状況に対応するために必要であるとし、手法としての「交渉を通じた労使による自己規制」または「それを誘導する手続的規制[122]（procedural regulation）」を導出させている[123]。

さて、Braithwaite の応答的規制理論と Collins の規制理論は、如何なる点において共鳴し、あるいは接点を有するといい得るだろうか。

まず、両理論の出発点について、みることとしたい。応答的規制理論は、事業者の多様性、及び事業者内部における多様性についての認識、そして、それに対する画一的規制が、むしろ規制者側における資源に負担をかけコストを増大させるとの発想から出発している。その上で、規制ピラミッドを導出し、コンプライアンスについて事業者の自発性を引き出すことを意図している。一方、Collins の規制理論は、現代雇用関係における複雑性と多様性の内にあって、高水準のコンプライアンスを達成するには、如何なる手法が適当かという問題意識から出発しているが、非効率性や実効性の欠如から一

---

[119] Gunther Teubner, 'Substantive and Reflexive Elements in Modern Law', (1983) 17 Law & Society Review 239.

[120] ところで、Collins と一部理論を共有しつつ、reflexive 労働法を論じる者として、Rogowski を挙げることができる。Rogowski は、応答的規制理論を全肯定するわけではない。しかし、とりわけ自己規制を促すという点などについては、一定の評価をなしている。See, Ralf Rogowski, *Reflexive Labour Law in the World Society*, (Edward Elgar, 2013), pp. 140-144.

[121] Hugh Collins, *Employment Law* (2nd ed.), (Oxford University Press, 2010), p. 28. なお、Collins の同書の初版については、ヒュー・コリンズ（イギリス労働法研究会（唐津博ほか）訳）『イギリス雇用法』（成文堂、2008 年）として訳書が刊行されている。

[122] 手続的規制は、1995 年の EC 委員会に提出された報告書の中で提示され、従来の画一的・硬直的な実体的規制が今日の社会実体に適合していないことを指摘し、関係当事者による多元的な交渉・調整のプロセスに新たな理性（手続的理性）を見出そうとしたものとされる。これにつき、水町勇一郎編『個人か集団か？変わる労働と法』（勁草書房、2006 年）19-27 頁［水町執筆部分］、同「労働法の新たな理論的潮流と政策的アプローチ」RIETI Discussion Paper Series 13-J-031（2013 年）4-6 頁など。

[123] See, Collins, *supra*, note 121, pp. 28-30.

般的基準を用いることは適当でないとし、規制は reflexive であるべきとしている[124]。また、多数の監督官を配置する公法モデルにおけるコストは高額に過ぎ欠点があるといえ、被用者による提訴等請求権行使に期待するという私法モデルも司法的コストの点、さらに使用者との紛争をためらうという被用者の事情との点において欠点があるとする[125]。その上で、自己規制や手続的規制の有用性を論じている。以上からすれば、両理論は、少なくとも、事業者の多様性について、あるいは、規制者における限られた資源とコストについて、共通する問題意識を有しており、結果として事業者の自発性や自己規制に活路を見出す点において、共鳴しているものといえる。

　次に、規制の手法についてだが、応答的規制理論、Collins の規制理論ともに、自己規制に一定の期待をなすという点において共通する。すなわち、前者は、規制ピラミッドにおいて、まずソフトで抑制的な手法を用いて自己規制を促し、あるいは、トライパーティズムによるモニタリング・システムによって、それを担保させようとしている。一方、後者も、手続的規制を用いることで自己規制を促進させることを意図しているが、強制や命令といったハードな手法を、集団的な自己規制を引き出すための誘導策と捉えている[126]。両理論における自己規制は、高水準のコンプライアンスを実現させるための装置として認識され、その機能に一定の期待が寄せられている。

　結局のところ、事業者や雇用関係における多様性について適切に対処し、如何にしてコンプライアンスを引き出すかという問題意識のもと、自己規制を重視する点において、両理論は、それぞれ responsive または reflexive であることを志向する点において、最大の接点を有しているものといい得る。

## 2　Estlund の協働規制理論と応答的規制理論

　Estlund は、その著書[127]である *Regoverning the Workplace* において、Braithwaite の応答的規制理論を随所において丹念に紹介し、あるいはそれを敷衍させ、

---

[124] *Id.*, pp. 27-28.

[125] *Id.*, pp. 29-30.

[126] *Id.*, p. 50.

[127] Cynthia Estlund, *Regoverning the Workplace: from Self-Regulation to Co-Regulation*,（Yale University Press, 2010）.

被用者参加のもと自主的な規制を行う新たな職場統治について論じている[128]。特に、トライパーティズムの文脈における被用者参加について Estlund は着目をしており[129]、被用者のみならず外部のステークホルダーにモニタリングをさせ、あるいは独立性を有する被用者代表の制度化について主張をなし[130]、使用者による自己規制を適切な職場統治として機能させるための「co-regulation（協働規制）」を導出させているが、ここで語られる co-regulation には、「共同規制」とは異なり、一定の含意がなされていることに注意が必要である[131]。

　すなわち、Estlund の協働規制理論は、応答的規制理論に基礎を求め、トライパーティズムによるモニタリング・システムや、規制実施の当事者としての被用者らの役割にとりわけ関心を払い、画餅に帰すことのない使用者による自己規制を実現させようとしている。具体的には、Braithwaite を引いて、被用者代表は使用者の自己規制をモニタリングするのみならず、規則や基準の策定・実施・コンプライアンスのモニタリング・苦情の受け取り・被用者への教育訓練などに携わることで使用者の自己規制プロセスに直接関与するとした上で、使用者からの報復に耐え得るためには、内部と外部の双方に存立基盤を有する被用者代表が必要になると論じている[132]。いわばトップ・ダウン型の自己規制ではなく、被用者にイニシアチブと役割を与えつつ、独立性を有する被用者代表を制度化し、ボトム・アップ型の自己規制を促進させようとする点を、Estlund は強調しているように解される。

　先述のように、応答的規制理論は、ボトム・アップ型の社会変革をも志向し、あるいは熟議を促すが、それらは、Estlund の論旨とも共鳴する。Estlund による応答的規制理論の正面からの受容は、同理論の実践論としての展開可能性をよく示している。

---

[128] Estlund の当該著作ないし理論を紹介するものとして、竹内（奥野）・前掲注53、石田・前掲注53など。また、Estlund の理論に係る紹介文献として、神吉知郁子「自己規制の時代における職場の法の再構築」アメリカ法 2006-2 号（2007 年）360 頁。

[129] See, Estlund, *supra*, note 127, p. 141.

[130] *Id.*, pp. 142–145.

[131] *Id.*, p. 161.

[132] *Id.*, pp. 143–144.

# 5 おわりに

## 1 実践論としての修復的正義の可能性

　応答的規制理論と労働（雇用）法との接点を強調することとなったのが、本章第4節であったが、同理論もまた修復的正義に基づく一つの実践論であるということは、本章第3節の3の（4）で述べたところであった。同節の2で紹介したBraithwaiteの再統合的自責誘発の理論も、修復的正義の実践論の一つであるが、同正義の実践論は、これら2つのみでは全くなく、実に様々な実践論・方法論・プログラムが存在している。それらは、様々な分野またはレベルにおけるコンフリクトに対して用いられ、あるいは、さらなる理論的深化を遂げている。本章第2節の5で述べたように、修復的正義は各分野へ波及しており、実践論もまたそれに伴って様々なバリエーションを生じさせている。そして、修復的正義による実践は、確かな可能性を有しているといえるだろう。

　たとえば、ハラスメント[133]について、これをみるに、そもそも、ハラスメントの背景[134]として、（ア）人員削減ないし人材不足による過重労働とストレス、（イ）それが引き起こす職場のコミュニケーション不足、（ウ）それらと労働組合組織率低下に伴う職場の問題解決力低下などが指摘されている。これらについて、修復的正義は、（ウ）具体的な実践ないしプログラムを通じ、職場に問題解決力を付与し得るし、（イ）ハームとニーズの把握のため対話を重視し、あるいは双方向的な対話そのものに価値を置くことから、コミュニケーションを促進させ得る。そして、それらを通じ、（ア）過重労働やストレス等から生じるハームをも考察させることとなるだろう。なぜなら、修復的正義は、相対的「不正義」に耳を傾けることで、構造的な問

---

[133] ハラスメントに対する修復的正義の可能性につき、滝原啓允「ハラスメントに係る使用者の義務・責任——新たなアプローチとしての修復的正義の可能性」日本労働法学会誌128号（2016年）100頁、宿谷＝滝原・前掲注30。

[134] これにつき、内藤忍「『職場のいじめ・嫌がらせ問題に関する円卓会議』提言と今後の法政策上の課題——労使ヒアリング調査結果等を踏まえて」季労238号（2012年）2頁など。

題をも解決することを志向するからである。

　そして、とりわけ「個別的で結果的な救済」になりがちなハラスメント被害について、修復的実践の場（再統合的自責誘発の理論に基づく実践や諸般のプログラムが妥当しよう）で被害者へのケア（加害者らによる謝罪や心の整理など）がなされ、「働きやすい職場環境」が修復（回復・再構築）されようことはもとより、なぜハラスメントが発生したのかを考察する際に、職場ないし組織それ自体が抱える課題について考慮せざるを得ず、適切な事後対応ないし教育指導のあり方などについても模索がなされよう。また、場合によっては、加害者が実際には当該事業体における構造的「犠牲者[135]」である可能性（経営層に追いつめられた中間管理職等）についてさえ洞察がなされることとなろう。さらに、修復的実践の場への同僚労働者等の出席は、労働者における自律的な意識涵養に資することとなる。

　よって、ハラスメントにおける修復的実践は、使用者における変革の契機を生じさせ、当該職場に新たな価値を付与し、あるいは増進させ得る。すなわち、狭義の修復のみならず、今後における予防といった効果をも、さらに生じさせることとなるだろう[136]。

　コモンウェルス諸国やアメリカでは、既にハラスメントに対して修復的実践がなされるなどしている[137]が、以上のような議論をなすとき、セクシュ

---

[135] 西谷敏『人権としてのディーセント・ワーク——働きがいのある人間らしい仕事』（旬報社、2011年）271頁。

[136] しかし、反面において、警戒されるべきことは、使用者による、あるいは一部の労使による専断的で不合理な修復的実践となろう。これは、全くあり得ないことではない。しかし、よくよく考慮すれば、専断的で不合理な結果は、修復的正義の履践において、むしろ生じにくいこととなろう。ヒト社会におけるコミュニティは他の霊長類のそれと違って重層的構造の中に存在しているとされ、そうした「重層社会における中間的な集団（広井・前掲注40）21頁」こそがコミュニティの本質とされている。すなわち、コミュニティは、その原初から「内部」的関係性と「外部」的関係性との両者を有していることとなる（同・前掲注40）同頁）。そうであるとすれば、およそ専断的で不合理的な修復的実践はあり得ないこととなり得る。なぜならば、外部関係性を有するコミュニティにおける「不正義（修復的正義における「正義」がなされていない状態）」は、外部的コミュニティから批判される契機を持つこととなるからである。

[137] たとえば、イギリスでは、修復的正義協議会（Restorative Justice Council）という第三セクターの団体が、ハラスメントを含む修復的実践の品質の向上を意図するなどしている。また、Susan J. Coldwell, 'Addressing Workplace Bullying and Harassment in Canada, Research, Legislation, and Stakeholder Overview: Profiling a Union Program', (2013) 12 JILPT

アル・ハラスメントなど「第 2 世代の雇用差別」に関し構造的アプローチを提唱した Sturm の論考[138] が想起されよう。Sturm は修復的正義に近似する議論[139] をなしているが、修復的正義との関係については論及していない。一方、Sturm の議論を受けつつ、Zehr や Braithwaite の著作[140] などを参照し、雇用差別への修復的正義の可能性を論じるもの[141] もみられる。あるいは、より直接に、再統合的自責誘発の理論や応答的規制理論を参照しつつ、ハラスメントに対する修復的実践の役割を論じるもの[142] も存在している。

## 2　思想あるいは哲学としての修復的正義の可能性

Estlund のように、修復的正義における実践的理論である応答的規制を基礎として協働規制理論を立論するという営為は、すぐれて戦略的な側面を有している。しかし、もし仮に、修復的正義という思想・哲学そのものから、何らかの示唆を得、とりわけ労働法分野における理論に基礎を与えるという作業は、突飛であろうか。海外においては、そうした形での立論はほとんどみられず、多くが応答的規制理論や再統合的自責誘発の理論などの実践論から示唆を得た上で、議論を展開している。しかし、筆者は、修復的正義という思想・哲学そのものからも、有益な示唆を労働法理論にもたらすことができると考える。なぜなら、本章第 2 節で素描した修復的正義の思想・哲学は、労働関係における特殊性に対し親和的であるといえ、それは、直接に労働法分野の諸理論のバックボーン足る存在として理解可能と解するからであ

---

Report 135 はカナダでの実践を端的に述べている。修復的実践やプログラムそれ自体は、法学の領域を超えており、心理学的要素の強いものとなっている。

[138] Susan Sturm, 'Second Generation Employment Discrimination: A Structural Approach', (2001) 101 Colum. L. Rev. 458. 紹介文献として、山川隆一「現代型雇用差別に対する新たな法的アプローチ」アメリカ法 2002-2 号（2002 年）365 頁、水町勇一郎『集団の再生――アメリカ労働法制の歴史と理論』（有斐閣、2005 年）166 頁、相澤美智子「スターム『第 2 世代の雇用差別――構造的アプローチ』」日本労働研究雑誌 669 号（2016 年）76 頁など。

[139] スタームのそれは修復的正義における「最大化モデル」論に近い。

[140] e.g., Zehr, supra, note 12; Braithwaite, supra, note 43, 484.

[141] Deborah Thompson Eisenberg, 'The Restorative Workplace: An Organizational Learning Approach to Discrimination', (2016) 50 U. Rich. L. Rev. 487.

[142] Susan Hanley Duncan, 'Workplace Bullying and the Role Restorative Practices Can Play in Preventing and Addressing the Problem', (2011) 32 pt.2 Indus. L.J. Juta 2331.

る。これにつき、以下で、ささやかながら試論する。

　まず、典型的に語られる労働関係の特殊性は、労働と人格との不可分性・集団性・継続性の３つであろうが、これらのうち、集団性と継続性は、修復的正義が前提とするところや想定する価値と親和的である。なぜなら、修復的正義はコミュニティの存在を前提にするが、これまで述べたことからも明らかなように職場それ自体は一つのコミュニティとして捉え得るからであり、また、当該コミュニティにおける人間関係の存続に関心を有する修復的正義は、特定の使用者における中長期的な労働に伴う人間関係の円滑かつ良好な継続という価値を包摂し得るからである。そして、それらを所与としつつ修復的正義は、関係性の「修復」のみならず、それを新たに「創設」し、あるいは既にあるそれを「解消」させ得ることで将来を見据えることを志向する。さらに、労働と人格の不可分性という文脈においても、それ自体の根底にあるのは人格への深慮といえ、これが修復的正義と調和的であることはいうまでもない。ハームとニーズの把握といった局面でそれは表出することとなる。

　よって、修復的正義は労働関係に適合的といえよう。

　では、次に、修復的正義そのものは、どのような貢献を、労働法理論になし得るだろうか。

　コミュニティを含む紛争当事者の参加と対話に重要な価値を見出し、ハームとニーズを的確に認識させることで、未来志向的な責任を導出させるとの修復的正義の立場は、Zehr が指摘するように、元来において、同正義そのものが国家を前提とする実定法規範への違反に意識を向けるのではなく、各個の関係性への侵害に意識を向けるという本質を有することから導かれる。すなわち、同正義は、国家の司法作用とりわけ裁判所における紛争解決では必ずしもカバーしきれない諸価値にも、強く意義を見出している。これは、同正義におけるハームという概念が、法益侵害といった実定法規範を前提とした概念とは全く異なることから、明らかであろう。ハームの考察は、ニーズの把握をもたらすが、ニーズを履行するのは、加害者であり、コミュニティである。そして、ここでいうコミュニティは、労働関係でいうところの使用者のみならず、同僚労働者や労働組合など一定のステークホルダーを含

む。そうしたステークホルダーが、ある紛争を契機とし、当該コミュニティ
の変革を目指すという点は、その紛争を一面においてポジティブに捉えてい
ることから、Christie による「財産としての紛争[143]」における議論にも関連
し、あるいは、社会の構造的課題について批判を通じた是正を企図する
Arrigo の批判的修復的正義[144] に通じる。

　こうした変革的要素は、修復的正義が如何なる「正義」であるかという、
本質的な議論に直結している。本章第 2 節の 3 の（3）で論じたように、権
威性を有する絶対的「正義」を前提とするのではなく、弱者の語る相対的
「不正義」に耳を傾け、社会的変革を目指すのが修復的正義であって、当該
「不正義」を契機として、他律的でない自律的「正義」を希求するという態
度そのものに同正義の要諦がある。そして、同正義は、当該「不正義」を実
定法規範に適合的な法益侵害として個別的に捉えず、当該コミュニティ全体
の問題として集団的かつより具体的な意味でのハームとして捉え、当該コ
ミュニティの変革を目指すのみならず、社会的変革さえも志向する。

　筆者は、このような修復的正義におけるハームを前提とした変革的要素
は、労働法理論に一定の貢献をなすと解する。たとえば、労働契約における
付随義務論に思想・哲学的な基礎を与え得るだろう。すなわち、同義務論に
ついて考慮するとき、一定の配慮義務が使用者に課されるのは、使用者自身
が当該職場を支配し管理する点において理由付けが可能と解するが、修復的
正義の立場からこれをみるに、使用者は当該職場コミュニティについて最も
重い責任を有するアクターであるがゆえ、「不正義」が生じ得ないよう注視
すべきであり、具体的「不正義」が生じた場合、それがもたらしたハームを
正面から受け止めねばならず、当該職場の変革までを射程とする様々な配慮

---

[143] Nils Christie, 'Conflicts as Property', (1977) 17 The British Journal of Criminology 1.

[144] Arrigo もまた修復的正義における重要な論者である。Arrigo は、とりわけポスト・モダ
ニズムの観点から、社会に対する批判を通じて構造的な是正を志向するという「批判
的修復的正義（critical restorative justice）」論を展開させる。そこでの人間観は、カオス
（chaos）理論を前提にしており、人間の行動の予測不能性、流動性などを所与としてい
る。Arrigo の代表的な著作として、Christopher R. Williams & Bruce A Arrigo, *Theory,
Justice, and Social Change: Theoretical Integrations and Critical Applications*, (Springer,
2004)、Arrigo を紹介するものとして、宿谷晃弘「修復的正義における批判と実践——
Arrigo の修復的正義論の検討」比較法学 41 巻 2 号（2008 年）163 頁。

をせねばならないこととなる。そして、その履践にあっては、「不正義」を被った労働者は勿論のこと、同僚労働者・労働組合・さらには当該職場コミュニティに「関係」を有する顧客等、ステークホルダーの関与のもと、それぞれの主観を客観化する作業を経た上での配慮であることが求められよう。それによって生じ得る変革については、使用者が主にこれを担い、類似の「不正義」の発生を予防することとなる。

　以上からすれば、たとえば職場環境配慮義務や安全配慮義務といった付随義務の根底には、修復的正義という思想・哲学があってしかるべきではないだろうか。同正義は、各義務に基礎を与え、各義務内容の導出に貢献し得る。あるいは、それらがいい過ぎであるならば、少なくとも、職場という一定のコミュニティが継続性のもと確かな歩みをもって発展し、その内実において諸価値を増進させるための思想・哲学ないし視角の一つとして、修復的正義を位置付けることができるだろう。

## 参考文献

【邦語文献】

相澤美智子「スターム『第 2 世代の雇用差別——構造的アプローチ』」日本労働研究雑誌 669 号（2016 年）76 頁。

有田謙司「コリンズ『イギリス雇用法』」日本労働研究雑誌 669 号（2016 年）80 頁。

石田信平「イギリス労働法の新たな動向を支える基礎理論と概念——システム理論、制度経済学、社会的包摂論、Capability Approach」石橋洋教授・小宮文人教授・清水敏教授還暦『イギリス労働法の新展開』（信山社、2009 年）36 頁。

石田信平「憲法 28 条と労働組合の政治的機能——熟議空間の形成と労働者の参加権に関するイギリス労働法学の議論を手掛かりとした一考察」季刊労働法 241 号（2013 年）206 頁。

石田眞「ブックレビュー・『イギリス雇用法』」法律時報 80 巻 12 号（2008 年）66 頁。

石橋洋「コリンズの雇用契約論——雇用契約の意図的不完全性とデフォルトルールを中心として」労働法律旬報 1672 号（2008 年）8 頁。

井上達夫『他者への自由——公共性の哲学としてのリベラリズム』（創文社、1999 年）。

宇野重規「リベラル・コミュニタリアン論争再訪」社会科学研究 64 巻 2 号（2013 年）89 頁。

小田川大典「共和主義と自由——スキナー、ペティット、あるいはマジノ線メンタリティ」岡山大学法学会雑誌 54 巻 4 号（2005 年）665 頁。

桂木隆夫＝森村進編著『法哲学的思考』（平凡社、1989 年）。

加藤直隆「企業の刑事責任論をめぐって——応答的規制と修復的司法へ」國士舘法学 36 号（2004 年）37 頁。

神吉知郁子「自己規制の時代における職場の法の再構築」アメリカ法 2006-2 号（2007年）360 頁。

唐津博「イギリスにおける新たな労働法パラダイム論——H. Collins の労働法規制の目的・根拠・手法論」季刊労働法 216 号（2007 年）146 頁。

菊池理夫＝小林正弥編著『コミュニタリアニズムの世界』（勁草書房、2013 年）。

黒澤睦「関係修復正義としての修復的司法の犯罪学・被害者学・刑事政策学的素地——犯罪・被害原因論としての関係犯罪論から犯罪・被害対応論としての関係犯罪論・親告罪論へ」細井洋子先生古稀『修復的正義の諸相』（成文堂、2015 年）115 頁。

ヒュー・コリンズ（イギリス労働法研究会（唐津博ほか）訳）『イギリス雇用法』（成文堂、2008 年）。

ジム・コンセディーン＝ヘレン・ボーエン（前野育三＝高橋貞彦監訳）『修復的司法——現代的課題と実践』（関西学院大学出版会、2001 年）。

椎橋隆幸「リストラティブ・ジャスティスと少年司法」現代刑事法 40 号（2002 年）41頁。

宿谷晃弘「修復的正義・修復的司法の構想と法定刑の理論的位置について」法律時報 78巻 3 号（2006 年）60 頁。

宿谷晃弘「修復的正義と真実和解委員会の理論的基礎——Villa-Vicencio の理論の検討」比較法学 41 巻 1 号（2007 年）87 頁。

宿谷晃弘「共和主義政治理論・刑罰論の射程範囲——修復的正義とブレイスウェイト・ペティット」比較法学 40 巻 3 号（2007 年）17 頁。

宿谷晃弘「修復的正義における批判と実践——Arrigo の修復的正義論の検討」比較法学41 巻 2 号（2008 年）163 頁。

宿谷晃弘『人権序論——人権と修復的正義のプロジェクトの構築に向けて』（成文堂、2011 年）。

宿谷晃弘「我が国の近代刑罰思想と修復的正義・修復的正義刑罰論との接合点に関する覚書」細井洋子先生古稀『修復的正義の諸相』（成文堂、2015 年）189 頁。

宿谷晃弘＝安成訓『修復的正義序論』（成文堂、2010 年）。

宿谷晃弘＝滝原啓允「労働法における修復的正義の展開可能性に関する一試論」東京学芸大学紀要 人文社会科学系Ⅱ 68 集（2017 年）105 頁。

ハワード・ゼア（西村春夫＝細井洋子＝高橋則夫監訳）『修復的司法とは何か——応報から関係修復へ』（新泉社、2003 年）。

高橋則夫「被害者関係的刑事司法と回復的司法」法律時報 71 巻 10 号（1999 年）10 頁。

高橋則夫「法益の担い手としての犯罪被害者——回復的司法の視座」宮澤浩一先生古稀祝賀論文集『犯罪被害者論の新動向』（成文堂、2000 年）。

高橋則夫『修復的司法の探求』（成文堂、2003 年）。

高橋則夫『対話による犯罪解決——修復的司法の展開』（成文堂、2007 年）。

滝原啓允「修復的正義（restorative justice）とは何か——その思想・哲学、理論、そして労働法学との接点についての素描」季刊労働法 258 号（2017 年）107 頁。

滝原啓允「ハラスメントに係る使用者の義務・責任——新たなアプローチとしての修復的正義の可能性」日本労働法学会誌 128 号（2016 年）100 頁。

竹内（奥野）寿「アメリカにおける新たな労働者参加の試みとその法理論的基礎づけ」RIETI Discussion Paper Series 13-J-026（2013 年）。

竹原幸太「学校における修復的実践の展望」細井洋子＝西村春夫ら編著『修復的正義の今日・明日——後期モダニティにおける新しい人間観の可能性』（成文堂、2010 年）12頁。

竹原幸太「修復的正義と日本文化に関する教育学的研究——再統合的恥付けをめぐる修復的実践の可能性」細井古稀『修復的正義の諸相』（成文堂、2015 年）247 頁。

中村隆志「フィリップ・ペティットの共和主義論——政治的自律と異議申し立て」関西大学法学論集 61 巻 2 号（2011 年）580 頁。

内藤忍「『職場のいじめ・嫌がらせ問題に関する円卓会議』提言と今後の法政策上の課題——労使ヒアリング調査結果等を踏まえて」季刊労働法 238 号（2012 年）2 頁。

西谷敏『人権としてのディーセント・ワーク——働きがいのある人間らしい仕事』（旬報社、2011 年）。

西村春夫「日本における修復的司法の源流を尋ねて——比較年代史的検討」細井洋子先生古稀『修復的正義の諸相』（成文堂、2015 年）1 頁。

西村春夫＝細井洋子「図説・関係修復正義——被害者司法から関係修復正義への道のりは近きにありや」犯罪と非行 125 号（2000 年）5 頁。

野田進「書評・『イギリス雇用法』」季刊労働法 221 号（2008 年）254 頁。

ルーク・ノッテジ（新堂明子訳）「応答的規制と消費者製品の安全性」新世代法政策学研究 13 号（2011 年）211 頁。

長谷部恭男『憲法の理性（増補新装版）』（東京大学出版会、2016 年）。

長谷部恭男「『応答的規制』と『法の支配』」法律時報 70 巻 10 号（1998 年）75 頁。

広井良典＝小林正弥編著『コミュニティ——公共性・コモンズ・コミュニタリアニズム』（勁草書房、2010 年）。

藤本哲也編著『諸外国の修復的司法』（中央大学出版部、2004 年）。

船木正文「ゼロ・トレランス批判と代替施策の模索——学校における修復的司法」季刊教育法 153 号（2007 年）28 頁。

細井洋子＝西村春夫ら編著『修復的司法の総合的研究』（風間書房、2006 年）。

本間美穂「修復的司法論における諸宗教解釈——『起源神話』と『霊性的根源』プロジェクトを中心に」東京大学宗教学年報 XXXI（2014 年）101 頁。

前原宏一「修復的司法序説」札幌法学 16 巻 2 号（2005 年）1 頁。

水町勇一郎『集団の再生——アメリカ労働法制の歴史と理論』（有斐閣、2005 年）。

水町勇一郎編『個人か集団か？変わる労働と法』（勁草書房、2006 年）。

水町勇一郎「労働法の新たな理論的潮流と政策的アプローチ」RIETI Discussion Paper Series 13-J-031（2013 年）。

宮崎綾望「現代税務行政の課題と理論——オーストラリアにおける応答的規制理論を中心に」同志社法学 67 巻 2 号（2015 年）920 頁。

スティーブン・ムルホール＝アダム・スウィフト（谷澤正嗣＝飯島昇蔵訳者代表）『リベラル・コミュニタリアン論争』（勁草書房、2007 年）。

安川文朗＝石原明子編著『現代社会と紛争解決学——学際的理論と応用』（ナカニシヤ出版、2014 年）。

山川隆一「現代型雇用差別に対する新たな法的アプローチ」アメリカ法 2002-2 号（2002 年）365 頁。

山下英三郎『修復的アプローチとソーシャルワーク——調和的な関係構築への手がかり』（明石書店、2012 年）。

山辺恵理子「修復的正義から『修復的実践』へ——『修復的』であることの教育的意義の探求」東京大学大学院教育学研究科基礎教育学研究室紀要 36 号（2010 年）73 頁。

山辺恵理子「感情を持ち込んだ正義の正当性について——修復的正義に潜む強制性批判と修復的実践の可能性」細井洋子先生古稀『修復的正義の諸相』（成文堂、2015 年）229 頁。

吉田敏雄『法的平和の快復――応報・威嚇刑法から修復的正義指向の犯罪法へ』（成文堂、2005 年）。

## 【外国語文献】

Eliza Ahmed et al., *Shame Management Through Reintegration*, (Cambridge University Press, 2001).

Eliza Ahmed & John Braithwaite, 'Shame, Pride and Workplace Bullying', in Susanne Karstedt et al. (ed.), *Emotions, Crime and Justice*, (Hart, 2011).

Ian Ayres & John Braithwaite, *Responsive Regulation: Transcending the Deregulation Debate* (Oxford University Press, 1992).

John Braithwaite, *Crime, shame and reintegration*, (Cambridge University Press, 1989).

John Braithwaite, *Restorative Justice and Responsive Regulation*, (Oxford University Press, 2002).

John Braithwaite & Philip Pettit, *Not just Deserts*, (Oxford University Press, 1990).

John Braithwaite & Philip Pettit, 'Republicanism and Restorative Justice: An Explanatory and Normative Connection', in Heather Strang & John Braithwaite (ed.), *Restorative Justice: Philosophy to Practice*, (Routledge, 2000).

Valerie Braithwaite et al., 'Workplace Bullying and Victimization: The Influence of Organizational Context, Shame and Pride', (2008) 2 International Journal of Organisational Behaviour 71.

Conrad G. Brunk, 'Restorative Justice and the Philosophical Theories of Criminal Punishment', in Michael L. Hadley (ed.), *The Spiritual Roots of Restorative Justice*, (State University of New York Press, 2001), pp. 31.

Nils Christie, 'Conflicts as Property', (1977) 17 The British Journal of Criminology 1.

Susan J. Coldwell, 'Addressing Workplace Bullying and Harassment in Canada, Research, Legislation, and Stakeholder Overview: Profiling a Union Program', (2013) 12 JILPT Report 135.

Hugh Collins, *Regulating Contracts*, (Oxford University Press, 1999).

Hugh Collins, *Employment Law* (2nd ed.), (Oxford University Press, 2010).

Susan Hanley Duncan, 'Workplace Bullying and the Role Restorative Practices Can Play in Preventing and Addressing the Problem', (2011) 32 pt.2 Indus. L.J. Juta 2331.

Deborah Thompson Eisenberg, 'The Restorative Workplace: An Organizational Learning Approach to Discrimination', (2016) 50 U. Rich. L. Rev. 487.

Cynthia Estlund, *Regoverning the Workplace: from Self-Regulation to Co-Regulation*, (Yale University Press, 2010).

Brent Fisse & John Braithwaite, *The Impact of Publicity on Corporate Offenders* (State University of New York Press, 1983).

Stephen Mulhall & Adam Swift, *Liberals and Communitarians*, (Blackwell, 1992).

Philip Pettit, *Republicanism, A Theory of Freedom and Government*, (Oxford University Press, 1997).

Ralf Rogwski, *Reflexive Labour Law in the World Society*, (Edward Elgar, 2013).

Judith N. Shklar, *The Faces of Injustice*, (Yale University Press, 1990).

Susan Sturm, 'Second Generation Employment Discrimination: A Structural Approach', (2001) 101 Colum. L. Rev. 458.

Gunther Teubner, 'Substantive and Reflexive Elements in Modern Law', (1983) 17 Law & Society Review 239.

Daniel W. Van Ness & Karen Heetderks Strong, *Restoring Justice: An Introduction to Restorative*

*Justice* (5th ed.), (Routledge, 2015).

Christopher R. Williams & Bruce A Arrigo, *Theory, Justice, and Social Change: Theoretical Integrations and Critical Applications*, (Springer, 2004).

Howard Zehr, *Changing Lenses: A New Focus for Crime and Justice*, (Herald, 1990).

Howard Zehr, *The Little Book of Restorative Justice*, (Good Books, 2002).

Howard Zehr, *Changing Lenses: Restorative Justice for Our Times* (25 anniversary ed.), (Herald, 2015).

# 4カ国比較整理表

（イギリス・アメリカ・ドイツ・フランス）

|  | イギリス | アメリカ |
|---|---|---|
| 規制内容 | 1997年ハラスメントからの保護法（PHA）と2010年平等法（EA2010）の2つの制定法がハラスメントにつき主として機能している。それぞれが規定し禁止する「ハラスメント」概念に、問題となるハラスメントが該当する場合、その被害者は救済を受けることができる。<br><br>ただ、PHAがありとあらゆる類型のハラスメントをその射程に収めるのに比して、従来の差別禁止法の系譜に連なるEA2010は、性や人種など特定の保護特性に関連するハラスメントのみを射程下に置くにとどまる。<br><br>ところで、PHAとEA2010は、雇用関係分野以外にも適用される制定法である。職場におけるハラスメント対策に特化した「職場における dignity 法案（DWB）」が、2度イギリス議会に上程されたものの、2度とも廃案となっている（現在「職場いじめ及び職場における配慮法案（BRWB）」をイギリス議会で審議中である（2024年1月時点））。<br><br>なお、コモン・ローも、ハラスメントにつき一定の役割を担うところとなっている（本表「備考」欄参照）。 | 【全体】包括的なハラスメント規制なし。<br>【差別的ハラスメント】保護属性を理由とするハラスメントに対し、①公民権法第7編（人種、肌の色、性、宗教、出身国）、②ADEA（年齢）、③ADA（障害）、④GINA（遺伝子情報）による差別禁止。また、⑤各種制定法利用を理由とする報復的ハラスメントの禁止。<br>【非差別的ハラスメント】①使用者による安全な職場・雇用の提供義務（OSHA）。②一部の州における、ハラスメント被害者への労災補償（身体的傷害の場合）。③一部の州における、使用者によるハラスメント防止研修実施義務。また、使用者によるハラスメント防止ポリシーの採用の推奨。④使用者による不法行為（精神的苦痛の意図的惹起等）の禁止。 |
| ハラスメントの定義 | 【PHA】1条2項は「一般人（reasonable person, 合理的通常人）が、その一連の行為は他人へのハラスメントにあたる……と認識する場合、加害行為者は、その一連の行為がハラスメントにあたる……と認識すべきであったとする」とし、7条2項は「ハラスメントには、他人を不安にさせること、困惑を引き起こすことを含む」とし、同3項(a)は「一連の行為」とは「2回以上の行為でなければならない」と定め、同4項は「『行為（conduct）』は言論を含む」としている。以上からすると、 | 【全体】包括的なハラスメント定義なし。<br>【差別的ハラスメント】セクハラにつき、大要、歓迎されない性的言動であって、当該言動が①雇用条件の対価となっている場合、または②敵対的就労環境を創出する場合、と定義。その他の差別的ハラスメントも同様（出身国差別の場合には、敵対的就労環境の創出や労務提供の妨害に焦点）。<br>【非差別的ハラスメント】一部の州は、大要、使用者や上司・同僚等が悪意に基づき（原則として継続的に）行 |

|  | ドイツ | フランス |
|---|---|---|
| 規制内容 | パワハラ（Mobbing）を規制するための制定法は存在しないが、基本法1条・2条から抽出される一般的人格権を民法典（BGB）における不法行為または債務不履行の解釈の際に斟酌し、労働者の人格権侵害や使用者の保護義務の不履行を民事上問責することが可能である。一般的平等取扱法（AGG）は人種・民族的背景・性別・宗教・世界観・障害・年齢・性的指向（以下「1条事由」）を理由とする嫌がらせ（Belästigung）およびセクシュアル・ハラスメント（sexuelle Belästigung、以下「セクハラ」）につき同法が禁止する不利益取扱いに該当するとして、使用者に保護義務を課すとともに、使用者・加害者に対する損害賠償請求権、苦情申立権、労務給付拒絶権などを設けている。セクハラは刑法上犯罪に該当し（184条ⅰ）、原則として2年以下の自由刑ないし罰金刑に処される。 | 行為の禁止（労働法典 L.1152-1条、L.1153-1条）＊刑罰規定あり（刑法典222-33-2条、222-33条）。使用者の予防措置（労働法典 L.1152-4条、L.1153-5条）。「被害者」等の保護・不利益取扱禁止（労働法典 L.1152-2条、L.1153-3条）。加害者に対する制裁義務（労働法典 L.1152-5条、L.1153-6条）。 |
| ハラスメントの定義 | モビング（判例）：敵視、嫌がらせ、あるいは差別を目的とした、支配的地位を利用した継続した積極的な行為であって、通常その態様・経過からして法的に正当性のない目的を増進させ、少なくとも全体として被害者の一般的人格権その他名誉、健康といった保護法益を侵害するもの。嫌がらせ：1条事由に関連する望まれない行為態様が、当事者の尊厳を害し、威圧、敵視、恥辱、侮蔑または侮辱によって特徴付けられる環境を生み出すことを目的とし、またはそのよう | 精神的嫌がらせ「他人の権利若しくは尊厳を侵害し、肉体的若しくは精神的健康を害し、または職業上の将来性を損なうおそれのある労働条件の屈辱化を目的としまたはそのような結果をもたらすような反復行為による、他人に対する」行為（労働法典 L.1152-1条）。性的嫌がらせ「下品なあるいは侮辱的な性質を理由としてその尊厳の侵害をもたらしうる、または威嚇的、敵対的、あるいは侮辱的な状況を作り出す、性的な含意を有する反復的な発言または行為」（労働法典 L.1153-1条）。 |

| | イギリス | アメリカ |
|---|---|---|
| ハラスメントの定義 | PHA においてハラスメント概いが、これには、立法時における明確な意図があり、たとえば、当時の内務副大臣 David Maclean は、議会において「広範な行為を定義づけることはできない」とし、あるいは、当時の大法官 Mackay 卿は、ハラスメント概念について、「容易に要件づけることはできない」としている。よって、作為・不作為を問わず、2 回以上の行為（7 条 3 項（a））であって、それが他人に不安や困惑を引き起こすもの（7 条 2 項）である限り、PHA 上の包括的かつ広範な「ハラスメント」概念に抵触する可能性がある。【EA2010】26 条 1 項は、「(a) 保護特性（protected characteristics）に関連し、(b)（ⅰ) 被害者の dignity を侵害する、または（ⅱ) 被害者にとって脅迫的、敵対的、侮蔑的、屈辱的、若しくは攻撃的な環境を創出する、目的または効果の存在」としており、保護特性とは、年齢・障害・性同一性障害・人種・宗教または信条・性・性的指向を指す。 | う、敵対的・不愉快な言動、と定義（具体例あり）。定義において、使用者の正当な利益に言及する州としない州がある。 |
| 保護対象・加害者の範囲 | 制定法上、必ずしも制限があるわけではない。しかし、使用者が法的責任を負うのは、代位責任（vicarious liability）などが認められた場合に限定される。なお、EA2010 の 40 条には、使用者による被用者または求職者へのハラスメントを禁止する規定が置かれている（同条の 2 項以下には第三者からのハラスメントについての規定（当該被害者が第三者から少なくとも 2 回のハラスメントを受けていることを使用者が知っており、そうした行為を防止するための合理的に実施可能な措置を講ぜずに、3 回目のハラスメントが生じた場合に係る規定）が存在していたが現 | 【全体】法令ごとに多様。【差別的ハラスメント】①被用者（雇用が終了した者含む）、②求職者、③訓練中の者は保護対象。④独立契約者や⑤純粋なボランティアは保護対象外（被用者と判断される者除く）。小規模使用者への適用除外あり。一定の場合、第三者からの加害に対しても使用者の損害賠償責任あり。【非差別的ハラスメント】被用者保護中心の点で差別的ハラスメントと共通。小規模使用者への適用除外あり。一定の場合、第三者からの加害に対しても使用者の損害賠償責任あり。 |

|  | ドイツ | フランス |
|---|---|---|
| ハラスメントの定義 | な結果をもたらす場合（AGG3条3項）。セクハラ：望まれない性的行動及びその要求、性的意味を有する身体的接触、性的内容の発言並びにポルノ表現の意に反した掲示及び見えるような表示を含む、望まれない性的意味を有する行為が、当事者の尊厳を傷つけることを目的とし、又はこのような状況をもたらす場合、特に威圧的、敵対的、侮辱的、屈辱的若しくは不快感を及ぼすような環境が生み出される場合（AGG3条4項）。 |  |
| 保護対象・加害者の範囲 | BGBにおける不法行為および債務不履行規定は、一般法規定ゆえに理論上加害者・被害者関係にある当事者間、信義則上の保護義務が妥当する契約関係すべてに適用される。AGGは、労働者、職業訓練生、経済的従属性ゆえに労働者に類似した立場にある者、家内労働従事者、求職者を「就業者」としてその適用対象に含めている（第6条）。 | 加害者の範囲：企業長、取締役等、一定の職業上の地位に基づいて指揮・命令を行う権限を有する者、同僚に加え、顧客等にまで広く適用されうる（通説 ＊学説上は異論あり）。保護対象：すべての労働者（インターンなどの採用候補者やいわゆる見習い労働者を含む）。 |

| | イギリス | アメリカ |
|---|---|---|
| 保護対象・加害者の範囲 | 在は削除されている。当該規定削除の理由としては、PHA が存在するなどしており保護に欠けることはないこと、企業における負担の大きさ、第三者からのハラスメント規定導入からの4年間で当該規定に基づく提訴とそれに続く審理は1件に過ぎなかったことなどが挙げられている。第三者からのハラスメント規定については、何らかの形でこれを再度設けようという議論も存在したが、結局、現在に至るまでそれは実現されるに至っていない）。 | |
| 紛争解決手続・履行確保手段 | 【PHA】EA2010 が念頭に置く保護特性に縛られることがなく、いかなる事由によっても、加害者による行為がPHA 上の「ハラスメント」にあたると被害者が考えるのであれば、提訴可能である。救済を求めるべき機関は裁判所となる。被告適格については、制限なく、加害者を直接被告とすることも可能である。<br>【EA2010】保護特性、すなわち、年齢・障害・性同一性障害・人種・宗教または信条・性・性的指向に関連するハラスメントでなければ、争えない。救済を求めるべき機関は雇用審判所となる。被告適格については、使用者のみである。<br>また、雇用審判所のみならず、助言斡旋仲裁局（ACAS: Advisory, Conciliation and Arbitration Service）も紛争解決の役割を担っている。 | 【差別的ハラスメント】①行政機関（EEOC）による調査・調整、及び②民事訴訟。③仲裁付託条項がある場合には仲裁（ただしハラスメント加害者に対する懲戒で主に利用され、原懲戒を減免する割合大）。<br>【非差別的ハラスメント】①連邦行政機関（OSHA）や、州の行政機関による調査・行政的監督等、及び②民事訴訟。 |

|  | ドイツ | フランス |
|---|---|---|
| 保護対象・加害者の範囲 |  |  |
| 紛争解決手続・履行確保手段 | 労働裁判手続きのほか、当事者の合意に基づいて紛争解決の仲介手続を行うメディエーション法、事業所組織法に基づいて設置される事業所委員会における所定の手続による解決手段がある。AGG は反差別団体に一定の要件の下不利益取扱いを受けた者の法的問題を処理することを認めるほか（23 条 3 項）、連邦家庭高齢者女性青年省（Bundesministerium für Familie, Senioren, Frauen und Jugend）に、1 条事由により不利益取扱いを受けた者を保護するための連邦反差別局（Antidiskriminierungsstelle des Bundes）を設置する（25 条）。1 条事由による不利益取扱いを受けた者は、同局に相談することができ、同局は相談者が権利行使する際にこれを援助するものとされている（25 条）。 | ・紛争解決の大半は裁判。<br>・当事者が選任した調停人による、企業外での調停手続制度が存在する（労働法典 L.1152-6 条）。調停人が書面による調整を試みる制度であり、裁判所における裁判（審判）前の和解手続きのイメージに近い。もっとも、ほとんど利用されていない模様。<br>「法違反が明らかな場合に、国が是正させ、法規制を履行させるための手段」に該当するものとしては、履行確保手段=刑法典による刑罰となろうか。その他、労働監督官の一般的な権限として、指導、勧告等が存在する（ハラスメントに特化した規定・制度があるわけではない）。<br>また、法務省管轄の人権擁護機関が存在する→法務省等のインフォメーションを見る限り、労働におけるハラスメントも救済手続きの対象となっているようであるが、実態は不明。 |

| | イギリス | アメリカ |
|---|---|---|
| 規制の効果・対応の実績 | 判例誌には、PHA や EA2010 により争われたハラスメント事案が時折掲載されている。それによれば、被害者側の勝訴事案も見られるところとなっている。とはいえ、裁判に係る確実な数的データは必ずしも明らかでない。 | 【全体】ハラスメント被害経験者は推計 4,860 万人。ただし公式にハラスメントを報告する者は約 2 割。ハラスメントを訴えた就労者の勝訴率は 1 割前後。<br>【差別的ハラスメント】行政機関への申告は、約 28,000 件（2015 年）。解決した申告は、28,642 件（2015 年）で、被害者への支払総額は 1 億 2,550 万ドル。民事救済として、填補的損害賠償・懲罰的損害賠償（・定額損害賠償）に加え、ハラスメント行為の差止命令や現職復帰命令などが可能。<br>【非差別的ハラスメント】数的データ不明。一部法令は民事救済なし。労災補償法規においても、完全な損害の回復見込めず。不法行為訴訟においては、過失事案において精神的苦痛のみの損害賠償原則不可。また、現職復帰命令も原則不可。 |
| 課題 | 上記したように、職場におけるハラスメント対策に特化した「職場における dignity 法案（DWB）」は 2 回廃案となっており、職場に特化した形の制定法は存在しない。そのため、労組等各種団体がその実現を求めるなどしている（なお、現在「職場いじめ及び職場における配慮法案（BRWB）」をイギリス議会で審議中である（2024 年 1 月時点））。 | 【全体】断片的法令の寄せ集めで、規制の実効性を欠く。<br>【差別的ハラスメント】①セクハラにつき、使用者による積極的抗弁の免責を広く認め過ぎている、との批判あり。②ハラスメントが「差別」に該当しない場合や、被害者が保護属性を持たない場合、救済なし。<br>【非差別的ハラスメント】①私訴権のない法令について、行政的監督による防止・是正は非現実的。②労災補償給付による損害回復は限定的。③ハラスメント関連の不法行為は成立要件が厳格。同僚・部下からのハラスメントの救済困難。 |

|  | ドイツ | フランス |
|---|---|---|
| 規制の効果・対応の実績 | モビングについては、事実関係や帰責性の立証の困難さゆえ、訴訟による被害者救済の実効性に疑問が呈されている。 | 確実な根拠資料がなく不明。 |
| 課題 | 裁判によるモビングの救済が困難である状況下、裁判外紛争解決手続や事業所委員会のより一層の活用とその実効性の検証が求められる。 | 条文化された結果、その解釈をめぐってさまざまに課題（議論）が存在するが、最も大きな課題は、おそらく、ハラスメントの存在を認定する権限（裁量）が、事実審裁判官にどこまで認められるか（破毀院が事実審裁判官によるハラスメントの（成否の）認定にどこまで介入できるか）、ではないかと思われる。すなわち、フランスでは、法律審たる破毀院が、事実審における認定評価にどこまで踏み込んでよいのかという点について、大きな議論が存在し、課題となっている（日本ではあまり議論にならないように思われるが、本来、ある行為がハラスメントに該当するかどうかというのは、事実に対する評価であって、法の解釈に係るものではなく、それ自体は本来事実審で扱われる事項であり、法律審たる最高裁がどこまで介入できるのかという議論があり得る）。 |

| | イギリス | アメリカ |
|---|---|---|
| 備考 | 以上の欄では、制定法に関し言及したが、コモン・ローに関しては、以下の通りとなる。すなわち、雇用契約の下、ハラスメントによる被害に遭った被用者に身体的または精神的被害が発生し、当該被用者が訴えを提起する場合、使用者の法的責任を追及する方法としてはコモン・ロー上、以下の３つの方法があり得る。というのは、①使用者の被用者に対する責任（employer's liability）を追及する方法、②使用者の代位責任を追及する方法、あるいは③雇用契約における黙示条項への違反を問う方法の３つである。 | 【全体】随意雇用原則のために、ハラスメントの実効的規制が阻害。<br>【差別的ハラスメント】性を理由とするハラスメントが、ジェンダーハラスメントを包摂。各種差別禁止法や民事法による規制が中心で、刑事法による規制は希薄。<br>【非差別的ハラスメント】学説は包括的なハラスメント規制立法を求めるも、反対の声も根強く、実現していない。 |

| | ドイツ | フランス |
|---|---|---|
| 備考 | モビングの定義に該当しない1回だけの行為については、不法行為等BGBの要件を充足するかぎり賠償請求等が可能であり、刑法上の構成要件を充足する場合には刑事罰の適用も可能。 | ・ハラスメントにかかわる離職については、ハラスメントによる解雇と擬制する法理が判例により展開。<br>・被害による保証・救済については、（ハラスメントに関する特別な規制ではなく）不法行為＆労災補償が用いられる。<br>・刑法による刑罰が存在→罪刑法定主義が問題となる。<br>・不当解雇の補償金の上限が法定化されたことにより、賠償額の積み増しを目的（原因が異なるので上限規制に引っかからない）としたハラスメントの主張が増える→紛争が複雑化するリスクがあるのではないかとされる。 |

# あとがき

　本書のあとがきを記すにあたって、まず、本書に寄稿してくださった執筆者各位に深謝いたしたい。各章を担当していただいた濱口所長（欧州連合担当）・原教授（ドイツ担当）・細川教授（フランス担当）は、尊敬する先学にあたる。また、藤木准教授（アメリカ担当）も新進気鋭の研究者である。そうした方々と共に研究ができたことは、とても貴重な経験であった。

　編者という役目を私が果たすこととなったのは、前職にあった際に、厚生労働省からの要請に基づく研究ということでハラスメント法制研究の主担当（本書に係る研究のみならず日本法に係るとりまとめも行った）を任されていたことに起因する。先学の先生方をさしおいて本書の編者を務めるというのはいかにも恐縮なことであったが、いずれの方も、大変温かくご対応くださった。ここに心よりの感謝を記しておきたい。

　また、はしがきにも記したように、労働政策研究・研修機構の皆様にはとてもお世話になった。とりわけ、つききりで私を励まし丁寧な編集作業を行なってくださった太田さんには、ここでも改めて深く感謝申し上げたい。

　以下では、本書のあらましを振り返りつつ、私個人の主張を平たく述べ、本書を閉じることとしたい。

　さて、本書のあらましを、ごく簡単にいってしまうと以下のようなものになるだろう。すなわち、本書が対象とした欧米各国は、職場におけるハラスメントについて様々な法制度を有している。それら法制度から、いくつかの示唆は導きうるが、結局のところ、欧米各国もハラスメントについては未だ模索の段階にあるともいえ、有効な法制度を有しているとまではいえなさそうである。では、どうすべきか。それについては、法学とも密接な「修復的正義」論がキーになるのではないか。

　ときとして、ハラスメントと指摘されることへの恐怖がコミュニケーションを萎縮させるといった話を聞く。また、コミュニケーションをとればとるほど相手の「地雷」を踏む可能性が高くなるから、コミュニケーションをとることはリスクであり、最小限にとどめるべきだというようなことも聞かれ

る。実際、各種の調査結果でも、個人間におけるコミュニケーションを忌避するような傾向がみられるという。コミュニケーションを最小限にすればハラスメントは予防しうるのではないか、コミュニケーションこそがリスクなのではないかという、「脱コミュニケーション」的な思想が広まっているようである。そうした思想を敷衍すれば、ハラスメントが生じたのであれば、直ちに行為者と被行為者を別離し、その当事者間の関係性を切断させるということに行き着きそうである。

　しかし、あらゆるコミュニケーションは害悪なのであろうか。また、関係性の切断が唯一の解となろうか。そうではないのではないかというのが、修復的正義論の立場と思われる。なぜそうした結果が生じるに至ったのか当事者のみならず様々な関係者の間における対話をうながし、ハームとニーズを把握し、未来志向的な関係性（とはいえここには別離も含まれうる）を新たに構築させようとする修復的正義論は、いってしまえば「密コミュニケーション」的な思想である。絶対的な正義をふりかざすことなく、被行為者をはじめとした弱者の語る相対的な不正義に着目し、何が「嫌」であったのか具体的に把握し、相互の理解を促進させようとするコミュニケーションの存在こそが重要なのではないか。

　そのコミュニケーションは事後的になされるものではあるが、当該コミュニティに存在するあらゆる課題を認識させ、変革的作用を生じさせる。ある組織体に構造的な問題（たとえば、利益を求める経営層が管理職を追い詰めるあまり当該管理職が部下に厳しく接するというような問題）が存在する場合、その構造の変革にまでも強い関心を払うのが修復的正義論である。

　すべてのハラスメントを予防することはできない。であるならば、事後的ではあるにせよ未来志向的で変革を重視する修復的正義論に価値を見出し、それが提供する修復的実践の方法を活用すべきではないかというのが、本書における私の主張であった。

　私たちは、過去をかえりみながら実際を把握し、未来をみすえねばならない。


2024 年 2 月

滝原　啓允

# 索　引

## 執筆者一覧

**滝原　啓允**（たきはら・ひろみつ）【編者】序章・第 1 章・終章・補章
　　大東文化大学法学部准教授。
　　早稲田大学法学部卒業、中央大学大学院法学研究科博士後期課程民事法専攻修了。博士（法学）。
　　中央大学法学部助教、労働政策研究・研修機構研究員を経て現職。
　　[主要著作]　『パワーハラスメントに関連する主な裁判例の分析』JILPT 資料シリーズ No. 224（労
　　　働政策研究・研修機構、2020 年）、「ハラスメントに係る使用者の義務・責任——新たなアプ
　　　ローチとしての修復的正義の可能性」『日本労働法学会誌』128 号（2016 年）100 頁、「職場環
　　　境配慮義務法理の形成・現状・未来——行為規範の明確化にかかる試論」『法学新報』121 巻 8
　　　号（毛塚勝利先生退職記念号）（2014 年）473 頁。

**藤木　貴史**（ふじき・たかし）　第 2 章
　　法政大学法学部准教授。
　　一橋大学法学部卒業、一橋大学大学院法学研究科博士後期課程修了。帝京大学法学部助教を経て
　　現職。
　　[主要著作]　「アメリカにおける労働組合のピケッティングに対する法的保護の歴史的展開と現代
　　　的課題（1）〜（4・完）」『帝京法学』34 巻 1 号 247 頁、2 号 199 頁、35 巻 1 号 239 頁、2 号 101
　　　頁（2020-2022 年）。「プラットフォームワーカーに対する集団法上の保護」『日本労働法学会
　　　誌』135 号（2022 年）36 頁。「アメリカ労働法における人権・基本権の役割——経済的民主主
　　　義に向けて」浜村彰先生古希記念論集『社会法をとりまく環境の変化と課題』（旬報社、2023
　　　年）87 頁。

**原　俊之**（はら・たかゆき）　第 3 章
　　青森中央学院大学経営法学部教授。
　　明治大学法学部卒業、明治大学大学院法学研究科博士後期課程単位取得。
　　[主要著作]　「ドイツ労働安全衛生法制における「危険可能性」の概念と意義」『日本労働法学会
　　　誌』134 号（2021 年）、「産業医に関する裁判例」『産業医学レビュー』33 巻 2 号（2020 年）、
　　　『アクチュアル労働法』（共著、法律文化社、2014 年）。

**細川　良**（ほそかわ・りょう）　第 4 章
　　青山学院大学法学部法学科教授。
　　早稲田大学法学部卒業、早稲田大学大学院法学研究科博士後期課程単位取得。
　　[主要著作]　『ファーストステップ労働法』（共著、エイデル研究所、2020 年）、『解雇ルールと紛
　　　争解決——10 カ国の国際比較』（共著、労働政策研究・研修機構、2017 年）、「ICT が「労働時
　　　間」に突き付ける課題——「つながらない権利」は解決の処方箋となるか？」『日本労働研究
　　　雑誌』709 号 41-51 頁（2019 年）。

**濱口　桂一郎**（はまぐち・けいいちろう）　第 5 章
　　労働政策研究・研修機構労働政策研究所長。
　　東京大学法学部卒業、1983 年労働省入省。労政行政、労働基準行政、職業安定行政などに携わ
　　る。欧州連合日本政府代表部一等書記官、衆議院次席調査員、東京大学客員教授、政策研究大学
　　院大学教授などを経て、2008 年 8 月労働政策研究・研修機構労使関係・労使コミュニケーショ
　　ン部門統括研究員、2017 年 4 月から現職。
　　[主要著作]　『日本の労働法政策』（労働政策研究・研修機構、2018 年）、『団結と参加』（労働政
　　　策研究・研修機構、2021 年）、『新・EU の労働法政策』（労働政策研究・研修機構、2022 年）
　　　など。

## 欧米のハラスメント法制度

2024 年 2 月 28 日　初刷発行

編　著　者　滝原　啓允

編集・発行　独立行政法人　労働政策研究・研修機構

販　　　売　独立行政法人　労働政策研究・研修機構
　　　　　　〒177-8502　東京都練馬区上石神井 4-8-23
　　　　　　電話　03-5903-6263

印刷・製本　三鈴印刷株式会社

ISBN 978-4-538-41169-9